ALPHONSE ALLAIS, ÉCRIVAIN

ALPHONSE ALLAIS, ÉCRIVAIN

Actes du Premier Colloque
International Alphonse Allais,

Université de Liège-Wégimont,
9-11 septembre 1996

Editeurs :

**Jean-Marc DEFAYS
& Laurence ROSIER**

LIBRAIRIE A.-G. NIZET
37510 SAINT-GENOUPH
1997

ISBN 2-7078-1233-1

PRÉSENTATION

Jean-Marc DEFAYS
Laurence ROSIER

L'idée de réunir des amateurs d'Alphonse Allais nous est venue voici deux ou trois ans lors d'une conversation avec François Caradec au cours de laquelle nous constations que les allaisiens étaient en fait bien plus nombreux qu'il n'y paraissait au vu de la littérature scientifique et critique sur l'auteur. En effet, c'est plutôt à l'occasion d'échanges informels, voire confidentiels, que l'on apprend que son interlocuteur, littéraire, linguiste, sémioticien ou autre, au demeurant un monsieur fort sérieux, est en fait un grand lecteur d'Alphonse Allais. On comprend alors pourquoi l'on se réjouit de la compagnie de ce collègue pour la bonne raison que l'on partage avec lui un certain regard amusé sur le monde. Allais serait en quelque sorte le jardin secret de nombreux spécialistes du langage, des lettres, de la logique qui trouvent chez lui soit un dérivatif puissant, soit une stimulante inspiration.

La première difficulté était donc de débusquer ces allaisiens, et de les encourager à élucider et à exposer les raisons pour lesquelles l'œuvre d'Allais a une place à part dans leurs lectures, tant par le plaisir que par l'enseignement qu'ils en tirent. Car la fréquentation d'Allais rend intelligent en plus de rendre hilare. Mais, que l'on y trouve matière à rire ou à réflexion, on peut craindre de se dévoiler, de se démasquer en justifiant son intérêt pour *La nuit blanche d'un hussard rouge, Un rajah qui s'embête, L'art de s'amuser en chemin de fer, principalement dans les wagons-toilettes munis d'un couloir latéral.*, et autres *Chambardoscope* ou *Maboulite holorimeuse*. De ce point de vue, il est peut-être plus compromettant de participer à un projet concernant Alphonse Allais que concernant le Marquis de Sade ou la Comtesse de Ségur.

Par ailleurs, on peut tout autant se demander si un colloque ou un ouvrage scientifiques peuvent servir la cause d'un pareil sujet ? Question : de son vivant, Allais aurait-il apprécié les savantes analyses qui suivent et se serait-il prêté aux hommages médiatiques qui semblent ravir les fantaisistes de notre fin de siècle ? Il y a toujours des risques à célébrer les humoristes et l'humour en général en faisant croire que l'on devrait les prendre au sérieux. Si ce genre de consécration signifie généralement, à moins qu'elle ne le provoque, l'épuisement de l'effet comique, on peut tout de même penser que les *Œuvres anthumes et posthumes* - qui ont déjà bien résisté au temps qui passe et à quelques thèses de doctorat qui passeront encore plus vite - pourront supporter nos commentaires sans trop de mal, aussi éclairants soient-ils.

Il n'empêche qu'Allais, malgré sa réputation et ses bons mots - à cause d'eux pourrait-on dire - reste méconnu, et qu'il n'est pas inutile de rappeler qu'il est un écrivain à part entière, et même un écrivain moderne (certains vont même jusqu'à le qualifier de « post-moderne »). Heureusement qu'au cours de ce siècle, des gens comme Breton, Jakovsky, Caradec, Eco nous invitent - à intervalles réguliers - à le relire dans le texte et à y trouver chaque fois des choses différentes. Comme toute œuvre littéraire, l'œuvre allaisienne est pleine de ressources, et comme toute œuvre comique, elle est pleine de contradictions ; nous n'aurons certainement pas assez d'un ouvrage collectif pour apprécier les unes et nous réjouir des autres.

Cet ouvrage, qui a pour origine le *Premier Colloque International Alphonse Allais*, organisé à l'Université de Liège (du 9 au 11 septembre 1996) par le Groupe de Contact ADISCOM du Fonds National de la Recherche Scientifique, reprend les grands axes de ce colloque de façon à dresser un tableau assez complet des enjeux de l'œuvre allaisienne. Après l'aperçu général que nous propose J.-M. Klinkenberg en guise d'entrée en matière, J.-M. Defays, J. Demers, J. Dubois, Ch. Pelletier et B. Sarrazin se demanderont en quoi Allais est *d'abord* ou est *aussi* un écrivain, un philosophe, un sociologue, un visionnaire, voire un mystique. Ensuite, ce sont les jeux de langage auxquels se livre Allais qui feront l'objet - d'un point de vue littéraire, rhétorique et linguistique - des articles de S. Attardo, Y.-L. André, J.-L. Dufays, D. Grojnowski et L. Rosier. Nous pourrons après cela en venir à l'œuvre littéraire dont P. Besnier, M. Décaudin, F. Caradec et Ph. Moret commenceront par souligner la diversité générique : contes, chroniques, vers, correspondance, aphorismes. A. Mercier, M. Pakenham, B. Vibert associeront Allais à d'autres écrivains comme La Jeunesse, Goudeau, Villiers Adam. Se posera alors la question de la nature du comique allaisien : ironique, fantastique (P. Schoentjes), macabre (M. Degli), déambulatoire et alcoolique (A. Vaillant). Pour terminer, J.-P. Bertrand, N. Feuerhahn, V. Partenski et L. Sterckx laisseront les mots pour aborder l'œuvre picturale et musicale (?) d'Allais, ainsi que les dessins humoristiques dont il a partagé l'inspiration et la version cinématographique qu'Yves Robert a tirée de l'*Affaire Blaireau*. Et c'est à l'écrivain Jean-Pierre Verheggen qu'il reviendra de conclure par un vibrant hommage à Allais à qui il rendra - après ces trop sérieuses analyses - sa véritable dimension comique.

Les éditeurs de cet ouvrage collectif sont profondément reconnaissants aux organismes qui leur ont permis de réaliser ce projet : le Ministère de la Culture (Service de la Promotion des Lettres) et le Ministère de la Recherche Scientifique du Gouvernement de la Communauté française de Belgique, le Fonds National de la Recherche Scientifique, la Province de Liège, l'Université de Liège, le Crédit Agricole et l'Association Pharmaceutique de la Province de Liège.

Pour terminer, un tout grand merci à A. DEFAYS et à L. GEMENNE pour leur précieuse collaboration lors de l'organisation du colloque, et à A. DEFAYS pour sa relecture patiente et scrupuleuse des actes.

INTRODUCTION

1. ALLAIS, CLASSIQUE

Jean-Marie KLINKENBERG

J'eus un jour la grande joie de trouver, en exergue d'un précieux petit recueil de contrepèteries, une citation qui disait à peu près ceci : "Pourquoi le mauvais goût ne pourrait-il être aussi distingué et raffiné que le bon ?" Joie, car cet apophgtegme semblait justifier l'attirance, sans doute contestable, que j'éprouvais alors pour certaines tératologies que le fameux paradigme de Rimbaud — dessus de portes, refrains idiots... — légitimait déjà peu ou prou.

Dans ce vert paradis, vert comme certains raisins, Allais figurait en bonne place.

Allais, avec ses calembours, cette "fiente de l'esprit qui vole", comme disait le père Hugo, lequel en connaissait un bout en la matière. Allais, avec ses clichés. Allais, avec ses situations narratives répétées jusqu'à la compulsion (ah, que de tantes souffrantes auront servi d'alibi à ses grisettes infidèles !)

Allais, avec ses prodiges de cruauté, cette cruauté que l'on n'a pas toujours correctement observée. (Nul amant qui a lu Allais ne rêvera plus à "ne faire qu'un" avec l'être aimé, et aucune femme ayant fait les mêmes lectures n'osera encore attirer l'attention sur la finesse de sa taille). Allais avec ses "désabus" : chez lui, les mariages sont toujours fataux, les fidélités toujours abusées. Allais, avec ses générosités qui se retournent contre elles-mêmes, comme celle de cette jeune fille amatrice de vin bouchonné.

Allais, avec ses inventions dignes de cent éditions du concours Lépine. Inventions touchant à tout — de la sécurité (les habits en peau de pêche, autorisant l'évacuation rapide des foules hors des lieux publics) à la signalisation maritime (les bouées à odeur), de la sociologie de la lecture (le livre à encre volatile) au génie (les ponts de crocodiles dressés), de l'industrie alimentaire (à côté du très authentique café soluble, la machine à délarder les cochons vivants) au meurtre, bien sûr, qui est plus un artisanat qu'un des beaux arts (la vinaigrette à la nitroglycérine) — mais inventions qui montrent un esprit avisé et civique, économe et patriote, surtout préoccupé que son auteur est de récupération de l'énergie (le pédiluve ferroviaire, le pinardier utilisant la fermentation pour sa translation) et d'art militaire, bien qu'il fût antimilitariste (chiens-soldats anticyclistes, puces-soldates antichiens, obus au poil à gratter, faucons antiballons, guerre en maquettes...)

Allais, avec son invention langagière débridée. Car avec Allais, nous entrons au paradis du rhétoricien, ou plutôt du rhétoriqueur. Ce sont en effet les fleurs de rhétoriques les plus méphitiques que le pharmacien semble avoir le plus affectionnées : calembours, à peu près, vers holorimes et autres métaplasmes (il n'y a sans doute qu'au contrepet — et encore — qu'il n'ait point touché).

Allais, avec son esprit de système, cet esprit de système ahurissant et préstructuraliste, qui lui fait inventer le concept d'œuvre anthume, s'opposant à celui d'œuvre posthume, et dont le besoin se faisait généralement sentir.

Mais Allais aussi avec son espèce de bon sens bourgeois, de modestie qui fait de lui un brave type, qui touche à tout l'air de ne pas y toucher. Un bonhomme, flâneur comme cent gabelous, patelin comme quatre maîtres.

Est-ce cette folie douce qui nous rassemble ici ? Car il faut y prendre garde. Allais est un auteur contagieux. Il fait partie de cette catégorie d'auteurs que l'on pourrait qualifier de suscitatifs. Je vise par là ceux qui suscitent chez les autres tous les maux dont ils sont atteints. Ce qui n'est pas nécessairement le cas en matière de critique littéraire : on parle rarement de Racine en alexandrins, ou d'épopée en laisses. Allais, lui, semble faire fleurir chez nombre de ses exégètes les néologismes et les pires boursouflures du Gradus ad Parnassum. Depuis le titre de la bible allaisienne — j'ai alludé au *Tueur à gags* — jusqu'à la formule prophétique de Jarry : "Allais, celui qui ira".

Celui qui nous rassemble ici n'est-il qu'un amuseur, un rigolo ? Doit-on le réduire à l'état d'humoriste ?

Il faut d'abord commencer par l'affirmer. Oui, Allais est un rigolo. Car pourquoi les rigolos ne pourraient-il être aussi distingués et raffinés que les sérieux ? Mais rigolo, Allais n'est pas que cela. Comme le disait Gabriel, il n'y a pas que la rigolade, il y aussi l'art. Et puisque j'ai cité un des archanges qui planeront sans doute sur ces rencontres, sans doute me sera-t-il permis d'invoquer une de ses métaphores critiques parmi les plus célèbres. Celle de l'oignon que l'on pèle. Que l'on soulage de sa couche supérieure, jusqu'à obtenir un oignon parfaitement conformé. Oignon qui recèle un autre oignon tout aussi autonome.

Eh bien, l'œuvre dont nous allons nous occuper est cet oignon-là. Le texte allaisien permet une lecture à plusieurs niveaux.

Derrière la rigolade, il y a la subversion.

Derrière la cruauté, il y a la provocation, qui renvoie dos à dos la bienveillance et la malveillance. Derrière cette cruauté, il y a un moraliste.

Derrière l'invention débridée, il y a une interrogation authentique sur toutes les utilités sociales. Et, déjà, une méditation sur les limites de l'action de la science sur notre vie quotidienne.

Derrière le foisonnant métaplasme, il y a une écriture consciente d'elle-même, et qui, en cela annonce nos modernités. Et l'on ne pensera pas seulement à cette autoréflexivité, qui fait glisser dans l'œuvre des jeux sur le nom de l'auteur, comme Raymond Queneau le fera à plus d'une reprise. L'écriture allaisienne tisse les complicités. Elle attire le lecteur dans son jeu, le force à participer. Il est à cet égard significatif que Umberto Eco n'ait rien trouvé de mieux dans la littérature mondiale qu'un texte d'Allais pour démontrer la présence du lector dans la fabula. Que de commentaires métalittéraires chez Alphy ! Non seulement il ne cesse de parler de littérature, distribuant les bons et les mauvais points, singeant tel tic stylistique poétique (le "Poème morne, traduit du belge" montre qu'Allais était au courant du débat sur le "Macaque flamboyant", mené par *La jeune Belgique*), pastichant tel genre romanesque, mais le texte est bourré d'instructions au lecteur, de commentaires et de guides si explicites que pleine liberté vous est laissée de ne pas suivre votre guide.

Au-delà de la cruauté qui porte sur les choses, les bêtes, les concepts et les gens, il y a, comme tapie, une pensée avide de bricolage et de décentrements. Il n'est pas jusqu'à la vision sociologique de l'auteur qui ne manifeste une concaténation entre le texte et la vie qui ferait palir d'envie nos postmodernes : quand l'invention débridée devient vraie, et quand le personnage de la rue devient héros de contes, toute frontière s'abolit.

Derrière le bon sens, il y a le sens de l'extrême. Je suis très fier d'avoir exhumé un sonnet holorime inédit, un des seuls de l'histoire de la littérature. L'excès allaisien fait d'ailleurs aussi penser au nouveau roman, par un de ces plagiats par anticipation dont il avait le secret. De combien de détails sans pertinence, en effet, n'alourdit-il pas son exposé ! On ne nous laisse jamais ignorer la température qui régnait le jour de tel fait-divers, et on vous l'exprime en degrés centigrades, aussitôt convertis en Fahrenheit ; de même, le lecteur apprend au passage le cours du dollar-or et la géographie des environs de Neubrisach...

Au-delà de la rhétorique, il y a la réflexion sémiotique. Allais excelle à mettre en évidence les incongruités du langage, les automatismes de la communication, tout ce qui fait que nous sommes parlés plus que nous ne parlons. Citées, les formules littéraires sont comme mises à distance. Les sagesses des différentes nations sont invoquées, mais c'est pour s'en débarrasser aussitôt. Ainsi se trouvent dénoncés les conformismes comme le sont aussi les sentiments cocardiers.

Mais ne suis-je pas en train de donner un sens fermé au texte allaisien ? Non, Allais est encore ailleurs. Par les techniques qu'on vient d'énumérer, toute son œuvre apparaît comme une parabole de liberté.

Liberté. En effet, l'humour se développe sans linéarité chez Allais : il n'a pas de sens prédéfini, imposé par l'auteur, lequel cesse dès lors d'être le propriétaire de son texte. La gratuité de ses constructions autant que celle des détails disent la contingence de la littérature, et même celle de tout discours. Les façons de parler, les clichés, sont convoqués sans qu'on ne sache pas trop si l'auteur y adhère ou s'il veut les conspuer. En nous montrant du doigt l'endroit exact où le verbe se met à "tourner sot", Allais nous montre ainsi les limites de toute interaction verbale. Chez lui, l'excès peut coexister avec la concision.

Ainsi, un anecdotier de Honfleur fait mentir les Pères de l'Église, qui affirmaient que les contraires ne peuvent coexister dans le même être. Un art maîtrisé de la liberté et de la distance fait de lui un moraliste peu moralisateur, un sérieux joueur, ou un joueur bien sérieux.

Il y a donc bien des raisons, en cette peu respirable fin de siècle qui approche, de réfléchir à un auteur qui a tenté de rendre supportable la précédente. Bien des raisons de le faire ici, cent ans après l'année d'un voyage d'Allais en Belgique, année qui est aussi celle de l'apparition du sapeur Camember, autre bouffée d'oxygène.

Sans doute d'autres raisons d'être fasciné par Allais vont-elles surgir au cours des journées qui vont se dérouler, et que j'espère fécondes. Pour l'instant, je ne veux me souvenir que de ceci : Allais est à la fois dans son siècle et en dehors. Allais risquerait dès lors bien d'être un classique. Si du moins le sens du classicisme est d'offrir sans cesse de nouvelles lectures à une œuvre, de la renouveler au fil des appropriations.

PREMIÈRE PARTIE

ALLAIS ET LE MONDE

2. LA LITTÉRATURE ET LE COMIQUE : LE CAS ALLAIS

Jean-Marc DEFAYS

I

Il n'est évidemment pas question ici de réhabiliter à titre posthume l'écrivain Alphonse Allais pour qu'il puisse bientôt figurer dans les manuels et les anthologies scolaires ; ni non plus de célébrer le comique en général en montrant qu'on devrait le prendre plus souvent au sérieux, avec tous les risques que cette considération paradoxale comporte. Ni l'œuvre d'Allais, ni la littérature comique n'ont probablement besoin de ce genre de consécration universitaire. Mais c'est certainement l'occasion de se poser quelques questions et d'émettre quelques réflexions sur le statut de l'écriture et de l'écrivain comiques qui occupent une place à part dans les lettres comme dans la société, en illustrant ces propos par le cas d'Alphonse Allais qui est intéressant dans la mesure où il se présente à une période critique de l'histoire littéraire, et où il pourrait représenter le prototype de l'auteur comique contemporain. En effet, l'analyse de certains aspects de sa carrière et de son œuvre permet de mettre en évidence les circonstances personnelles, culturelles, littéraires qui concourent à ce qu'un auteur se charge de la problématique mission de faire rire ses contemporains. Plus précisément, on tentera d'expliquer comment un apprenti pharmacien à la plume facile et au tempérament facétieux est finalement amené à inspirer un colloque littéraire tel que celui-ci.

Les rapports entre la *littérature* et le *comique* posent une multitude de questions fort importantes qui touchent au principe même des fonctions et des fonctionnements des discours dans l'économie générale de notre univers langagier. Le partage que fait telle société à tel moment entre ce qu'elle juge *comique* et *sérieux* est aussi significatif que celui, non moins fluctuant, entre ce qu'elle reconnaît comme *littéraire* parmi les autres types de discours. Toute une série de facteurs entrent bien sûr en ligne de compte - rhétoriques, poétiques, institutionnels, idéologiques, esthétiques, philosophiques - dans la définition de ces genres et, plus précisément, la détermination du statut et des activités de ceux qui les pratiquent.

Les oppositions - contestables et contestées, mais bien réelles dans les mentalités - entre *comique* et *sérieux*, comme entre *littéraire* et *non-littéraire* ne correspondent bien sûr pas. Si la littérature, dans son sens le plus noble, est « sérieuse », c'est-à-dire digne de considération, autant pour ceux qui l'écrivent que pour ceux qui la lisent, l'éditent, la critiquent, l'enseignent, son caractère gratuit et fictif - qui a suscité de longs débats universitaires et judiciaires - lui confère une certaine liberté par rapport aux exigences que doivent satisfaire d'autres discours, scientifiques, journalistiques, politiques. L'analyse du discours et la philosophie du langage des dernières années ont expliqué ce phénomène en termes de *contrat de parole* et de *conditions de réussite*, et ont montré que le langage, le sujet et le monde n'entrent pas dans le même type de relations quand le discours est conçu ou reconnu comme littéraire. En ce sens, puisqu'elle ne porte pas vraiment à conséquence, qu'elle confère même une certaine impunité à l'auteur, la littérature n'est « pas sérieuse ». Selon le statut qu'on lui donne, Céline suscitera l'admiration, l'opprobre, ou... les rires.

En effet, sous le couvert de la plaisanterie, je peux me montrer insolent, obscène, agressif, raciste, misogyne, sans qu'on m'en tienne (vraiment) rigueur - même pas les victimes, si je les fais réellement rire. Souvent, la raillerie est d'autant mieux appréciée que le risque est important. La formule « c'est pour rire ! » a d'ailleurs des vertus rétroactives, quand on veut neutraliser les effets de quelques propos hardis que l'on vient d'émettre et dont l'auditoire semble s'offusquer. Le comique désamorce le sérieux parce qu'il a en commun avec la littérature de permettre un débrayage entre les trois instances citées plus haut : le sujet, le langage et le monde, et plus précisément de mettre le langage en roue libre. « Je plaisante ! » signifie : « Je ne souscris pas à ce que je dis, ce que je dis ne correspond pas à la réalité, donc ne me prenez pas au mot ! ». D'après Freud, ce serait d'ailleurs une des fonctions principales du comique, comme celle du lapsus ou du rêve, que de permettre d'exprimer sans scrupule, ni complexe ce que proscrit généralement le discours sérieux, c'est-à-dire contrôlé par l'énonciateur et jugé par l'interlocuteur. Ce qui n'empêche, ou même ce qui explique que l'on peut, dans certains cas, se montrer plus sincère en plaisantant qu'en restant sérieux, tant pour les personnes que pour les groupes. De toute manière, ce bref moment de liberté serait, d'après l'auteur du *Mot d'esprit et ses rapports avec l'inconscient*, à l'origine du plaisir de rire, comme il pourrait l'être aussi à celui de lire.[1]

---

[1]   Voir mon article : « Quand lire, c'est rire : principes et vertus de la lecture comique », in *Pour une lecture littéraire, bilan et confrontations, actes du colloque de Louvain-la-Neuve (3-5 mai 1995)*, Bruxelles, De Boeck-Duculot, 1996, pp. 83-90.

Sur le plan formel, on a souvent fait le rapprochement entre le *littéraire* et le *comique*, et plus précisément à deux niveaux. D'abord, les rhétoriciens ont eu les pires difficultés à distinguer la figure de style du jeu de mots qui se distinguent par contre l'un et l'autre par les libertés qu'ils prendraient à l'égard d'un hypothétique discours sérieux selon lequel un chat est un chat. Il n'y a rien qui ne ressemble plus, dans les faits, à une comparaison chez Frédéric Dard qu'une comparaison chez Mallarmé, si ce n'est l'objet de ces comparaisons, et le calembour, la contrepèterie, l'à-peu-près connaissent des équivalents sérieux. On se souvient d'un article où Jean Cohen s'était employé à départager le *comique* et le *poétique* et où il reconnaissait pour conclure que l'existence d'une forme d'humour poétique constituait une forte objection à la théorie qu'il venait d'énoncer[2]. Ensuite, la *littérature* et le *comique*, par souci d'originalité ou de dérision, mettent généralement en cause les modèles discursifs, génériques, culturels dont ils se servent. Le caractère autotélique est même renforcé dans le cas du comique qui a une obsédante tendance à l'autodestruction. Ludicité allant de pair avec lucidité (le mot est de Genette), U. Eco s'est servi de textes humoristiques, plus précisément des contes d'Alphonse Allais, pour analyser - à partir de ces contre-exemples - comment fonctionne normalement la lecture d'un texte sérieux[3]. Cette utilisation du comique risque cependant d'induire une interprétation strictement parodique et transgressive, alors qu'il n'est pas moins créatif que le discours sérieux.[4]

Si le *littéraire* et le *comique* ont des points communs, on range cependant la littérature comique - au même titre que la littérature fantastique, sentimentale, érotique, policière - sous le label de *paralittérature*. On pourrait peut-être plus précisément parler de *genres perlocutoires* dans la mesure où ils se caractérisent par les fins extra-linguistiques, voire physiologiques, qu'ils visent : le rire, la peur, les larmes, l'excitation sexuelle ou nerveuse[5]. Alors qu'elle peut représenter un puissant stimulant à la créativité, peut-être est-ce à cause de cette finalité explicite et commune à l'ensemble de ses lecteurs que cette littérature est dépréciée, par rapport à la « grande » littérature qui, elle, n'affiche aucune finalité, qui n'en aurait aucune, même pas celle de plaire (à en croire certains auteurs). On jugera donc une œuvre comique

---

2 « Comique et poétique », in *Poétique*, Paris, Seuil, n° 61, février 1985, pp. 49-61.
3 *Lector in fabula*, Paris, Grasset, 1985.
4 Pour une discussion plus théorique de la question, voir mon article « De la spécificité du discours comique », in *Le Français Moderne*, n° 64/1, 1996, pp. 63-76, ou, pour une présentation plus complète, mon ouvrage *Le comique*, Seuil, coll. Mémo, 1996.
5 A ce propos, voir C. KERBRAT-ORECCHIONI, *L'implicite*, Paris, Colin, 1986, p. 60 et J.-M. SCHAEFFER, *Qu'est-ce qu'un genre littéraire ?*, Paris, Seuil, 1989, p. 103.

sur son efficacité (on se réjouira d'avoir beaucoup ri, pleuré,... en la lisant),
tandis qu'une autre œuvre sera appréciée pour ses qualités intrinsèques, pour
sa beauté. En ce sens, le *littéraire* et le *comique* peuvent paraître opposés :
on dira plus volontiers d'une grande œuvre comique, serait-ce celle de Rabelais ou de Molière, qu'elle est « réussie » que « belle » , comme si le rire
neutralisait ses valeurs esthétiques. Inversement, n'est-il pas vrai que plus l'humour est raffiné, moins le plaisir qu'il procure semble relever du comique ?
Quand on célèbre Raymond Devos, on rend davantage hommage à la poésie
que dégagent ses monologues qu'aux rires qu'ils déclenchent. Enfin, rien de
tel qu'une figure de style ratée[6] ou une œuvre manquée, volontairement ou
non, pour faire rire : *Paludes* est un roman prétendument échoué.

Malgré ces difficultés, il existe bel et bien une littérature comique dont
il faudrait un jour écrire l'histoire. Même si nous avons déjà à notre disposition une belle collection d'excellentes monographies et anthologies sur le
comique au Moyen Age et à la Renaissance, à l'âge classique, au XIXè
siècle, il reste encore à analyser l'évolution des rapports entre le *comique* et
le *sérieux* tels qu'ils apparaissent en littérature en fonction des différentes circonstances sociales, politiques, culturelles, idéologiques. Ainsi, si l'on voit,
au XIXè siècle[7], de nombreux écrivains et philosophes faire l'éloge du
comique et suggérer d'y recourir pour renouveler l'esthétique et les lettres,
c'est que les deux siècles précédents - qui avaient pourtant connu de grands
humoristes - avaient cloisonné strictement les genres et circonscrit la portée
du comique. Classicisme et Lumières obligent, on l'appréciait comme moyen
de défoulement, d'édification ou de combat, mais sans en faire une source
de création littéraire légitime et féconde comme cela avait été le cas au
Moyen Age et à la Renaissance. Cette réhabilitation du comique en littérature, à laquelle Hugo, Baudelaire, Flaubert, pour ne citer qu'eux, ont apporté
leur contribution, va être relancée par les symbolistes et les décadents, et portera ses fruits jusqu'aux surréalistes et à leurs épigones. Quelles que soient
les modalités ou les formes sous lesquelles il intervient, le comique participe
à part entière à l'histoire littéraire de la fin de siècle, aux remises en question, aux désorientations, aux confusions et aux coups de génie qui la caractérisent. On voit le comique s'infiltrer dans toutes les failles que provoquent
ces collisions entre les genres, les régimes et les styles[8] et finir par contaminer l'ensemble du champ des discours dits « sérieux » pour le régénérer.

---

6   Voir Groupe MU, *Rhétorique de la poésie*, Seuil, coll. Point, 1990, p. 129.
7   D. GROJNOWSKI, « Comique littéraire et théories des rires », in *Romantisme*, n° 74,
    1991, pp. 3 et sv.
8   J. DUBOIS, P. DURAND, « Champ littéraire et classe de textes », in *Littérature*, n° 70,
    pp. 5-23, 1988.

Comme si le rôle du discours comique dans l'histoire littéraire consistait à assurer les transitions entre deux états de l'économie des genres, à désigner, à neutraliser par la parodie les discours dépassés, et à annoncer, à préparer, sous le couvert du jeu, l'avènement de formes discursives nouvelles. L'œuvre d'Allais, comme celle de Jarry ou de Lautréamont, prend part, dans cette période de crise, au réaménagement de l'univers discursif.

Après ces considérations sur la littérature comique et avant d'en venir enfin à Alphonse Allais, qu'en est-il de l'écrivain comique ? A première vue, ce sont les circonstances qui font les écrivains comiques quand les écrivains sérieux en appellent à leur vocation, à leur inspiration, à leur ego auxquels ils resteront fidèles en dépit des circonstances, justement. Alors que l'écrivain sérieux peut toujours s'en remettre à la postérité pour reconnaître la valeur de son œuvre, l'écrivain comique doit commencer par attirer l'attention de ses contemporains, même s'il joue le jeu de la provocation pour y parvenir. On distinguerait ces auteurs par leur ambition : la popularité dans un cas, la considération dans l'autre. L'auteur comique dépend donc plus étroitement du contexte pour se livrer à son art, aussi original soit-il, à tel point qu'il semblerait que le comique ne relève pas vraiment d'une initiative personnelle, d'une instance créatrice, mais qu'il est issu d'une situation commune ou d'une pulsion collective. D'où l'impression de facilité, de spontanéité, de familiarité que doit donner l'auteur comique : on se laisse aller au comique comme au rire, alors que les autres formes d'écriture littéraire réclament des efforts pour *se distinguer* (dans tous les sens du terme). Le rire étant avant tout un phénomène social, le discours comique a une fonction publique comme le discours pamphlétaire, politique, professoral, et l'auteur comique serait le porte-parole du groupe auquel il doit son statut et auquel il renverrait son image, déformée ou non. Les auteurs comiques sont d'ailleurs souvent des chroniqueurs comme Alphonse Allais, parfois des moralistes. Vu la place qu'occupe la parodie dans la littérature comique, et plus précisément l'oralité sous toutes ses formes, l'auteur est surtout un transcripteur... à la façon des Bouvard et Pécuchet que Barthes érige en modèles.

Mais ceci n'est qu'un aspect du statut de l'auteur comique, qui doit être corrigé par un autre. Qu'il soit au service d'une cour princière, de la bourgeoisie ou de l'audimat, le comique doit se démarquer de son public, par ses propos, ses opinions, son comportement, son accoutrement, ou d'autres signes distinctifs. Cette singularité fait partie intégrante de son personnage : l'auteur comique a ceci en commun avec l'auteur romantique qu'il est son propre héros, que son œuvre et sa vie sont indissociables, qu'on lui demande d'être comique tout le temps comme l'autre doit rester ténébreux. Cette contrainte est peut-être à l'origine de la dépression dont souffrent réellement de nombreux fantaisistes. Cette marginalité est aussi essentielle à l'exercice de son art que la convivialité dont il vient d'être question, car c'est elle qui lui confère l'impunité sans laquelle on lui tiendrait rigueur des jugements, des critiques, des railleries qu'il se permet sous le couvert de l'ingénuité ou de l'insolence. Les auteurs comiques sont donc au centre du cercle des rieurs sans y appartenir. Souvenons-nous que les amuseurs publics d'antan, les bateleurs du Moyen Age ou les comédiens du *Roman comique* de Scarron qui installaient leurs tréteaux au centre de la ville, étaient des itinérants toujours accueillis comme des étrangers, et comparons cette situation avec celle des fantaisistes qui ont contribué à la fin du siècle dernier au succès du cabaret *Le Chat Noir* où s'encanaillait toute la société parisienne, et dont la plupart - comme Allais, notamment - venaient de Province. Le champ d'action de l'auteur comique se situe donc à la fois au centre de l'univers socioculturel vers lequel tout le monde converge, au mépris parfois des distances, des différences, des divisions qu'impose généralement la vie en société, et en marge de cette même société qui ne peut le considérer, quelle que soit sa popularité, comme l'un des siens sous peine de devoir le censurer. Maingueneau avait noté l'intéressante similitude entre la position du roi et de son bouffon qui se côtoient en se rejetant. Diamétralement opposés, ils sont tous deux placés à la fois *dans* et *hors* de l'espace social, l'un au-delà, l'autre en-deça, et ainsi « représentent le corps social qu'ils bornent »[9].

2

Voyons maintenant comment ces conditions de l'écriture comique se manifestent dans la carrière et l'œuvre d'Allais. Il ne s'agira une nouvelle fois que de proposer quelques pistes de réflexion.[10]

Avant tout, il faut se rappeler que, mis à part *Le Petit Marquoir* et quelques contributions à d'éphémères publications, c'est seulement vers l'âge de trente ans, en 1885, qu'Allais se livre assidûment à l'écriture. On pourrait difficilement parler dans son cas d'une réelle vocation littéraire, ses préférences allant d'abord aux expériences chimiques et aux réjouissances estudiantines. Est-ce la fréquentation nocturne d'écrivains et d'écrivailleurs de toutes sortes qui l'encourage à transférer son terrain d'action de la rue et du club de joyeux drilles à la scène et aux coulisses de cabaret, puis, à la faveur de cette circonstance que *Le Chat Noir* devient aussi un canard - du cabaret au journalisme, et finalement à publier annuellement des recueils de monologues, contes et autres chroniques ? Est-ce le succès qu'obtiendront ces

---

9   *Le contexte de l'œuvre littéraire*, Paris, Dunod, 1993, p. 163.
10 Pour plus de détails, voir mes ouvrages *Jeux et enjeux du texte comique*, Tübingen, Max Niemeyer, 1992, et *Le Texte à rire, Techniques du secret et art de l'illusion chez Alphonse Allais*, Université de Jyväskylä, Finlande, 1994.

recueils qui l'incite, une dizaine d'années plus tard, à écrire des pièces de théâtre (une demi-douzaine, souvent en collaboration, à partir de 1895) et même un ou deux romans (*L'Affaire Blaireau*, en 1898) ? Même si ces deux genres ne lui réussissent guère, probablement parce que son inspiration est tributaire des conditions matérielles de l'article de journal, on penserait qu'il aspire, toujours au service de l'humour, à un statut d'écrivain à part entière.

On peut retracer cet itinéraire - chahuteur, metteur en scène, chroniqueur, auteur - dans l'œuvre entière d'Allais qui garde la marque des gags estudiantins, des monologues de cabarets, des histoires improvisées à la terrasse des cafés, et surtout de la familiarité avec laquelle il s'est toujours adressé à ses interlocuteurs, pour constituer avec ses joyeux comparses , ses victimes favorites, son public fidèle une petite société conviviale. L'oralité - au niveau du langage, du rythme, de l'interaction - subsiste d'ailleurs dans toute l'œuvre allaisienne, même dans les textes les plus composés, et peut-être Allais annonce-t-il à ce propos comme à beaucoup d'autres le bouleversement des rapports entre les registres écrits et oraux dans la littérature que provoqueront des auteurs contemporains, comme Queneau ou Céline que l'on cite toujours à ce propos. En attendant, la lecture d'Allais - grâce à ses parodies, à ses ruptures de style, à ses collages - pouvait déjà représenter un puissant antidote à l'écriture emphatique, stéréotypée, alambiquée que pratiquaient les auteurs de l'époque, des romantiques attardés aux symbolistes éthérés, ainsi que les journalistes, les politiciens, les scientifiques. Comme la tradition carnavalesque décrite par Bakhtine, Allais régénère la culture savante sclérosée - que, pour lui, auteur comique, personnifie le littérateur sérieux - en la soumettant à l'épreuve de la terrasse de café, de sa spontanéité, de sa créativité, de ses excès.

Il semblerait ensuite que les contraintes de la presse, après celles de la scène, aient été un puissant stimulant à sa verve - la taille immuable de l'article qui l'oblige tantôt à resserrer, tantôt à allonger, l'attention du lecteur pressé qu'il faut gagner à tout prix, le rythme de publication, avec la nécessité de faire du neuf au jour le jour, de suivre l'actualité,... - plutôt que de brider son inventivité ont plutôt eu tendance à la provoquer. D'autant qu'Allais a été rédacteur en chef et qu'il a dû rappeler ces règles à ses collaborateurs. Sans oublier non plus, puisque Allais a aussi écrit dans des journaux sérieux, le voisinage des autres articles, politiques, économiques, scientifiques, auxquels il fallait faire écho d'une manière ou d'une autre. Son goût de la parodie trouvait certainement son compte dans ce contraste entre le sérieux et le comique sur la même page, mais peut-être était-ce aussi pour Allais une sorte de reconnaissance du comique qui méritait de figurer en première page au même titre que les grandes nouvelles. Mais le mérite d'Allais est surtout d'être parvenu à conjurer la nature éphémère de la presse et du comique, au point qu'il a pu constituer des recueils qui sont toujours lisibles et risibles actuellement. Lui-même, ne prévoyait-il déjà pas un succès posthume en publiant son *œuvre anthume*...?

Cela ne signifie pas qu'il regrettait de ne pas être un écrivain considéré, à l'instar du pauvre buveur d'absinthes du monologue célèbre - et pas drôle, pourtant - qui, après avoir été renvoyé par le directeur du journal, soupire en voyant passer les « broyés de l'existence » :

> Un livre à faire là-dessus... unique ...inoubliable... un livre qu'ils seraient bien forcés d'acheter... tous !...

En fait, Allais relativise la littérature que, manifestement, il connaît bien, même s'il fréquente plus assidûment les milieux littéraires que les œuvres littéraires, et dont il transpose les interrogations, les obsessions, les bouleversements, sur le mode comique. D'une manière générale, l'œuvre allaisienne témoigne de la désorientation littéraire que l'on a évoquée plus haut et que les spécialistes décrivent en termes de crise de la mimésis, déconstruction des formes, hybridation des genres, échec du héros, idéologie du manque... Tous ces traits de la littérature symboliste sont attestés chez Allais, avec la différence que l'écriture n'est pas suscitée ou dominée chez lui par un projet esthétique comme chez les écrivains sérieux, mais qu'elle représente un exercice principalement ludique. Plus que tout autre, l'œuvre d'Allais montre que la distinction relève moins de la nature que de la finalité de l'activité scripturale, du fonctionnement que de la fonction du discours qu'elle produit ; d'où la difficulté à établir des frontières nettes. En insistant sur les divergences, Allais était certainement fort conscient des similitudes.

Par la parodie, les emprunts, les fausses citations, les pseudonymes, et autres mascarades littéraires, Allais relativise aussi les notions de propriété et d'authenticité littéraires. Une fois énoncée, la parole appartient au domaine public, aussi bien la phrase d'auteur que les propos de la concierge. Allais en revient à une conception ancienne, moyenâgeuse même, selon laquelle un « texte écrit, dès l'instant où il était divulgué... était considéré comme bien collectif, pouvant être réassumé, dans une certaine mesure, par n'importe quel écrivain »[11]. C'est ainsi qu'Allais déclare, à l'occasion d'une enquête sur la propriété littéraire et artistique et le plagiat effectuée par la revue *La Critique* (5 mai et 5 novembre 1895) :

> Ce que je pense de la propriété littéraire, Monsieur, dépasse les bornes de l'imagination la plus viciée, seule l'âme d'Oscar Wilde se complairait à ces noirceurs. Quant à la propriété artistique, je vous avouerai que je m'en bats les flancs.
>
> J'ai plusieurs fois été plagié dans ma vie ; j'ai toujours pardonné... A tous, j'ai dit : vous plagiez l'apothicaire, fourneaux que vous êtes, vous me copiez, moi Allais, que Dieu vous bénisse et par le Prophète, qu'Allais vous protège.

---

[11] Cl. BOUCHÉ, *Lautréamont, du lieu commun à la parodie*, Paris, Larousse, 1974, p. 42.

Il faut cependant nuancer cette prise de position : on se souvient aussi qu'Allais s'était brouillé avec un chansonnier, Xanrof, qu'il accusait de plagiat. Il s'était aussi plaint qu'un autre humoriste s'en était pris au pauvre Francisque Sarcey, alors que lui seul avait le droit d'en faire sa Tête de Turc, disait-il.

Enfin, Allais relativise aussi la littérature en en rappelant les contraintes les plus élémentaires, les plus arbitraires, les plus matérielles : les incohérences de l'orthographe, les consignes aux typographes, les exigences de l'éditeur et les goûts du public, la rémunération à la ligne,... toute une série de facteurs que l'écrivain sérieux fait mine d'ignorer et sur lesquels Allais ne cesse d'attirer notre attention. Allais reste peut-être lisible pour cette raison qu'il met en évidence le travail de l'écriture auquel, semble-t-il, nous assistons toujours grâce à la succession de corrections, de précisions, de surcharges, et d'autres commentaires qui jalonnent le texte. Plus ingénieux que génial, Allais fait davantage penser à un artisan - l'écrivant - qui connaît toutes les ressources, les exigences, les ficelles de son métier, et en use pour la plus grande satisfaction de son public, qu'à un artiste qui s'en remet à son inspiration. La modernité d'Allais dépend certainement de cette mise en scène enjouée de l'écriture. On pourrait même avancer que, paradoxalement, ce qui faisait qu'Allais était comique au lieu ou avant d'être écrivain aux yeux de ses contemporains (ce qui correspond à sa biographie), fait qu'il passerait actuellement d'abord pour être écrivain avant d'être comique, aux yeux des lecteurs de Raymond Queneau, de Jorge Luis Borges, d'Umberto Eco, d'Italo Calvino en tout cas.

Dernière question avant de conclure : Allais n'a-t-il jamais été « sérieux » ? En fait, Allais n'a jamais été que sérieux puisqu'il pratiquait l'humour à froid. D'après les témoins et les biographes, comme d'après ce que lui-même nous en dit, Allais était capable de raconter les histoires les plus loufoques ou de monter les mystifications les plus délirantes avec le plus grand sérieux. C'est d'ailleurs une qualité qu'il apprécie chez ses complices favoris. Allais ne fait pas non plus souvent allusion au caractère comique de ses histoires ou de ses aventures : on y rencontre plus souvent des farceurs (et des farcés) que des rieurs. Le corps est traité de toutes les manières chez Allais - amputé, découpé, recollé, éventré, décapité, écrasé, carbonisé -, mais rarement secoué par les convulsions du rire. Signalons seulement l'histoire de Jean Passe (de la maison Jean Passe et Desmeilleurs) qui, pour regagner les faveurs de son épouse volage, décide, raconte Allais, de se rendre à...

...la libraire Ollendorff où il acheta *A se tordre*, l'exquis volume de notre sympathique confrère Alphonse Allais. Il lut, relut ce livre véritablement unique, et s'en imprégna tant et si bien que Madeleine faillit trépasser de rire la nuit. (*Comme les autres*)

A l'occasion de cette amusante réclame publicitaire, les rires apparaissent dans le texte sans y participer (à moins que ce ne soit le contraire ?). En tout cas, il y a toujours un décalage chez Allais entre le risible et le rire. Mais si Allais s'ingénie à présenter sérieusement les choses les plus frivoles, peut-on inversement en faire un ironiste ou un satiriste qui procéderait à une véritable critique sociale, politique, littéraire sous le couvert du comique ? Plusieurs interprétations ont déjà été proposées concernant ce sérieux-là sur lequel déboucherait le comique, et, vu l'ambiguïté foncière du comique, on pourrait aussi bien taxer à certains moments Allais de réactionnaire bourgeois que d'anarchiste révolutionnaire à d'autres. Je ne reviens pas sur ce débat, si ce n'est pour dire que s'il n'est jamais innocent de faire rire, Allais a toujours pris soin - en passant d'un bord à l'autre - de changer sans cesse de rôles, de victimes, d'opinions (certaines carrément révoltantes : souvenons-nous de quelques propos sur la pauvreté!!!) et d'éviter ainsi tout parti pris sérieux qui aurait été fatal à son humour et à sa carrière d'humoriste. Il n'empêche que pointe malgré tout de temps à autre un sérieux sincère. On se souvient de certains contes où l'on est tout étonné de ne pas trouver à la chute le retournement comique attendu, et qui se terminent comme ils avaient commencé, sérieusement : il y est question d'enfants (*Toutoute*), de misère sociale (*Croquis*), de drame passionnel (*Une sale blague*). Certains critiques ont d'ailleurs à cette occasion reproché à Allais sa sensiblerie et son moralisme.

Il aurait fallu aussi évoquer le statut social d'Allais. Rappelons seulement qu'il est issu d'un milieu aisé et rangé (fils de pharmacien en province) qu'il a délaissé en même temps que ses études (pourtant bonnes) entreprises en vue de reprendre l'officine familiale, pour suivre la bohème artistique, et que c'est à sa verve comique et au public qui l'apprécie qu'il doit de ne pas être sombré dans la misère comme nombre de ses anciens compagnons, du *Chat Noir* notamment. Vu son style de vie, ses goûts de luxe (surtout ceux de son épouse belge, paraît-il), ses fréquentations, Allais s'est manifestement embourgeoisé, alors que c'est auprès de lui que les bourgeois venaient s'encanailler au début de sa carrière. Selon un processus comparable, le provincial qui cherchait à se faire un nom à Paris, s'en éloigne dès qu'il y est populaire pour habiter Honfleur ou Tamaris, et ce seront ses amis parisiens qui viendront lui rendre visite.

Tout ceci mériterait bien sûr de plus longs développements car c'est précisément ici que se joue le statut en porte-à-faux du comique qui doit autant échapper à la marginalisation complète qu'à la récupération irrémédiable, tant sur le plan social que littéraire. Allais y est parvenu grâce à une œuvre qui continue à rendre à la fois hilare et perplexe...

3. LE CAPTAIN CAP,
UN CONTE PHILOSOPHIQUE ?

Jeanne DEMERS

> Le rire est un réflexe de luxe qui ne peut se produire
> que dans un être dont la raison a gagné une certaine
> autonomie par rapport aux passions affectives et lui
> permet de percevoir la vanité de ses émotions, de
> comprendre qu'il a été joué.
>
> Arthur KOESTLER [1]

> Grand buveur d'absinthe, Alphonse Allais faisait rire
> les siens en introduisant le cosmos dans son verre.
>
> Jacques VIER [2]

François Caradec avançait récemment que *Le Captain Cap* est **le** livre
d'Alphonse Allais, celui dont Sacha Guitry, à la mort de ce dernier, déplo-
rait l'absence[3]. Une chose est sûre : c'est le seul parmi les recueils allaisiens
qui présente une quelconque forme d'unité, les autres n'étant que la simple
compilation d'un nombre X de contes et de monologues, rassemblés vrai-
semblablement au hasard et sous des titres plus ou moins opportunistes[4] ; le
seul en fait qui s'articule autour d'un personnage devenu un type[5].

---

[1] *Le Cri d'Archimède*, Paris Calmann-Lévy 1965 p. 81 .

[2] "Au fil du temps plus ou moins révolu / Tentatives alphabétiques et capricieusement
chronologiques d'eaux-fortes littéraires / Allais Alphonse (1854-1905)", *La pensée
catholique,* n° 179, mars-avril 1979, p. 73.

[3] *Alphonse Allais,* Paris Belfond, 1994, p. 313.

[4] Le "comble" se trouvant dans *Pour cause de fin de bail* qu'Allais précise avoir choisi
"non pas qu'il y soit question de rien qui effleure ce sujet mais simplement parce que
je vais déménager au terme d'avril prochain". Avant-propos d'un recueil d'œuvres
posthumes publiées en 1899 aux éditions de la *Revue blanche*. François CARADEC, *op.
cit.,* p. 360.

[5] Il y aurait pu en avoir un autre si Allais avait, comme le suggère Caradec, "réuni en
volume tous ses «Sarcey»", *Ibid.,* p. 264.

Ce phénomène expliquerait le succès continu du livre auprès des éditeurs. Sans doute. Mais s'il y avait davantage ? Si *Le Captain Cap* offrait au lecteur attiré par le comique du texte, un ensemble de façons de penser qui malgré leur caractère hétéroclite finit paradoxalement par former un tout organique, une sorte de conte philosophique ? D'un nouveau genre évidemment - du genre plutôt "anti" - qui ressemble très peu aux célèbres prédécesseurs que furent *Candide, Les Lettres persanes, Gulliver's Travel*. Mais d'autant plus conte philosophique que fondamentalement *work in progress*, il n'a de cesse de se mettre en question, de s'auto-détruire même, à l'image de ces *gadgets* pour agents doubles qui doivent informer sans laisser de traces.

Le Captain Cap va au-delà en effet de l'espèce de crise du système que représente le conte philosophique, voué par définition à la critique mais tendu par l'espoir d'améliorations possibles. Il y a trop longtemps qu'Allais a compris : il ne changera pas le monde. Aussi de concert avec Cap, son double hyperbolique, décroche-t-il des institutions qui lui paraissent contraignantes ou auxquelles il ne croit plus, pour s'installer en marge, dans l'indifférence lucide, en observateur non impliqué ou si peu[6] !

Modernité tragique qui informe sa manière autant que sa matière et que je tenterai de cerner en m'inspirant de la distinction faite par le psychologue Edward de Bono entre "creativity" - "too often only the description of a result" - et "lateral thinking" - "the description of a process"[7]. Au risque d'avoir à constater que la *lateral thinking* ou *pensée latérale*, pratiquée souvent jusqu'au tic par Allais a peut-être causé le malheur de l'homme et limité ses possibilités comme écrivain.

Mon hypothèse : forcé d'écrire vite pour respecter les heures de tombée des différents périodiques auxquels il collaborait, Allais aurait plus ou moins consciemment développé une véritable méthode de recherche des idées. Apparentée à la *pensée latérale*, cette méthode qui se trouvait recouper sa tournure d'esprit et ses choix de vie, aurait joué un rôle important dans l'élaboration de la philosophie anarchiste, à portée pataphysique de *Le Captain Cap*.

* * *

---

[6] Peut-on trouver meilleur exemple de ce décrochage que dans sa non-implication lors de l'Affaire Dreyfus ?

[7] Traduction possible : ... la créativité porte trop souvent sur le seul résultat, alors que la pensée latérale, elle, s'intéresse plutôt aux mécanismes qui mènent au résultat. *Lateral Thinking / A Textbook of Creativity*. Publié d'abord en 1970 par War Lock Education, puis par Pelican Books en 1977, repris enfin en 1978, 1979 et 1980. Penguin Books, Introduction, p. 11.

Mais que faut-il entendre par *lateral thinking* et en quoi ce mode de pensée rejoint-il la tournure d'esprit et les choix de vie d'Alphonse Allais ? La *lateral thinking* qui emprunte aux théories de l'inconscient tout en s'en éloignant par sa dimension étroitement technique, a été popularisée en Amérique par Edward de Bono qui en prône la pratique depuis les années 1970. Son postulat : l'esprit fonctionne par clichés dans un système cliché[8] ; d'où l'usage habituel d'une *pensée verticale*, peu ouverte à l'originalité.

Et de Bono d'en donner les raisons : la *pensée verticale* suit une logique stricte. Analytique et sélective, elle avance pas à pas, valide chaque étape de son travail, écarte systématiquement toute idée susceptible de l'éloigner de son but. Accueillante au contraire au foisonnement des pistes, même les plus invraisemblables, la *pensée latérale* procède par bonds. Elle est impertinente et générative, c'est-à-dire qu'elle déclenche des idées neuves, engendre l'inattendu, provoque l'inespéré. Son domaine : les multiples facettes du probable et non le certain, le vrai, le fini de la *pensée verticale*[9].

Aussi "penser à côté" - l'expression, d'Arthur Koestler, remonterait à Souriau[10] - ou, pour en emprunter un équivalent à Paul Feyrabend, "sortir du cercle[11]", s'impose-t-il à qui souhaite échapper aux automatismes figés, s'évader du standardisé, aller au bout d'une recherche personnelle du monde et de soi. Or tout indique qu'Allais a très tôt éprouvé ce besoin ; qu'il a très tôt également découvert qu'il pouvait y répondre en se faisant "décrocheur" avant la lettre[12]. Son premier geste sérieux en ce sens : l'abandon de ses études de pharmacie, abandon qui, avec un goût prononcé pour le caractère subversif de la rue[13], devait lui ouvrir définitivement le métier d'amuseur public et amener son installation progressive en marge du système.

Cette installation en marge du système, Allais en fait le principe de base de *Le Captain Cap*. D'où l'importance qu'il y donne au thème de l'alcool.

---

[8]   "The mind is cliché making and cliché using system". *Op. cit.*, p. 36.
[9]   *Ibid.*, pp. 9-13.
[10] Arthur KOESTLER, *op. cit.*, p. 128.
[11] *Contre la méthode / Esquisse d'une théorie anarchiste de la connaissance*, Paris, Seuil, 1979, p. 70, n. 1.
[12] Décrocheur, mot on ne peut plus actuel pour décrire l'écolier, l'étudiant, le cadre même, tous ceux qui, tout à coup, ne sachant plus où leur vie les conduit ou n'étant pas d'accord avec la direction qu'elle prend, décident de "débarquer". Certains se suicident. D'autres choisissent un tournant à 90 degrés, l'équivalent d'un suicide social ou l'occasion d'une sorte de renaissance. Voir à ce sujet un récent article de *L'Express,* "Changer de vie", n° 2347, semaine du 27 juin au 3 juillet 1996, pp. 46- 53.
[13] "Je n'aime plus que la rue", aurait dit Allais à Jules Renard (*Journal*, 9 janvier 1997 ; François CARADEC, *op. cit.*, p. 328) pour ajouter : "Je regarde toutes ces gueules. Je ne reste plus chez-moi, et ma femme s'en pique. J'ai trop beau teint ct trop gros ventre. Avec tout ça, on ne peut faire que de petites choses."

Déjà le sous-titre du recueil - *ses aventures, ses idées, ses breuvages* - s'y réfère et, fait significatif, lui accorde un poids égal (ou presque) aux contenus narratif et idéologique annoncés. Deux chapitres ensuite - "Où Captain Cap donne une magistrale leçon de savoir-faire à un barman ignare, européen et ahuri" (ch. VII ; notons l'ironie) et "Où Cap prouve jusqu'à l'évidence qu'il aime se rendre compte" (ch. XLIV) - y sont entièrement consacrés ; l'un au rituel de fabrication d'un "perfect drink[14]", l'autre, à la cérémonie délinquante d'une dégustation. Des notes de bas de page enfin, parodiant un procédé savant, fournissent la recette des "breuvages" cités dans le texte avant d'être regroupées en annexe ; comme s'il fallait, compte tenu de leur importance, en faciliter une éventuelle consultation/utilisation.

Ne nous y trompons pas. Le thème de l'alcool dans *Le Captain Cap* n'est pas que simple fond de scène. Il annonce les autres thèmes du recueil. C'est ainsi qu'il propose aux personnages un précieux espace de liberté, contribue à sceller leur amitié, leur complicité - "À la vôtre, mon cher Cap ! / - Dieu vous garde, mon vieil Allais[15]" - marque leur itinérance. Qu'ils soient à Paris, Nice ou ailleurs, c'est de café en bar, de bar en grill, de grill en taverne, de taverne en "wine store[16]" que Cap et le narrateur Allais promènent périodiquement et au hasard leur insouciante - et prégnante - oisiveté. Existe-t-il en effet meilleure façon de se rendre disponible à l'imprévu des rencontres et des idées ? De se montrer ouvert à tous les possibles ? D'être capable de voir et de penser les choses autrement ?

Métaphore du principe de plaisir - ne ponctue-t-il pas la vie de moments heureux ? - l'alcool est en outre le support quand il n'est pas le ressort des histoires racontées. Il permet surtout à Allais de faire d'une pierre deux coups : de secouer les contraintes sociales, de se déresponsabiliser, et d'entrer de plain-pied dans l'univers du récit, la tradition reconnaissant à l'"eau de vie" des pouvoirs extraordinaires de libération de la parole. *In vino veritas*, comme chacun sait...

Avec les nombreuses allusions au fait de raconter[17], la nécessité devant

---

14 "The Perfect Drink" était le titre de la version originale de ce récit dans *Deux et deux font cinq.*
15 *Le Captain Cap, in Alphonse Allais / Œuvres anthumes,* Paris, Robert Lafont, p. 1085. Tous les exemples subséquents proviendront de cette édition.
16 "La première fois que j'eus le plaisir de rencontrer Cap, c'était au bar de l'hôtel Saint-Petersbourg ; la seconde fois à l'Irish Bar de la rue Royale ; la troisième, au Silver-Grill ; la quatrième, au Scotch Tavern de la rue d'Astory ; la cinquième, à l'Australian Wine Store de l'avenue d'Eylan." *Ibid.,* p. 1042.
17 "Si je vous conte ces choses, citoyens, si je vous conte ces choses stupéfiantes..." (*Ibid.,* p. 1049).
"Contez-nous cela, docteur." (*Ibid.,* p. 1081)
"Cet étrange fonctionnaire se mit à nous conter des histoires plus étranges encore" (*Ibid.,* p. 1081)
"C'est très curieux ce que vous nous contez là, Captain !" (*Ibid.,* p. 1091)

laquelle se trouve souvent le narrateur de supplier Cap de s'expliquer[18], les apostrophes au narrataire[19], il s'agit là pour Allais d'une façon particulièrement efficace d'exhiber son discours - autre caractéristique propre au conte - et en même temps de prendre ses distances avec lui, de s'en absenter en quelque sorte[20]. De s'en absenter afin d'une part de mieux jouer le rôle de faire-valoir qu'il s'est donné face à Cap, son héros (ainsi le chapitre XXII, "Dans lequel le Captain Cap se paye - et dans les grandes largeurs, encore - la tête de l'inestimable M. Alphonse Allais") ; d'autre part, de laisser le lecteur libre de tout engagement, indifférent lui aussi, pour, mine de rien, mieux le piéger. Afin également de rendre possible le rire convivial et libérateur.

Est-il besoin de rappeler par ailleurs que les boissons ingurgitées dans *Le Captain Cap*, bière, vin et champagne mis à part, sont toutes américaines, comme le sont souvent les bars que fréquentent Allais et son compagnon ? Sophistiquées (ce sont des cocktails) et faisant appel à pas moins d'une cinquantaine d'alcools ou produits divers, elles portent des noms évocateurs - *corpse reviver, pick me up, thunder, whisky stone fence*[21], etc. - et constituent autant d'icônes de l'originalité Outre -Atlantique.

Car voilà ce qui intéresse vraiment Allais, le différent, le non encore nommé, grâce à quoi il est possible de jeter sur le monde un regard neuf et pourquoi pas, scandaleux. L'Autre en somme, l'Inconnu. D'où la création d'un personnage hors catégorie, unique, sorte de Huron modernisé - et au rôle inversé - Captain Cap. Création collective au départ puisque Cap est né de plaisanteries aux dépens d'un certain Albert Caperon, plaisanteries dues en grande partie à Paul Fabre, fils du commissaire général du Canada à Paris et

---

18 Lors d'un déplacement, par exemple, Cap refuse d'expliquer comment il a découvert la maison de leur hôte. Le narrateur : "... ma surexcitation ne connaissant plus de bornes. / Dix fois, vingt fois, pendant le repas, j'avais supplié Cap." (*Ibid.*, p. 1105)

19 Exemple : "Je vous laisse à penser combien mes yeux tressaillirent d'allégresse..." *Ibid.*, Ch. XXXVI, p. 1133.

20 Caractéristique déjà signalée pour Allais par Jean-Marc Defays qui écrit très justement : "Omniprésent, l'énonciateur ne cesse de prendre ses distances à l'égard de son discours *qu'il donne en spectacle*, dans son foisonnement, son exubérance, son incessant renouvellement, au public qui adoptera la même insouciance par rapport à ce qu'on lui raconte." (Je souligne) "L'enjeu de la satire chez Alphonse Allais", *French Literature Series / Irony and Satire in French Literature,* Dept. of Foreign Languages and Literature, College of Humanities and Social Sciences, The University of South Carolina, Vol. XIV, 1987, p. 112.

21 Traduction possible de *corpse reviver et thunder* : réveilleur de mort et tonnerre. De *pick me up* ou remonte-moi, Allais écrit qu'il "est comme l'indique son nom, un ravigotant recommandé" et il traduit *Whisky stone fence* par barrière de pierre du whisky (*Le Captain Cap, op. cit.,* pp. 1123 et 1156).

président-fondateur du cercle dramatique le Gardenia[22], Allais et lui n'ayant eu guère qu'à tirer parti des événements et à "arranger[23]" une personnalité déjà étonnante.

Si l'on en croit certains témoins de l'époque, Albert Caperon qui à tort passait pour Canadien, était un grand conteur, style Matamore ou Tartarin : "Il contait d'un ton flegmatique de stupéfiantes aventures", écrit Adrien Bernheim et George Auriol : "... il propageait l'imprévu et, sans relâche, il barocisait le banal"[24]. Aussi la tentation ne pouvait qu'être forte pour Allais, toujours en besoin d'idées (en manque ?), de s'en emparer et d'en faire une sorte de tête chercheuse d'abord, de haut-parleur ensuite, de sa conception du monde.

Dès 1893, au moment même où George Auriol annonçait son intention d'écrire un livre intitulé *Vie et aventures du Captain Cap*[25], trois contes dont Cap est le protagoniste paraissent dans *Pas de bile* et un dans *Le parapluie de l'escouade*[26]. Puis la création du personnage s'accélère : quatre récits le

---

22   "Il s'appelait Albert Caperon et était né à Paris. Mais il se disait capitaine de la marine marchande américaine, et à l'appui de cette prétention, arborait le pseudonyme de Cap, et même, de temps en temps, un costume authentique de captain. Il avait une peur atroce de l'eau et la perspective d'une promenade en bateau sur le lac d'Enghien le rendait malade. Jamais à court d'inventions et de hâbleries, il se targuait des aptitudes les plus diverses et prétendait avoir été le héros d'une foule d'aventures fantastiques qu'il narrait avec simplicité.

       Paul Fabre l'attira au «Gardénia» où il s'évertua à mettre en pleine lumière sa niaiserie monumentale et grandiloquente. Il le nomma «Chancelier !», donna des banquets en son honneur pour l'obliger à prendre la parole, et le fit jouer le plus souvent possible aux soirées dramatiques du Cercle. Bien mieux, en 1893, il le persuada de se porter comme candidat à Paris, aux élections législatives, organisa pour lui des réunions publiques, et fit apposer dans la deuxième circonscription du IXe arrondissement des affiches froidement comiques qu'il élabora en collaboration avec O'Reilly, Auriol et Berthez." Texte paru en 1901 dans *l'Album du Gardenia* et cité par J.F. [?] dans la livraison du 1er janvier 1903 de *Paris-Canada* (21e année, n° 1, p. 8).

23   J'emprunte l'expression au signataire de l'article cité à la note précédente.

       "Le *Captain Cap*, dont Allais fit un personnage d'épopée burlesque, n'était pas un type imaginé de toutes pièces, comme beaucoup de lecteurs du *Chat Noir* et du *Journal* l'ont cru, mais une personnalité «arrangée».".

24   François CARADEC, *op. cit.*, pp. 304-305.

25   *Ibid.*, p. 314. Notons qu'Auriol dispose déjà d'une liste donnée comme non exhaustive d'aventures racontées par Cap : "Le duel au bowie-knife [...] - La chasse au bison - Perdu dans les glaces - La salade de lichen - Le mariage avec une femme pawnie - Prisonniers des convicts - Mon naufrage - Six mois dans les mines de cuivre - Comment je devins midshipman - Le Club des garçons fous de San Francisco, etc."

26   Le chapitre XLI de *Le Captain Cap*, "Fragment d'une conférence du Captain Cap sur la question des phares" déjà paru en 1898 sous le titre "The Smell-Buoy" (*Amours, désirs et orgues*) prend son origine dans «Phares» qui date de 1892 (*Vive la vie*) mais

mettent en scène en 1894 dans *Rose et vert pomme*, dix en 1895 (*Deux et deux font cinq*), trois en 97 (*Le bec en l'air*), dix encore en 98 (*Amours, délices et orgues*), un en 99 (*Pour cause de fin de bail*). En 1902 c'est la parution de l'ouvrage qui lui est consacré, avec quinze nouveaux textes. Et je ne tiens pas compte des récits qui ont pu servir auparavant au *Chat Noir* ou ailleurs ni des laissés de côté d'autres recueils, "Le clou de l'exposition de 1900" de *Deux et deux font cinq*, par exemple, sous-titré entre parenthèses "(Projet Cap)"[27].

Ce sous-titre - "(Projet Cap)" - qui date de 1895, révèle qu'Allais a long-temps mûri *Le Captain Cap*, contrairement à ses habitudes de publication rapide pour cause alimentaire. Faut-il y voir un signe qu'il lui accordait une valeur spéciale ? Le soin avec lequel il a retouché plusieurs de ses anciens récits, rendus plus attrayants et plus conformes à l'ensemble de leur titre[28], le laisse croire. D'autant que la plupart du temps, variantes, retraits et ajouts améliorent le texte. Ainsi le chapitre IX dont la version originale, plutôt terne - "Sur une nouvelle division de la France[29]" à partir de l'expression "le midi", subit deux longs retraits (de 12 et 9 lignes) et de nombreuses modi-fications avant de devenir l'efficace "Résumé trop succinct, hélas ! d'une confé-rence du Captain Cap sur un projet de nouvelle division de la France[30]".

Le fait qu'Allais prête à Cap la paternité de l'utilisation des heures et des jours de la semaine pour diviser la France en autant de carrés facilement identifiables, plutôt que de s'en réserver l'idée comme dans le texte initial, est probablement pour quelque chose dans cette efficacité. Cap n'est-il pas le novateur par excellence ? Celui qui aux législatives de 1893 avait repré-senté la modernité ? Opposé l'ouverture américaine à la sclérose européenne ? Et qui, parce que toujours prêt à apporter les solutions les plus étonnantes aux problèmes du monde, inspire à son créateur-narrateur-comparse cette tirade enthousiaste, ponctuée d'un "Ouf !" particulièrement décapant et où les lec-teurs sont encouragés à se "montrer scientifiques", à s'éloigner "des routines ancestrales" pour chercher "le flambeau qui guide [...] au bonheur[31]".

En utilisant/créant le personnage de Cap, Allais se donnait l'assurance

---

ne met pas Cap explicitement en scène. Aussi serait-il hasardeux de l'imaginer comme étant le "drôle de bonhomme qui demande une place dans la voiture des promeneurs et se dit justement l'inventeur d'un phare à odeurs".

27 *Alphonse Allais / Œuvres anthumes, op. cit.*, p. 493.
28 Les transformations tendent toutes à faire valoir l'histoire qui sera racontée, qu'elles s'inscrivent sous la forme classique du "Où... " ou "Dans lequel..." ou qu'elles annoncent un "Résumé", un "Récit...", une "Description.", etc.
29 *Ibid., Le Parapluie de l'escouade*, p. 315.
30 *Le Captain Cap*, ch. IX, pp. 1074-1075.
31 *Ibid.*, ch. XXIV, p. 1109.

de n'être jamais à court d'inspiration. Il se munissait du prolongement idéal de sa propre façon de "penser à côté". Il se donnait les moyens de faire connaître et d'élargir sa manière d'envisager la vie. Cap, l'homme, vient de loin. Il a bourlingué à travers le monde. Vrai ou faux, peu importe : il a tout vu et rien ne l'étonne. Qui plus est, il possède cet extraordinaire bagout qui fait l'événement. Pourquoi Allais se serait-il privé de son apport ? Du plaisir de servir d'intermédiaire entre ses aventures et les lecteurs ? Aventures énormes qui, en plus de faire rire présentent l'avantage de déranger, de bousculer les habitudes, de déplacer les frontières réel/imaginaire, décence/indécence, sagesse/folie.

Qu'il s'agisse de cette fantaisiste "Meat-Land" découverte à Arthurville au Québec[32], d'un nouveau projet de communications interastrales[33], d'une maison vraiment moderne qui tourne avec le soleil[34] ou d'une méthode rapide pour ferrer les chevaux au galop[35], l'invention, toujours excessive, explose littéralement. Elle naît de tout et de rien : de l'événement - la métallothérapie du chapitre XXXIII[36] ; de la mode et c'est la girafe avec son boa, en boa[37] ; d'un dicton transformé - "la malachite" du super billard des Nouvelle-Galles du Sud qui "ne profite jamais[38]" ; d'un simple jeu de mots, grâce auquel Cap fait remonter l'origine des camelots à Cham Loth, fils de Loth, roi des Moabites[39]. Et le "comble" est peut-être atteint quand le Captain trouve son maître en la personne de Sir A. Kashtey de Winnipeg qui raconte s'être élevé dans les airs sur une poussée d'hydrogène après avoir avalé, du fond de la mer où son brick venait de couler, des miettes de fer de la coque, suivies de quelques gorgées d'acide sulfurique[40].

Une réminiscence de Cyrano ? Peut-être... Plus certainement un gag scientifique parmi tant d'autres : la science stimule tout particulièrement Allais. D'où des inventions comme "les mongolfières en papier chargées [...] de poudre" pour remplacer les canons anti-grêles[41], "les sanatoriums de l'avenir" installés au *Gulf Stream*[42], "l'encre volatile" faisant en sorte que les livres

---

32   *Ibid.*, ch. III, pp. 1061-1063.
33   *Ibid.*, ch. XI, pp. 1079-1080.
34   *Ibid.*, ch. XIX, pp. 1097-1098.
35   *Ibid.*, ch. XXI, pp. 1100-1102.
36   *Ibid.*, pp. 1128-1129.
37   *Ibid.*, ch. I, pp. 1057-1060.
38   *Ibid.*, ch. XX, p. 1099. Et ici Allais s'offre le luxe d'une note : "Surtout prononcez bien *malakitè*, sans quoi ma plaisanterie perdrait toute saveur."
39   *Ibid.*, ch. XXXI, pp. 1123-1126.
40   *Ibid.*, ch. XVII, p. 1094.
41   *Ibid.*, ch. XXVI, p. 1113.
42   *Ibid.*, ch. XXXII, pp. 1126-1128.

doivent être périodiquement rachetés[43]. La politique l'inspire également et sur ce plan Cap lui avait solidement préparé le terrain. Celui qui disait n'avoir trouvé au retour "sur le cher sol natal" que "*mensonge, calomnie, hypocrisie, malversion, trahison, népotisme, concussion, fraude* [...] *nullité*" et réclamait "L'ASSIETTE AU BEURRE" pour tous, annonçait un programme électoral digne des zutistes, fumistes et pataphysiciens réunis. Ne projetait-il pas de transformer la place Pigalle en port de mer ? De continuer l'avenue Trudaine jusqu'aux grands boulevards[44] ? Son point fort demeurant la suppression de la bureaucratie... Rien d'étonnant à ce qu'Allais lui impute au chapitre VI "un moyen simple d'assurer l'équilibre européen", soit de combler les Dardanelles à même les Balkans[45] !

* * *

Prendre le contrepied des choses (proposer de remplacer les pigeons voyageurs de l'armée par des poissons[46]) ou les prendre à la lettre (la suggestion d'une guerre qui permette la formation des chirurgiens militaires[47]), renverser les situations (la mise au point d'un antifiltre à microbes[48]), pousser la logique à l'absurde comme dans "Où l'on apprend comment le Captain Cap acquitte ses dettes d'amour[49]", voilà, me semble-t-il, toute la philosophie du tandem Cap/Allais dans *Le Captain Cap*. Les idées y sont en effet si étroitement imbriquées aux aventures qu'elles finissent par n'exister que par celles-ci. Aussi est-il vain de tenter de les cerner pour elles-mêmes. D'autant plus vain qu'à peine exprimées, elles ont tendance à se saborder, niant ainsi l'œuvre finie, parfaite au sens étymologique du terme, l'œuvre close, l'œuvre "result".

Allais, *via* Cap, se révèle-t-il sensible aux grands espaces américains ou australiens, symboles de liberté ? Les chapitres qui les prennent pour décor empruntent un registre parodique... Son attirance paraît-elle grande pour toutes les formes de techniques ? Il fait savoir aussitôt qu'elles ont leurs limites. Se montre-t-il ouvert à l'écologie ? Le récit qu'il donne du recyclage des vieux confettis s'appuie sur l'ambiguïté de cette ouverture[50]. S'annonce-t-il comme

---

43   *Ibid.*, ch. XXXVII, pp. 1134-1135.
44   *Ibid.*, "Profession de foi du Captain Cap" et "Le programme du Captain Cap", pp. 1044 et 1045.
45   *Ibid.*, pp. 1067-1068.
46   *Ibid.*, ch. XIV, pp. 1085-1087.
47   *Ibid.*, ch. XLV, pp. 1147-1149.
48   *Ibid.*, ch. XVI, pp. 1090-1092.
49   *Ibid.*, ch. II, pp. 1060-1061.
50   Voir déjà le titre du chapitre : "Description oiseuse et par conséquent détaillée des manipulations minutieuses et efficaces au moyen desquelles on remet à neuf les vieux confettis", *Le Captain Cap, op. cit.*, ch. XIII, p. 1083.

antibureaucrate et antieuropéen ? Il affirme du même souffle ne vouloir rien dire par là, précisant que ces qualificatifs ne sont placés sous son nom que "pour faire bien[51]". Ses mises en scène rendent équivoques tant son dégoût du fonctionnariat que son sens démocratique qui l'amène, par exemple, à imaginer une façon de mettre le "renard bleu à la portée des plus petites bourses[52]". En fait, elles remettent constamment tout en question.

Si *Le Captain Cap* est un conte philosophique, c'est moins par les opinions émises que par sa forme justement, très moderne, d'œuvre en marche, d'œuvre "process", par son allure de conversation sans cesse interrompue et sans cesse reprise avec tout ce que cela implique d'hésitant, d'inachevé, d'illusoire, de risqué. Par toute sa structure enfin, disproportionnée dans les deux parties qui la composent, la première réglant brièvement et, grâce à des documents, une fois pour toutes, la double question de l'identité du héros et de ses pseudo-idées ; la deuxième, plus longue et formant l'essentiel de l'ouvrage, ouverte à un prolongement virtuel. Une façon peut-être pour Allais de défier la mort...

La leçon dans *Le Captain Cap* ? C'est, au-delà de l'incongruité des événements, l'attitude marginale, anarchiste des personnages qui l'assure. Attitude nihiliste à la limite, que rend bien cet échange Allais/Cap :

> "- Et vous, Cap, qu'est-ce que vous pensez de tout ça ?
> - Tout ça... quoi ?
> - Tout ça, tout ça...
> - Ah oui, tout ça ! Eh bien, je ne pense qu'une chose, une seule !
> - Laquelle ?
> - Oh ! rien[53]."

Attitude qui attend peu de la vie : "... je considère la vie comme beaucoup trop provisoire pour être jamais prise au sérieux et pas assez facétieuse pour inspirer de vives allégresses. Alors quoi[54] !", écrivait Allais en 1895 comme pour expliquer son choix inévitable d'une écriture humoristique. Et s'en dédouaner.

Le pessimisme d'une telle leçon est étonnant de la part de qui s'est exprimé par le rire et n'a jamais conçu le fait d'écrire autrement que comme un métier facile et superficiel. D'où peut-être l'échec relatif de sa carrière d'écrivain. Si c'était parce qu'Allais en est resté au confort de la *pensée latérale*, une fois celle-ci devenue un commode instrument de travail ? Il n'aurait pas su y adjoindre la *pensée verticale*, plus susceptible, elle, d'utiliser à

---

51   *Ibid.*, "Le Captain Cap devant le suffrage universel", p. 1054.
52   *Ibid.*, ch. XXX, pp. 1120-1123.
53   *Ibid.*, ch. XXI, p. 1100.
54   *Le Journal*, 29 novembre 1894 ; cité par François Caradec, *op. cit.*, p. 324.

fond les trouvailles faites ; le même échec relatif marquant d'ailleurs ses découvertes scientifiques[55].

Sans ce double semi-échec toutefois dont il était conscient et qui
explique en partie son pessimisme, Allais aurait-il été Allais ? Et nous lecteurs, aurions-nous encore le bonheur de découvrir dans *Le Captain Cap* une
exceptionnelle mise à contribution de la fonction phatique du langage qui,
associée à la fonction poétique, en fait un véritable hymne à la parole par-
tagée, à la parole jubilatoire ? Rien n'y est en effet plus important pour
Allais que le contact entre les personnages, le contact **pour** le contact, le parler pour le simple plaisir du parler. Récits d'aventures, idées, jeux linguistiques même, n'existent que pour créer ce contact heureux, le prolonger, le
faire renaître. *Le Captain Cap*, un hymne à la jubilation, une bouée de sauvetage aussi pour un auteur qui ne croit plus à grand-chose. Pour tous, un bien
précieux espoir : tant qu'un contact langagier créateur de joie sera possible,
rien ne sera vraiment perdu.

---

55 Ne rappelons que son fameux café soluble qui n'a pas connu le succès mérité. Venu
trop tôt probablement...

4. LE COMBLE
DU CRATYLISME

Jacques DUBOIS

Le texte allaisien en appelle à deux lectures concurrentes et superposées. La première de satire sociale, la seconde de pure dérision. Peuvent ainsi être mises en contraste une posture bourgeoise de plaisir (à l'intérieur même d'une mise en cause des rituels bourgeois) et une posture subversive misant sur la manifestation éruptive d'un désir. Dans le meilleur des cas, la seconde l'emporte, dissolvant la satire dans les excès de l'imaginaire et du jeu verbal. Dans le second, le substrat satirique demeure plus perceptible et renvoie Allais à un vieux discours, l'enferme dans une socialité datée, marquée par cette «fin de siècle» qui ne tardera pas à se dire "belle époque".

On ne s'arrêterait guère à la figuration du social dans les contes d'Alphonse Allais si elle ne dépassait pas ce caractère de citation anodine qu'elle adopte en surface. Car il y a chez eux cette référence machinale et bénigne au monde comme il va. Toutefois, ce même social prend une autre signification dès le moment où il ne se contente plus d'apparaître en allusions rapides et quelque peu convenues mais où il participe d'un système de représentation. Il s'inscrit alors au plus intime du sens et jusqu'à faire que les fables allaisiennes proposent une petite sociologie de leur époque. On tentera de cerner ledit système en prenant appui sur les contes qui forment les premiers recueils, allant d'*A se tordre* jusqu'à *Rose et Vert-Pomme*[1].

Lorsqu'on lit ces récits en succession, on est de plus en plus sensible à ce qui fait la cohérence de leur univers. Trois éléments opèrent en ce sens : la récurrence visible de thèmes, de types et de sites ; la production d'une tonalité uniforme à partir d'un "je" énonciateur en fonction centripète ; l'action de mécanismes scénariques construits autour d'un seul et même principe. L'en-

---

[1] Alphonse ALLAIS, *Œuvres anthumes* I, Paris, La Table Ronde, 1970.

semble s'apparenterait sans peine à un univers de roman si toutefois l'effet
permanent de simulacre que génère l'écriture d'Allais ne venait en saper les
fondements, voulant que les personnages se réduisent à des étiquettes, les destins à des lignes de fuite, les aventures à des faits-divers traités en "brèves".
Bref, à peine posé et proposé, le décor social s'évapore.

Mais ce semblant de «société du texte», cette «société pour rire» n'en
évoque pas moins le monde comme il va. Pour peu qu'on y regarde, on y
entend même parler avec une belle constance des classes sociales et de leurs
antagonismes. Mieux encore que des classes, il est question des classements
singuliers qu'elles opèrent et des rivalités distinctives qu'elles activent. Et,
mieux encore que de ces classes et classements, des discours qui s'énoncent
sur eux, c'est-à-dire des classes de discours. On en revient par là aux deux
lectures du corpus allaisien et aux deux postures subséquentes. Nous aurons
à montrer comment les unes et les autres s'inscrivent dans des rapports intertextuels historiquement et génériquement définis et comment elles font se heur-
ter des discours d'emprunt à l'intérieur du même texte.

Il y aurait d'ailleurs lieu de rapporter la binarité de base aux conditions
de production et de diffusion des contes ou monologues. Nous pensons ici à
cette littérature de cabaret dont est issu le corpus. On sait qu'elle relevait d'un
"paysage" complexe, en recomposition permanente dans le dernier quart du
XIXe siècle. A l'intérieur de cet ensemble, les auteurs-acteurs du Chat-Noir
— pour prendre cette référence — mettaient en œuvre une écriture hybride
dans son principe puisqu'elle relevait à la fois de l'oral et de l'écrit, ou, dit
autrement, de la scène de théâtre et de la page de journal. A partir de quoi,
ils se fondaient sur ce qui était commun aux deux pratiques, l'actualité du
contenu et l'obsolescence de la forme. Petite scène ou petite presse, on
ne produisait guère que du périssable — la survie d'Allais écrivain n'en est
que plus merveilleuse — et l'on se réclamait en alternance de la redite et de
l'impromptu.

Une société pour rire

La société façon Allais dégage un fort parfum de ringardise. Humanité
médiocre, sans dynamisme ni mobilité. Horizon de valeurs des plus étroit.
Relations à autrui toujours entachées de méprise et de maladresse. Mais
pouvait-il en être autrement avec un personnel scénique proposé par avance
aux coups de la moquerie et du sarcasme ? On notera pourtant que la fiction
ne cesse d'accepter ce personnel dans son évidence et même de le traiter avec
complaisance. Ce petit monde approximatif traverse les contes avec beaucoup
de naturel, celui-là même dont on dit qu'il est constitutif de toute idéologie.

Mais de quoi se compose-t-il au total ? Quatre groupes ou castes se le
partagent, aisément disposables en carré. Une première relation polaire

oppose deux classes fortement connotées : d'un côté, la petite bourgeoisie traditionnelle de l'artisanat, du commerce, des professions libérales et de la rente, de l'autre, une noblesse non moins petite en raison de son caractère provincial ou de la modestie de son rôle (avec comme appui naturel de part et d'autre un contingent de «gens de maison»). La seconde relation polaire met en regard deux groupes que l'on qualifiera de professionnels ou d'institutionnels, d'une part le monde répressif des militaires (renforcé si besoin s'en fait sentir par quelques ecclésiastiques), de l'autre celui réputé contestataire des gens de bohème, artistes et étudiants, gommeux et cocottes, fantaisistes et flâneurs. C'est là évidemment une société factice et comme inachevée. Des catégories font défaut ; d'autres sont surfaites ; chaque groupe est comme la réduction caricaturale d'un autre plus essentiel. Mais cela finit par former une sorte de tout crédible.

Il est vrai que les oppositions ainsi constituées font sens à la fin du XIXe siècle. C'est le temps où noblesse et bourgeoisie sont encore en lutte pour la suprématie politique. C'est celui où armée et monde culturel vont en venir aux mains dans l'Affaire Dreyfus. Le texte allaisien va cependant s'attacher à gommer ce qu'ont d'abrupt les différences et à faire en sorte que, par un effet d'ambiance, les groupes en concurrence n'apparaissent que constituant un même monde. C'est que les deux classes de base partagent la même petitesse, au gré d'un kitsch social qui les désigne en formes dégradées de fractions plus prestigieuses. Quant aux deux «groupes» que sont militaires et bohèmes, ils constituent ensemble une étrange «classe de loisir», aimant l'un et l'autre à privilégier la même existence oisive et volontiers canulardesque — plaisanteries de corps de garde et blagues d'atelier. Par-delà et en termes de climat bien plus que de rapports de production, il est donc permis de dire qu'une seule et même classe mentale (le mot est de Proust) unifie dans ses variantes le monde d'Alphonse Allais. Il s'agit là de la couche la plus moyenne, elle qui intègre sans mal à ses effectifs traîneurs de sabre et manieurs de pinceau et jusqu'à ces petits "de" en déclassement que l'écrivain affuble de patronymes drolatiques.

Où prend place le «je» narrateur/acteur dans cette configuration étrange ? Il est un peu l'ami de tous, même s'il manifeste une plus grande solidarité avec le camp bohème et intello. Voir par exemple la familiarité qu'il entretient avec ce fier imposteur de Captain Cap, admiré comme un frère, ou même avec ce «gros critique» de Francisque Sarcey, persécuté comme un rival. Mais, à l'occasion, les marques de sympathie vont aussi bien vers le crémier, le chatelain ou le sous-off. Faut-il dire qu'elles engagent peu un ironiste toujours prêt à se moquer de lui-même ? Tout cela finit par dessiner un singulier profil personnel qui apparaît comme l'envers joyeux du héros décadent des romans de l'époque. Car c'est en célibataire que l'énonciateur allaisien se pose à nos yeux, c'est-à-dire en tenant de la solitude et de l'oisiveté, de l'improductivité et du dandysme. Imprévue, l'analogie avec le célibataire décadent

se conforte de la tentation récurrente chez Allais de pasticher l'écriture gour-
mée des auteurs fin de siècle (Cf., par exemple, «Oh ! les déchirants retours
en la chambre vide (...) O navrance ! O funèbrerie !», *Tout Allais I*, p. 219).
Même parodique, la référence implicite aux Poictevin, Lorrain et autres
Dujardin renvoie à une complicité[2].

En somme, le célibataire Allais circule au sein du carré des classes comme
en son laboratoire (pharmaceutique ?). C'est là son champ d'expériences. Et
celles-ci consistent à mettre tour à tour en présence les représentants de
deux des quatre groupes et à voir ce que produit la rencontre. Soit à chaque
fois un scénario en trois temps. Au départ et comme on l'a vu, les deux catégories s'avèrent incompatibles, étant refermées et comme figées sur leurs
«habitus». Une tentative de rapprochement ou de collaboration a pourtant lieu
qui passe par diverses stratégies (l'adultère est l'une des plus pratiquées). Le
télescopage est garanti. Quiproquos ct malentendus fleurissent. Ils affectent
la situation jusque dans son discours. Au terme et en plusieurs cas, chaque
partenaire regagne sa place indemne. Mais, plus souvent, l'échange a fait des
dégâts.

Arrêtons-nous à quelques exemples. Groupe témoin idéal, la bohème est
confrontée successivement à toutes les autres catégories à la faveur de tran-
sactions pittoresques. C'est que son caractère réfractaire et anarchisant est
un bon analyseur de groupes plus soucieux qu'elle d'ordre et de norme.
Dans «Mœurs de ce temps-ci», un rapin peu mondain est invité au banquet
donné par la baronne dont il a réalisé le portrait ; à l'heure du pousse-café,
il empile les soucoupes devant lui comme il aurait fait au bistrot — son site
naturel —, avant de s'exclamer : «Laissez, baronne, c'est ma tournée». Dans
«Allumons la bacchante», un autre artiste ayant à peindre, à la demande d'un
bourgeois, une bacchante suffisamment expressive pousse le zèle jusqu'à "allu-
mer" au lit son modèle, criant à son client venu chercher la toile au jour dit
et qui trouve l'atelier fermé : «Pas encore finie». Dans «Pour en avoir le cœur
net», que chacun a en mémoire, un cuirassier suit sur les boulevards un
gommeux et sa petite amie dont la taille est invraisemblablement fine. Voulant se délivrer du soupçon que cette taille est postiche, il la tranche d'un coup
de sabre «pour en avoir le cœur net». Repris d'*A se tordre*, chacun de ces contes
suit un trajet en crescendo qui va de la simple méprise au drame sanglant en
passant par la situation shocking. Qui perd ? Qui gagne ? Bien malin qui peut

---

2   Sur ces romanciers et le célibat littéraire, voir J.-P. BERTRAND, M. BIRON, J. DUBOIS
     et J. PAQUE, *Le Roman célibataire*, Paris, Corti 1994. Notons que, parmi les romans
     étudiés dans cet ouvrage, l'ironique «sotie» d'André Gide intitulée *Paludes* contient
     deux récits de chasse d'une tonalité tout à fait allaisienne (voir en particulier la
     chasse à la panthère sur escarpolette, que relate un certain Hubert et qui se termine
     tragiquement).

le dire. En ces occurrences, si la bohème a le chic de jouer les "analyseurs", ses représentants n'en sont pas moins grugés autant que les autres.

Quant aux échanges entre petite noblesse et petite bourgeoisie, ils tournent plus nettement à l'avantage de l'une ou de l'autre classe. Dans «Savoir hennir ou le sentiment des nuances» (*Rose et Vert-Pomme*), la «femme légitime d'un capitaine des douanes» tourne en ridicule Amédée de Saint-Gapour. Promettant de le rejoindre et d'être à lui si, pendant la sieste du redoutable mari, il imite avec succès le hennissement d'un cheval qui passe, la dame feint de prendre pour authentique l'imitation que le galant homme a portée à la perfection et ne se dérange pas. Ainsi se voit cavalisé le noble chevalier-servant. Dans «Sancta simplicitas» (*A se tordre*), la noblesse retourne à la bourgeoisie la monnaie de sa pièce. Après avoir engrossé la très bourgeoise Madame Balizard lors d'une visite à l'Exposition universelle, Louis de Saint-Baptiste a le front de réclamer sa fille à peine née à un mari complètement hors du coup. Parce qu'il appartient à une classe foncièrement pragmatique, le cocu ne va s'étonner de rien, acquiescera illico à la demande, chargera son épouse de traiter l'affaire et parera au plus pressé, à savoir une fourniture de rails de sa fabrication... Sacro-sainte simplicité bourgeoise, en effet !

Commettre l'adultère dans le monde allaisien revient donc à poursuivre la guerre — celle des classes — avec d'autres armes. On ne saura jamais toutefois avec le représentant de quelle catégorie la Mère Moreau de «Posthume» (*Le Parapluie de l'escouade*) trompait son "Raffineur" d'ami, tout en lui assurant une chance insensée au poker. Par ailleurs, la passion se fait de temps à autre facteur de mobilité sociale. Un des plus jolis contes de *Rose et Vert-Pomme* est sans doute ce «Vitrier» qui voit Mme de Puyfolâtre attirer à elle un «vitrier intensif», «ancien brigadier-trompette dans un régiment de spahis» en brisant chaque jour, à l'instar de sa bonne, un carreau au passage du bel ouvrier. Moins que dans l'anecdote à l'eau de rose, le romanesque réside ici dans ce scénario balzacoïde d'union entre un artisan ex-militaire et une aristocrate en déglingue, union retraduite dans ce superbe compromis social qu'est l'ouverture finale d'une maison de "miroiterie et dorure" au coin de l'avenue Trudaine. Décidément, tous les chemins conduisent à la petite bourgeoisie mercantile, dont la faculté d'absorption est sans borne. Ce qui nous rappelle peut-être qu'Alphonse Allais était fils d'apothicaire avant d'être lui-même étudiant en pharmacie.

Au total, il n'est guère d'univers qui soit plus fin de siècle, plus parisien, plus boulevardier. Et c'est un univers où rien n'arrive vraiment, où chacun, en dépit de menus écarts, reste à sa place et où la différence sociale est en permanence euphémisée. Or, de cet univers, Alphonse Allais ne fait qu'assurer la relance, c'est-à-dire aussi la liquidation. Il s'est emparé de son imagerie là où elle traînait depuis le second Empire déjà, à savoir sur les scènes des théâtres et dans les pages des journaux ct autres publications. Il l'a prise en point de mire en reproduisant le vaste stéréotype dont elle se constituait et qui célébrait une classe en ascension.

Parmi les origines possibles de ce discours et de ce stéréotype, il en est une qui semble particulièrement située et marquée. Il s'agit de ce vaudeville qui, durant tout le siècle, a véritablement chanté la geste petite-bourgeoise sur le ton de la comédie. Successivement, Scribe, Labiche et Feydeau (ce dernier n'a pas encore connu ses premiers succès lorsqu'Allais commence à écrire) ont contribué à le mettre en place et à assurer son triomphe. Ils l'ont centré autour de la personnalité du bourgeois rentier et de sa famille. Ils l'ont construit en monde de situations convenues et récurrentes. Mariage, héritage et cocuage en sont les trois mamelles, si l'on ose dire. A quoi l'on ajoutera quelques autres agréments de la vie : voyages et fêtes, réjouissances et divertissements (comme par exemple tout ce qui relève de la manie collectionneuse). Tout cela traité dans le style bon enfant que l'on sait et assaisonné d'un comique de situation plus que de mot.

Les auteurs du cabaret et de la petite presse puisent à foison dans ce répertoire. On serait cependant en peine de dire quelle est exactement leur dette à son égard et quelle conscience ils avaient d'emprunter. C'est que le discours convenu du vaudeville avait acquis une telle évidence, un tel naturel à la fin du siècle qu'on baignait littéralement en lui et que le prolonger sur un autre mode donnait à peine le sentiment d'un transfert ou d'une citation. Ce qu'il y a de sûr par contre, c'est que le cabaret opérait sur ce discours premier un travail de déclassement ironique, travail d'autant plus intéressant qu'il portait sur une matière comique dès l'origine. On peut penser qu'à cet égard Allais est allé plus loin que quiconque dans le travail de reprise et de démontage, affichant le caractère citatif de l'emprunt et poussant à l'extrême l'œuvre de dérision. De ce travail critique, nous ne voudrions retenir ici qu'un aspect. Il est relatif à la façon dont le propos vaudevillesque premier est mis en cause et en échec par la médiation en jeu d'un discours second, lui-même emprunté à un corpus identifiable.

Darwinisme ou cratylisme ?

Nous l'avons dit, la reprise chez Allais du vaudeville, de son univers et de son éthos est une opération de démontage critique. C'est à l'humour qu'il revient de produire l'effet de rupture et singulièrement, comme on va le voir, au jeu de mots. En celui-ci culminera l'œuvre de déclassement qui portera tout ensemble sur un genre, une idéologie, un groupe social. Mais encore une fois non sans complaisance. Car le calembour lui-même est compromis par les liens qu'il entretient avec l'éthos de la classe moyenne. Il est ou fut à tout le moins une figure idéologiquement marquée. N'est-il pas connoté par le malentendu grivois comme par tout ce qu'il peut entretenir, au sein du "petit cercle", de connivence autosatisfaite. Bref, il se prête aisément à ce dont s'enchante la médiocrité. De surcroît, parce qu'il joue sur l'équivoque, il satisfait aux situations vaudevillesques, faites de quiproquo et de malentendu. Sorti côté cour, il est très capable de rentrer côté jardin.

Seule issue pour échapper à la circularité, emblématique de la petite-bourgeoisie, radicaliser le calembour en son principe. Allais y excelle au gré d'une manœuvre qu'il nous faut rappeler. Opération en deux temps. Trompé par le caractère figuré du langage ou profitant de ce caractère, un personnage en prend un autre au mot. Ce qui signifie aussi bien qu'il prend ses mots au pied de la lettre. Ou encore qu'il permet à un sens premier plus ou moins refoulé de refaire surface. Inversion importante mais qui demeurerait purement verbale si n'intervenait le second temps. Cette fois, la signification restaurée se voit instantanément mise en pratique, appliquée au "réel". Le dire devient faire. Les conséquences ne peuvent qu'en être désastreuses au sein même de la plaisanterie.

Les exemples foisonnent, allant du plus banal au plus sophistiqué. Le neveu qui raconte à un oncle à héritage une «histoire à mourir de rire» le fait passer de vie à trépas («Un moyen comme un autre», *A se tordre*). Or, l'histoire relatée est précisément celle de l'oncle à héritage qui entend une histoire à mourir de rire. Le chirurgien qui surprend la liaison de sa femme avec son meilleur élève décide de les coudre l'un à l'autre, tout en clamant «c'est ce que les Français appellent un *collage*» («Collage», *A se tordre*). Le poète sans ressources excédé par une compagne qui va répétant : «je ne peux pourtant pas me caler les joues avec des briques» («Avec des briques», *Rose et Vert-Pomme*) lui écrase la face entre deux de celles-ci. En tous les cas, notons-le, le passage du mot à l'acte est meurtrier. Et cette «application» en devient plus sidérante que réellement drôle. Reste que le partage entre esprit de rupture et joyeuse gaudriole ne se fait pas toujours nettement. Lorsque la marquise surprend son vicomte de neveu (Guy de Neucoulant !) menant «une pantomime vive et animée» avec sa bonne qu'elle venait de qualifier de «vraie perle» et qu'elle s'entend dire par le neveu en matière d'excuse «Je ne suis pas venu ici pour enfiler des perles», elle est bien en droit de répliquer, choquée : «On ne le dirait pas» («Une vraie perle», *Le parapluie de l'escouade*).

Au total pourtant, Allais se dégage sans mal des trivialités de la pratique calembourgeoise. C'est aussi que ses contes ne vont jamais sans une rêverie sur les rapports du mot et de la chose. Et parfois, c'est véritablement la chose qui est prise au mot. Ainsi de deux récits portant sur la technique de l'aquarelle et reposant sur une activation symbolique de la particularité de cette technique. Ici, un aquarelliste est accusé par son ex-amie, dont la sottise est stimulée par un mauvais plaisant, de «couper d'eau» ses travaux («Ida», *Rose et Vert-Pomme*). Là, un autre, pour avoir utilisé de l'eau de mer dans ses aquarelles et négligé l'effet des marées, voit sa maîtresse noyée par une vague sortie de la toile («Une mort bizarre», *A se tordre*). Comme quoi la réalité n'en finit pas de rattraper et de dépasser la fiction.

Les meilleurs contes d'Allais se donnent à cet égard une allure pros-
pective. Tout se passe comme si le réel était toujours en déficit par rapport
au discours le plus socialisé, le plus conventionnel et avait à combler son retard
sur lui au plus vite. Travail d'alignement donc. Songeons à ce pharmacien
libre penseur (ah ! les pharmaciens chez Allais) qui pour convaincre un
interlocuteur clérical des vérités de Darwin teint en noir et en secret un
chien blanc nommé Black, au nom de ce que non seulement la fonction mais
la dénomination même créent l'organe. Comble du darwinisme, dit Allais (c'est
le titre du conte dans *A se tordre*). Comble du cratylisme, dirions-nous plus
volontiers. Mais on voit surtout avec quelle visée, sans plus rien d'idéaliste,
les choses sont portées à leur limite. Adapter les faits aux mots, nier l'arbitraire du signe, c'est dénoncer l'emprise pernicieuse de l'idéologie sur la
langue, faire ressortir la main mise doxique. Ah ! la prétention bourgeoise
va jusqu'à affubler les pauvres animaux domestiques de noms anglais. Eh bien !
démasquons cette prétention en la jouant (inversion de black en blanc), c'est-
à-dire en la matérialisant.

Allais laisse d'ailleurs entendre que le pouvoir du «discours» est tel qu'il
peut aller jusqu'à la violence et à l'atrocité, dès qu'on le pousse à bout. Matière
pour lui à risquer le gag de goût douteux. Pour conformer la chance-de-cocu
du Raffineur au poker au proverbe et à la légende, il faut qu'elle puisse se
justifier en toute situation, y compris après la disparition de l'agent de cette
chance : la fiction aura donc à imaginer que le cadavre de l'amie infidèle soit
violé dans la tombe. *Non requiescat in pace :* mais la mythologie y trouve
son compte (Posthume», *Le Parapluie de l'escouade*). Ainsi, explicite ou implicite, le calembour se donne à lire comme lapsus se glissant à l'articulation
des mots et des choses. Lorsque le cuirassier tranche la taille de la cocotte
sur les boulevards, ce n'est pas tant que pareil attribut lui semble artificiel,
à l'instar des faux seins ou des faux culs, mais bien plus que le mot même
de "taille" invite à l'acte, un acte qui n'est pas manqué à tous égards. Car
une taille, ça se taille, n'est-ce pas («Pour en avoir le cœur net», *A se
tordre*) ? Et que dire alors de ce graphologue qui demande en toute modestie qu'on se saisisse de sa personne pour un crime qu'il n'a pas commis ? Mais
qu'il commettra : n'a-t-il pas décelé dans son écriture un tempérament meurtrier qui l'incitera «a posteriori» à tuer sa concierge (Graphologie», *Rose et
Vert-Pomme*) ? Après tout, pour qui croit à la graphologie, tout ceci procède
d'une logique implacable et relève d'une hygiène sociale élémentaire. A
ceci près que celles-ci comme celle-là seraient vite guettées par les préten-
tions inquiétantes d'un eugénisme rien moins que suspect.

Voilà donc que les actes passent pour avoir été précédés et programm-
més par les mots. On n'arrête pas le progrès... Au terme, hélas, on ne trouve
guère qu'accident, carnage et malheur. Les jeux de mots allaisiens tendent
à tourner mal dès qu'ils sont pris au sérieux. En appui du lapsus, en effet, se
met en branle une mécanique qui ne connaît d'autre issue que violente et dra-

matique. Et, une fois sur deux, on verse dans le complet ratage, à même de mettre à mal la belle confiance de l'existence bourgeoise. Est-ce l'histoire qui bégaye dès ce moment ? Ou encore la société dans son ordre et ses appareils de contrôle ? Stendhal avait beau soutenir que "le calembour est incompatible avec l'assassinat"[3], Allais lui donne tort, bien évidemment. Le jeu de mots chez lui pousse au crime. Et, ce faisant, il pointe en deux directions contradictoires. Vers la violence du meurtre comme emblème de ce que contient malaisément le social. Vers la même violence comme libération d'un désir. Or, c'est au cœur même de cette contradiction que l'on voit surgir un autre discours que vaudevillesque, entré subrepticement dans le texte et historiquement certifié.

Une société pour pleurer

Reconstituons le parcours : une situation de vaudeville où se croisent et s'affrontent plaisamment des groupes sociaux fortement connotés ; un calembour surgissant au point de heurt entre protagonistes ; un transfert de sens comique mais "pris au sérieux", c'est-à-dire rentabilisé dans la situation ; une issue narrative porteuse de trouble et d'issue funèbre. Donc un procès qui se boucle sur un effet de rupture, dont il convient d'évaluer à présent la portée.

Il est sûr que l'humour euphémise ce coup de force final. Il est plus sûr encore que l'issue, parce qu'elle clôt le procès narratif, n'a pas la possibilité de se déployer. Elle demeure comme indicative. Une "brève", dirait les gens de presse. Mais plus sûrement un fait-divers, en quoi se transforme soudain la petite comédie bourgeoise. Notre hypothèse est en effet que, dans un certain nombre de contes allaisiens, le calembour fraye la voie au surgissement d'une "nouvelle" catastrophique qui représente, pour un discours vaudevillesque bien installé, le moment de la crise. Avec leur panoplie d'accidents, de crimes, de monstruosités, tous suscités par des mots à double entente, les récits allaisiens évoquent et invoquent toute cette littérature d'incidents à implication judiciaire qui commencent à faire les délices de la grande presse. Il est vrai que l'analogie avec le fait-divers n'est bien souvent perceptible qu'*in fine*. Mais le regard rétrospectif auquel invite toute lecture permet de voir que l'issue dramatique se préparait dès avant et que la tonalité finale s'annonce dans l'ensemble du récit. On peut d'ailleurs ajouter que maints faits-divers effectifs, prenant soin de ménager leurs effets, ne révèlent leur vraie nature négative qu'au terme d'un petit conte plaisant. De

---

3   STENDHAL, *La Chartreuse de Parme*, Paris, Le Livre de Poche, 1983, p. 585.

toute façon, l'instant crucial chez Allais réside dans la cassure et le retournement qu'introduit la "nouvelle" finale. Moment de suprême parodie en ce que le fait-divers, ainsi que l'a si bien saisi au même moment Félix Fénéon dans ses "nouvelles en trois lignes", est toujours un peu et sans forcer comme la caricature de lui-même. Redondant de forme mais incongru dans son détail, il apporte à l'ambiguïté du jeu de mots la touche ultime.

Cette fois, Allais est décidément en rupture de ban idéologique. Dans le concert lénifiant de la comédie bourgeoise, il a fait surgir par son usage du calembour une manière d'obscénité qui réside dans le double hiatus qui sépare le propre du figuré et le mot de la chose (bacchante allumée, perle enfilée, taille taillée, veine tranchée de cocu). Mais il a renforcé ce caractère obscène de la chute par l'irruption au sein du discours premier d'un discours autre dont l'illégitimité produit un effet sensible de profanation. Avec pour but évident de faire servir la trivialité du fait-divers à la liquidation d'une médiocrité complaisante à soi-même. Par-delà est ici visée la comédie bourgeoise telle que l'histoire va sous peu la disqualifier durement.

Pourquoi le fait-divers en particulier ? Sans trop invoquer la nature de sa diffusion médiatique, retenons qu'il oppose au rituel domestique et ordonné le monde perturbé de la rue, gros d'anarchie. Au sein d'un univers premier où rien ne se passait vraiment, où les choses tournaient en rond, s'introduisent les germes du désordre. Et le comble, c'est que les membres du premier monde entrent avec entrain dans le second comme pour y accélérer le mouvement de pagaille. Cuirassiers, pharmaciens ou artistes sont tout disposés à participer au grand défoulement collectif qui gagne la sphère sociale et menace de l'entraîner à l'abîme. Dieu soit loué, il est permis d'en rire, provisoirement au moins.

En dressant le fait-divers contre le vaudeville, Allais entraîne également ce dernier dans la ronde parodique. Comme si son humour dévastateur s'originait à l'articulation même de l'un et de l'autre. Le corpus qui nous sert d'appui contient à cet égard un témoignage fort instructif. Nous pensons ici au récit de *Vive la vie !* qui s'intitule précisément «Faits-divers et d'été». De ce conte émanent de menues leçons, qui nous aideront à conclure. Mais décrivons les choses. Un prétendu correspondant aurait accusé Allais, dont il réprouve les «histoires à dormir debout», de n'être même pas capable d'écrire un fait-divers. Bien entendu, l'humoriste relève le défi et écrit à la volée cinq petites narrations dramatiques dignes des meilleurs canards. Quatre au moins d'entre elles, qu'Allais propose comme exemplaires, sont fondées sur le même principe d'inversion absurde : un bateau coule dans la Seine et absorbe l'eau de celle-ci (il est chargé de papier buvard) ; un charbonnier trompe ses pratiques en leur vendant du vin au lieu d'eau, etc. A travers quoi, Allais nous fait entendre trois choses : 1° que la littérature fait-diversière lui est familière et qu'il pourrait la pratiquer allègrement ; 2° qu'il la situe pourtant au plus bas de l'échelle littéraire ou scripturale ; 3° qu'à ce titre toutefois, et même si elle mérite d'être soumise au feu soutenu de la dérision, elle détient un intense pouvoir de libération du désir et du désordre. De ce pouvoir, et comme on l'a vu, Alphonse Allais a su faire son profit personnel, en réglant quelques comptes avec le vieux discours.

5. ALPHONSE ALLAIS,
UN ÉCRIVAIN NYCTALOPE

Christian PELLETIER

— M. Guilloche a donc un parti ? demanda le baron.
— Parfaitement ! Vous pouvez contempler en M. Guilloche le chef du parti révolutionnaire de notre ville, un parti qui compte dix-sept membres. Chaque fois que M. Guilloche se présente aux élections, il a dix-huit voix à Montpaillard : les dix-sept voix des révolutionnaires plus la sienne. La dernière fois, il n'a eu que dix-sept voix parce qu'un révolutionnaire était malade.
— Dix-sept révolutionnaires sur une population de dix mille habitants ! concilia le baron, il n'y a pas encore péril en la demeure.

On aura identifié ce dialogue du second chapitre de *L'affaire Blaireau*. A première lecture, le dérisoire du nombre des suffrages suscite le sourire de la commisération éberluée au constat de l'inanité de l'engagement du "jeune et élégant avocat" qui confine à l'absurdité. Voire. En un temps où une bonne moitié de la population (la partie féminine) est encore écartée des urnes, ainsi que la jeunesse non majeure comme il se doit, en un temps où abstentions et votes nuls font tout particulièrement ravage, des recherches d'ordre statistico-politico-électoral nous permettent d'établir que pour une élection municipale d'une ville de dix mille habitants à la fin du XIXe siècle le nombre de suffrages valablement exprimés s'élève à 1 393 voix. Une liste en obtenant 17 est donc créditée de 1,22 % ! Nous connaissons tous quelque intellectuel, universitaire tout particulièrement, briguant impavidement depuis des décennies à la tête d'une Ligue, d'un Renouveau ou d'un Collectif un siège de maire ou de conseiller général et obtenant des scores identiques voire inférieurs. Et de les justifier sans sourciller à chaque lendemain par la convergence de noirs complots.

On sait d'ailleurs qu'Alphonse Allais s'était présenté aux législatives du 20 août 1893 dans le neuvième arrondissement parisien (l'Opéra et les grands boulevards) par Captain Cap interposé. Il obtint 176 voix au premier tour. Soutenu par *Le comité antieuropéen et antibureaucrate* (notre sourire est moins celui de l'exclusion que de la connivence !) son programme prévoyait, entre autres :

> — la place Pigalle port de mer (en raison bien évidemment de la faune de morues et de maquereaux) ;
> — la suppression de la bureaucratie ;
> — le percement du grand tunnel polyglotte (pour que les enfants apprennent les langues).

En quelque sorte une politique de grands travaux, Tour de Babel inversée à tous les points de vue notamment en ce qu'elle fédérera au lieu d'isoler.

Alphonse Allais est un séditieux, et un séditieux "pour de rire" comme disent excellemment les raffinés et les enfants avant de jouer, ou plus précisément de se jouer, avec un esprit de sérieux avéré. Pour le plus grand nombre, qui connaît peu et mal son œuvre, Alphonse Allais est un écrivain qui a imposé une tonalité comique fondée sur l'absurde et la mystification pour reprendre les termes d'encyclopédies et d'histoires littéraires récentes.

Ceci est vrai sans doute aucun. Mais Alphonse Allais présente plus un monde de familiarités, d'évidences dont il met au jour le caractère absurde. Il ne stigmatise pas des absurdités au nom d'une idéologie figée et sectaire pour en faire autant de points d'application des leviers de forces révolutionnaires. On connaît la hargne des surréalistes à l'égard, entre autres, de l'armée dont l'existence même est jugée scandaleusement absurde à l'aune de l'internationalisme prolétarien. L'un de vos compatriotes, Jean Caupenne (ou Koppen) — celui-là même qui traitait le Christ de "Putain à Barbe de Nazareth" dans le n° 12 de *La Révolution surréaliste* de décembre 1929 — envoya ainsi une lettre comminatoire à un nommé Keller reçu premier à l'École de Saint-Cyr l'invitant à se démettre sous peine de "fessée publique". La justice s'étant saisie de l'affaire Jean Caupenne préféra faire des excuses publiques fort peu surréalistes sur le front des troupes dans l'École de Saint-Cyr même...

On voit la différence avec Alphonse Allais même si nombre d'anecdotes à son propos sont comme il se doit faisandées et nombre de canulars apocryphes. La nyctalopie est la faculté de voir dans l'obscurité. Quelques animaux en sont doués, certains humains en sont affectés. Car il s'agit d'une maladie sauf en ce qui concerne la vision d'un écrivain ! Alphonse Allais est nyctalope dans le ténébreux, le cotonneux, le fuligineux que présente toute société comme dans l'aveuglement de l'évidence. Il constate et pressent plus qu'il ne prophétise.

Ce "voyant" ne vole pas le feu tel un Rimbaud revisité par la transe d'André Breton, il le restitue.

On connaît les polémiques nées de la modernité métallique de la Tour Eiffel inaugurée en mai 1889. Le fameux Captain Cap a une idée pour rendre utile cette démonstration industrielle si parfaitement oiseuse (*Utilisation de la tour Eiffel en 1900, Le Bec en l'air*, 1897) :

Donc, nous renversons la tour Eiffel et nous la plantons la tête en bas, les pattes en l'air. Puis, nous l'enveloppons d'une couche de magnifique, décorative et parfaitement imperméable céramique.
— Bravo, Cap !... Et puis ?
— Et puis, quand j'ai obtenu un ensemble parfaitement étanche, j'établis des robinets dans le bas et je la remplis d'eau.
[...]
— Je comprends ! ... D'eau ferrugineuse. Ah ! Cap, vous êtes génial !
— Oui, d'eau ferrugineuse et gratuite à la disposition de nos contemporains anémiés.

Le renversement n'est pas seulement celui, exemplaire et spectaculaire, de la tour Eiffel "les pattes en l'air". Il y a prise en compte tout à la fois de l'absurde inutilité de cette modernité métallique et de l'obsession absurde de l'utilitaire. Renverser la tour, c'est lui conférer une destination, un statut, une fonction. Puisque l'esthétique ne peut être validée que dûment estampillée comme telle, la modernité industrielle est d'emblée disqualifiée. Mais cette mutation forcée de l'inutile en utile (l'une des caractéristique de l'âpre bourgeoisie de l'époque) prépare — par son radicalisme même — le fameux "le beau est laid, le laid est beau" de la génération suivante.

Alphonse Allais trahit au double sens où il falsifie et où il révèle. L'eau minérale ferrugineuse est une panacée virant au mythe qui justifie le rêve d'une distribution gratuite d'une grande quantité d'autant plus aisément disponible qu'elle est produite de manière scientifiquement fantaisiste mais lexicalement cohérente (fer / ferrugineux / eau). Ce gigantesque "gobelet" qu'est devenue la tour est comme la vision manifeste d'un rêve propitiatoire de latences bien actuelles (mythologies de notre fin de siècle, telle celle de l'icône publicitaire). Le jeu sur les mots (association et glissement d'idées) n'est pas absurde. La construction envisagée ne l'est pas *stricto sensu* (pas plus tout au moins pour prendre deux exemples parisiens fameux que le trou de feu les Halles ou les abattoirs de La Villette !). Seule la réaction chimique l'est, du moins dans ces conditions.

Mais l'absurde d'Allais se fonde sur des évidences, des constats, des modes et des engouements (les normes d'un moment), des revenez-y des mœurs et sensibilités.

A titre d'exemples quelques réflexions en forme d'aphorismes :

Le rêve [...] ce serait de concilier les vieilles vertus familiales de nos provinces avec une vie un peu accidentée...
Le hollandais n'est pas une de ces langues qu'on apprend sans motif grave.
L'affaire Blaireau.
Les mots naturalisés doivent épouser les lois françaises.
Quand une dame me raconte qu'elle vient d'entendre de magnifiques "soli", je lui demande incontinent comment se portent ses "gigoli".
Captain Cap.

Le sourire est motivé, consciemment, par l'incongruité de la désinence. Implicitement parce qu'une dilettante (au sens premier du mot) ne peut être qu'une âme de la bonne société, d'âge mûr qui ne peut avoir que des liaisons vénales. Sexisme contre snobisme.

Ce frère jumeau de Rimbaud (ils étaient nés le même 20 octobre 1854, mais pas du même œuf), passionné de chimie (l'eau ferrugineuse !), ce fils de pharmacien ne sera pas pharmacien pas même vraiment parce que papa l'était. Alphonse Allais sait capter l'air du temps — l'ère en ce qu'elle a de relatif, de ductile, d'éphémère, de contradictoire, d'ambiguë alors qu'elle se croit porteuse de justes valeurs enfin impérissables (notamment la technique, la science, le progrès). Alphonse Allais eût pu comme Julos Beaucarne (vous vous souvenez, il y a une vingtaine d'années : "Les léopards du zoologue se mirent à tout dévorer sur leur passage, les léopards sont voraces, c'est le combat des voraces contre les coriaces") militer pour le *Front de libération des arbres fruitiers*[1].

Il est patent que nombre des nombreuses références qui parsèment les textes d'Allais nous sont incompréhensibles, que ses gags sont parfois convenus (mais le propre d'un bon calembour n'est-il pas d'être mauvais ?) et en même temps ses textes intéressent notre présente sensibilité d'étonnante façon.

A notre époque où dans le langage des médias comme dans la langue courante (pour une fois en phase) le mot *surréaliste* est strictement synonyme d'imbécillité, où le mot *fumiste* ne distingue plus aimablement un dilettante de bon aloi mais dénonce quasiment une tare sociale, il est pourtant indéniable qu'Alphonse Allais nous fait rire.

Mais le sourire se fige en rictus. Il n'a pas pris ses rêves pour la réalité mais la réalité a pris certains de ses rêves. Rire et sourire ne sont pas ceux de l'exclusion devant la folie, ils sont ceux de la connivence face à une banalité jugée intrinsèquement perverse.

En une fin de siècle où l'automobile stationne sur le toit de nos maisons, où elle fréquente Éros (sur l'estran sableux de nos plages) et Thanatos (roulant dans nos cimetières jusqu'aux caveaux) comment s'étonner qu'à propos de la bicyclette — symbole de la locomotion moderne et populaire d'alors — Allais écrive :

> Peut-on, non sans décence, assister à une inhumation en tenue de cycliste, et avec sa machine ?
> [...]
> Et je réponds : OUI.

Un cérémonial fixé.

---

[1]   J. BERTRAND, H. NOSTEN, *Julos Beaucarne*, Paris, Seghers, 1977, p. 166.

A une époque où des personnes sans gêne ni éducation, veules ou sarcastiques, se voient parfois justifiées en raison de leurs "complexes intimes" comment rire d'*Un garçon timide* qui fréquente les cafés...

1°) en y entrant de manière tonitruante ("il se mouchait très fort") ;

2°) en y vibrionnant indiscrètement ("feuilletait fébrilement les illustrés") ;

3°) puis en s'y saoulant ("et parfois buvait plus que de raison") !

A cent ans de distance, la lutte contre la misère est un des soucis de nos édiles. A situation nouvelle, mesure nouvelle. Dans *Charmante modification dans le fonctionnement de la charité* Monsieur le Préfet de la Seine décide que :

> Tout individu qui [...] se croira le droit à la mendicité, devra adresser une demande en règle aux autorités compétentes.
>
> Si ce droit est reconnu valable, on lui octroiera *une charte de mendiant*, laquelle lui conférera, non pas le droit de mendier mais celui de faire mendier pour son compte.

Le fait que cette nuance légalise le proxénétisme parisien ("Il devra se procurer à cet effet une jeune et jolie femme, séduisante au possible") et modifie l'aspect des rues de Paris renforce encore, je pense que vous en conviendrez, le réalisme d'Alphonse Allais.

Alphonse Allais est l'homme des évidences absurdes et non des absurdités évidentes. Sa voyance est de l'ordre du constat. La bourgeoisie est-elle obnubilée par l'efficacité, muons l'inutile en utile. Il sait que la nouveauté est grosse d'effets secondaires contradictoires. Avatars, dérives, traverses, vicissitudes visent à la pervertir.

Créer une gigantesque fresque naïve sur la gigantesque tour de réfrigération de nos centrales nucléaires, peinturlurer de couleurs aussi chaudes que criardes nos barres d'immeubles à loyers prétendument bon marché, cela n'a-t-il pas pour fol but de transcender l'utile par l'esthétique, de commuer le laid en un supplément de beau, de faire semblant de parier pour la nature au sein de la culture, de mettre les villes à la campagne ?

N'est-ce pas digne d'Alphonse Allais, ses pompes et ses œuvres ?

Fréquentant assidûment le Quartier latin de Paris en tant qu'étudiant à partir de la fin des années cinquante en une époque où la plage n'était pas encore sous les pavés — c'est pourquoi il y avait encore des pavés — je voyais périodiquement resurgir sur les panneaux électoraux de cette circonscription la candidature d'un certain Ferdinand Lop dont le programme proposait, entre autres, de raser la Montagne Sainte-Geneviève et de prolonger le boulevard Saint-Michel jusqu'à la mer. Des meetings, où la ferveur argumentaire et langagière suppléait le nombre, permettaient à partisans et adversaires de s'affronter. Ainsi se déchiraient il y a quelque trente années les Péné-Lop et les Anti-Lop...

Émules d'Alphonse Allais et de sa vision nyctalope. Robespierre ou la révolution inspirée, André Breton ou la révolte pamphlétaire, Alphonse Allais ou la sédition tonique. Il semble bien que ce soit cette dernière posture qui intéresse le plus notre sensibilité de fin de siècle. Une imposture, précisent les dictionnaires, est une action trompant par de fausses apparences, c'est-à-dire de fait faussées pour le plus grand nombre.

Alphonse Allais ou la vision nyctalope qui n'est jamais aussi perçante que dans le jaillissement de l'évidence devrait être tout particulièrement appréciée dans un pays où l'on sait depuis René Magritte que *Ceci n'est pas une pipe*.

6. ALPHONSE ALLAIS,
DIEU ET LE PÈRE NOËL

Bernard SARRAZIN

Il est de notoriété publique qu'Alphonse Allais est non seulement matérialiste mais nihiliste, donc athée et anticlérical. A. Allais croit en Dieu
autant qu'au Père Noël et même peut-être un peu moins. Je ne vais pas
essayer de démontrer le contraire. Les choses sont pourtant moins simples
peut-être qu'il n'y paraît si l'on ne veut pas réduire les mystifications et les
démystifications auxquelles il s'est livré à un vulgaire "poil à gratter" ou même
à "un fluide glacial". J'emprunte ces expressions à un autre ouvrage de
F. Caradec, *La farce et le sacré,*[1] lequel s'interroge sur la nature de la farce
et sur le sort du sacré aujourd'hui. Il ne parle pas dans ce livre d'A. Allais,
me laissant le champ libre, et j'appliquerai volontiers à notre "sacré farceur"
la distinction qu'il fait entre deux sacrés : l'un est celui de la religion insti-
tutionnelle, traditionnelle, celui aussi des tabous sociaux que la farce carnavalesque, au Moyen Age, renversait, quelques jours par an, pour mieux en
assurer la pérennité ; l'autre sacré, plus intime, subjectif, est celui que chacun de nous se fabrique pour lui-même aujourd'hui que Dieu et le Carnaval
sont morts. F. Caradec, pour le définir, cite M. Leiris : *"Quelque chose de
prestigieux...quelque chose d'insolite...quelque chose de dangereux...quelque
chose d'ambigu...quelque chose de secret...quelque chose de vertigineux".*
    Pour le sacré objectif, les choses sont claires. A. Allais appartient à un
temps et à une société de transition qui baigne encore dans une sacralité mono-
polisée en France par le catholicisme, le Bon Dieu et ses saints, son clergé,
ses pélerinages, ses fêtes : une chance pour l'humoriste qui dispose ainsi d'un
sacré objectif à se mettre sous la dent ; avec ses amis, il va pouvoir jouer au

---

[1]   F. CARADEC, *La Farce et le Sacré. Fêtes et farceurs, mythes et mystificateurs,* coll.
"Synthèses contemporaines", Casterman, 1977.

dernier carnaval, radical, celui qui ne s'arrête pas. Il est clair qu'A. Allais a voulu démystifier les mythes, démasquer les mystifications d'une religion encore massivement dominante.

Quant au sacré intime, quel est, pour A. Allais, ce "quelque chose d'insolite, d'ambigu, de vertigineux", sinon le rire qui lui permit d'échapper à tout en sacralisant le rien ? La dérision religieuse d'A. Allais, avant d'être positiviste et anticléricale, est d'abord fumiste. Sous ses aspects de rouleau compresseur ou de charge de cavalerie, la farce peut bien être aussi lourde que les sarcasmes antireligieux du positiviste Monsieur Homais. Allais est cependant plus proche de Jarry que d'Homais. On trouve aussi chez lui - et c'est le rire le plus original et le plus novateur - une manière souveraine de jouer avec le sacré et en particulier avec tout discours religieux, qui désarme Dieu lui-même : on verra qu'il existe un Dieu fumiste ; A. Allais l'a rencontré.

Sait-on qu'il y eut des fumistes qui croyaient au ciel, peu nombreux, et d'autres qui n'y croyaient pas ? A. Allais est de ces derniers, mais il s'entend mieux avec un croyant fumiste, le mystique L. Bloy, qu'avec un incroyant non fumiste, l'anticlérical Francisque Sarcey, dont il fera sa tête de turc. Et le mystérieux Saint Esprit qui préside à cette amicale complicité d'Allais et de Bloy, c'est, comme le dit très bien G. Auriol, l'"Esprit de Mystification" :

"Le rapprochement peut paraître blasphématoire, je le maintiens ; et je range dans la même escouade Léon Bloy, Villiers de l'Isle-Adam et Alphonse Allais, tous trois ayant été possédés par l'Esprit de Mystification. Peut-être le moins catholique était-il Allais (...)"[2]

A quoi jouaient ensemble les deux compères ? F. Caradec cite une de ces conversations à dormir debout auxquelles ils se livraient à la terrasse des cafés : par une escalade dans l'absurde, la satire politique se perd dans les délires du jeu verbal. On va essayer de démontrer que tout discours idéologique, chez A. Allais, ici le discours religieux, ou antireligieux - qu'importe ?, est miné de l'intérieur par l'Esprit de mystification. On étudiera donc comment cet Esprit vient vivifier en même temps que subvertir le positivisme et l'anticléricalisme d'A. Allais, qui sont alors envahis par la gratuité du jeu. Le rationaliste pactise avec l'irrationnel, le militant noue des rapports de complicité avec sa victime. Et Dieu se met à ressembler au Père Noël.

Or on ne peut isoler le fumiste du positiviste ni de l'anticlérical, parce que le fumisme est à la fois une religion ou une morale, et une méthode. On étudiera donc successivement le positiviste fumiste aux prises avec le surnaturel et Dieu, puis l'anticlérical fumiste aux prises avec l'Eglise et les curés,

---

2   Cité par F. CARADEC dans sa biographie d'A. Allais, p.275. Cf. aussi F. CARADEC, *"Deux fumistes, Léon Bloy et Alphonse Allais"* dans *Léon Bloy 2, le rire de L.B.,* Lettres Modernes, 1994.

avant de conclure sur l'absolu fumiste de la mystification, "littéralement et dans tous les sens".

I

LE CHIMISTE FUMISTE ET LE SURNATUREL

On trouve chez Allais tous les arguments de la critique positiviste du surnaturel, mais les textes oscillent entre l'attaque et la rigolade.

Sacrilèges par personnes interposées

Edictons d'abord une règle du texte allaisien : la pensée mécréante y est toujours le fait des autres. Et mettons au défi les spécialistes d'A. Allais de trouver un seul texte où le moindre blasphème, le moindre sacrilège, la moindre critique de la religion soient pris en charge par l'énonciateur. Si A. Allais profère un blasphème, commet un sacrilège ou émet une critique, c'est toujours par personne interposée, même quand le paravent est transparent. Le corollaire est que toute énormité lancée contre la religion est compensée, en contrepoint, par l'indignation du narrateur bien pensant. Ce double jeu permet de pratiquer en toute impunité une critique positiviste de la religion du meilleur aloi, tout en jouant les bons apôtres.

Voici par exemple, dans *ET VERBUM* (A 216)[3], une petite fille que sa mère coupable n'a jamais envoyée à la messe. La *"pauvre mère"*, *"une charmante femme sujette à la céphalgie, notez ce détail"*, finit par céder un jour à la curiosité de la jeune Lily (cinq ans) : *"Oh ! Que tu es agaçante avec ta messe, ma pauvre petite ! Vas-y demain et fiche-moi la paix !"* La petite est enchantée par les costumes des enfants de chœur, mais un peu scandalisée par *"ce prêtre qui boit du vin blanc en tournant le dos au monde (et) lui fait l'effet de manquer d'éducation (...) Mais, surtout, c'est la communion des fidèles qui l'amuse le plus"*. Lily explique : *"Eh bien, voilà : y a des bonnes femmes qui s'a approché et pis qui s'a mis à genoux. Alors, le curé a venu avec un grand pot en or, et pis il a mis un cachet d'antipyrine dans la bouche des bonnes femmes"*. Le titre du conte renvoie au *Credo : Et Verbum*

---

3   Les références à l'œuvre d'Allais comporteront le titre du conte en italique et majuscules suivies du numéro de la page, assorti d'un "A" (Œuvres anthumes) ou d'un "P" (Œuvres posthumes), collection "Bouquins".

caro factus est (Et le Verbe s'est fait chair). Rien moins que le mystère de l'Incarnation et le sacrement de l'eucharistie bafoués ! Evidemment, ce n'est qu'un mot d'enfant : cette petite, elle n'est pas responsable, ni A. Allais.

La déchristianisation prend des proportions calamiteuses avec le garçon qui va au catéchisme, dans *"LE MYSTERE DE LA SAINTE TRINITE DEVANT LA JEUNESSE CONTEMPORAINE"*. (A 449) Le narrateur a pour jeune ami, Pierre, une sorte de Zazie masculin, d'affreux Jojo, dont il se croit obligé de réprouver le langage grossier, *"apanage exclusif de gens de basse culture mondaine"*. Pierre ne se vante-t-il pas d'avoir *"l'autre jour, en plein catéchisme, tutoyé le* ratichon. *-Le...? -Le* ratichon...*Le curé, quoi ! Si t'avais vu sa bobine !..."* Mais le solide bon sens du gamin enchante l'adulte : *-Bravo, mon vieux Pierre, tu te rapproches de la nature et de la raison"* Et pourtant, le jeune iconoclaste traite la théologie comme un galimatias :

"- C'est crevant !...Le Père, le Saint Esprit, le Fils ! Le Père a engendré le Saint-Esprit, en se contemplant lui-même...Toi qui commences à être un vieux type, tu comprends pas grand-chose à ça, déjà ? Alors, quoi, nous les mômes !. Et après, le Père a contemplé le Saint-Esprit, et ils ont engendré le fils (...) - Ça manque de femmes !"

Il n'y a plus d'enfants ![4]

Les trois casquettes du critique de la Bible

Pour critiquer la Bible, Allais met en scène un pamphlétaire voltairien, un mythologue, collègue de Salomon Reinach, et un exégète moderniste en passe de perdre la foi.

Le voltairien, dans *SCEPTIQUE ENFANCE* (A 876) est encore un gamin qui va ébranler les certitudes de l'âge mûr : L'Histoire Sainte le fait *"gondoler"* :

"Je dis qu'il faut que les curés nous prennent sérieusement pour des poires, de nous envoyer des boniments comme ça - Mon cher Georges, ton âge ne t'autorise pas à tenir un tel langage - Qu'est-ce que tu veux, c'est mon

---

[4] Cf aussi *IRREVERENCE* (A 649) où Allais s'avoue dépassé par la "jeunesse actuelle".
   On ne respecte plus rien : le major Heitner ne désigne-t-il pas *"sous le nom d'Emile (...) Dieu le père, que certains complaisants persistent encore à appeler le bon Dieu"* (*LE MAJOR HEITNER* A 350) ! Allais se moque d'ailleurs des vers de mirliton de cet athée militant :
   "Du haut de son balcon, Emile, dit le Très-Haut,
   Regarde toutes les âmes qui s'en vont à vau-l'eau
   (Ces deux vers, comme tous ceux que fabrique le major Heitner, ont un minimum de douze syllabes garanti)".

*caractère à moi ! Ainsi la création du monde, crois-tu que ça s'est passé
comme on le raconte dans l'Histoire Sainte ? - Evidemment.*" Alors Georges
s'emploie à épingler une à une les invraisemblances bibliques du Paradis ter-
restre, avec le simplisme provocant d'un pamphlet de Voltaire : les lions, les
tigres et les jaguards étaient-ils donc végétariens ? Et *"les asticots qu'on trouve
dans le fromage, où étaient-ils avant qu'on ait inventé le fromage"* ? Et les
"sales microbes" - thème à la mode au siècle de Pasteur- : *"Ça a beau être
tout petit, c'est des bêtes comme les autres"* (...) *Où nichaient-ils quand Adam
et Eve étaient bien portants ?"* Le "vieux Fifi", progressivement, perd du terrain : *"Ma foi, je t'avouerai (...) Je ne te dis pas cela (...) Il y a évidemment
là..."* Alors l'affreux Georges porte le coup de grâce : - *Abel et Caïn, ils
n'avaient pas de femmes, dis ? - Je ne crois pas - Alors, dis-moi comment
ils ont fait pour avoir des gosses ?"*[5]

Et voici Allais mythologue. Au chapitre XXXI du *Captain Cap*, après
avoir fait de Cham, *le fils de Loth, roi des Moabites, le premier* (des) *camelots,* il feint d'avoir reçu visite, dans son *cabinet* de savant, de l'*érudit exégète* Salomon Reinach spécialiste en *interprétation des textes bibliques,* venu
lui préciser que Cham n'était pas le fils, mais le gendre de Loth, ayant
épousé la jolie *Echa Loth.* Ce qui permet à A. Allais, collègue de S. Reinach,
de risquer une hypothèse sur le mystérieux épisode de la statue de sel. La belle-
mère n'aimait pas, parce qu'il était noir, Cham, qui le lui rendait bien. Aussi,
quand la famille s'enfuit, laissant Sodome en flamme *"avec, pour combus-
tible, ses saligauds d'habitants, une idée germa dans l'infernal cerveau de
Cham : "Retournez-vous, dit-il à la belle-mère, le spectacle en vaut la
peine" ; Machinalement, la maman Loth jeta un coup d'œil en arrière. Oh !
ce ne fut pas long ! En moins d'un quart de seconde, la bonne femme ne for-
mait plus qu'un amas de chlorure de sodium.* Ce que ne dit pas la Bible, c'est
qu'en bon camelot, Cham Loth *divisa* (le tas de sel) *en une infinité de petits
paquets qu'il alla débiter par tous les pays circonvoisins."*

Après Voltaire, Salomon Reinach ou Renan, voici l'abbé Loisy ou la
foi à l'épreuve de la critique des textes En 1901, Allais lance un *APPEL AUX
SAVANTS DE TOUS LES PAYS* (P 630) sur la question de la condamnation
du serpent à la reptation : *"Que le serpent rampe, c'est un phénomène hors
de conteste,. Mais avant le péché originel, quel procédé employait-il donc*

---

5   Allais feint ailleurs, à la manière de Voltaire, de regretter non plus les invraisemblances
     mais les grossièretés de la Bible, ainsi cette histoire d'ivrognes, le miracle de Cana :
     *"Jésus crut devoir accepter l'invitation de Cana : c'est son affaire et cela ne regarde
     que lui. Mais l'attitude qu'il prit à table, les tours de passe-passe qu'il exécuta avec
     les breuvages, toutes ces – passez-moi le mot – galipettes auxquelles il se livra pen-
     dant le repas, sont de la dernière incorrection et tout à fait indignes d'un Divin Sau-
     veur".* (A 667) Allais le bon apôtre !

pour se rendre d'un endroit à un autre ?" Comme si sa foi était en danger, l'appel de l'exégète à la dérive, se fait pressant et pathétique :

"Notre abonné, le professeur de zoologie de la faculté d'Upsal, voudrait-il nous renseigner sur ce point angoissant ? Notre acheteur au numéro, préparateur de paléontologie au muséum de Buenos Aires, détient-il, à ce sujet, quelque avisé tuyau ? Et tant d'autres que le défaut de place nous empêche d'implorer personnellement !"

Dans la chronique suivante, la réponse est donnée *"à cette agaçante énigme de la marche du serpent"* : *"Il roulait, le bougre" !* (P 631).

Quant au Chaos, le supposé savant catholique A. Allais ose formuler une critique respectueuse, bien que familière, au Créateur. S'autorisant des découvertes récentes de la *lumière obscure* par le professeur Roentgen, de l'Académie des sciences, puis des *"révélations plus piquantes encore, de Gustave Le Bon, sur la lumière noire"* contestées, il est vrai, par *"MM. Auguste et Louis Lumière (un joli nom pour des photologues)"*, A. Allais reproche au Seigneur d'avoir mal séparé les ténèbres et la lumière, bref de n'avoir pas bien fait son boulot, - pour reprendre une expression que Woody Allen met dans la bouche de Job, dans *Dieu, Shakespeare et moi* - :

"Quand le bon Dieu, sortant de son antique routine, se résolut à mettre un peu d'ordre dans le chaos, il s'occupa d'abord de séparer la lumière des Ténèbres. Les mémoires de l'époque sont assez chiches sur la façon dont s'opéra cette division. Les ecclésiastiques prétendent que le Créateur n'eut qu'à prononcer les mots Fiat lux *et que la lumière fût ; mais pour tout homme un peu versé dans la pratique des sciences physiques, il est clair que les choses ne s'accomplirent pas aussi facilement. Quoi qu'il en soit, l'opération laissa fort à désirer.*

La science actuelle, qui a déjà construit des appareils photographiques infiniment plus parfaits que l'œil humain, est en train de reconnaître le peu de conscience ou tout au moins l'étrange ignorance dont Dieu fit preuve en cette occasion. Dieu, à qui nous reconnaissons d'ailleurs une foule d'autres mérites, a agi en tout cela comme un enfant. (...) La lumière telle que Dieu la fit s'entâche de beaucoup de ténèbres (...) et dans les ténèbres demeurent encore des flots de lumière". (P 301)

La Vérité ne sort plus ici de la bouche d'un enfant mais de la Science toute nue. La plume d'A. Allais frémit alors d'un enthousiasme scientiste qui évoque Jules Verne,...ou plutôt Alfred Jarry. Car cette manière de récrire le premier chapitre de l'Ancien Testament fait irrésistiblement penser à la parodie évangélique de la célèbre *Passion considérée comme course de côte*. Mêmes marques de l'énonciation érudite et sérieuse, de l'exégèse péremptoire, même parodie du didactisme. On retrouve cette pseudo-scientificité qui a pu inspirer Jarry, dans la paraphrase, puis le commentaire, cette fois, franchement délirant du récit où le roi Achab départage Elie des faux prophètes (I. <u>Rois,</u> XVII, 1 : la référence est précisée par Allais) : *SAINT ELIE, PATRON DES CHAUFFEURS* (P 682) :

"*Dans le fameux match entre Baal et Jéhovah, organisé par l'impie Achab, c'est le feu qui joua le principal rôle, car alors que les cinquante prophètes idolâtres ne sont pas fichus, malgré de surhumains efforts, de rôtir l'holocauste, Elie construit un autel avec douze pierres, selon le nombre des tribus, le couvre de bois, y pose la victime, et, après avoir versé sur le tout, en trois fois, douze grandes cruches d'eau, prie Jéhovah de procéder à l'allumage.*

Quelques minutes ne s'étaient point écoulées, que la petite installation d'Elie flambait au-delà de toute espérance et que les cent cinquante lascars du fumiste Baal connaissaient les affres de l'égorgement collectif.

Les progrès actuels de la science et la faillite de la superstition" - on a reconnu la prétendue *Faillite de la science*, selon Ferdinand Brunetière, ridiculisé ailleurs par Allais ! - "*nous permettent de reconstituer dans sa véracité, ce curieux épisode.. Les douze cruches d'eau étaient douze cruches d'essence* (note 1 : "*Le naphte est abondant dans ces parages. Elie n'a eu qu'à en distiller*"), *et rien ne m'ôtera de l'idée que c'est Elie le vrai inventeur de l'electricité, ou pour mieux dire de l'*elietricité".

Le calembour est d'autant plus réjouissant que c'est une récidive. Dans une chronique précédente, A. Allais, après avoir cherché un patron pour les automobilistes dans *La Vie des saints*, mais n'ayant pas trouvé trace "*du moindre moteur jouant un rôle dans l'existence de ces Béats*", avait proposé "*un certain saint Otho, personnage d'autant moins connu qu'il est le simple fruit d'une lamentable et mienne invention*". C'est l'aveu contrit qu'il fait au début de la présente chronique, à "*un digne ecclésiastique du diocèse de Tours*" - sans doute aussi imaginaire que saint Otho - qui lui aurait "*écrit sévèrement (...): Faut-il, monsieur, que votre moelle soit sur les dents pour qu'en tant qu'auguste matière, vous en soyez réduit à un aussi piètre calembour*" (réponse d'A. Allais en note : "*La hiératrie populaire est pourtant fertile en calembours de cette sorte. Les paysans de chez moi font un pélérinage à "Saint Utrope", pour se guérir de l'"utropysie."*")

Retenons en passant l'importance du calembour dans la fabrication de nouveaux saints, ces procès de canonisation loufoque, je dirai de "bétification" instruits par Allais qui sous couvert de flatter la piété populaire fait exploser le sacré en y glissant une charge de non-sens. On ne sait plus alors si l'absurde est un moyen ou une fin. Car tout saute ensemble, la piété populaire avec l'entreprise positiviste de désacralisation. Par exemple, et pour en finir avec Elie, voici comment A. Allais le promeut au poste de saint patron des chauffeurs. Chacun sait qu'Elie ne mourut pas, mais à la fin de sa vie disparut sur un char de feu. Eh bien, "*Pour tout être que ne saurait aveugler le fanatisme religieux, ce chariot de feu n'apparaît-il pas clairement comme la première voiture à pétrole ou à vapeur que mentionne l'histoire ?*

Les chauffeurs sauront désormais à quel saint se vouer."

Regrettons seulement qu'Allais n'ait pas pensé à la voiture *élietrique* !

Contre les miracles

Dans *UN MIRACLE INDISCUTABLE* (A 660), où il invente un miracle à dormir debout pour faire pièce à Zola, Allais prétend qu'il *"n'hésiterait pas à flanquer sa main sur la figure"* de l'auteur des *Foules de Lourdes* s'il le rencontrait. Cela ne l'empêche pas d'opérer une réduction drastique du surnaturel. De même sera repris par Jarry le poncif des talents photographiques de sainte Véronique qui *"imprima sur un linge (...) la face du Christ, grâce à un procédé encore mal connu, mais où l'action des sels d'argent semble n'être point intervenue"*. (*UN SAINT, S V P*. P 679). Mais il faut surtout citer tout au long, comme fait F. Caradec qui en relève l'audace, la très impertinente parodie du récit évangélique de la naissance virginale de Jésus (*PATRIOTISME ET RELIGION*, P 515). On y trouve tout, le culte marial dont ce fut le siècle d'or, la science, l'histoire de l'Eglise, et le texte sacré traité avec un irrespect corrosif :

"Il y a environ deux mille ans, une jeune Asiatique fort connue sous le nom de Vierge Marie, manifestait devant qui voulait l'entendre son goût très vif pour le célibat.

Des voix que j'ai tout lieu de croire autorisées, changèrent sa vocation ;

Faisant miroiter à ses yeux les intérêts supérieurs de l'humanité en péril, ces voix suggérèrent à la jeune fille que le monde ne pouvait être sauvé que par un fils issu de ses entrailles.

Marie se laissa convaincre. Elle épousa bientôt un respectueux menuisier du nom de Joseph et, l'année d'après, mettait au monde un fils. Un respectueux menuisier, ai-je dit. Oui, respectueux au-delà de toute exagération. Marie était devenue mère à la suite de l'opération généralement désignée sous le nom d'Opération du Saint-Esprit.

A la vérité, (...)cette opération n'était autre chose que ce que nous désignons aujourd'hui la fécondation artificielle, opération parfaitement connue des mages chaldéens de l'époque.

Ce qu'il advint du bébé, vous le savez aussi bien que moi : très intelligent, fort débrouillard, excessivement calé sur une foule de sciences, et, ce qui ne gâte rien, charmeur de tout premier ordre, Jésus-Christ, puisqu'il faut l'appeler par son nom, sauva le monde et fonda une religion, laquelle, à l'heure où nous mettons sous presse, est encore des plus prospères".

La chronique s'achève, dans la gaudriole scabreuse, et avouée, par une illustration burlesque de ce modèle marial de fécondation artificielle - il convient de constater l'actualité d'A. Allais ! - Un ordre de religieuses espagnoles aurait été fondé sous l'invocation de *Notre-Dame de la Natalité* afin de *"créer et sans péché, une foule de sauveurs pour l'Espagne (...)Et les papas, où va-t-on les chercher, dites -vous, lubriques roquentins ? Beaucoup de religieux, des Carmes surtout, coopèrent à cette œuvre de relèvement national avec une abnégation toute virile".*

Au bout du compte, contre toute évidence A. Allais réconcilie la Science et la Foi dans la chronique pompeusement intitulée : *LA SCIENCE ET LA RELIGION – ENFIN – MARCHENT LA MAIN DANS LA MAIN. (panneau allégorique)* (A 871) : *"(...) Et maintenant, tas de francs-maçons, ne me parlez plus des conflits de la Science et de la Religion".* Signer l'alliance de la Science et de la Religion en 1899, voilà, sans doute un des plus beaux succès du diplomate A. Allais. Il faut cependant, y faire la part de la tactique anticléricale.

II

L'ANTICLERICAL FUMISTE

Le masque catholique

Nous commençons à nous habituer à ce narrateur hybride qui, tout en s'affichant bruyamment catholique fervent, professe, à mots à peine couverts, des opinions de chimiste positiviste. Dans ses rapports avec l'Eglise et les curés, même double jeu. Allais prend le masque du bon catholique : *"Elevé par une vieille tante extrêmement pieuse, j'ai toujours fait de la religion le pivot de ma vie. Toujours, je partageais mon temps entre la prière et l'étude loin des cabarets et des maisons pires peut-être. Mon corps se trouva bien de ce régime, mais c'est surtout mon âme qu'il faudrait voir. Une âme rose tendre tirant sur le bleu clair"* (A.660). Sur ce socle de la foi, deux styles de catholiques. L'un, plus va-t-en-guerre, lève l'oriflamme du passé ; c'est le traditionaliste borné :

"N'en déplaise à messieurs les libres penseurs, le flambeau de la foi, rebelle à l'ouragan du doute, brûle encore au sein de notre vieille France, la France de Croisades, la France de saint Louis, cette vieille France enfin qui comptait plus de bénitiers que de cuvettes, au dire de la sacristique (ô l'âme blanche du Moyen âge, tant regrettée de Huysmans ! l'âme blanche et les pieds noirs)

Ricanez, esprits forts ! Ricanez, lecteurs de Zola ! Vous ne ricanerez peut-être pas d'aussi bon cœur en goûtant personnellement les hautes températures du très achalandé Lucifer's grillroom." (A 660).

L'autre style de catholique, plus sympathique, plus arrangeant, plus moderne, rêve d'*agiornamento :*

"On peut être fervent de l'automobilisme sans pour cela cesser de pratiquer sa religion, cette dernière fut-elle catholique. (...)Notre brave vieille France n'est pas encore à la veille d'être déchue de son touchant titre de Fille

aînée de l'Eglise (P 679). *On dit que la foi disparaît des âmes françaises ; Evidemment, elle disparaît, mais pourquoi ? Parce qu'on ne fait rien pour l'y retenir. Il faut, bon gré malgré, que la religion se décide à faire comme toutes les autres branches de l'industrie, qu'elle entre dans le mouvement !"* (A.659)

Avec ces deux masques, A. Allais a ses entrées partout. Il converse avec Mgr d'Hulst et reçoit de l'Archevêque de Paris une lettre signée *"Votre vieux Richard"*. Il ira même interviewer le Pape. Camouflé comme un caméléon, il se fond dans le paysage à l'époque encore très cléricale où baigne la société française. Il dispose de la panoplie idéale pour pénétrer sur le terrain d'une institution ecclésiale chahutée entre la tradition et la modernité, la science et la foi, le capitalisme et la mystique. Mais ne nous y trompons pas, c'est en terrain ennemi qu'il pénètre, déguisé comme les Dupont de Tintin pour *"Ecraser l'Infâme"* (la devise voltairienne fut aussi celle du *Tintamarre* où il fit ses premières armes). Car le double jeu d'A. Allais vise à dénoncer celui de l'imposture cléricale.

L'imposture cléricale ou l'Eglise affairiste

Avec un anticléricalisme primaire et sans autre concession qu'apparente, il démonte cette machine à décerveler et à faire des affaires, et au fil de ses chroniques enrichit sa galerie de curés dont il fait *un dîner de têtes* à la Prévert. Voyons ces deux aspects de l'institution, la machine et ceux qui la font tourner. Dans les deux cas, comme sur la question de la croyance, on oscillera entre la dénonciation pamphlétaire et la franche et gratuite rigolade.

Le recueil intitulé *On n'est pas des bœufs* publié en 1896, année de son mariage à l'Eglise, est particulièrement riche en textes qui dénoncent vertement l'affairisme ecclésial[6] :

"Ce que j'aime dans l'Eglise catholique, c'est son incontestable aptitude organisatrice. Dans toutes les affaires qu'elle entreprend, depuis Lourdes (la plus florissante entreprise du siècle) jusqu'au plus humble pèlerinage régional, on retrouve cette maîtrise de l'art subtil de bien remplir la caisse et de ne rien laisser à l'imprévu." (A662)

---

6   Allais a de qui tenir : le dandysme fumiste de son maître Sapeck brouillait déjà le jeu, assortissant un comportement conservateur à un iconoclasme sauvage : *"(...) Il devint brusquement fervent catholique, et si chaque jour on ne le voit pas, un livre d'heure à la main, se diriger vers Saint-Etienne, sa paroisse, c'est à cause de son grand respect pour les choses saintes ; car il craint de ne pouvoir résister au désir d'imiter le cri de quelque animal féroce ou domestique, au moment de l'élévation."* A. Allais *"L'Hydropathe Illustre Sapeck"* (P 14).

Pour démontrer l'esprit pratique des organisateurs, A. Allais se contente de recopier comme Bouvard et Pécuchet des brochures ecclésiastiques. Le "comble" du commentaire ![7] Ce qui l'enchante, dans ce genre de littérature, c'est la rencontre incongrue, donc comique, dans le même texte du prosaïsme, des conseils pratiques et de la mysticité des cantiques, comme Mac Nab glissait des alexandrins sentimentaux dans les sèches descriptions techniques d'un prospectus publicitaire. Près de Honfleur, Allais a assisté en voisin au pèlerinage de Notre-Dame de Grâce (A 662) :

"Chaque pèlerin était muni d'une petite brochure, mi-indicateur, mi-recueil de cantiques, dont la lecture à froid dégage un comique assez analogue à celui des Poêles mobiles de ce pauvre Mac Nab".

On appréciera, malgré sa brièveté, la qualité de cette analyse littéraire ; la jouissance esthétique de l'orfèvre en littérature comique prend ici le pas sur la verve militante. En voici un extrait.

3ème PELERINAGE LEXOVIEN
à Notre-Dame-de Grâce, le 29 août 1895
MATIN
1er train (départ) 6h 10
2e train ——6h 27

...Les billets de pèlerinage ne sont pas délivrés par les employés du chemin de fer, mais aux sacristies des paroisses de la ville (...)
Ne jamais chanter avant les départs ni pendant les arrêts.
En partant de Lisieux, on entonnera le cantique suivant :

AVE MARIA
(Air de Lourdes)
Déjà de l'aurore
Les feux ont brillé
Et l'airain sonore
Annonce l'Ave
Ave, Ave, Ave Maria (bis)
Franchissons l'espace (42 kilom. !)
Heureux pèlerins ;
Allons tous à Grâce
Chantez nos refrains (...)"

Un an plus tard, en 1897, Allais fait à nouveau et sur le même mode l'éloge empoisonné *"de la puissance et de la richesse de l'organisation catholique"* (*UNE SACREE SPECIALITE*) (P379). Il admire cette fois *"le système farou-*

---

7   Le comble inverse consiste à fabriquer un faux numéro du journal *La Croix*, pour le servir au petit déjeuner à sa dévote voisine revenant de la messe de six heures, dans *PLAISIRS D'ETE*, A 999.

chement appliqué de la division du travail" dans les spécialités multiples des Saints (pour Saint Antoine, la perte des clés, pour un autre, telle guérison, etc...), de leurs miracles, et de leur culte, ce qu'il appelle le *"Grand Bazar catholique (...), un véritable placement, non pas de père de famille, hélas ! mais de Père de l'Eglise, ce qui est encore plus sûr".* On pense à l'incendie du célèbre Bazar de la Charité, et à la scandaleuse explosion de joie de l'ami Léon Bloy. La méthode d'A. Allais est diamétralement opposée ; il n'en frappe pas moins fort. Il se contente de *"copier textuellement"*, comme un bêtisier, un opuscule intitulé *Vie, Culte et miracles du Bienheureux Jean d'Espagne, premier prieur de la chartreuse du Reposoir, au diocèse d'Annecy,* par l'abbé Jean Falconnet, curé de Magland, membre de l'Académie salésienne. La spécialité de ce Saint consiste à donner le goût du fromage aux petits enfants savoyards. Allais cite six exemples : *"Pas de théorie, des faits ! (...)1° La mère d'Egyptienne Conseil a fait célébrer au Reposoir, vers 1820 (ça ne nous rajeunit pas), une messe en l'honneur de Saint Jean, d'Espagne, pour sa fille qui n'avait pas mangé de fromage jusqu'à l'âge de dix ans. L'enfant en a mangé alors comme les autres",* etc...Le bon paroissien sait bien qu'il va donner du grain à moudre aux esprits forts : *"Si les (...) esprits forts avaient sous les yeux le petit opuscule qu'un ami lecteur vient de m'envoyer, jusque-z-à quelle hauteur ne lèveraient-ils pas leurs sceptiques épaules (...) !"* Mais il compte sur un autre public et conclut : *"Avis aux marchands de fromage !"*

Si on préfère à cette satire économe de ses moyens, un style plus chargé, on lira, toujours de 1896, sous le titre de *UN SAINT CLOU POUR L'EXPOSITION DE 1900* (A658), une proposition délirante d'A. Allais, dans le style des inventions comiques de Villiers de l'Isle-Adam, en un genre qu'on pourrait appeler la "satire- fiction". *"Aujourd'hui,* constate Allais après Villiers et à la veille du 20ème siècle, *impossible de rester debout* (c'est-à-dire de faire des affaires) *sans ces deux béquilles : la science, la publicité".* L'idée d'Allais, catholique moderne et ingénieux, *"c'est de faire inaugurer l'Exposition de 1900 par notre saint père le Pape. La faire inaugurer et la faire bénir du même coup ! (C'est le même prix).*

Dans ma combinaison, le souverain pontife ne serait pas forcé de quitter son vieux Vatican. On relierait ce palais au Champ de Mars par un courant électrique d'une certaine intensité. Mon projet se complique de plusieurs annexes : d'abord un vaste bénitier de 34000 mètres cube, placé au centre de l'Exposition. Le plus vaste bénitier du monde ! Ce bénitier serait constamment rempli d'une eau que Sa Sainteté consentirait certainement à bénir elle-même, téléphoniquement. (On est arrivé à construire des téléphones qui transmettent la bénédiction, l'extrême -onction, etc, etc,...le tout avec un déchet insignifiant). Le jour de l'inauguration, à l'heure dite, le successeur de saint Pierre appuiera sur un petit bouton électrique.. Les courants déchaînés par le saint doigt actionneront d'énormes pompes aspirantes et foulantes qui projetteront en l'air, avec une vigueur surhumaine, l'eau du sacré réceptacle (préalablement bénite) Et cette eau retombera en pluie bienfaisante sur toute la surface de le Paris-Exhibition" Le voilà, le nouveau surnaturel, de quoi en mettre plein la vue des Américains. Evidemment, A. Allais l'avoue, *"tout cela coûte les yeux de la tête, m'objectait Monseigneur d'Hulst".* Alors il propose, pour couvrir la dépense, de *"parsemer l'Exposition de 1900 d'appareils automatiques distribuant pour deux sous un peu d'eau bénite. De l'eau bénite par le pape lui-même, ce n'est pas de la petite bière, dites donc, mes amis !".*

A. Allais avait même prévu la médiatisation de la religion. Dès 1893, dans *PUBLICITE ET RELIGION* (A, 262), il cherchait des *sponsors* pour un projet qui serait à la fois *"une bonne affaire et une bonne action"* :

"Que diriez vous, par exemple, d'organiser une tournée de Sa Sainteté le pape Léon XIII en Europe et en Amérique ? Le Souverain Pontife doit être de son époque comme tout le monde. Quelle popularité ne gagnerait-il pas à se faire voir un peu partout ! etc, etc..."

Les curés

Après la machine ecclésiale, ses ministres. L'imposture d'une Eglise affairiste se retrouve bien naturellement dans le comportement individuel de ceux qui la font fonctionner. Ici encore, dans sa description des curés, la plume d'A. Allais oscille entre la férocité et le plaisir du jeu. Ou bien ce sont des fanatiques, ou bien, dans la bonne tradition gauloise, ils sont bon vivants, paillards, hypocrites et ont le goût du lucre. Une des chroniques les plus féroces, qui date de 1904, une des dernières d'A. Allais, s'intitule *L'APOS-TOLAT MAL RECOMPENSE* (P 889) ; A son habitude, Allais se protège en faisant raconter l'histoire par un Gaudissart de table d'hôte dont, prétend-il, l'anticléricalisme *"froisse (ses) fibres mystiques les plus intimes".*

Un jeune curé, *"féru d'apostolat",* parvient à amener tous ses paroissiens à la messe dominicale sauf le cordonnier qui prétend ne pas pouvoir se permettre de perdre vingt sous de travail. *"Mais ces vingt sous, Dieu vous les rendra au centuple",* rétorque le curé. C'est le type d'argument que ne supporte pas A. Allais. Il vitupère ailleurs (*ENCORE UN MENSONGE CLE-RICAL,* P 823) contre le commandement du catéchisme :

"Tes père et mère honoreras
Afin de vivre longuement

Ainsi l'Eglise en était là, d'allécher les petits fidèles par une prime d'ailleurs problématique de longévité." Le centuple n'est pas moins problématique. Le savetier se laisse prendre un dimanche, mais pas deux. Alors le curé décide d'employer les grands moyens : le savetier allait tous les soirs rejoindre sa maîtresse :

*"Une nuit, enveloppé dans un drap blanc, les bras en croix, l'ecclé-
siastique soudain se dresse devant l'amoureux qui vient de franchir le mur
du cimetière, excellent raccourci vers la demeure de son amante :
–Arrête, arrête, malheureux, ! sépulcre-t-il.
–Quoi, qu'est-ce qu'il y a, s'informe l'autre visiblement peu ému.
–Je suis le fils de Dieu.
–Il n'eut pas le temps d'achever.
–Ah ! c'est toi le fils de Dieu !...Eh bien, je ne suis pas fâché de te ren-
contrer ! Il y a un mois que ton sacré bon Dieu de père me doit deux cents
francs"*

Et c'est ainsi qu'A. Allais donne des raclées aux "ratichons "par savetier interposé. Mais comme il le dit lui-même les vocations religieuses sont
rares. Le motif en est plus souvent *"d'échapper à la conscription"* ou *"la vie
douillette et coq-en-pâteuse du curé de campagne"*, ou le fait que *"c'est un
métier où l'on ne s'embête pas. Et je ne trouve pas cela si ridicule"* (P 161),
ajoute Allais. Il en donne deux sortes d'illustrations, version *hard*, et version
soft. L'histoire de l'abbé Raoul (A 122) est racontée sur le mode sarcastique
et sans concession. L'abbé Raoul n'a qu'une excuse à sa conduite ultérieure :
il fut abandonné dans *"une étable à cochon, jeune Moïse sauvé des porcs.."*
Devenu prêtre, *"bien de sa personne, solidement râblé* il eut la chance de plaire
à la chambrière d'une marquise et à la marquise elle-même par *"son air
modeste et pieux, sa parole onctueuse comme un cold-cream céleste, et son
horreur des débauches d'à présent (...) Bref, on aurait pu circuler longtemps
parmi les pays les plus pieux de la chrétienté avant de rencontrer un trio aussi
édifiant que celui de la noble marquise, du digne prêtre et de l'humble
chambrière"*. Remarquons qu'A. Allais vient de réunir les trois états de
l'Ancien Régime, sous le titre latin d'*HISTORIA SACERDOTIS BENE FINIS
SAECULI,* Histoire d'un prêtre bien fin-de-siècle. Sur le conseil de l'abbé,
la marquise va déshériter ses neveux, il est vrai *"orgiaques et sacrilèges"*.
Il ne restera plus à l'abbé Raoul qu'à *"jeter son froc aux orties"* et à épouser Sidonie.

L'abbé Chamel - c'est la version *cool* - est beaucoup plus sympathique
et réjouissant (on va voir que son histoire fonctionne à coup de calembours).
Elle fait la matière de deux textes, un monologue du Chat Noir, en 1888, *MON-
SIEUR LE CURE* (P161) dédicacé à Léon XIII, et une chronique de 1896,
ESSAI SUR LA VIE DE L'ABBE CHAMEL (A 677). Peut-être d'ailleurs
s'agit-il de deux abbés homonymes. Leur point commun, deux bons vivants.
Le premier ressemble physiquement à l'abbé Raoul, comme Allais les aime :
*"grand gars bien râblé, Monsieur le curé n'avait pas l'air du tout sacerdo-
tal"* (...)*un déguisé qui fait des galipettes sur son vermouth"*. L'abbé Chamel en effet ne s'ennuie pas dans la vie : il fait de la guitare, de l'aquarelle,
grand pêcheur à la ligne, il est un peu braconnier et il envoie des billets doux
à l'institutrice du château, sous le nom de Léon, par l'intermédiaire de *"cette*

petite fripouille d'enfant de chœur" qui le rapporte au narrateur, lequel, le dimanche suivant, *"lorsque l'abbé Chamel prononça un sermon indigné sur le dévergondage croissant des jeunes gens dans les campagnes", (cria) tout haut : "Bravo, Léon".* Ce qu'A. Allais ne pardonne pas, c'est l'imposture cléricale du jeûne et de l'abstinence : il fait prononcer par un autre jovial curé du Midi, à qui sa vieille bonne, au début du carême, présentait des harengs saurs, cette phrase terrible : *"Maria, je fais danser les autres, je ne danse pas"* (P 749).

Dix ans plus tard, A. Allais ajoute une corde à l'arc de l'abbé Chamel - que n'y avait-il pensé plus tôt ! -, l'art culinaire : ce talent s'explique par l'atavisme. L'abbé Chamel est en effet un enfant du péché, né de Rosalie Chamel, *"cuisinière hors de pair"*, et de l'abbé Tumaine. Rosalie passait son temps à dire : *"Mon Dieu ! Qu'est-ce que je deviendrais si l'abbé mourait".* Le nom lui resta, et *l'abbé Mouret ne tarda pas à commettre une faute, la faute bien connue sous le nom de* faute de l'abbé Mouret. Et voilà pourquoi le petit Chamel eut double vocation, *"cuisine et saint-sacrement mêlés".* Un jour, se présente au presbytère *"l'abbé Kahn, le secrétaire particulier de Monseigneur, prêtre d'origine juive (comme l'indique son nom) qui (comme l'indique encore son nom) passait les trois quarts de sa vie en vélocipède (ces prêtres-là, vous avez beau dire, font énormément de tort à la religion).* Et quand l'abbé Kahn annonça l'arrivée inopinée du prélat à l'abbé Chamel, celui-ci eut une idée. A la fin du repas, Monseigneur pourra dire : -*Eh bien, tous mes compliments. Je me souviendrai longtemps des œufs à l'abbé Chamel !"*

A la mort de l'abbé Chamel, l'abbé Lothaireau ouvrit une souscription pour un monument qui ne serait *"ni de marbre ni de bronze mais d'un solidifié - hommage touchant - de beurre, crème, et œufs".*

III

LE DIEU FUMISTE ou la RELIGION D'A. ALLAIS

Dieu et le Père Noël

"Et Dieu dans tout ça ?", comme aurait dit Jacques Chancel. Il est temps de réintégrer, pour finir, ce personnage à la fois omniprésent et absent. Il est un des protagonistes de la *comédie humaine* d'A. Allais. Non plus seulement représenté par ses ministres, comme Jésus-Christ bastonné par le cordonnier, mais un vrai Dieu, en chair et en os. Osera-t-on dire qu'il ressemble à son créateur, A. Allais, respectueux des traditions, et, en même temps, le Grand Mystificateur, comme lui insaisissable ?

Dans le récit d'une interview fictive de Dieu (*UN NOUVEL ORGANE,*

A 229), A. Allais apprécie de façon symptomatique *"le portrait du bon Dieu qui, respectueux des traditions, porte sa légendaire barbe blanche, et dont le sourire avenant, les yeux pleins de bienveillance, ne démentent pas l'universelle réputation de bonté"*. Il faudrait ajouter des yeux pleins de malice. Le bon Dieu d'A. Allais ressemble à celui de Jean Effel qui lui non plus n'innovait pas, celui d'une mythologie ou d'un folklore roses et bleus. Un Dieu bonhomme ! *"Ah ! quel dommage que le Tout-Puissant ne fasse pas sa propagande lui-même"*, répète A. Allais. Donnons-lui une identité : ce sera *"l'excellent M. Ternel, de la maison Lepère et Ternel (quincaillerie en gros, demi-gros, détail, et demi-détail)"* (*TROP DE ZELE*, A 1025) : version prosaïque de la sainte Trinité. Une des plus belles mystifications de ce Dieu qui a le sens de l'humour est racontée dans un des premiers textes d'A. Allais intitulé tout simplement (*DIEU* P61). Un soir de réveillon, un fêtard mécréant lance, comme un défi donjuanesque : *"Messieurs, il est minuit. C'est l'heure de nier l'existence de Dieu. Toc, toc, toc ! On frappe à la porte (...) La porte s'ouvre et on aperçoit la grande barbe d'argent d'un vieillard de haute taille, vêtu d'une longue robe blanche (...)- Qui êtes-vous ? - Je suis Dieu"*. Après une certaine gêne, on l'invite à trinquer. Dieu, qui a l'esprit large, accepte l'offre. *"On se remit à boire, à rire, à trinquer (...) Avant de prendre congé de ses hôtes, Dieu convint, de la meilleure grâce du monde, qu'il n'existait pas"*. La plaisanterie est-elle devenue un poncif ? Pierre Desproges la reprend dans un de ses sketchs.

Ce Bon Dieu est coléreux et grossier (*APPEL AUX SAVANTS DE TOUS LES PAYS*, P 631), il est même un peu anarchiste dans *CONTE DE NOËL* (A458) : Dieu, *"mal luné, frappe la nue d'un pied rageur"*, et, *"imitant à s'y méprendre l'accent de Raoul Ponchon" : "– Ah ! j'en ai assez de tous ces humains ridicules et de leur sempiternel Noël, et de leurs sales gosses avec leurs sales godillots dans la cheminée. Cette année, ils auront...la peau"...Lui d'ordinaire si bien élevé."* En fait, Dieu a plusieurs raisons d'en vouloir aux hommes. D'une part, *"Il y aura plus de monde, cette nuit, au Chat Noir qu'à Notre-Dame de Lorette."* Mais surtout, *"les pauvres (le) dégoûtent encore plus que les riches !... Quoi ! Voilà des milliers et des milliers de robustes prolétaires qui, depuis des siècles, se laissent exploiter docilement par une minorité de fripouilles féodales, capitalistes et pioupioutesques ! Et c'est à moi qu'ils s'en prennent de leurs détresses ! Je vais vous le dire franchement : si j'avais été le petit Henri, ce n'est pas au café Terminus que j'aurais jeté ma bombe, mais chez un mastroquet du faubourg Antoine !"* Dans un coin du paradis, saint Louis et sainte Elisabeth de Hongrie se regardent "atterrés" de ce coup de sang d'A. Allais, par Dieu interposé. Un Dieu anar ! Ce Dieu non conformiste est aussi prosémite et, pour faire une leçon au "brave saint Pierre", fidèle lecteur de *La Libre Parole*, et que *"le père éternel se (fait toujours) un malin plaisir de taquiner, fort innocemment d'ailleurs"* (*L'APOTRE SAINT PIERRE ET SA CONCIERGE*, A 397), il propose à Moïse Lévy-

Strassberg, quand celui-ci arrive au ciel, *"une petite partie d'écarté"*. Au total, ce Dieu folklorique d'A. Allais est aussi improbable que le Père Noël. Or sait-on assez la vénération qu'il porte au Père Noël ?

"Cela doit paraître singulier aux gens, mais il en est ainsi : d'avérés énergumènes peuvent, non loin de moi, proférer leurs faciles exégèses à propos de notre Sainte Religion, je ne bronche pas, cependant qu'une pauvre petite facétie de rien du tout, jetée à propos du Bonhomme Noël, suffit à me muer en tigre.

Je lui dois gros, au Bonhomme, car, sans lui, où serais-je ? Et serais-je seulement ?"

Voilà enfin une belle profession de foi d'A. Allais (*CONTE DE NOËL* de 1904, P 859) Une profession de foi en l'imaginaire. A. Allais croit au Père Noël, et il croit en Dieu comme il croit au Père Noël.

La position religieuse d'A. Allais

Parviendrons-nous à la connaître ? Par deux fois, il feint de se livrer, puis s'esquive. La première fois, c'est au cœur de ce qu'on a appelé *la Mêlée symboliste*, entouré des *Compagnons de la hiérophanie* dont parle V.E. Michelet. Allais aura même connu le retour du sacré !

Dans *LA PEAU D'UN AUTRE* (A157), une histoire de transmigration du Moi, il se décrit comiquement égaré dans une soirée de l'occultiste Jean Fourié : *"Magie, kabbale, satanisme, théosophie, ésotérisme, Péladan, Paul Adam, Brosse Adam, au-delà, ailleurs, pas par là, là-bas, émaillant la plus grabugeuse des conversations"* sur *"les choses surnaturelles ou réputées telles"* : Où se situe A. Allais ? *"Les yeux des spiritualistes luisaient d'un feu intérieur et les matérialistes avaient froidement des haussements d'épaules (Nord). Quant aux indifférents, leur attitude consistait à s'enfiler des verres d'Irish whiskey, comme s'il en pleuvait"*. On attend qu'il se place en troisième position. Eh bien, non : *"Pour ce qui est de moi, si ce détail peut vous intéresser, je me trouvais à la fois spiritualiste, matérialiste et indifférent (Il y a des jours où on est en train)"*. Allais ne croit pas à rien mais à tout et à rien. Autant dire que vous ne saurez pas à quoi il croit. La neutralité allaisienne, en matière de croyance, a quelque chose de vertigineux, entre l'esquive agaçante et la provocation roborative. Echappant au principe de non-contradiction, Allais est, comme l'infini de Pascal, partout et nulle part, dans l'infini de l'indécidable, dans l'abîme de la dérision.

Une deuxième fois, en 1904, dans *L'APOSTOLAT MAL RECOMPENSE* (P 289) déjà cité, en pleine crise de la Séparation, il escamote à nouveau sa confession, avec une sorte de solennité :

Si cela, bonnes mesdames lectrices, et vous, bons messieurs lecteurs, si cela, dis-je, vous est indifférent, nous ne nous attarderons pas à étudier

*quels peuvent bien être les résultats de notre prochaine séparation de l'Eglise
et de l'Etat.*

D'abord nous n'en savons rien, ni les uns ni les autres, et puis qu'importe, pourvu qu'on sourie ?

*Chacun, sur les choses religieuses, a sa petite opinion ; m'est avis
qu'on doit respecter les convictions d'autrui, au cas, bien entendu, où elles
sont sincères et même - je vais plus loin - quand vous êtes certains que les
dites convictions relèvent du chiqué le plus éhonté. "*

Voilà "le comble" de la tolérance, jouxtant l'intolérance : après s'être
indigné du fanatisme des anticléricaux, A. Allais va faire rosser par l'un d'eux
le curé fanatique, dans une sorte de contradiction généralisée qui débouche
sur l'absurde. Vive le non-sens : avant d'être positiviste ou anticléricale, la
religion d'Allais est fumiste.

Mystification, burlesque et non-sens

Il faut donc clore sur la notion de mystification, qui, en littérature
moderne, nous mène au burlesque et à l'absurde. Alors ou bien les signes s'autodétruisent ou bien le mystificateur s'automystifie.

Voici, par exemple, dans *LA FAUSSE BLASPHEMATRICE* (A 312), les
signes de la prière pervertis. Sous l'effet d'une averse, l'Eglise Saint Germain des Prés vient de se remplir de monde : *"Du haut du ciel, sa demeure
dernière, feu Germain des Prés devait être enchanté, car son saint lieu était
plein, comme aux meilleurs temps de la foi chrétienne"* Cependant l'auteur
se sert de l'église comme d'un parapluie. Quant aux bigotes... *"Certaines
dames, d'esprit probablement très pratique, ne tenaient point à perdre leur
temps. On les voyait utiliser leur séjour forcé dans l'Eglise en signes de croix
et prières, comme elles auraient pu faire du crochet, si la situation y eut
prêté"*... Il y a enfin une pauvresse qui semble se livrer à des gesticulations
blasphématoires devant la Sainte Vierge. A y regarder de plus près, *"Pauvre
vieille ! Elle s'était installée sur la bouche d'un calorifère. Elle ne blasphémait
pas. Elle séchait"*.

Plus radicalement, Quand vous brouillez les cartes d'un système, la
machine s'affole : une *vieille bonne-maman* franchement gâteuse (*LES
HOTES DE CASTELFELE, A 885*) radote sur son passé et ses souvenirs de
fêtes religieuses et de calendrier liturgique se mélangent dans sa pauvre tête.
Son discours ressemble alors à celui des Smith dans la *Cantatrice chauve :*

*"Ce jour-là, mon enfant, comme le vendredi saint tombait un jeudi,
nous en profitâmes pour aller manger la galette des Rois chez la vieille filleule
de notre petite grand-mère qui se trouvait en nourrice chez la femme d'un
bûcheron veuf dont j'ai oublié le nom"*.

Paradoxe d'une absurdité intemporelle prise dans les clichés du quotidien !

"Au réveillon de la Toussaint, (...)on avait tant bu à la santé du petit Jésus, qu'on faillit manquer la grand-messe. Et à cette époque-là, manquer la grand-messe le jour de Pâques, c'était péché mortel. Nous eûmes juste le temps d'arriver ; toute la paroisse était déjà là ; je crois même que la première partie de quilles était commencée".

On pense aux Deschiens.

Voici maintenant deux cas d'automystification. Dans *UN COIN D'ART MODERNE* (A 345), un artiste de l'école *Néo-Pantelante* retrouve la foi : on se croirait à Pont-Aven - A. Allais connaît-il Gauguin ? *"C'était en Bretagne...Isolé de tout élément mondain, menant une vie calme, simple, à même la nature, jamais je ne m'étais senti l'âme aussi religieuse. Un soir d'orage (...), je passais devant un christ, un de ces christs comme il s'en trouve là-bas, naïfs et si touchants ! Je me jetai au pied du crucifix, et dans un élan de foi ineffable, je priai le fils de Dieu".* En partant, il se retourne, *(...)Et voici ce que je vis...Une minute d'angoisse plana sur l'assistance. L'artiste reprit : - Le Christ avait détaché son bras droit de la croix. De sa main libre, il me faisait ce geste qu'on appelle dans les régiments "tailler une basane".* Ainsi rira sur sa croix le Christ burlesque des Monty Python ou celui du surréaliste Clovis Trouille qui, couronné d'épines, se tient les côtes dans la cathédrale d'Amiens.

Dans *VITRAIL* (P 59), la victime de la mystification est A. Allais en personne, en agnostique sentimental, revenu contempler, à l'âge mûr, *"un très, très vieux vitrail représentant le martyr de Sainte Christine, patronne de la paroisse d'Houlbec.* Enfant, il en avait été amoureux et, un jour, elle lui avait procuré l'extase : *"Son regard s'était abaissé sur moi. Elle me souriait d'un sourire aimant et chaste de grande sœur...Il me semblait que, sur les nuages bleutés de l'encens, j'allais voleter jusque vers la sainte, et que nous allions nous envoler tous deux au ciel, au son de la divine musique des anges."* L'agnostique adulte,*"mi-ému, mi-souriant",* prend une pose désinvolte et grivoise : *"Elle a plutôt l'air d'une jeune femme très raisonnable que d'une vierge. Essayant de plaisanter en moi-même, je me disais que si la bienheureuse consentait à descendre de son vitrail, je me chargerai volontiers de lui procurer un logis plus capitonné".* Mais l'affaire va mal se terminer : *"Comme jadis, les yeux de Sainte Christine ont quitté leur contemplation pour se fixer sur moi, mais cette fois avec une expression de morne angoisse et de stupeur affreuse. J'ai cru lire un douloureux reproche dans les traits convulsés de la martyre, et précipitamment, avant que personne ne se soit relevé, je me suis enfui de l'église."* Est-ce un aveu ? Y aurait-il des choses dont on ne se moque pas ? L'irrationnel existe. En tout cas, l'humoriste s'est fait "posséder", pour une fois.

Il ne déplaît pas à A. Allais de se fustiger. Dans *IMPITOYABLE LOGIQUE* (P409), faisant la critique de son propre positivisme, il brosse le portrait d'un esprit *"positif"* (le mot est de lui), Célestin Leroide, piégé par la religion. La semaine suivante, dans *CURIEUX INCENDIE* (P 401), symétriquement, il met en scène un authentique curé fumiste : *"quant au jeune ecclésiastique (d'aspect grave et sévère) qui m'avait si étrangement renseigné, j'appris que, vicaire à la paroisse de Penne-de-Pie, il se livrait à ce genre de mystification, regrettable chez tout le monde en général, mais parfaitement odieux chez un représentant de Jésus-Christ sur la terre"* . Apparemment Allais fait partie de ces gens qui croient que Jésus n'a jamais ri !

Les cartes se brouillent : le Crucifié qui s'amuse, un positiviste qui prie la Sainte Vierge, un agnostique amoureux transi d'une sainte, Allais mystifié par un curé. Dans ce monde à l'envers, tout le monde a un grain de fumisterie, même les anticléricaux et les positivistes. Même le pape dont Allais obtient, dans une délirante interview, en latin évidemment, de *GRAVES DECLARATIONS* (P 813) *"Le souverain pontife en a plein le dos (pleno dorso) de toutes ces blagues-là* "(la séparation de l'Eglise et de l'Etat). L'ex-archevêque de Venise va démissionner et il *"se fera gondolier (gondoliero)"*. Même Dieu, on l'a vu, qui envoie promener tout le monde, et en particulier Péladan dans *UN NOUVEL ORGANE* (A 231), déclarant au reporter du *Chasseur de chevelures*, du fond de son bureau céleste :

"Au sujet de M. Péladan, nous dit-il, ma réponse sera nette. Je ne le connais pas plus particulièrement que chacun des quinze cent millions de terriens ses congénères. Il n'a donc aucune qualité pour parler en mon nom. Ce n'est pas dans mon habitude de donner des démentis, et j'aurais d'ailleurs fort à faire de désavouer tous ceux qui journellement se prétendent inspirés par moi."

Laissez-Le vivre

Les hommes parlent trop de Dieu, du Père comme du Fils : *"On a mis le Christ à bien des sauces plus ou moins à l'abbé Chamel"*. Il est donc temps de s'arrêter. Ce sera une manière de préserver Sa transcendance et le secret d'A. Allais - dans *sacré*, il y a *secret*-. Nous ne saurons donc pas s'il croit à Dieu, au Diable, ou au Père Noël. Son dernier mot, en la matière, n'est pas "Dieu est mort !" Le rire ambigu d'Allais, qui annonce tout à la fois le cynisme noir de Desproges et l'humour ludique de Devos, n'est pas le rire lyrique de Nietzsche, aujourd'hui un peu dépassé. Son dernier mot serait donc plutôt : "Laissez-Le vivre !". Dans les siècles des siècles. *Amen.*

DEUXIÈME PARTIE

ALLAIS ET LE LANGAGE

7. MÉCANISMES LINGUISTIQUES DE L'HUMOUR D'ALPHONSE ALLAIS DANS "HAN RYBECK OU LE COUP DE L'ÉTRIER"

Salvatore ATTARDO

Face à un texte comme *Han Rybeck ou le coup de l'étrier* (HR)[1] les buts de la linguistique et de l'analyse littéraire, quoique semblables, ne sont pas identiques. Là où l'analyse littéraire se voue à expliquer le fonctionnement du texte en tant qu'objet littéraire au sein d'un réseau de rapports sociaux, historiques, esthétiques, même biographiques, et - naturellement - linguistiques, la linguistique, elle, quoique s'adonnant à tous ces modes d'analyse, maintient un but ultime, parfois plus ou moins en vue, d'algorithmisation et finalement de formalisation.

Bien que l'état des recherches en linguistique soit tel que le but de formalisation ne peut apparaître que fort lointain, le présent travail ne peut être compris que dans cette perspective. Spécifiquement, la linguistique textuelle, après des débuts prometteurs, n'a pas abouti à des modèles directement applicables à des textes littéraires (*non-casual*). D'un autre côté, les travaux de stylistique et de poétique sont difficilement formalisables. Cette analyse se situe donc, du moins programmatiquement, entre ces deux tendances qu'elle évite : une formalisation stérile et des analyses profondes mais justifiées seulement intuitivement.

Les moyens de ce faire découlent directement des recherches dans la sémantique de l'humour, qui depuis plus de trente ans ont élaboré des modèles

---

[1] Les références au texte seront faites par numéro de paragraphe (le texte de HR est fourni en appendice). Le texte est celui établi par François Caradec, que je cite dans l'édition en deux volumes de Laffont (1989/90). HR a été publiée dans *Le Journal* le 24 octobre 1892 et recueillie dans *Pas de bile !* en 1893.

du fonctionnement des simples histoires drôles (*joke*). Nous avons déjà recensé ces recherches (Attardo 1994) mais rappelons très rapidement que, selon la *Semantic Script Theory of Humor* (SSTH ; Raskin 1985) et la *General Theory of Verbal Humor* (GTVH ; Attardo et Raskin 1991) la source de l'humour dans une histoire drôle est le fait que le texte est compatible avec deux *scripts* et que ces *scripts* sont opposés (c'est-à-dire, sont dans une relation d'antonymie). L'histoire drôle comporte, entre autres un élément agissant comme "déclencheur" du passage du premier script au deuxième. Ce morphème est appelé le "disjoncteur." Comme il est possible, en principe, de savoir quels scripts sont activés par un texte (humoristique ou pas), il s'ensuit qu'il est possible de donner une analyse des mécanismes linguistiques de l'humour dans une quelconque histoire drôle. S'il était possible d'appliquer, sans plus, ces méthodes qui ont donné de bons résultats dans leur domaine, l'analyse que nous nous proposons serait plus ou moins triviale. Malheureusement, les limites des modèles élaborés sur/pour les simples histoires drôles émergent immédiatement quand on s'adresse à des textes plus longs et plus complexes, comme les contes allaisiens. Il faut donc dépasser la SSTH et la GTVH et proposer un modèle étant capable de rendre compte de la nature humoristique de textes complexes.

La théorie des textes comiques complexes

Il ne convient pas ici de discuter en détail ce domaine de la linguistique de l'humour, qui en est d'ailleurs à peine à ses premiers pas (Attardo 1994 : 154-170). Nous nous contenterons de quelques points qui se révèlent intéressants dans l'analyse de HR.

Deux genres de disjoncteurs

On connaît le rôle important que joue un élément du texte des histoires drôles. Cet élément nommé le "disjoncteur" (Morin 1966) a deux fonctions a) il cause directement le passage de la première à la deuxième isotopie[2] du texte ; et b) il clôt la narration. Sous des terminologies différentes les mêmes idées se retrouvent chez d'autres auteurs (par exemple, Raskin 1985 "script switch trigger"). Nous avons discuté les mérites respectifs de ces modèles dans d'autres publications, auxquelles nous renvoyons le lecteur. Contentons-

---

2   Nous n'employons le terme isotopie que par convenance. Nous avons discuté les très sérieuses réserves qu'il faut relever contre l'emploi de ce terme (1994 : 62-81). Nous employons le terme comme abréviation de "sens developpé par le processus de désambiguation à l'intérieur du texte" comme nous l'avons fait à partir de Attardo (1988).

nous de remarquer que dans des textes plus longs et plus complexes que les simples histoires drôles on peut distinguer deux genres de disjoncteurs humoristiques :

1) Ceux équivalents au disjoncteur d'une histoire drôle, qui concluent la narration dans laquelle ils apparaissent ("punch line" que nous appellerons *disjoncteur terminus*).

Exemple : Loup-phoque. (22)

2) Les disjoncteurs qui ne concluent pas la narration dans laquelle ils apparaissent ("jab line" que nous appellerons *disjoncteur de transit*).

Exemple : Les *godes* norvégiens. (41).

Cette distinction[3] doit se comprendre en relation au fait qu'une narration peut en contenir d'autres, qui elles-mêmes peuvent en contenir d'autres, etc. Donc HR est une macro-narration qui contient plusieurs sous-narrations dont une particulièrement importante (voir ci-dessous) qui est conclue par un disjoncteur structurellement semblable à ceux des histoires drôles. D'autres disjoncteurs apparaissent dans le texte, mais ils sont structurellement dissemblables à ceux des histoires drôles.

La principale différence est que les disjoncteurs de transit ne concluent pas une narration ; non seulement, mais souvent le disjoncteur de transit est essentiel à la progression de la narration dans laquelle il apparaît. Rappelons que notre recherche a établi (1994) que l'histoire drôle est organisée linéairement d'une façon précise : les disjoncteurs des histoires drôles se situent dans le dernier syntagme de la dernière phrase du texte dans une grande majorité des textes. Cela est en plein accord avec le modèle Greimas-Morin qui veut que la troisième "fonction" du texte (qui contient le disjoncteur) est celle de clore ce même texte. L'autre fonction du disjoncteur (celle de provoquer le passage d'une isotopie à l'autre) continue à être assurée par le disjoncteur de transit.

Les disjoncteurs (des deux genres) n'apparaissent pas isolement. Ils sont groupés par le lecteur (modèle[4]) en "torons" (*strands*).

La répétition comme source de torons

Généralement les torons humoristiques se forment par simple répétition de disjoncteurs (semblables en cela aux "isotopies"). Nous assumons que le

---

3   Nous introduisons la distinction (et le néologisme anglais de "jab line") pour rendre compte de phénomènes qui ne se rencontrent pas (ou seulement très rarement) dans les histoires drôles et qui n'ont pas fait l'objet d'analyse dans la linguistique de l'humour.

4   Voir Eco 1979 pour une discussion des différences entre le lecteur et le lecteur modèle.

lecteur modèle reconnaît des similarités thématiques et formelles dans les disjoncteurs et qu'il/elle les organise par "thèmes[5]" formant ainsi des torons humoristiques qui se combinent finalement pour produire l'effet comique global du texte. Il est toutefois possible qu'un toron ne consiste que d'un disjoncteur. Par ailleurs un disjoncteur peut figurer dans plusieurs torons.

Par exemple, que l'on considère brièvement le disjoncteur qui clôt une des micronarrations inclues dans la narration principale de HR

(49) elle est raide celle-là !

L'allusion phallique est évidente, et nous pouvons assumer que le lecteur va classer ce disjoncteur parmi ceux qui se rapportent au thème phallique. Toutefois, le lecteur va aussi classer ce disjoncteur dans un toron qui contient tous les disjoncteurs qui terminent les narrations dans lesquelles ils apparaissent (voir ci dessous thème III).

Nous concluons que les torons ne sont pas indépendants les uns des autres, mais que, au contraire, il y a des références de thème à thème qui seront marquées par le symbole + dans le texte. L'effet des références d'un thème à l'autre est de renforcer l'effet humoristique par allusion.

Nous voici donc en état de présenter clairement quels sont les buts de ce travail :

• établir une liste complète des disjoncteurs (terminus ou de transit) qui apparaissent dans le texte de HR.

• établir une liste des torons dans lesquels ils se groupent.

Plan du conte

HR se divise assez aisement en cinq parties, résumées ci-dessous :

Paragraphe	Sujet
3-9	Introduction de l'auteur.
10-13	Établissement de la situation
14-22	Narration parasitaire principale : Loup-phoques
23-30	Pêche de Han Rybeck
31-61	Narration principale : lutte et mariage de Han Rybeck

---

5   Nous employons le néologisme "toron humoristique" (toron, par économie) et "thème humoristique" par souci de variété. Ce dernier terme n'est malheureusement pas un terme technique (ou plutôt, il a été employé avec tellement de sens différents) ce qui nous a forcé à introduire un néologisme. Que le lecteur se rassure par ailleurs : ceci est le dernier néologisme introduit dans ce texte.

Quelques remarques s'imposent immédiatement :
• les quatre premières parties sont aussi longues que la dernière.
• la narration principale est délayée par les digressions : il faut attendre 31 paragraphes pour la voir commencer.

Nous pouvons donc conclure que même à un niveau macrostructural le texte ne se conforme pas à la structure tripartie des narratives simples (celle par exemple, des histoires drôles définie par Morin 1966 ; voir à ce sujet Attardo 1994 : 82 ; 85-92).

L'analyse du texte

Nous distinguerons dans le texte de HR sept torons humoristiques, dont nous présentons la liste ici-même :

I) Humour thématique, c'est-à-dire, le sujet de la narration. Dans HR, le thème est celui de l'exubérance sexuelle.

II) Humour de répétition. Sous-thème phallique apparaissant sept fois dans le texte.

III) Disjoncteurs humoristiques. L'équivalent d'une histoire drôle placée à l'intérieur du texte. Ces "narrations parasitaires" (dont six apparaissent dans le texte) ne contribuent pas à la progression normale du texte principal.

IV) Calembours onomastiques : par exemple, Han Rybeck = Henri Becque.

V) Parodie du roman naturaliste de la fin du siècle et en particulier de *Pêcheur D'Islande*, de Pierre Loti.

VI) Commentaires méta-narratifs du narrateur. Le conte contient onze commentaires, dont dix sont humoristiques.

VII) Humour méta-discursif : par un jeu complexe de niveaux narratifs Allais crée de l'humour en prenant ses distances d'une des cinq sections du texte (la troisième, l'épisode des loups/phoques) qui se clôt par un calembour (loup-phoque/loufoque) de "mauvaise qualité".

Le reste de cet article consistera donc de l'analyse, détaillée mais bien sûr préliminaire, des modalités par lesquelles ces thèmes se manifestent dans le texte.

I) Humour thématique

Le thème principal de la narration centrale de HR est l'exubérance sexuelle. Le tyran qui a condamné à mort Han Rybeck lui fait grâce après avoir constaté les effets de l'acte sexuel sur sa nouvelle épouse :

(57-59)
"Paule, transfigurée, une grande roseur épandue sur sa jolie physionomie, ses cheveux plus chauds de ton on eût dit, ébouriffés pas mal. Et ses grands yeux qui luisaient comme d'une récente extase !
Cette fois, Polalek ne put réprimer son admiration. (...) ça, c'est épatant !
(...) il gracia Han Rybeck".

Remarquons qu'il y a ici un effet humoristique subtil, auquel il faudrait, à rigueur, attribuer un toron à part : certains des effets de l'acte sexuel sur Paule Norr sont à proprement parler impossibles. On ne change pas de couleur de cheveux si facilement. Remarquons aussi l'emploi d'une similitude assez étrange : "yeux qui luisaient comme d'une récente extase" l'emploi de "comme" implique que l'on compare deux choses différentes. Or, ce que Paule vient d'expérimenter est précisément une extase. Il y a donc là un jeu de mots (syllepse) entre l'extase sexuelle et l'extase mystique. Ce qui est insolite est que le deuxième sens n'est pas celui sexuel (puisque c'est dans le texte le sens d'extase le plus fortement actif) mais celui religieux.

Voilà donc un démenti pratique aux théories de l'humour qui cherchent l'essence du comique dans le débasement.

D'autres disjoncteurs de transit qui renforcent ce thème principal sont le thème phallique (+ II) et des allusions sexuelles plus ou moins explicites, par exemple :

(18) la presqu'île de Lagrenn-Houyer
(25) pêche à la morue

qui font allusion à la signification argotique des termes "morue" (prostituée) et "grenouille" (femme légère, prostituée).[6]

II) Sous-thème phallique

Nous trouvons dans HR plusieurs références à images et allusions phalliques et sexuelles. HR contient environ sept instances de références plus ou moins directes au phallus ou à la copulation que nous cataloguons ci-dessous :

(1) Coup de l'étrier
(18) terre en forme de phallus
(33) infâmes copulations
(43) godes
(49) elle est raide celle-là ! + III
(57) récente extase
(60) croître et multiplier
(61) se [référence anaphorique à multiplier]

---

6   Voire par exemple Lermina et Lévêque (1991, éd. or. 1900 : 124).

Il est fort possible que d'autres allusions se cachent sous des allusions à des termes argotiques, maintenant peu compréhensibles au non-initié (voir, par exemple, l'allusion aux "morues" qui n'est signalée d'aucune façon dans le texte).

Il faut aussi signaler que la classification des allusions sexuelles et phalliques en deux groupes (I et II) est artificielle et n'a pas de statut théorique, bien qu'elle soit utile du point de vue de la clarté de l'exposition. Remarquons en passant que les torons I et II se renforcent l'un l'autre.

III) Disjoncteurs humoristiques

HR contient six narrations parasitaires, c'est-à-dire ne contribuant pas au développement de la narration principale. Il est remarquable que toutes sont closes par un disjoncteur terminus, et donc sont de véritables histoires drôles embriquées dans le texte.

(3-4) A celle-là seule que j'aime (...) faire plaisir à cinq ou six personnes
(7) on a toutes les peines du monde à obtenir sa facture.
(14-22) Loup-phoque
(34) les bêtes s'enfuyaient, les phoques du côté terre, les loups vers l'océan
(45) Ce n'est pas seulement au point de vue formalitaire que j'ai demandé à épouser (...) Paule Norr. + II
49 elle est raide celle-là ! + II

IV) Calembours onomastiques

Un toron de disjoncteurs de transit présente un intérêt particulier. Il consiste entièrement en calembours sur des noms propres. Nous avons recensé cinq calembours (voir ci dessous). Les cinq calembours sont basés sur une opposition sémique, annoncée par Allais au commencement de HR ("Laissez-moi vous (...) conter une [histoire islandaise], à peine dérangée au goût de Paris"), où "français" s'oppose à "islandais" (islandais d'opérette, bien sûr). Sous le travesti d'une orthographe "défamiliarisée" le lecteur n'a aucune peine à reconnaître des toponymes familiers (le Pôle nord, la Grenouillère, près de Rueil) et de noms autant familiers d'écrivains et du directeur du journal dans lequel le conte paraît originellement (Fernand Xau).

	Islande	France
(1)	Han Rybeck	Henry Becque
(10)	Polalek VI	Paul Alexis
(18)	Lagrenn-Houyer	La Grenouillère
(39)	Paule Norr	Pôle Nord
(40)	Fern Anxo	Fernand Xau

Remarquons que les calembours sur les noms de Becque et d'Alexis renforcent le thème de la parodie littéraire. + V

V) Parodie du roman naturaliste de la fin du siècle

Un thème central dans HR est la parodie du roman naturaliste/exotique de la fin du siècle. La cible principale d'Allais est *Pêcheur D'Islande* (1886), de Pierre Loti (1850-1923). Nous retrouvons le sème "islandais" dès le titre de Loti et le sous-titre d'Allais ("Conte islandais"). Il existe aussi des similitudes dans les textes qu'il serait profitable de recenser en détail. Contentons-nous de remarquer que le personnage principal de Loti s'appelle Yann tandis que celui d'Allais s'appelle Han et que les deux histoires ont comme sujet un mariage à se faire.

Par ailleurs, Allais, ne se fiant peut-être pas aux capacités herméneutiques des ses lecteurs, déclare on ne peut plus clairement son intention parodique dans le paragraphe

(25) "(car la pêche à la morue existait à cette époque et M. Pierre Loti n'a rien inventé)".

Comme nous l'avons remarqué auparavant (+ IV), les calembours sur les noms d' Henri Becque (1837-1899) et de Paul Alexis (1847-1901), tous deux "naturalistes[7]" servent à renforcer cet effet parodique.

La polémique littéraire qu'Allais met en scène avec HR est assez rare dans l'œuvre allaisienne (cf. Defays 1992 : 109). Par contre, il ne s'agit pas d'une attaque isolée. Allais se moque de Loti plusieurs autres fois, notamment en 1899 (voir Caradec 1994 : 374-376).

La parodie allaisienne porte sur les thèmes littéraires de l'exotisme, de la simplicité des mœurs des peuples "primitifs", et de leur vigueur sexuelle. Sans vouloir faire d'Allais un anticipateur des critiques postcolonialistes, le parodiste réussit un tour de force critique en reproduisant les thèmes paternalistes de l'idéologie colonialiste de l'exotisme (dont Loti est un des meilleurs exemples dans les lettres françaises).

Finalement, remarquons aussi que le thème d'exubérance sexuelle. (+ I) sert aussi à créer un effet parodique, en créant un contraste entre les personnages très chastes de Loti et ceux plus fougueux d'Allais. L'opposition chasteté/sexualité est un des ressorts humoristiques les plus connus et utilisés.

VI) Commentaires méta-narratifs du narrateur.

HR contient onze commentaires méta-narratifs, dont dix sont humoristiques. Nous définissons comme commentaires méta-narratifs toutes traces

---

7   Alexis participa aux "soirées de Medan" avec Zola, Maupassant et Huysmans. Becque fut actif surtout au théâtre (voir, *Les Corbeaux* (1882), *La parisienne* (1885), etc.).

de l'énonciateur dans le texte, sans ultérieures classifications, certes possibles. Comme Defays (1992 : 21-54) l'a bien documenté, cette technique est très prisée par Allais. Remarquons qu'elle permet d'introduire des disjoncteurs au milieu de la narration, sans avoir besoin d'être justifiée par les besoins du développement du texte.

Nous cataloguons les commentaires méta-narratifs trouvés dans HR ci-dessous.

(3-9) Introduction.

(4) [note] Dédicace commode, que je ne saurais trop recommander...

(18) (ce qui signifie, en langue finnoise, *terre en forme de phallus*)

(22) Le vrai loup-phoque, entre nous, n'était-ce point lui !

(25) (car la pêche à la morue existait à cette époque et M. Pierre Loti...

(31) Ah ! ce fut bientôt fait ! [non humoristique][8]

(35) (le cheval arabe est, dans ces parages, d'une élève[9] difficile)

(36) (surtout quand on a une mauvaise plume et presque...

(43) [note] Même aux plus durs temps de la domination norvégienne...

(48) (Cette conversation s'accomplissait, bien entendu, en dialecte ...

(55) (le manuscrit que j'ai sous les yeux ne précise pas ce laps)

VII) Humour méta-discursif

La narration parasitaire principale s'étend entre les paragraphes 14-22. Allais y décrit la tentative (avortée à la suite de l'intervention de Han Rybeck) de faire naître des loup-phoques en faisant copuler des loups et des phoques. Cette sous-narration est structurellement semblable à une histoire drôle, puisqu'elle est close par le disjoncteur "loup-phoque" (21).

Ce qui en marque l'intérêt spécial que nous lui portons est le commentaire méta-narratif du narrateur dévaluant la sous-narration (14-21) qui suit immédiatement (22) "Le vrai loup-phoque, entre nous, n'était-ce point lui !". Suivons le parcours interprétatif, qui se complique momentanément. Allais (ou plutôt le locuteur fictif du texte qui se nomme Allais) remarque que le personnage Polalek se comporte d'une façon étrange et en même temps se dis-

---

8   Un des participants au colloque de Wégimont a suggéré que même ce commentaire serait, en fait, humoristique. Si l'on retient cette indication, il ressortirait que tous les commentaires métanarratifs seraient humoristiques. Cette position a l'avantage de la simplicité, mais pourrait aussi relever du préjudice comique qui nous fait attribuer à Allais (ou à tout autre auteur comique fameux) des intentions humoristiques qui peuvent n'exister que dans l'imagination du lecteur (en voir plusieurs exemples dans Caradec 1994).

9   Caradec (1994 : 465) remarque que "élève" serait une invention d'Allais. Cela paraît peu probable puisque le terme (dans le sens d'élevage) apparaît dans le dictionnaire de l'Académie française de 1878.

tancie complètement de ce que le premier narrateur vient de dire en le qua-
lifiant de loufoque. En effet, si Polalek est un loufoque parce qu'il veut faire
copuler des loups et des phoques, le narrateur qui ne remarque pas l'impossibilité de ces actions est tout au moins aussi loufoque que Polalek.

Etant donné le préjugé contre les jeux de mots ("fiente de l'esprit"), il
est facile de reconnaître ici une critique de la qualité du calembour par lequel
on explique dans la sous-narration des loups et des phoques, les actions de
Polalek.

Il faut donc distinguer deux paliers énonciatifs :[10]

- Palier 1 : le monde de Polalek IV, dans lequel des loups et des
  phoques peuvent copuler.

- Palier 2 : le monde d'Allais (et de Paul Alexis), dans lequel "loup+phoque
  = loufoque" est un (mauvais) calembour.

Le narrateur du palier 2, en somme, se "moque" du narrateur du palier 1 ("le
vrai *loup-phoque,* entre nous, n'était-ce point lui !"). Remarquons que ce genre
de conte qui se termine par un calembour est employé assez souvent par Allais,
ce qui ajoute une dimension auto-ironique au texte. A noter, aussi, la nature
argotique du terme "loufoque" qui, selon Boudard et Etienne (1970 : 51) dérive
de "fou" par une opération de déformation argotique qu'ils appellent "ver-
lan" (de "l'envers") qui consiste à "remplacer par la lettre "l" la première
consonne d'un mot et à rejeter cette première consonne vers la fin du mot,
en la faisant suivre en général d'un suffixe de fantaisie." Donc :

/fu/ -> /luf+ok/.

Selon le Robert la première attestation de "loufoque" reviendrait à la
fin du 19ème siècle, ce qui fait qu'au temps de la rédaction de HR le terme
devait garder toutes ses connotations argotiques. Finalement, on peut remarquer qu'Allais utilise ailleurs la graphie "loufoc" tandis qu'il tient à utiliser
ici la graphie "loufoque" qui évoque sans doute plus facilement les loups et
les phoques.

Ce genre d'humour est apparenté à l'humour du deuxième degré (*meta-
humor*). Il est une forme sophistiquée d'humour.

Et Allais dans tout ça ?

Toute cette discussion pourrait sembler n'avoir que peu à faire avec
Alphonse Allais. Il est vrai que les analyses structurelles finissent souvent

---

[10]   Comme le fait souvent Defays (1992) dans son analyse de textes allaisiens. Ceux-ci
ne comprennent pas HR.

par mettre l'accent sur ce qu'un texte a *en commun* avec une classe d'autres textes, alors que c'est le caractère unique de l'œuvre d'art que l'esthétique romantique (dont il faut bien reconnaître que les principaux courants de la culture de ce siècle font encore partie) privilégie.

Il nous semble pourtant que cette analyse de HR, pour autant que ce texte soit typique de la production d'Allais,[11] démente le stéréotype d'Allais écrivant "de jet" et ne travaillant pas ses textes (voir Caradec 1994 : 166-167 pour plusieurs exemples) Les effets de rappel et de superposition que nous avons illustrés dans HR ne peuvent être dus qu'à un massif travail d'écriture, ou alors expliqués en se rapportant carrément au "génie" de l'auteur. Quelle que soit l'explication que l'on préfère, la richesse et l'art du texte sont, eux, indiscutables.

Bibliographie

ATTARDO, Salvatore. 1988. Trends in European Humor Research : Towards a Text Model. *HUMOR : International Journal of Humor Research*. 1 : 4. 349-369.

—. 1994. *Linguistic Theories of Humor*. Berlin : Mouton DeGruyter.

ATTARDO, Salvatore and Victor Raskin. 1991. Script Theory Revis(it)ed : Joke similarity and joke representation model", *HUMOR : International Journal of Humor Research*, 4 : 3/4. 347-411.

BOUDARD, Alphonse et LUC Etienne. 1970. *La méthode à Mimile*. Paris : La Jeune Parque.

CARADEC, François. 1994. *Alphonse Allais*. Paris : Belfond.

DEFAYS, Jean-Marc. 1992. *Jeux et enjeux du texte comique. Stratégies discursives chez Alphonse Allais*. Tübingen : Niemeyer.

ECO, Umberto. 1979. *Lector in fabula*. Milan : Bompiani.

Lermina, Jules Hippolyte et Henri Lévêque. 1991. *Dictionnaire thématique Français-Argot*. Paris : Editions de paris., éd. or. 1900. Paris, Charconac.

MORIN, Violette. 1966. L'histoire drôle. *Communications*. 8. 102-119. Repris dans *L'analyse structurale du récit. Communications*. 8. Paris : Seuil. 1981.

RASKIN, Victor 1985. *Semantic Mechanisms of Humor*. Dordrecht-Boston-Lancaster : D. Reidel

---

[11] Nos doutes à ce propos ont été démentis par plusieurs participants au colloque de Wégimont, que nous remercions ici.

HAN RYBECK OU LE COUP DE L'ÉTRIER

CONTE ISLANDAIS

A celle-là seule que j'aime et qui le sait bien [1].

Je suis loin de regretter le voyage que je viens d'accomplir en Islande. J'y fus reçu par de candides gens, cœurs simples, flairant la rogue plus que l'ail, ce qui n'est pas fait pour me déplaire.

Les habitants ne sont pas plus bêtes que dans le midi de l'Europe, et ils crient moins fort.

La nourriture, peu variée, y est saine et abondante, et on a toutes les peines du monde à obtenir sa facture. Pays béni !

Et puis, les belles légendes qu'on y trouve, et aussi les amusantes histoires !

Laissez-moi vous en conter une, à peine dérangée au goût de Paris.

C'était au XIVe siècle. L'Islande gémissait alors sous le joug du rude duc norvégien Polalek VI.

Altérés d'indépendance, les jeunes Islandais avaient juré de se débarrasser de ces étrangers indiscrets et brutaux.

Parmi les révoltés, il en était un qui se faisait remarquer par l'âpreté de ses revendications et par la peu commune énergie de ses actes : on l'appelait Han Rybeck.

Han Rybeck ! Quand les Islandais vraiment dignes de ce nom avaient dit : *Han Rybeck*, ils avaient tout dit.

Le duc norvégien Polalek VI faisait, en quelque sorte, exprès d'attirer sur lui la défaveur de ce brave peuple.

Paillard et ivrogne, il se faisait un jeu d'offenser les mœurs chastes et tempérantes des gens d'Islande, accoutumés d'aimer seulement leur femme et d'étancher leur soif à la fonte des neiges.

Évidemment, cet état de choses ne pouvait durer longtemps.

Imagina-t-il pas, en une heure d'ivresse, cette entreprise ridicule, digne à peine de faire hausser les épaules du plus paisible :

Sur ses ordres, des loups furent amenés dans la presqu'île du Lagrenn-Houyer (ce qui signifie, en langue finnoise, *terre en forme de phallus*).

À l'entrée de la presqu'île, des hommes commandés faisaient la

1. Dédicace commode, que je ne saurais trop recommander à mes confrères. Elle ne coûte rien, et peu, du même coup, faire plaisir à cinq ou six personnes.

garde avec des piques et des frondes, pour empêcher de s'évader les loups.

Du côté de la mer, des pêcheurs, en grande quantité, avaient mission de rabattre sur le littoral de la presqu'île, le plus de phoques qu'ils pourraient.

Dans l'imagination déréglée de Polalek VI, il devait survenir de la rencontre des loups et des phoques une sorte de métissage produisant des bêtes étranges qu'il nommait déjà des *loups-phoques*.

Le vrai *loup-phoque*, entre nous, n'était-ce point lui !

Les pauvres Islandais, terrorisés, n'osèrent point résister à cette consigne burlesque, et tous se mirent à l'œuvre.

Précisément, Han Rybeck ne se trouvait point dans le pays.

Parti depuis quelques jours pour la pêche à la morue (car la pêche à la morue existait à cette époque et M. Pierre Loti n'a rien inventé), Han Rybeck n'était pas attendu de sitôt.

Heureusement, les choses tournèrent mieux qu'on n'espérait.

Une nuit, le hardi morutier avait rencontré un sloop anglais, chargé de cabillauds, qui se disposait à rallier sa patrie.

Tout l'équipage était saoul, mais comme les Anglais sont saouls quand ils se mettent à être saouls.

De quelques coups de hache habilement distribués, Han Rybeck mit cesse aux criailleries de ces sales poivrots. En un tour de main, il fit passer dans sa barque la pêche des Englishmen. Le lendemain soir, il entrait, vent arrière, dans le port de Reykjavik.

Des femmes le mirent au courant de la dernière fantaisie de Polaleck, et le supplièrent d'intervenir.

Ah ! ce fut bientôt fait !

D'un bond, il arrivait à Lagrenn-Houyer.

D'un autre bond, et muni d'une terrible barre d'aspect, il éparpillait les infâmes copulations de loups et de phoques.

Perdant la tête, les bêtes s'enfuyaient, les phoques du côté terre, les loups vers l'océan.

Ranimés par la présence de leurs chefs, les Islandais reprenaient courage. Cependant, Polalek VI, averti de ces désordres, accourait au galop de son petit poney (le cheval arabe est, dans ces parages, d'une élève difficile).

En moins de temps qu'il n'en faut pour l'écrire (surtout quand on a une mauvaise plume et presque pas d'encre, tel moi, en ce moment), Han Rybeck était saisi, garrotté et jeté dans la prison du château.

Polalek VI, jugeant en premier ressort et sans appel, le condamna à mort et décida que son exécution aurait lieu le lendemain matin sur la place même du crime.

Han ne protesta pas.

Il demanda seulement qu'on lui permît, avant sa mort, d'épouser

sa fiancée, une des plus jolies filles de l'île, et qu'on appelait Paule Norr.

Sur les instances du bailli de Reykjavik, un brave homme dont l'histoire a conservé le nom, Fern Anxo, Polalek consentit à cette cérémonie.

Au petit matin, une heure avant l'exécution, la jeune fille fut introduite dans le cachot du condamné.

Le bailli, représentant l'état civil [1], inscrivit les noms des jeunes époux.

Complètement ivre, Polalek VI consacra religieusement leur union, et tout le monde allait se retirer, y compris la jeune fiancée, quand Han Rybeck se récria violemment :

— Pardon, pardon ! Ce n'est pas seulement au point de vue formalitaire que j'ai demandé à épouser ma blonde fiancée, Paule Norr.

— Comment ! s'étonna Polalek VI, vous voudriez...

— Mais pourquoi pas ?

(Cette conversation s'accomplissait, bien entendu, en dialecte finnois.)

— Eh bien ! elle est raide, celle-là, reprit le rude duc.

— C'est bien le cas de le dire, observa spirituellement un courtisan.

Et un gros rire secoua ces brutes.

Pas trop mauvais homme, dans le fond, Polalek VI accéda au dernier vœu du condamné.

— Qu'on les laisse seuls ! commanda-t-il.

Et, discrètement, tous se retirèrent.

Après quelques instants (le manuscrit que j'ai sous les yeux ne précise pas ce laps), on rouvrait la porte du cachot, et les jeunes gens en sortaient fièrement :

Han Rybeck, la tête haute, enlaçant d'un bras tendre la taille de la belle Paule.

Paule, transfigurée, une "grande roseur épandue sur sa jolie physionomie, ses cheveux plus chauds de ton, on eût dit, ébouriffés pas mal. Et ses grands yeux qui luisaient comme d'une récente extase !

Cette fois, Polalek ne put réprimer son admiration.

— Ah ! par exemple ! ça, c'est épatant ! s'écria-t-il dans sa rude langue du Nord.

Faisant sur les époux, le geste auguste du bénisseur, il gracia Han Rybeck, lui offrit la propre presqu'île de Lagrenn-Houyer et invita les jeunes gens à croître et à multiplier.

Les jeunes gens ne se le firent pas dire deux fois.

1. Même aux plus durs temps de la domination norvégienne, les agglomérations islandaises conservèrent leurs privilèges municipaux. Les gous norvégiens n'exerçaient que des droits militaires et ecclésiastiques.

8. *CAUSE TOUJOURS !*

L'ORALITÉ CHEZ ALPHONSE ALLAIS

Yann-Loïc ANDRÉ

Les écrits d'Allais, ne serait-ce que par pure commodité, sont le plus souvent qualifiés de contes. Michèle Simonsen écrit dans son article[1] : « *En tant que pratique narrative, le conte appartient tout à la fois à la littérature écrite et à la tradition orale. Récit non thétique qui ne pose pas la réalité de ce qu'il représente, il cherche au contraire à détruire l'illusion réaliste, plus ou moins délibérément* ». Elle ajoute que c'est au XIXème siècle que la notion de conte tend à se pervertir, pour ne plus former qu'un « *récit qui peut être sérieux ou plaisant, narrer des événements vraisemblables ou invraisemblables, comporter ou non un narrateur explicite et qui porte indifféremment le nom de conte ou de nouvelle* »[2].

Si le caractère *écrit* du conte est indéniable, apparaissant par exemple avec les notes infrapaginales, chères à l'auteur, la mise en cause du texte d'Allais se fait en partie par le biais de l'oralité, qui passe du statut de composante du texte à celui de puissance extérieure au texte.

Les écrits d'Allais sont d'abord empreints d'oralité par leur origine : il développe ses histoires à la terrasse des cafés avant de les écrire d'un trait lorsqu'elles sont bien peaufinées. L'oralité est une vieille maîtresse en lit-

---

N.B. Les références aux œuvres d'Allais sont données de la manière suivante : I, 28 et II, 535 désignent la pagination du conte se trouvant p. 28 du volume I de l'édition *Bouquins* ou p. 535 du tome II de la même édition. Lorsqu'un texte provient des volumes de *La Table Ronde*, l'indication est donnée comme suit : TR, V, 186, c'est-à-dire tome V de l'édition *Table Ronde*, p. 186. Chaque référence à d'autres volumes fait l'objet d'une note spécifique qui explique sa provenance.

[1] Michèle SIMONSEN, article "Conte" in *Dictionnaire des littératures de langue française*, Paris, Bordas, 1984, rééd. 1994.

[2] *Ibid.*

térature, et d'autres auteurs de la même période ne se privent pas d'y avoir recours, comme Jarry ou Maupassant. Elle joue aussi un rôle chez Flaubert, bien que ce soit dans un aspect plus marginal[3].

L'oralité est « *surtout rendue par l'importance du dialogue qui repré-sente à l'intérieur de l'énoncé les circonstances de l'énonciation dont il est issu* »[4]. On trouve indifféremment plusieurs formes textuelles de l'oralité : si l'écrit d'Allais présente parfois des didascalies, on y note également une tendance assez marquée à la métromanie, parallèlement à la reprise de chan-sons connues[5]. Mais l'essentiel de l'oralité est rendu par le français popu-laire, et parfois par l'emploi de l'argot.

L'analyse de certaines de ces formes permettra ensuite de mieux com-prendre la question du langage oral chez Allais.

1. la structure orale : l'art du conteur

L'oral populaire donne à l'ensemble du texte allaisien une tonalité tel-lement frappante qu'il arrive à faire passer pour populaires des formules qui ne le sont pas réellement. Peut-être aussi, par le simple fait qu'elles n'ap-partiennent pas au français normé, les ai-je situées dans la langue populaire. La langue populaire veille moins que la langue écrite à l'univocité du sens : en parlant, on peut toujours se réserver la possibilité de modifier ses propos, de les adoucir, de les infléchir.

Une des caractéristiques de la littérature française a été, trois siècles durant, de bannir (presque) totalement le français populaire de la littérature, en le disqualifiant comme fautif, inférieur, lacunaire et opposé à une autre forme de langue, seule jugée bonne et consacrée comme norme.

Certes, le XIXème siècle connaît quelques tentatives pour faire tant soit peu de place au français populaire et à l'argot dans les textes littéraires[6] ; mais dans l'ensemble, ces tentatives restent circonscrites, souvent précaution-neuses... et parfois condescendantes. La sensibilité individuelle à l'égard du français populaire reste sans doute une ligne de partage entre deux types de lecteurs : ceux pour qui il reste une forme inférieure, dégradée ou même dan-gereuse, et qui ne peuvent que s'élever contre la tentative par laquelle Allais entreprend de le réintégrer, et ceux qui au contraire sont sensibles à sa saveur, à son expressivité, à son invention, qui s'enchantent de ses trouvailles,

---

3   Flaubert *gueulait* ses phrases.
4   Jean-Marc Defays.
5   Tout au moins à l'époque de la rédaction des contes.
6   Cf. Hugo et l'argot dans *Les Misérables* et certaines tirades en argot dans les romans de Zola, pour ne citer que ces deux auteurs.

et pour qui l'écriture d'Allais reste une œuvre par laquelle la littérature est rentrée en possession, à une époque où le besoin s'en faisait le plus sentir, de ressources dont elle avait été longtemps privée.

Dans *Une Invention*[7] apparaît une indication scénique qui permet d'introduire une polyphonie dont le résultat est comique :

> Je vais vous faire assister (*Solennel*) à la genèse de mon idée.

L'emphase du bonimenteur ne fait que transcrire au plan textuel le jeu du conteur lorsqu'il fait effectivement face à un auditoire, jouant de sa supériorité comme d'un élément supplémentaire de contage. La même attitude se trouve dans la tendance métromaniaque d'Allais, qui ne manque jamais de souligner une phrase anodine dont le rythme et la construction pourraient constituer un alexandrin[8] :

> Mais quand elle apprit, le lendemain, par l'abbé Raoul, que les garnements s'étaient fait un jeu d'introduire
> *Dans les textes sacrés, des paroles impies,*
> ce fut le dernier coup.[9]

La métromanie se manifeste souvent chez Allais, ce qui rend la prose plus dynamique, comme le font aussi les dialogues, au reste. Dans *Un moyen comme un autre*, le jeune neveu interrompt souvent l'oncle narrateur par des phrases empreintes de tours oraux :

> Lequel qu'était l'oncle ?
> C'est donc gros, les oncles ?
> Je ne vais plus t'interrompre, va.
> Et son neveu, est-ce qu'il allait sur les bateaux ?
> Pourquoi que son oncle lui en donnait pas ?
> Mais si les gendarmes le savent pas ?[10]

L'auteur s'inspire beaucoup de la langue populaire, tant dans les répliques des protagonistes que dans l'énonciation elle-même. Warren Johnson écrit à ce propos : « *La diction informelle, la syntaxe simplifiée, et l'emploi de la seconde personne — en bref, un discours infléchi par les marques de l'oralité — renforcent le sens de la collusion que ces récits visent à établir entre le narrateur et le lecteur* »[11]. Du fait des conditions de son émission, l'oral

---

7   *Une Invention*. I, 94. Je souligne.
8   Il me vient à l'esprit que cette tendance est à l'inverse de celle de Chateaubriand corrigeant le(s) manuscrit(s) des *Mémoires d'Outre-Tombe*, comme le montre Pierre Clarac dans l'édition du Livre de Poche, Paris, 1973, tome 1, p. 21.
9   *Historia sacerdotis bene finis seculi*, I, 122.
10 *Un Moyen comme un autre*, I, 10.
11 Warren JOHNSON, "Machines and Malaise : the comic in Villiers and Allais", in *Nineteenth Century French Studies*, Volume 24, numbers 1 & 2, Fall — Winter 1995-1996,

est beaucoup plus limité que l'écrit, et doit se contenter de la syntaxe la plus simple, comme le montrent les paroles de la cuisinière dans *Ferdinand* :

> Madame ! Madame ! Imaginez-vous qu'avant de partir, ce cochon-là a bou-lotté tous les petits pois qu'on devait lui mettre avec ![12]

Nous trouvons un peu le même genre d'intervention dans *Amours d'Escale*, où Allais interpelle les lecteurs (et les lectrices !) avec familiarité :

> Attrape, les dames ! *

> * Quand l'auteur écrivit ces lignes, il croyait sa petite amie dans les bras d'un autre. A l'heure qu'il est (11 heures moins 20), il est sûr du contraire. Aussi rétracte-t-il, de grand cœur, les lignes désobligeantes ci-dessus.[13]

Savoir conter impose aussi de savoir conclure : d'une manière ou d'une autre, il faut bien sortir du texte. Pour ce faire, Allais emploie son stratagème favori : la pirouette. C'est par exemple le cas dans *La Vérité sur l'Exposition de Chicago* :

> Mais la place m'est mesurée.
> Je m'arrête !...
> Je ne dissimule aucunement que bien des personnes crieront à l'exagération.

Ce procédé n'est pas bien nouveau, mais il plaît toujours ; Diderot l'employait déjà dans *Jacques le Fataliste*. Cependant, la fumisterie ne s'arrête pas avec la pirouette finale : à preuve, les points de suspension qui suivent la forme verbale « *Je m'arrête !...* ». Remettre en question l'arrêt même permet à l'auteur de revendiquer la liberté de contage. Un mécanisme similaire se trouve à la fin de *Ferdinand* :

> Qu'importe ? Le souvenir de Ferdinand me restera toujours comme celui d'un rude lapin.
> Et à vous aussi, j'espère ![14]

Cette désinvolture finale lui permet plusieurs effets : d'abord, et comme je l'ai mentionné, il faut savoir s'arrêter. Il y a aussi un effet stylistique, le conteur qui termine sur une adresse au lecteur revendiquant sa liberté : Alphonse Allais est le Gavroche du texte. C'est aussi l'occasion, dans l'optique d'une publi-

pages 192 à 202. Traduction personnelle du passage : *"The informal diction, simpli-fied syntax, and use of the second person — in short, a discourse inflected with mar-kers of orality — reinforce the sense of collusion that these narratives attempt to esta-blish between narrators and readers"*. (p. 195).
[12] *Ferdinand.* I, 5.
[13] *Amours d'Escale.* I, 120.
[14] I, 5.

cation périodique, d'inviter le lecteur à être à nouveau présent lors de la prochaine histoire, à acheter le journal la semaine suivante. Aussi surprenant que
cela paraisse, Allais utilise une fonction phatique[15] *à la fin* du texte, endroit
où on ne s'attendrait pas à la trouver.

Le vocabulaire populaire et argotique est assez limité, tant dans le
nombre d'occurrences que dans la nature des mots employés[16] : ce sont surtout les traits de syntaxe populaire qui lui servent de moyen d'amplification.
Chez Allais, un des personnages qui emploie le plus l'argot est un jeune garçon, comme Toto par exemple, « *jeune gentleman de cinq ans et demi* »[17].

Pour Toto, l'argot est un mode de reconnaissance sociale : l'enfant
qu'il est se délecte de parler comme les grands, les adultes, et s'affranchit
en se plaçant en position de supériorité. À cet égard, le rapprochement avec
Gavroche paraît tomber sous le sens. Il emploie également l'argot, langue correspondant à sa gouaille, comme moyen de provocation. Contre tout ordre
établi ou tout ce qui le représente peu ou prou, il revendique sa dignité, son
état de non-état et sa liberté de loustic. Son effronterie devient une sorte d'élé-
gance suprême, de quintessence d'esprit, de dandysme populaire, ce qui
paraît faire écho à la théorie de Pierre Bourdieu selon qui l'argot est « *la seule
affirmation d'une véritable contre-légitimité en matière de langue* »[18].

Les mots populaires crèvent de sève et de sens ; ils sont on ne peut plus
pleins, on ne peut plus affirmatifs, et se projettent au-devant de l'interlocuteur, le dépassent en quelque sorte, et le déchirent. Leur charge émotionnelle
est telle qu'ils en deviennent opaques ; ils font obstacle, et celui qui les prononce finit par s'exclure de la communauté humaine. La parole, moyen
d'échange, tourne au secret. Elle devait convaincre, et voilà qu'elle ahurit.
Allais montre ainsi son rapport au langage.

2. la question du langage oral chez allais

L'écriture d'Alphonse Allais, « *toujours noble et, grâce à des procédés de filtration nouveaux, d'une limpidité inconnue à ce jour* », selon les
termes de sa *Préface* à *L'Affaire Blaireau*[19], est une écriture commentaire,

---

15   Pour reprendre la terminologie de Roman Jakobson.
16   Généralement, il s'agit d'argot de carabins ou d'argot militaire.
17   *Toto au Luxembourg*, I, 331. D'autres personnages du style de Toto (enfant gouailleur)
     apparaissent dans le tome I, pp. 10, 70, 422, 447, 540 et 613.
18   Pierre BOURDIEU, *Ce que parler veut dire*, Fayard, Paris, 1982 ; p. 67.
19   *L'Affaire Blaireau* est à l'origine une pièce de théâtre composée en collaboration avec
     Alfred Capus sous le titre *L'Affaire Baliveau*. Allais publie son roman en 1898, après
     en avoir demandé l'autorisation à Alfred Capus. Pour le texte et la préface, voir II,

au second degré. L'auteur ne cesse de la ramener à elle-même, en elle-même, dans une intimité où elle parle et se parle, pour pouvoir discourir sur elle et exhiber ce qui la fonde comme écriture se réinventant perpétuellement. Dépasser le stade premier de la représentation et de l'expression permet ainsi à l'écriture de se replier sur elle-même, de s'assujettir à sa propre exploration, à son échéance et à sa fin. Au double sens du terme, Allais auteur *accuse* le texte : il le *met en cause* et le *souligne*.

Les procédés de contage sont sapés par l'auteur lui-même. Prenons le cas d'*Une Invention*, où une phrase comporte une didascalie : l'emploi du terme « *genèse* » (et tout l'hypotexte auquel il renvoie) souligne encore plus le gonflement excessif et la jactance du narrateur. Par la solennité du ton, il discrédite d'abord ce qu'il présente, mais aussi, à un second niveau, le texte lui-même. C'est ainsi que dans *Une Invention*, le texte prolifère par le texte, Allais parodiant tout le jeu d'un acteur avec une habileté consommée.

Pour l'argot, la virtuosité verbale n'aboutit pas à la possession du langage, au contraire ; l'argot lui-même est morcelé : il n'apparaît que dans de courtes formules, lorsque l'occasion se présente, l'auteur n'en faisant jamais un moyen systématique. Au contraire d'Émile Zola, chez qui les tirades en argot existent et cherchent à acquérir un certain aspect, chez Allais, l'argot n'est pas une fin en soi. Alphonse Allais ne s'inscrit pas dans la mouvance de l'intérêt porté au prolétariat ; il cherche plutôt à se démarquer d'une esthétique narrative qui ne lui convient pas (mais qu'il peut parodier à merveille). Pour cela, il fait preuve d'une totale désinvolture à l'égard de la vraisemblance en général. Simultanément au choix partiel du français populaire, le texte allaisien en général reste écrit dans un français conventionnel, parfois même hypernormé[20], comme le montrent les nombreuses remarques grammaticales qu'il se permet de faire dans des notes infrapaginales.

La langue qu'Allais substitue au français normé frappe d'abord par son caractère populaire, comme niveau de langue défini par référence sociologique, en opposition à une norme imposée par la société. Mais en même temps, elle est la langue orale, ou la forme orale de la langue, par opposition à sa forme écrite. La linguistique fait des conditions de production et de réception de l'écrit et de l'oral deux systèmes structurellement différents, même s'ils utilisent pour une large part les mêmes éléments.

Il est évident que l'oralité, que le lecteur déchiffre comme un texte normal, ne peut jamais être qu'une fiction. Alphonse Allais écrit le français popu-

---

421 et suiv. Cette œuvre, également publiée en collection *"Librio"*, a inspiré le cinéaste Yves Robert, qui en a tiré en 1958 son film *"Ni vu, ni connu"*, avec Louis de Funès dans le rôle de Blaireau.

20 Sans parler des archaïsmes, qui foisonnent chez Allais.

laire comme jamais personne ne l'a fait : l'impression d'oralité ou celle de français populaire sont obtenues par le choix d'un certain nombre de formes marquées du discours ou de la langue, et par l'intégration de ces formes dans des énoncés qui en diffèrent totalement.

L'audace d'Allais consiste dans le fait qu'on prête au narrateur, sans avertissement ni justification aucune, une langue qui jusqu'alors, quand elle était employée dans les romans, ne figurait que dans des dialogues, dans la bouche de personnages populaires.

Pour en revenir à Zola, notons qu'il prend soin, dans *L'Assommoir*, de distinguer de cette langue, qu'il ose transcrire, le français correct qu'il emploie pour son propre compte.

La théorie du dialogisme, définie par Mikhaïl Bakhtine, qui l'a appliquée au roman, a mis en évidence, dans les littératures européennes, des sous-ensembles correspondant à des groupes sociaux déterminés, qui sont autant de langues dans la langue, sous l'apparence de l'unité. Chaque langue n'est pas simplement un signe distinctif, mais exprime, par rapport aux autres, un point de vue sur la société, sur le monde et sur la vie.

Dans le carnavalesque, l'oralité vivante permet de régénérer l'écrit en le transgressant. Le simple choix du français populaire est en lui-même un acte de foi dialogique, contestant le français officiel et ce qu'il représente. Même si ce français-là venait à être absent du texte, il resterait ce contre quoi le français populaire est écrit.

La langue officielle fait coexister en son sein des discours particuliers qui grossissent en elle ce qu'il y a de socialement marqué. La langue populaire n'est pas une : c'est celle des personnes qui se sont affranchies à la fois du respect des lois et des convenances langagières, mais aussi celle du peuple qui a intériorisé les présupposés de la hiérarchie sociale.

Alphonse Allais joue à la fois contre le langage littéraire et contre le langage populaire, à la différence des théories que propose Mikhaïl Bakhtine.

Chez Allais, la première défense contre les maux infligés par la société est à chercher dans le rire. Il y a quelque chose de très pessimiste à utiliser un langage désespéré : le relâchement d'Allais vers l'oralité, certaines formes de scatologie ou de trivialité, décrit le désespoir. Jacques Vaché analysera bien cette situation quelques années plus tard : « *L'humour est le sens de l'inutilité théâtrale (et sans joie) de tout* ». Allais ne croit pas à la littérature : le langage, dernier refuge, est cassé, montrant le refus d'une attitude guindée[21].

---

21 Allais ne perd d'ailleurs jamais une occasion de se moquer du langage châtié, comme le prouvent les remarques grammaticales qu'il fait paraître de temps à autre dans ses contes.

Mais le langage populaire chez Allais sert, peut-être avant tout, à formuler de manière *masquée* un sentiment tragique. Le regard qu'il jette sur son époque, la vision qu'il a de l'humanité et son imaginaire débridé ont pour résultat commun de créer un sentiment tragique en face du monde et de la vie, deux plans sur lesquels l'œuvre nous atteint.

Le français populaire à lui seul change le ton de cette philosophie, qui sans lui serait seulement tragique ; dite de mille manières à l'époque d'Allais, elle se retrouvera plus tard chez Céline ou chez les écrivains de l'absurde. L'ensemble n'est pas hétéroclite, comme on le pourrait penser ; il semble même qu'au contraire il tire une exceptionnelle cohérence de la superposition des plans qui le composent. Le *Dictionnaire Robert* nous apprend que le conte est « *un récit de faits, d'événements imaginaires, destiné à distraire* » : je serais cependant tenté d'opposer à cette définition, qui paraît pourtant bien caractériser les écrits d'Allais, le titre de Diderot, pour qui *Ceci n'est pas un conte.*

Le sabordage du langage auquel Allais se livre en permanence a eu le résultat que l'on sait : il suffit de voir le mépris de l'institution littéraire à son égard.

Le reflux du christianisme, puis la perte de confiance dans le pouvoir de la raison et enfin la mise en question de l'individu renouvellent ce tragique. C'est bien en cela que certains accents d'Allais peuvent être mis en parallèle avec ceux de Schopenhauer, le premier au XIXème siècle à avoir exposé cette forme de tragique. Si parmi tant d'œuvres qui font preuve de la même sensibilité, on perçoit chez Allais une sensibilité nouvelle qui se prolonge jusqu'à nous, c'est que chez cet auteur, cette sensibilité s'exprime dans un langage auquel on n'a pas l'habitude de l'associer, et qu'elle entre en résonance avec un imaginaire personnel puissant, un peu à l'image du tragique chez Céline. Allais est l'intermédiaire entre Hugo et Céline : son argot est plus morcelé que celui de Hugo, mais ses trouvailles offrent un effet de réel sans être pour autant totalement inventées comme chez Céline.

Dans le sens où Hegel parle d'une *fin de l'Histoire* pourrait s'esquisser l'approche d'une fin de l'écriture, dont la réalisation coïnciderait avec la prise de conscience de son essence. Il y a quelque chose de suicidaire dans le rapport d'Allais au langage. L'humour étant la politesse du désespoir, on pourrait alors comprendre sa neurasthénie, et la mettre en relation avec la misanthropie d'un Pierre Desproges ou les tentatives réitérées de suicide de Pierre Dac.

Le rire chez Allais est un rire sympathique, un peu grinçant parfois[22], mais qui ne semble pas être aussi libre que le rire du fou ou, au XVIIIème siècle, celui de Diderot : plus intellectuel, il est aussi moins libre.

---

[22]   Je pense notamment aux attaques contre la religion, l'armée, les institutions, etc.

Chez Allais, l'oralité semble obéir à la remarque « *cause toujours !*»,
tant il renverse le texte et les idées, restant, à l'image de Méphistophélès chez
Gœthe, « *l'esprit qui toujours nie* »[23].

---

[23] Goethe, *Faust,* Acte II. *"Der Geist, der stets verneint"*, que Gérard de Nerval traduit par *"l'esprit qui toujours nie"*.

9. ALPHONSE ALLAIS
ET LES STÉRÉOTYPES

Jean-Louis DUFAYS

1. La problématique du stéréotype à la fin du XIXe s.

Le langage, on le sait, n'est, d'une certaine manière, qu'un vaste système de stéréotypes. "La langue est fasciste", disait Barthes : impossible de parler ou d'écrire, mais aussi d'écouter ou de lire sans utiliser un ensemble d'expressions, de thèmes, de schémas narratifs ou descriptifs, de représentations conventionnelles, d'idées toutes faites, dont l'usage est largement partagé entre les membres de la génération et de la communauté culturelle auxquelles on participe[1].

En Occident, les créateurs se sont longtemps accommodés de cette prégnance de la stéréotypie. Pendant l'ère dite classique, ils ont même accentué le phénomène en ajoutant aux lois de la langue celles des esthétiques successives dans le cadre desquelles ils ont développé leurs œuvres. Cette soumission heureuse aux règles du langage et de l'art se doublait, faut-il le rappeler, de la perpétuation d'un ordre social strictement hiérarchisé. Chaque cliché avait sa place dans le système esthétique de l'œuvre d'art au même titre que chaque citoyen tenait la sienne au sein de la pyramide sociale.

Mais au cours du XIXe s., entre deux révolutions sociales, la machine s'est grippée. L'avènement des valeurs individuelles et de ce que l'on a appelé la Modernité a progressivement rendu la stéréotypie insupportable à qui entendait faire une œuvre d'art, et la littérature s'est montrée de plus en plus rétive à l'égard de la notion même de lieu commun.

---

[1] Pour faire court, j'utiliserai ici indifféremment les termes de cliché, lieu commun, poncif et stéréotype. Des nuances peuvent cependant être établies entre ces différents termes : cf. J.-L. DUFAYS, *Stéréotype et lecture. Essai sur la réception littéraire*, Liège, Mardaga, 1994, pp. 51-58.

Ce mouvement de rejet à l'égard du stéréotype ne s'est peut-être jamais affirmé avec tant d'acuité qu'à l'époque d'Alphonse Allais. Pour reprendre le terme de Jean Paulhan, on assiste alors chez les écrivains et les critiques à un mouvement de "Terreur"[2], de méfiance systématique à l'égard du lieu commun, qui se manifeste de diverses manières[3]. Tandis que des critiques comme Schwob ou Albalat se répandent en diatribes contre l'industrie du stéréotype et s'attachent à dénoncer ses dégâts dans l'œuvre des écrivains, Baudelaire renouvelle les formules déjà vues en extirpant de leur boue un nouvel or poétique, Flaubert et Lautréamont les subvertissent en jetant le trouble sur leur énonciation, Rimbaud et Mallarmé tentent de créer une nouvelle langue poétique qui romprait une fois pour toutes avec les "mots de la tribu", et Léon Bloy s'acharne à démonter leur sens matérialiste et bourgeois pour exhumer leurs vérités métaphysiques, présentées comme originelles.

À côté de cela, y a-t-il eu une manière propre à Allais ? Pour caractériser le rapport au lieu commun de l'auteur d'*À se tordre !*, il est peut-être intéressant de commencer par examiner les propos explicites qu'il a tenus à l'endroit de cette notion.

2. Des jugements terroristes

Les thèmes de la banalité et de l'originalité apparaissent assez fréquemment sous la plume d'Allais, et presque toujours sur le mode de la réprobation. Les formules clichées du langage et de la pensée présentent aux yeux de l'écrivain deux vices rédhibitoires. Le premier est d'ordre **éthique** : elles sont des instruments de perception et de jugement impertinents. Ainsi voit-on, dans le conte "Esthetic", le narrateur se plaindre de la sorte :

> Le bœuf était en gutta-percha et le boa en celluloïd, dites-vous ; ô poncifs vieux jeu ! Qu'importe la substance, l'idée est tout ! (p. 41)[4]

Même s'il concerne un objet loufoque, un propos comme celui-là assimile clairement le terme de poncif à celui de **préjugé** ; le poncif est ce que les récepteurs pressés — ici, des spectateurs "vieux jeu" — utilisent pour juger hâtivement des phénomènes qui mériteraient plus ample analyse.

---

2   Jean PAULHAN, *Les fleurs de Tarbes ou la Terreur dans les Lettres*, Paris, Gallimard, 1941.
3   Pour l'analyse de ces différentes positions, cf. Ruth AMOSSY et Elisheva ROSEN, *Les discours du cliché*, Paris, CDU-SEDES, 1982, et J.-L. DUFAYS, *Stéréotype et lecture*.
4   Sauf exception, toutes les citations d'Alphonse Allais sont tirées du volume des *Œuvres anthumes* publié par François CARADEC aux éditions Robert Laffont dans la collection "Bouquins" (1989).

Dans le conte "Polytypie", Allais souligne de manière plaisante le caractère **aliénant** de ce mode de perception. On assiste ici à l'histoire d'un homme qui éprouve le besoin obsessionnel de se référer à des stéréotypes humains pour se donner une identité. "Moi je suis un type dans le genre de..." répète-t-il chaque fois qu'il lui faut évoquer l'une de ses tendances — et les personnages auxquels il s'identifie sont aussi bien Balzac, Flaubert, Charlemagne, Puvis de Chavanne... que Jésus-Christ lui-même, dont le souvenir le console *in fine* de mourir sur l'échafaud à l'âge de trente-trois ans. L'histoire est évidemment caricaturale, mais elle dénonce un fonctionnement psychique parfaitement avéré : l'homme tend à voir la réalité et à se voir lui-même à travers le filtre aliénant des stéréotypies qu'il a appris à reproduire.

Le second défaut des stéréotypes aux yeux d'Allais est d'ordre **esthétique** : il réside dans leur caractère **banal**. À plusieurs reprises, l'écrivain se fait l'émule des auteurs de sottisiers en consacrant des textes entiers à dénoncer ironiquement des clichés qu'il dit avoir relevés dans la prose de tel ou tel individu. Ses cibles favorites, on le sait, ont pour noms Francisque Sarcey et le général Poilloüe de Saint-Mars. Voici par exemple ce qu'il nous dit des propos de ce dernier :

> Rien ne saurait m'étonner du général de Saint-Mars. Est-ce pas lui qui l'année dernière commençait une circulaire par cette phrase prestigieuse et non dénuée d'imprévu :
> *Certes, en temps de guerre, le pied du fantassin aurait une importance capitale*, etc. (sic) ("Commentaires inacrimonieux...", p. 495).

Quant à Sarcey, il est présenté explicitement comme le chantre "du vieux bon sens français" (p. 588), c'est-à-dire de la platitude et des lieux communs de la classe dite intellectuelle. Ces deux exemples montrent bien que, si Allais rejette la stéréotypie, ce n'est pas seulement parce qu'elle déforme le regard sur la réalité, mais aussi pour des raisons esthétiques : en bon moderne, il refuse ce qui lui apparaît **trop prévisible** et **trop conforme aux traditions**.

Le corollaire de cette défiance envers les stéréotypes est le goût d'Allais pour l'originalité. Nul doute par exemple que la séduction dégagée par le Captain Cap tienne pour une large part à son caractère original, à son irréductibilité aux stéréotypes du temps.

Voilà qui situe clairement Allais dans le camp des adversaires du lieu commun, de ceux que Jean Paulhan nommait les "terroristes". Ce rapport critique à la stéréotypie, et partant au langage dans son ensemble (car, Paulhan l'a bien montré, l'un entraîne l'autre), n'est cependant peut-être pas exclusif d'une certaine **nostalgie** à l'égard d'une autre relation au langage. Ainsi, dans le conte intitulé "Un cliché d'arrière-saison", Allais s'étend sur la question du rapport des clichés avec la réalité, et en particulier sur les effets trompeurs qui peuvent résulter de leur prise au pied de la lettre par un récepteur peu informé (comme l'est un enfant) :

> Un *typo* de mon journal vient de m'annoncer que le cliché *On rentre... On est rentré*, n'est pas si éculé qu'on aurait pu le croire et qu'il peut servir encore une fois ou deux.
> Dieu sait pourtant si on en a abusé de ce Paris qui rentre, qui n'arrête pas de rentrer !
> Ça commence aux premiers jours de septembre et ça ne finit jamais.
> Quand j'étais un tout petit garçon (oh ! le joli petit garçon que je faisais, gentil, aimable, et combien rosse au fond !) et que je lisais les mondanités des grands organes, je me figurais le Paris qui rentre d'une drôle de façon !
> Des malles à loger des familles entières, des boîtes à chapeaux beaucoup plus incomptables que les galets du littoral, des chefs de gare perdant la tête, et surtout — oh ! surtout ! — de belles jeunes femmes un peu lasses du trajet, mais si charmantes, une fois reposées, demain.
> Rien de vrai, dans tout cela.
> Le train qui arrive aujourd'hui à 6h20 ressemble étonnamment au train qui est arrivé, voilà trois mois, à 7h15, et on le prendrait volontiers pour le train qui arrivera dans six mois à 11h45 (pp. 228-229).

Toutes proportions gardées, et par-delà son côté ludique, un texte comme celui-là est comparable aux passages de *La recherche* où Proust souligne le contraste qui existe entre l'image fantasmée et plurielle que les mots donnent du réel et la réalité terne qu'ils dissimulent.

On peut voir ici une des raisons pour lesquelles Allais, à l'instar de tant d'autres, affiche une défiance constante à l'égard des stéréotypes : ceux-ci s'avèrent trop décevants, l'expérience incite à se méfier des désillusions qu'ils provoquent. Les déconstructions de l'écrivain témoignent peut-être moins d'une volonté de rupture avec le lieu commun que d'une difficulté à croire encore à ses effets enchanteurs.

Mais il ne suffit pas de relever les propos d'Allais sur la notion de stéréotype pour épuiser l'analyse de son rapport au phénomène : encore faut-il voir quelle place les stéréotypes occupent dans ses textes et quel sort il leur réserve.

3. L'œuvre allaisienne, un "florilège de discours ambiants"

D'aucuns l'ont déjà noté, l'écriture d'Allais est hantée de part en part par les lieux communs. Chez lui, plus que chez d'autres, l'omniprésence et la diversité des stéréotypes sautent aux yeux, donnant à son œuvre l'aspect d'un "florilège de discours ambiants"[5]. En particulier, on retrouve dans ses textes d'innombrables "transferts d'énoncés", de très nombreuses "influences

---

5   Jean-Marc DEFAYS, *Jeux et enjeux du texte comique. Stratégies discursives chez Alphonse Allais*, Tübingen, Max Niemeyer Verlag, 1992, pp. 100.

stylistiques" et "thématiques", et de multiples "références littéraires", mais aussi d'incessantes manipulations architextuelles des conventions génériques en cours à la fin du XIXe s.[6] La stéréotypie exploitée par Allais affecte donc aussi bien l'*elocutio* du discours (les structures figées du langage) que sa *dispositio* (les schèmes de composition génériques, le recours à des scénarios et à des structures thématiques traditionnels) et son *inventio* (les "idéologèmes"[7], les principes, les valeurs qui organisent l'univers représenté)[8].

Qui plus est, ces stéréotypes sont issus de toutes les formes de discours : qu'il s'agisse d'oralité (discours populaire, bourgeois, de la rumeur publique) ou d'écriture (discours littéraire du romantisme, du réalisme, de la décadence et du symbolisme, discours journalistique, discours spécialisés des sciences, de la technologie, des affaires, du commerce, de l'administration, des artistes, de l'armée...), c'est toute la gamme des genres et des idéologies qui défile à longueur de page dans les écrits de notre auteur.

4. La part de sérieux d'Allais

La diversité des stéréotypies exploitées par Allais est donc évidente. Mais comment ce matériau est-il traité ? Quel sens et quelle valeur prend-il sous la plume de l'écrivain ?

À la suite de Genette[9], on peut distinguer trois régimes ou modes d'énonciation d'un intertexte : l'énonciation au premier degré, sérieuse, non marquée, qui intègre l'élément avec respect, l'énonciation au deuxième degré, critique ou ironique, qui affiche sa distance par différents procédés métalinguistiques, et l'énonciation au troisième degré, ludique ou ambivalente, qui exploite l'élément intertextuel sans l'affecter d'un signe positif ou négatif.

Si étonnant que cela soit, chacun de ces régimes tient une place dans l'œuvre d'Alphonse Allais.

---

6   *Ibidem*, pp. 83-95 et pp. 213 sq.
7   Marc ANGENOT définit les idéologèmes comme des "maximes idéologiques" exprimant les idées reçues, les représentations dominantes d'une société, d'une époque ("Présupposé, topos, idéologème", in *Études françaises*, 13-1, 1977). On classera sous cette appellation des jugements universalisants comme ceux-ci :
     "Comme tous les Suisses, Jouard, à la patience de la marmotte, joignait l'adresse du ouistiti" (p. 16).
     "La civilisation, qu'est-ce que c'est, sinon la caserne, le bureau, l'usine, les apéritifs, et les garçons de banque ?" ("Le chambardoscope", p. 90)
8   Pour la distinction entre clichés d'elocutio, de dispositio et d'inventio, cf. J.-L. DUFAYS, *Stéréotype et lecture*, pp. 77-102
9   Cf. Gérard GENETTE, *Palimpsestes. La littérature au deuxième degré*, Paris, Seuil, 1982, pp. 33-40, et J.-L. DUFAYS, *Stéréotype et lecture*, pp. 223-286.

a. Le premier degré

Il apparaît d'abord que, si comique qu'il se veuille, Allais ne peut éviter d'énoncer certains stéréotypes de manière sérieuse. Sous les apparences de l'humour et de la dérision incessants, il se montre, comme tout le monde, attaché à un certain nombre d'idéologèmes, de stéréotypes thématico-narratifs et de clichés verbaux qui confèrent à son discours des effets de "vraisemblance" confinant parfois à la gravité. Le rire n'empêche pas la fonction référentielle de rester discrètement repérable. C'est notamment le cas lorsqu'il est question du souvenir de l'ami Sapeck ou du spleen produit par l'alcool, dont on sait la place réelle qu'ils ont tenue dans la vie et la pensée de l'écrivain[10].

Semblablement, lorsqu'Allais parle des peines de l'amour, même si le ton est plaisant, les lieux communs qu'il énonce semblent conformes à ses opinions réelles :

> "Musset a dit que l'absence ni le temps ne sont rien quand on aime.
> Villemer et Delormel ont affirmé qu'*On ne meurt pas d'amour (bis).*
> Villemer et Delormel ont raison.
> Le temps mit bientôt sur mon cœur ulcéré l'arnica de l'oubli.
> Un clou chasse l'autre, une femme aussi" ("Consolatrix", p. 164).

Même impression à propos des rapports de l'amitié et de l'argent :

> Celui — et je ne dis *celui* à la légère — qui dégagea le premier cette formule lapidaire : *Les bons comptes font les bons amis*, était loin d'être un jeune niais ("Quittes", p. 236).

Le même effet de vraisemblance affecte les poncifs antimilitaristes et anticléricaux qui reviennent couramment sous la plume de l'écrivain. De même, quand il parle de la pauvreté, notre auteur exprime à travers des plaisanteries des opinions dont le sérieux semble difficile à mettre en doute :

> Il est monstrueux que des gens soient fatalement voués, et pour jamais, à un patrimoine de détresse, de misère et de travail (lequel est le pire des maux), cependant que de jeunes bougres n'ont qu'à naître pour mener une existence de flemme, de haute cocotterie et de bicyclette en aluminium. La vraie devise sociale devrait être : *Chacun son tour*. Ou bien encore : *C'est pas toujours les mêmes qui doivent détenir l'assiette au beurre* ("La question sociale", p. 273).

Se dessine ainsi une idéologie antimilitariste, anticléricale, antibourgeoise, mais également progressiste, moderniste et hédoniste, qui ne se confond guère avec une vision du monde indifférenciée. Certes, Allais *affecte* constam-

---

10   Cf. "Sapeck", *Œuvres posthumes*, pp. 9-10, et "Absinthes", *Œuvres anthumes*, pp. 254-256.

ment de ne jamais se prendre au sérieux, et c'est avec dérision qu'il affirme "rien ne m'attriste comme de ne pas être pris au sérieux" ("L'enfant de la balle", p. 286) ; mais si marquée que soit l'auto-ironie, elle ne peut occulter complètement le besoin sporadique que l'écrivain avait d'exprimer sa vision du monde[11].

b. Le second degré

L'adhésion d'Allais à certains stéréotypes a pour corollaire son refus des stéréotypes qui incarnent l'idéologie adverse. D'où les nombreux marqueurs d'ironie qui émaillent son écriture.

À de nombreuses reprises, par exemple, le narrateur allaisien conteste explicitement la pertinence de clichés particuliers :

> Une jeune fille arriva qui était plus belle que le jour, beaucoup plus belle que le jour ! Et en somme, elle n'avait pas de mal, car, pour ma part (je ne sais pas si vous êtes comme moi), je n'ai jamais rien trouvé d'épatant au jour ("Un miracle de l'amour", p. 334).

Les voyages forment la jeunesse : c'est une affaire entendue.

Pour moi, qui sans être un vieillard décrépit, ne suis plus un bébé ingénu, suffisent les petits trajets ("Le terrible drame de Rueil", p. 352).

D'autres fois, des lieux communs sont attribués à un auteur discrédité :

> "On ne peut pas être et avoir été", comme dit Sarcey (p. 107).

Un autre procédé manifestement ironique est celui qui consiste à affirmer sérieusement des lapalissades ou des évidences :

> "On gravit un escalier qui compte un certain nombre de marches (sans cela serait-il un escalier ? a bien fait observer le cruel observateur Henry Somm).
> Ces marches, j'en savais le nombre hier ; je l'ignore aujourd'hui. L'oubli, c'est la vie" (p. 143).

Ce ne sont là que des exemples : constamment, Allais énonce des lieux communs sur un mode ironique ou critique, déroulant en creux un univers de valeurs non dépourvu de cohérence, qui vient confirmer son rejet de la notion

---

[11] On remarquera au passage que l'effet de sérieux est autant un fait proprement textuel qu'un *effet de lecture* qui résulte 1° de la capacité que le lecteur a d'identifier des lieux communs qui ne sont pas dénoncés comme tels par le texte, 2° de la connaissance antérieure des opinions de l'écrivain, 3° du fonctionnement de la lecture : pour pouvoir donner du sens à un texte, on a besoin d'y délimiter un espace de crédibilité idéologique. L'effet de sérieux est donc inévitablement projeté sur tout texte.

de stéréotype en même temps que ses allégations anticonformistes et hédo-
nistes[12].

5. La prégnance du jeu

Mais s'il existe une part de sérieux et de "terrorisme langagier" chez
Allais, son traitement privilégié du stéréotype est avant tout d'ordre ludique.
Comme l'a montré J.-M. Defays, les contrastes externes et internes, les
figures de l'excès (accumulations, répétitions, surcodages, mises en abyme),
les parodies, les polémiques, les collages, les (dis)simulations sont autant de
procédés qui font de l'œuvre allaisienne un "texte patchwork", un "discours
cyclone"[13], et dont la combinaison produit un puissant effet d'indifférenciation
ludique à l'égard des formules banales du discours et de la pensée.

Le troisième degré caractérise aussi bien le rapport d'Allais à la littérature que son rapport aux représentations en vogue dans la société de son
temps.

Côté littérature, en bon émule de Flaubert, il se moque à peu près de

---

12   On rappellera ici à la suite de Roland BARTHES (*S/Z*, Paris, Seuil, 1970, passim) que
l'ironie, le second degré ancre la parole du narrateur dans un lieu stable, assuré, où
son autorité n'est provisoirement pas mise en doute. Parce qu'elle dénonce sans s'exposer elle-même à la possibilité d'une contradiction, l'ironie constitue le procédé par
excellence du terrorisme, du confort intellectuel, de la rhétorique bourgeoise. Une exception toutefois montre que l'ironie d'Allais n'est pas toujours si stable qu'il y paraît
et que, même lorsqu'il semble se moquer d'autrui, notre conteur ne peut se départir
d'une certaine forme d'ambiguïté : dans le conte intitulé "Un petit "Fin de siècle""
(p. 70 sq.), un récit parodique se trouve inséré dans un dialogue qui se termine
comme suit : "T'as pas compris que c'est une histoire ironique ?" — ce qui revient
à frapper de dérision l'ironie elle-même : son effet seul ne suffit plus à faire rire. Tout
se passe comme si, septante ans avant Barthes, Allais percevait l'impasse, la facilité
trop grande de cette forme d'humour.

13   Cf. J.-M. DEFAYS, *Jeux et enjeux du texte comique*, pp. 140-160. Parmi de nombreux
autres procédés, citons l'auto-ironie du narrateur envers ses propres propos. Par
exemple, à la suite d'un phrase quelque peu lyrique qu'il vient d'énoncer, Allais indique
en note :

"Remarquez-vous, belle lectrice, comme cette fin de phrase constitue deux
alexandrins superbes :

....

N'est pas près d'abolir, en moi, la souvenance,
Employât-il sa faux en guise de grattoir ?
Est-ce que je deviendrais poète, en vieillissant ?" ("Le terrible drame de Rueil",
p. 352).
On pourrait citer aussi les procédés qu'a mis au jour Claude BOUCHÉ dans *Lautréa-
mont. Du lieu commun à la parodie*, Paris, Larousse, 1974.

tout le monde. Ainsi, le conte "Le pauvre bougre et le bon génie" (pp. 197-199) renvoie dos à dos les deux principaux mouvements esthétiques de son époque, l'idéalisme et le naturalisme. Le récit se présente d'abord comme une variation sur différents niveaux de clichés :

- l'intrigue reprend l'histoire bien connue du génie qui promet à un pauvre homme d'exaucer trois vœux (cf. Aladin et consorts) ;

- la situation sociale du personnage principal est à mi-chemin du misérabilisme de Scribe — d'ailleurs cité expressément — et du naturalisme zolien ;

- le langage est largement emprunté à celui des contes merveilleux ("Il y avait une fois... Toute la journée du pauvre bougre se passa en courses folles... Le nouveau venu, d'une beauté surhumaine, contemplait avec une bienveillance infinie le pauvre bougre...").

Mais tous ces clichés se trouvent subvertis, parodiés :

- le schéma classique du conte est inversé : la perspective d'un bonheur durable fait place à celle d'une fin imminente, puis *in fine* à celle d'un ultime plaisir éphémère. La fin idéaliste du conte merveilleux est donc délaissée au profit d'un dénouement d'abord naturaliste (réalisme pessimiste), puis épicurien ;

- la description sociologique est sans cesse parasitée par des parenthèses ou des notations qui en minimisent la portée ;

- le langage merveilleux est constamment rompu par des propos familiers, terre-à-terre, qui en détruisent les effets.

Rien ici n'est pris au tragique : ni l'idéalisme romantique ni la noirceur naturaliste n'ont le dernier mot. Le seul principe qui sorte vainqueur est le "nunc est bibendum" cher à Rabelais. Après avoir oscillé pendant deux pages entre la double stéréotypie de la noirceur misérabiliste et du rêve merveilleux, le récit bascule dans un happy end hédoniste qui nous interdit absolument de le prendre au sérieux :

> Un jour et demi !
> N'avoir plus qu'un jour et demi à vivre ! Pauvre Bougre !
> — Bah ! murmura-t-il, j'en ai vu bien d'autres.
> Et, prenant gaiement son parti, il alla manger ses 7,50 F avec des danseuses (p. 199).

Le regard ludique d'Allais porte aussi, à l'occasion, sur les débats idéologiques de son temps. Dans le conte "Dans la peau d'un autre", on le voit ainsi affecter une sorte d'indifférence joyeuse à l'égard de toutes les opinions :

> Les yeux des spiritualistes luisaient comme d'un feu intérieur et les matérialistes avaient, froidement, des haussements d'épaules (Nord).
> Quant aux indifférents, leur attitude consistait à s'enfiler des verres d'irish whiskey, comme s'il en pleuvait.
> Pour ce qui est de moi, si ce détail peut vous intéresser, je me trouvais à la fois spiritualiste, matérialiste et indifférent (il y a des jours où on est en train) (p. 158).

Ailleurs, l'écrivain se contente d'aligner sans commentaire des lieux communs entendus au Café du Commerce :

> Des journalistes discutent âprement sur l'avenir de la presse en France. Les uns prétendent que ce qu'il faut au public, c'est ceci et cela. D'autres affirment, avec une prodigieuse assurance, que, pas du tout, le public exige autre chose, et que, dorénavant, il faudra lui servir autre chose que ceci ou cela, sans quoi !... Et ils n'achèvent pas ("Café d'affaires", pp. 277-8).

L'indifférenciation des stéréotypes affecte donc aussi bien le plan idéologique que le plan esthétique. Les effets de ce mode d'énonciation sont multiples : le lecteur est incité tout à la fois à jouer, à rire, à réfléchir, à relativiser le poids du réel, à dédramatiser le mal et à s'ouvrir l'imagination et le langage. C'est dire que, par-delà son caractère divertissant, l'usage ludique des clichés va de pair avec une interrogation éminemment moderne sur le fonctionnement du langage et sur la légitimité des sens institués. Par l'indifférenciation dont elle frappe toutes les formes de stéréotypie et de sérieux, la littérature d'Allais participe de l'entreprise de renouvellement du discours inaugurée par Flaubert, Lautréamont et Rimbaud et qui se poursuivra avec Jarry, Tzara et les surréalistes. La spécificité d'Allais est d'avoir développé cet art de la déstabilisation sans avoir l'air d'y toucher, en feignant de respecter l'institution littéraire et les organes de l'ordre établi.

6. La polyphonie des modes d'énonciation

Le jeu, donc, chez Allais, domine. Il faut toutefois préciser son champ d'extension exact et ses limites.

D'abord, nous l'avons vu, si le troisième degré traverse de manière forte l'écriture d'Allais, il se mêle à d'autres modes d'énonciation. Ce qui ressort de l'œuvre d'Allais, ce n'est donc pas tant *un* mode d'énonciation de l'œuvre, qu'une *diversité de voix et de points de vue*.

Au vrai, ceci relève d'une loi du discours fictionnel mise au jour par Bakhtine : toute fiction est peu ou prou polyphonique ; toute narration romanesque (au sens large) est tiraillée plus ou moins fortement entre différentes voix. Si donc le troisième degré peut être la tendance *dominante* d'une œuvre, il ne peut jamais l'investir tout entière. Rendre le narrateur muet, frapper tous les lieux communs d'indifférenciation, rendre l'œuvre totalement ouverte, indécidable et "scriptible" (comme le rêvait Barthes, du temps où l'utopie se portait bien) est impossible, parce que la signification est un processus culturel dont les virtualités sont limitées dans chaque contexte de réception par les impératifs de la vie sociale. La littérature peut produire des œuvres intéressantes en affectant de fuir le sens et de s'adonner au jeu généralisé, mais, comme le notait déjà Paulhan, il ne lui est guère possible de se tenir durablement dans une telle posture.

7. Textes fermés, œuvre ouverte

D'autre part, on sait que Michel Picard, à la suite de Winnicott, et avant James P. Carse[14], a distingué **deux sortes de jeux** auxquels la littérature peut être assimilée : le *game*, fermé, limité, dont le parcours est strictement balisé et dont on épuise les effets une fois la partie finie (le livre refermé), et le *playing*, ouvert, illimité, qui permet des parcours d'une diversité infinie, dont la fin ne s'impose jamais d'elle-même (elle ne peut qu'être décidée de manière provisoire pour des raisons opératoires) et dont les effets peuvent se ressentir toute la vie durant.

Il semble que, dans le cas d'Allais, ce soit le premier registre qui prédomine à l'endroit de chaque texte particulier, mais le deuxième lorsqu'on considère l'œuvre dans son ensemble.

Chaque texte isolé de notre auteur est en effet lisible à la façon d'un jeu de société, dont les effets sont savamment dosés. Normal, puisqu'il s'agit de faire rire : le rire ne peut être déclenché que par un mécanisme réglé, où chaque mot, chaque élément doit être décodable sans ambiguïté par tous les récepteurs. Ce réglage a été magistralement démonté par Umberto Eco dans son analyse du conte "Un drame bien parisien" : tous les effets de ce texte sont décodables, analysables comme autant d'opérations d'une lecture "modèle"[15]. Mais il en va tout autrement lorsqu'on considère les textes d'Allais dans leur ensemble. La diversité des modes d'énonciation, des jeux intertextuels et des rapports architextuels (cf. les démonstrations de Defays) déjoue toute prévisiblité, rend possible une diversité infinie de mises en relations et d'interprétations.

8. Allais dans l'horizon de nos lectures

N'oublions pas, enfin, que chaque lecture qui est faite d'Allais est le fait d'un lecteur concret et historique, qui construit le sens en fonction de son contexte de réception et de son "horizon d'attente" particulier.

---

14 Cf. Donald WINNICOTT, *Jeu et réalité. L'espace potentiel*, Paris, Gallimard, 1971, Michel PICARD, *La lecture comme jeu*, Paris, Minuit, 1986, James P. CARSE, *Jeu fini, jeu infini. Le pari métaphysique du joueur*, Paris, Seuil, 1988.

15 Cf. *Lector in fabula*, Paris, Grasset, 1985, pp. 260-292. Il y avait d'ailleurs un certain artifice de la part d'Eco à choisir ce texte, dans la mesure où celui-ci est loin d'être représentatif des autres textes dits littéraires. Il est même permis de se demander si un texte dont les effets sont à ce point "machinés" n'incarne pas *l'inverse* des fonctionnements et des fonctions que la critique contemporaine attribue habituellement à la littérature.

Dans cette perspective, tout sens attribué à l'œuvre d'Allais nous en apprend souvent autant sur les choix idéologiques de l'interprète que sur Allais lui-même. La question alors n'est plus seulement de déterminer ce que dit Allais ; elle est aussi : que veut-on lui faire dire ? Au service de quel idéal croit-on opportun de le mettre ?

À ce propos, il est symptomatique de notre époque désenchantée d'affirmer qu'Allais n'a pas fait de politique, s'est soigneusement abstenu de tout engagement dans ce domaine. N'oublions pas pourtant que rien n'est plus politique que le prétendu désengagement : de même qu'il n'y a guère de position neutre à l'égard du langage, il n'existe pas de position apolitique.

S'agissant de la question qui nous a occupés ici, il est donc légitime de s'interroger : quelle valeur conférer à l'usage ludique que fait Allais des lieux communs ? Deux interprétations au moins sont possibles.

La première est l'interprétation nihiliste : Allais serait un maître du soupçon hostile à tout système de valeur, à tout engagement autre que littéraire ; il serait le précurseur des grands sceptiques et des grands déconstructeurs de l'ère postmoderne. La seconde interprétation, plus optimiste, voit en Allais un nettoyeur du langage, un libérateur qui nous apprend à rejeter toute ossification de la parole, afin de pouvoir parler et agir de manière plus autonome et plus responsable.

Quoique rien dans les textes ne permette de trancher, me permettra-t-on d'avouer ma préférence pour la deuxième hypothèse ? Si l'un des rôles de la critique littéraire est de réinterpréter sans cesse les œuvres du passé au gré des goûts et des attentes des générations de lecteurs successifs, il me paraît intéressant pour ma part de faire d'Alphonse Allais le prophète d'une libération littéraire par l'humour et le jeu.

Par sa manipulation comique des stéréotypes, Allais peut en effet être considéré comme l'initiateur d'un mode d'écriture qui s'est ensuite épanoui moins dans la littérature officielle que dans ce médium libre par excellence qu'est la bande dessinée. Il est frappant en effet de relever l'influence allaisienne qui émerge chez un Gotlib, comme dans telle page de Hergé ou de Goscinny. Rappelons-nous par exemple le dilemme qui échoit au capitaine Haddock dans *Le crabe aux pinces d'or* à propos de la position de sa barbe par rapport à ses couvertures : la blague paraît reprise telle quelle au conte intitulé "La barbe" (p. 626-7)[16].

Le grand transformateur de stéréotypes que fut Allais peut donc être perçu aujourd'hui a posteriori comme le fondateur d'une sorte de "veine", d'un mou-

---

16 À moins qu'HERGÉ qui achève *Le crabe aux pinces d'or* en 1941 n'ait repris le gag aux Marx Brothers qui venaient de l'exploiter à leur tour dans *A day at the opera* (1935) ? Allez savoir !

vement esthétique, d'un ensemble de traits d'écriture et de composition qui, paradoxalement, pourraient bien devenir tôt ou tard de nouveaux stéréotypes. Mais, s'il est vrai que toute invention est menacée de se durcir un jour en convention, gageons que, dans le cas d'Allais, son rire gardera longtemps encore son caractère iconoclaste et libérateur.

10. ALPHONSE ALLAIS
ET L'*HUMOUR EN ROUE LIBRE*

Daniel GROJNOWSKI

Lecteur attentif de M. Twain[1], ami de Ch. Cros, A. Allais souffre d'avoir publié une œuvre abondante et d'avoir fait la preuve d'un talent à géométrie variable. On n'en retient trop souvent que des bons mots qui se colportent aisément et qui se prêtent à la confection d'ana, ou quelques-unes de ses inventions désopilantes. Dans l'une des notices de son *Anthologie de l'humour noir*, A. Breton ne manque pas de dénombrer certains de ces objets, produits "d'une imagination qui se situe entre celle de Zénon d'Elée et celle des enfants", comme "l'aquarium à verre dépoli, pour poissons timides". Perpétuellement sollicité par le démon de la créativité, A. Allais donne le pouvoir aux mots qui organisent l'univers de ses fictions et qui exaucent tous les désirs : le joli minois d'une camériste qu'il rencontre chez une dame du monde, lui donne l'envie d'*enfiler les perles*. Ou encore : afin de s'assurer que la *taille* de guêpe d'une passante n'est pas postiche, un cuirassier dégaine son sabre et la *taille* en deux. Toutefois ces trouvailles ne rendent pas compte d'une stratégie, elles la dénaturent en substituant les effets du mot d'esprit à un dispositif plus complexe. Proférateur de vannes servies à point, A. Allais est également un conteur au long cours. A la lumière des déambulations "en roue libre" qu'ont expérimentées E. Mouton, M. Twain ou Ch. Cros, on peut considérer ses contes en inversant les priorités, c'est-à-dire en accordant

---

[1] A. Allais connaît bien les écrits de M. TWAIN. Outre deux adaptations, "Histoire du petit Stephen Girard" (repris dans *Le Parapluie de l'escouade*) et "Le Récit du placier" (que G. DE LAUTREC intitule, dans ses *Contes choisis*, "Le marchand d'échos"), il propose à Galipaux, une fantaisie en un acte d'après M. Twain "d'un comique extraordinaire" (*Cinquante contes d'A. Allais*, rassemblés par A. Jakovsky, Club des Libraires de France, 1954, p. 174-275). Sur cette question, voir F. CARADEC : *A. Allais*, P. Belfond, 1994, p. 175-176.

une part de choix aux épanchements d'une parole vaine. Plus précisément,
A. Allais fait valoir tour à tour le trait saillant et la parlerie, organisant ses
récits selon un principe d'alternance auxquels ils doivent leur liberté capri-
cante et leur facture orale. Les passages à vide font attendre les moments où
le sens est "saisi", la construction stricte servant de support aux trouvailles
de l'improviste.

Ces contes sont fréquemment conçus en fonction d'un bon mot qui les
clôt en beauté. Il s'agit d'une syllepse qui porte sur un seul terme ou sur un
énoncé tout entier. Elle transpose le sens propre en sens figuré ou vice-
versa : "C'est ce qu'en Français on appelle un *collage*", déclare le médecin
trompé qui suture sa femme à l'amant de celle-ci afin qu'ils ne forment
"qu'un être", conformément à leur désir[2]. A moins que le double sens permette de passer d'une acception à une autre ou de motiver une formule figée
par un récit imaginé à cet effet : *"Fermé pour cause de décès"*, annonce l'écri-
teau qu'un cambrioleur accroche à la devanture de la bijouterie dont il vient
d'assassiner le propriétaire. Du coup le titre du récit ("Le criminel précautionneux") s'enrichit d'un sens second car le meurtrier commet son forfait
avec autant de minutie... que de tact !

A la manière des histoires drôles

Ces constructions procèdent d'une "structure profonde" (distincte des
"effets de surface") où la clausule ne joue pas simplement le rôle de formule
finale (une "cabriole" ou un "trait") mais de segment qui termine l'aventure
sans laisser attendre une suite, ce qu'on appellera une "chute"[3]. Elles sont
appréciées du plus grand nombre car elles se conforment au patron mille fois
exploité des histoires drôles. Comme l'a montré Violette Morin, celles-ci se
déroulent en trois temps : une mise en place (a) est suivie d'un enclenche-
ment (b) qui amène une disjonction terminale (c). Il s'agit de récits construits
à rebours, puisque la "chute" - qui se confond avec le *mot de la fin* - motive
les épisodes qui la précèdent, leur rôle étant de la commander, de la faire
attendre et de la faire valoir. Exemple (que V. Morin emprunte à un ensemble
de blagues publié par *France-Soir* dans les années 1960) : "Deux voleurs sor-
tent de prison. Premier voleur : "On prend quelque chose ?" Deuxième

---

2   Ce conte a été analysé par J. Demers : "A. Allais présurréaliste ? ou le conte para-
     doxal". J. CHÉNIEUX-GENDRON et M.C. DUMAS : *Jeu surréaliste et humour noir*,
     Lachenal et Ritter, 1993, p. 85-99.

3   On distinguera les récits à "chutes" de ceux qui se terminent par un "mot de la fin".
     Alors que les chutes participent de la "structure profonde" de l'histoire, les mots de
     la fin relèvent de la narration et des "effets de surface" (voir ci-après la note 5).

voleur : "A qui ?" La polysémie d'un mot (ici le verbe : *prendre* un verre /
prendre un objet) permet de composer des péripéties apparemment rigoureuses.
Du fait que la fin justifie les moyens, la "structure profonde" du récit fait
oublier l'arbitraire de ses composantes[4].

Dans le conte qui termine *A se tordre* ("Abus de pouvoir"), le narrateur évoque l'obstacle qu'il rencontre en la personne d'un de ses deux
employeurs, M. Amour (l'autre se nomme Pinaud) : celui-ci l'empoigne au
moment où il s'apprête à quitter son travail pour rejoindre l'objet de sa
flamme, une jeune fille qui répond au doux nom de Prudence. Ceci afin que
la moralité - à défaut d'une "morale" en bonne et due forme - puisse être à
la fois énoncée et incarnée *in fine* : "Amour, Amour quand tu nous tiens, on
peut bien dire : Adieu Prudence !" Une part du plaisir qu'éprouve le lecteur
vient du fait qu'à l'illusion référentielle qui prévaut le plus souvent, fait place
une logique langagière dont procèdent les effets de réalité. Il faut bien
qu'Amour retienne un jeune homme épris pour que s'enfuie Prudence, suivant un scénario qu'affectionnent les récits allégoriques. On peut toutefois
en imaginer d'autres qui illustreraient tout aussi bien le même proverbe : le
narrateur pourrait, par exemple, hésiter entre deux donzelles dont l'une repré-
senterait la passion et ses risques (Amour), l'autre la raison et ses routines
(Prudence). Bien qu'elle apparaisse solidement édifiée, la "structure profonde",
comme on le voit, fait illusion. Elle motive l'arbitraire par l'élucidation que
dévoile la "chute" et, inversement, celle-ci légitime les événements qui la précèdent, en donnant cohérence à l'ensemble du récit[5].

La comparaison entre deux histoires de sourds met en évidence les
priorités que s'impose un auteur. L'héroïne de "L'Inconnue" (Villiers de l'Isle-
Adam, *Contes cruels*) est une jeune femme "d'une grande beauté". Elle est
abordée par un jeune homme qui l'a remarquée à l'opéra et qui s'est aussitôt épris d'elle. Après qu'il lui a déclaré son amour, elle énonce une série

---

4   V. MORIN : "L'histoire drôle", *in* "Analyse structurale du récit", *Communications*, n° 8,
     1966.
5   Les récits "à chutes" sont conçus *à l'envers,* du fait qu'une disjonction terminale est
     préparée par l'enchaînement des épisodes, comme c'est le cas pour les histoires
     drôles (dans certains contes d'A. Allais l'enchaînement des épisodes mène à une chute,
     sans qu'il soit nécessairement amorcé dès le début ; la "chute" peut par ailleurs être
     suivie d'un développement final. Voir par exemple le début et la fin d'"Une mort
     bizarre", in *A se tordre*). Un conte comme "Le criminel précautionneux" (*A se tordre*)
     pose en clausule une "chute" qui fait également office de "mot de la fin". Un certain
     nombre de contes constituent une classe à part du fait qu'ils se terminent par une mys-
     tification : la "chute" s'y confond avec le mot de la fin, en frustrant les lecteurs d'un
     dénouement ("Le Veau", *A se tordre*) ou en les faisant apparaître comme les dindons
     de la farce ("Les deux Hydropathes").

d'énigmes en expliquant qu'elle ne peut répondre favorablement à sa demande du fait qu'elle est sourde. Au demeurant, cette infirmité lui épargne la surdité "mentale" qui affecte les autres femmes et elle lui permet de percevoir la sincérité de son interlocuteur, ce qui ne l'empêche pas de renoncer à lui car, dit-elle : "comment me souvenir de la voix avec laquelle vous venez de me dire pour la première fois : "Je vous aime !..." Se déployant sur une douzaine de pages, le récit se teinte d'ironie et s'imprègne d'absurde. Mais il exploite les ressorts des utopies romanesques avec tant de ferveur qu'il impose par le sublime le désir de l'impossible qui mobilise les énergies de la passion : "je suis celle qui ne t'oubliera pas !", déclare l'Inconnue : "Comment oublier les mots pressentis qu'on n'a pas entendus ?" Source de pathos, son infirmité matérialise la spiritualité à laquelle, selon Villiers, aspire tout amour. La quête de l'absolu outrepasse les limites qu'impose une perception claire : "je suis veuve d'un rêve et veux rester inassouvie".

Les péripéties de ce "conte cruel" se prêtent à des propositions qui creusent chaque fois l'énigme au plus profond. A. Allais en reprend à son compte l'argument et le transforme en histoire drôle dont les rebondissements occupent les deux pages d'"Un cas peu banal, me semble-t-il"[6]. La première relate une histoire de fous : dans le compartiment où voyage le narrateur, un ventriloque cherche à "épater" une passagère "d'une indicible beauté" en exprimant son admiration sans que ses lèvres prononcent la moindre parole. Bientôt exaspérée, la jeune femme lui déclare qu'il perd son temps du fait qu'elle est "sourde et muette de naissance". Dans la seconde, l'importun ayant quitté les lieux, le narrateur demande à sa compagne de voyage comment il se peut, étant donné son état, qu'elle puisse entretenir une conversation comme elle vient de le faire. La réponse est d'une parfaite simplicité : elle a appris à lire sur les lèvres des gens et elle est elle-même ventriloque. Si elle feint de parler, c'est par "coquetterie de jeune fille" désireuse de dissimuler son état.

Chez Villiers, la signification de l'aventure s'obscurcit au fur et à mesure qu'est mis en évidence l'accord parfait entre deux êtres. Successivement physique, symbolique, hermétique, la surdité interroge la faculté d'entendement telle qu'on la conçoit d'ordinaire, elle pointe ce qui ressortit à l'indicible. A. Allais traite le même sujet sur le mode de l'anecdote gigogne qui, à trois reprises, produit un effet de chute. La drôlerie vient du fait que le récit se poursuit alors qu'on l'a cru terminé : l'histoire absurde (la jeune beauté qui mène conversation est à la fois sourde et muette) prend des apparences rationnelles (la jeune beauté "entend" avec les yeux et parle avec le ventre) avant que le narrateur n'élucide, avec une extrême délicatesse, l'étran-

---

6   *Le Sourire*, 22 juillet 1905. Repris dans : A. ALLAIS : *La logique mène à tout*, choix présenté par F. CARADEC, P. HORAY, 1976, p. 341-342.

geté d'un comportement : la jeune beauté feint de pouvoir parler car pour être infirme, elle n'en est pas moins femme. L'ordre des choses reprend ses droits, la "disjonction" attendue est remplacée par une explication de bon sens.

La parlerie

Cela dit, aussi resserré soit-il, eu égard au conte de Villiers dont il s'inspire, celui d'Allais diffère des histoires drôles, bien qu'il en décalque le dispositif. S'il délaisse l'opacité "philosophique" de son aîné et s'il opte pour un agencement où alternent des épisodes surprenants, tour à tour invraisemblables, plausibles et anodins, il ne renonce pas pour autant aux séductions d'un usage expansif du langage. Pour être les plus appréciés et les plus fréquemment étudiés, les contes "à chutes" ne sont pas, en effet, les plus représentatifs : sur les quarante-cinq "histoires chatnoiresques" qui composent *A se tordre*, le premier recueil où Allais met au point sa manière, une quinzaine seulement[7] procède d'une conception conforme à celle des "histoires drôles". En fait, seul l'humour "en roue libre" rend compte de sa procédure ordinaire, d'une vitesse de croisière où la narration articule à l'action les effets qui agrémentent les fluctuations d'une parole vaine.

"Un cas peu banal, me semble-t-il", tire parti, comme le fait "L'Inconnue", de la relation paradoxale qu'un homme (ici le narrateur, là le personnage) entretient avec une Beauté sourde et muette. Mais alors qu'A. Allais resserre la trame du récit (de douze à deux pages !), il ne le déleste pas pour autant de ses agréments : digressions, amphigouris, brocards, mots d'auteur, allusions salaces, la liste n'est pas close des plaisanteries de toutes sortes dont il l'émaille. Autrement dit, même dans le cas où il le construit sur le modèle de l'histoire drôle, il n'élimine pas les ornements qui lui donnent sa saveur et sa tonalité orale. L'art du conteur se situe aux antipodes du trait d'esprit où il excelle par ailleurs lorsqu'il rédige des maximes, des combles ou des fables-express. Limités au cadre qu'imposent des publications grand public comme *Le Chat Noir* ou *Le Sourire*, ses récits font la part belle à une expression qui se dévoie en toute liberté. Deux exemples qui concernent des contes "à chutes", construits en principe aussi rigoureusement que possible, mettent en évidence l'importance qu'il accorde aux aléas de l'improviste.

Quelques lignes préliminaires de "Blagues" rappellent, en le résumant, un conte qu'Allais a publié quelques années plus tôt ("Une mort bizarre") :

---

7   Nous comptons, dans cette estimation, les récits dont la "chute" est suivie d'un épisode que termine un "mot de la fin", comme, par exemple, "Un drame bien parisien" (*A se tordre*).

Axenfeld avait offert à sa fiancée une aquarelle peinte à l'eau de mer, laquelle aquarelle était, de par sa composition, sujette aux influences de la lune. Une nuit, par une terrible marée d'équinoxe où il ventait très fort, l'aquarelle déborda du cadre et noya la jeune fille dans son lit. (*Pas de bile !*)[8]

Réduit à sa plus simple expression, l'argument fait apparaître les stratagèmes de l'auteur quand il l'a développé dans la première version. D'une part, il a alors présenté, dans un long préambule, des considérations sur la construction des égouts du Havre où s'engouffrent les eaux de la marée haute qui dispensent des infections dont se réjouissent, et pour cause, les médecins du lieu. D'autre part, fait suite à la chute ("Mon aquarelle avait débordé : la jeune fille était noyée dans son lit") une rapide finale où le narrateur prend les lecteurs à contre-pied, en feignant de laisser croire à sa crédulité : "Le même soir, je vis Johanson qui me dit que c'était de la blague". Entre ces deux développements - qui occupent à eux seuls plus de la moitié du conte - est rapporté le récit d'Axenfeld, dont le pathos se trempe d'un "*swenska-punch* de derrière les fagots" car le jeune peintre norvégien "a du talent à jeun et de la sentimentalité le reste du temps". En fait, la relation de l'aventure exploite de manière intensive les multiples isotopies que recouvre le thème de l'**eau :**

- topographie : *la baie de Vaagen*
- profession : *marchand de rogues, mouillage du vin*
- météorologie : *marée, orage, ouragan*
- production artistique : *l'aquarelle, la mer, les rochers*
- psychologie : "*Axenfeld pleurait comme un veau marin*"

La technique du délayage (l'amplification, chère aux classes de rhétorique) permet à l'auteur de jouer sur plusieurs tableaux en attirant l'attention de son lecteur sur le déroulement d'une "action", mais aussi sur les concetti et sur les développements oiseux dont elle est le prétexte. "Un drame bien parisien", qu'admirait A. Breton et qu'a si brillamment analysé U. Eco[9], transpose, de même, dans un roman miniature dont les rebondissements s'étendent sur sept chapitres, une blague qui a dû avoir son heure de célébrité auprès des Hydropathes et des Fumistes du Quartier latin car F. Champsaur prend soin de la rapporter dans son roman de jeunesse *Dinah Samuel :*

Un mari voulut assister au bal de l'Opéra pour la mi-carême, et commanda à son tailleur un costume de polichinelle rouge. Sa femme se douta

---

8   "Une mort bizarre" a paru dans *Le Chat Noir*, le 10 novembre 1888 ; ce conte est repris dans *A se tordre* (1891). *Pas de bile* paraît deux ans plus tard, en 1893.

9   A. BRETON, dans son *Anthologie de l'humour noir*, supprime les trois premiers chapitres d'"Un drame bien parisien" ainsi que le dernier chapitre (VII), ce qui transforme le conte en une simple histoire drôle. U. Eco analyse la nouvelle d'A. ALLAIS dans *Lector in fabula*, Grasset, 1985.

d'une tromperie, car elle trouva dans les papiers de son mari la note du tailleur. Madame avait cette déplorable habitude de fouiller dans les affaires de monsieur. Elle se proposa de surprendre la fourberie et de la faire expier par un jeûne de vingt jours, à la fin du carême. Elle résolut d'aller, elle aussi, au bal de l'Opéra, et elle acheta un domino bleu. Le mari vit le domino bleu, par hasard, et crut à une trahison possible de sa femme, lui ne pensant en rien d'être soupçonné. Tous deux sont venus, ce soir, au bal. A minuit et demi, un polichinelle rouge arrivait. Il rencontre, dans le couloir des loges, le domino bleu. Le polichinelle conte fleurette au domino. Cela marche très bien, comme sur des roulettes. On glisse vite, sur des roulettes. Naturellement, le couple était masqué. Puis, ils avaient aussi déguisé leur voix. La femme se laisse entraîner, à une heure du matin, en cabinet particulier. On se met à souper, en débutant par deux douzaines d'huîtres. Il y en a davantage ici. Les deux convives sont toujours restés voilés, mais toutefois ils ne sont pas restés convenables. Monsieur embrasse la dame qui résiste à peine. Inutile de feindre plus longtemps. Le polichinelle rouge enlève son loup au domino bleu, et le domino bleu, alors, arrache son masque au polichinelle rouge. Eh bien ! Ce n'était ni l'un ni l'autre.[10]

Dans sa transposition d'une *bonne blague* en un conte humoristique, A. Allais préserve un certain nombre d'éléments : la relation de couple (le mari et la femme de F. Champsaur deviennent Raoul et Marguerite), le soupçon d'adultère, l'épreuve du bal masqué, le dénouement déceptif. Mais c'est par l'apport massif de développements annexes, voire parasites à l'intrigue proprement dite (chapitre III : "Simple épisode qui, sans se rattacher à l'action..." Voir aussi le chapitre III ou le VII), qu'il transforme le récit truqué de Champsaur en festival narratif : pour toutes sortes de raisons manifestes, comme l'importance qu'il accorde à l'appareil paratextuel (les titres des chapitres et leurs épigraphes). Mais aussi pour d'autres, plus subtiles, qui modifient l'histoire chausse-trappe en un tour de passe-passe mystificateur que la plupart des lecteurs ne perçoivent pas et que le lecteur averti ne discerne qu'au prix d'un effort de réflexion. En effet, si Raoul d'une part et Marguerite d'autre part, sont censés savoir quel déguisement adoptera leur conjoint au bal des Incohérents ("Elle sera masquée et déguisée en pirogue congolaise", affirme la première lettre anonyme ; "Il y sera, masqué et déguisé en templier fin de siècle", affirme la seconde), rien n'est dit au sujet du déguisement que chacun d'eux adoptera pour son propre compte ! Enfin, dans le récit d'Allais, la chute ("Lui, ce n'était pas Raoul. Elle ce n'était pas Marguerite") ne clôt pas l'histoire qui se termine dans un ultime chapitre servant de "leçon" aux deux héros, comme si de rien n'était : l'histoire racontée se saborde (cha-

---

[10] F. CHAMPSAUR : *Dinah Samuel*, 1882, p. 237.

pitre VI : "Où la situation s'embrouille"), elle ne se poursuit et ne "tient" *in fine* que par la grâce d'un narrateur résolument décidé à sacrifier la logique du scénario au profit du plaisir de raconter.

L'élaboration de l'auteur s'opère à deux niveaux distincts : dans de nombreux cas il construit son récit en fonction d'une chute (*structure profonde de l'histoire*) ; dans tous les cas il l'émaille de plaisanteries diverses - qu'on appellera concetti, brocards ou lazzi - d'un éclat pour le moins inégal du fait qu'il n'en dédaigne aucune, fussent-elles des plus faciles ou des plus bêtes, comme les calembours sur les noms propres, par exemple (*effets de surface de la narration*) ; il énonce du même coup une parole vaine à la fois logorrhéique et erratique, qui offre aux lecteurs une "parlerie" passablement déconcertante pour ceux d'entre eux qui s'en tiendraient à la seule appréciation des effets comiques. Une fois discernés ces "niveaux", au demeurant tout théoriques, il importe de les hiérarchiser. Car la "parlerie" - parole creuse, ennuyeuse, qui avance "en roue libre", et en raison de laquelle A. Allais n'est pas reconnu comme un auteur digne de considération - constitue de toute évidence son matériau premier, la trame sur laquelle il concerte un motif et dispense ses broderies.

Ses contes ne visent, on s'en doute, en aucune manière à une élaboration "écrite" du genre de celles que formulent à la même époque les Symbolistes ou Mallarmé (*La Musique et les Lettres* est l'exact contemporain de *Deux et deux font cinq*). Ils procèdent, tout au contraire, de la conversation et du conte raconté, avec les temps morts, les bifurcations, les à peu près qu'implique ce mode d'expression. Tous les contes en procèdent, comme l'indique la succession de paragraphes souvent réduits au minimum, une, deux ou trois lignes : manière de rédiger comme on parle, par afflux successifs d'informations dont l'articulation procède souvent plus de la juxtaposition pure et simple que de cet enchaînement que Baudelaire appelait (à propos des contes d'E. Poe) une "concaténation". Une telle déambulation a certes l'avantage de mettre en relief les *bons mots,* mais sa fonction principale est de préserver un contact euphorique et ludique, cher à celui qui s'exprime pour le bonheur de dire.

Au regard de l'humoriste "en roue libre", l'idéal serait que le simple fait de parler produise son effet. D'où la nécessité d'un masque grave qui pare à toute éventualité (il suffisait, dit-on, qu'A. Allais paraisse pour que sa mine, son attitude - et sa réputation - provoquent l'hilarité[11]). "Comfort", l'avant-dernier des contes d'*A se tordre*, donne un remarquable exemple d'invention

---

11 "Conférence d'A. Allais. Il s'avance, une main dans la poche gauche. On sent que le public, nombreux, trouve déjà que c'est drôle". J. RENARD : *Journal*, 14 janvier 1900. Bibliothèque de la Pléiade, 1965, p. 564.

au degré zéro, l'histoire semblant se réaliser au fur et à mesure, conduite "à vue", à partir d'un argument rudimentaire dans sa conception et d'un goût douteux : saisi d'un besoin pressant qu'il se trouve dans l'impossibilité de satisfaire, le narrateur, en visite à Londres, ne trouve d'autre solution que de demander à un pharmacien une analyse de ses urines. Dès lors a lieu un moment de "parlerie" qui se déroule deux pages durant sans lasser l'intérêt. Amusé par une situation dont il a fait l'expérience, diverti par quelques calembours de haute voltige, un tantinet franchouillards ("Je lâcherais tout, même la proie, pour Londres" ; "A propos d'Helvétie, c'était justement la mienne (...) qui se trouvait cruellement en jeu"), le lecteur est *tenu* jusqu'au terme par une parole en perpétuel surgissement, alors même que la fin de l'histoire n'en finit pas de faire long feu[12].

Désembrayage

Axenfeld se confiait, on l'a vu, sous l'effet d'un des ces breuvages dont les recettes sont dispensées au lecteur du *Captain Cap*, chapitre après chapitre, puis réunies par ordre alphabétique à la fin du volume (Alabazam cocktail, Ale-flip, etc.). Un placard intitulé *Thermomètre du Pochard*, imprimé en 1873, représentait les différents degrés de l'ivresse, numérotés de 1 à 6. Dès le deuxième degré, le buveur est "lancé" : "on aime à parler (...) c'est l'aurore naissante des facultés intellectuelles. Un peu plus, on a la conversation trop imagé (sic) et l'éloquence trop brûlante, on assomme son auditoire d'un déluge de phrases à noyer les patients". Une fois qu'il a atteint le cinquième degré, le buveur, ivre-mort, est voué au silence, il n'appartient plus à ce monde[13]. C'est donc entre le deuxième et le quatrième degré que nombre de personnages ou de locuteurs des contes d'Allais font part de leurs aventures, de leurs états d'âme et de leurs réflexions. Ce qui vaut au lecteur des propositions fulgurantes ("Le phénomène généralement désigné sous le nom de "froid" provient, neuf fois sur dix, de la température. Supprimez la cause, vous supprimez l'effet"), accompagnées de considérations dont la syntaxe et la densité témoignent d'un état caractérisé :

"En un mot, sur cette branche comme sur toutes les autres où s'accrochent les mille problèmes de la vie, déterminons-nous, une bonne fois, à nous montrer scientifiques et à, loin des routines ancestrales, mais bien dans le radieux

12   "Comfort" a paru dans *Le Chat Noir*, 7 janvier 1888 (repris dans *A se tordre*). Il est curieux de noter que c'est l'un des deux contes d'A. ALLAIS que reproduit A. VELTER dans *Les Poètes du Chat Noir*, "Poésie Gallimard", 1996, p. 149-152.
13   Ce placard est exposé au musée de Montmartre, 12, rue Cortot, Paris 18e.

firmament de la civilisation moderne, chercher le flambeau qui nous guide, je
ne dis pas au bonheur parfait, puisque le bonheur parfait ne saurait être de ce
monde, assure Machin, mais tout modestement, et ce sera encore bien joli, n'est-
ce pas ? au confortable".[14]

L'humour "en roue libre" simule la plénitude cotonneuse que procure l'alcool,
une impression d'apesanteur où l'âcreté des conjonctures s'édulcore, où toutes
choses s'égalent au regard d'un témoin qu'imprègne une bienveillance universelle. Ceci pour le meilleur et pour le pire car on sait que le comique établit des connivences qui varient selon les circonstances et les individus.

Quand il écrit (en collaboration avec A. Capus) *Innocent*, un vaudeville
en trois actes qui sera représenté au Théâtre des Nouveautés, en février
1896, A. Allais ne se soucie sans doute guère de l'actualité.[15] Un an et demi
plus tôt, Dreyfus a été arrêté puis condamné. Il est par la suite dégradé et
déporté (1895). Le vaudeville, une simple pochade, raconte comment un
braconnier, le dénommé Blaireau, est injustement jeté en prison et quelles
difficultés administratives rencontrent sa mise en liberté ainsi que l'arrestation du véritable coupable qui a été identifié.

Au moment où la pièce est représentée, il n'y a pas encore d'"Affaire"[16],

---

14 A. ALLAIS : *Le Captain Cap*, in *Œuvres anthumes*, édition de F. Caradec, "Bouquins", R. Laffont, 1989, p. 1109.
15 Sur A. Allais et l'affaire Dreyfus, on se reportera aux précieuses indications de F. CARA-
DEC dans sa biographie, *op. cit.*, p. 399-403. Je doute cependant que la pièce écrite
en collaboration avec A. Capus, et qui prendra le titre d'*Innocent*, relate l'histoire d'une
erreur judiciaire "évidemment sans rapport avec Dreyfus" (*ibid.*, p. 401). F. CARA-
DEC, par ailleurs, présente *Innocent* (texte demeuré inédit dont une copie destinée à
la censure est conservée aux Archives Nationales de Paris) dans *Œuvres posthumes*,
VIII, La Table ronde, 1970, p. 113-116.
16 L'appréciation de la "position" d'A. Allais dans cette "affaire" doit tenir compte du
développement chronologique des événements :

Affaire Dreyfus	*Affaire Blaireau*
- 15 octobre 1894 : arrestation de Dreyfus	
- 5 janvier 1895 : dégradation	
- 13 avril : déportation à l'île du Diable	- 1895 : rédaction d'*Innocent*
(jusqu'au 5 juin 1899)	- fév. 1896 : première d'*Innocent*
- mars 1896 : Picquart réclame la révision	
du procès	
- 14 novembre 1897 : lettre publique du	
sénateur Scheurer-Kestner	
- 13 janvier 1898 : "J'accuse" de Zola	
- février 1898 : constitution du "front" des	
intellectuels	
- *La Revue blanche* prend position en faveur	
de Dreyfus	

en dépit de débats à l'Assemblée nationale, de nombreux articles parus dans la presse et d'un regain d'ardeur des publications antisémites. Dreyfus apparaît simplement comme un officier félon qui clame avoir la conscience "pure et tranquille". Ce n'est cependant pas par simple coïncidence que les auteurs intitulent leur pièce *Innocent :* ils espèrent piquer la curiosité du public qui avait pu lire le compte rendu de la dégradation à laquelle Léon Daudet avait consacré plusieurs colonnes du *Figaro* (6 janvier 1895). Il y décrivait sur le mode passionnel comment le "pantin figé" à "tête chafouine", par deux fois, avait poussé le même cri : "Innocent !"[17].

Toutefois, lorsqu'Allais décide, pour des raisons alimentaires, de tirer un roman du vaudeville et qu'il le fait paraître sous forme de feuilleton dans *Le Journal* (du 6 août au 1er septembre 1898), l'Affaire a éclaté depuis longtemps : Picquart a réclamé la révision du procès dès 1896, en 1897 le sénateur Scheurer-Kestner a rendu publique la lettre où il expose ses doutes, en janvier 1898 Zola publie "J'accuse" dans *L'Aurore*. Si bien qu'au moment où *L'Affaire Blaireau* paraît en volume, en 1899, aux éditions de la Revue Blanche (devenue le quartier général des dreyfusards), le lecteur ne peut lire les mésaventures du braconnier sans songer à l'officier qui défraie la chronique et partage l'opinion en deux camps farouchement adverses[18] (rappelons que la révision du procès aura lieu en juin 1899 : nouvelle condamnation de Dreyfus par le conseil de guerre de Rennes, suivie d'une grâce du président Loubet. Le jugement ne sera cassé que bien plus tard, en 1906).

Eu égard à ce contexte, l'humour d'Allais prend une saveur qu'on jugera, selon son goût, quelque peu douceâtre, fade ou amère. Car l'auteur opte pour une position particulière qui n'est ni d'abstention ni d'intervention. Il nargue l'opinion en soulignant par de nombreux clins d'œil les analogies

---

- 31 août : suicide de Henry après la découverte de son faux
- 1899 : révision du procès à Rennes, nouvelle condamnation, le Président Loubet gracie Dreyfus
- 1906 : le jugement de Rennes est cassé

- *L'Affaire Baliveau* dans *Le Journal* (août-sept. 98)
- *L'Affaire Blaireau,* éditions de la *Revue blanche* (août 1899)

17 Article reproduit dans P. MIQUEL : *Une énigme ? L'Affaire Dreyfus*, "Dossiers Clio" P.U.F., 1972, p. p. 30-32. Dans son *Journal*, J. Renard note, à la date du 19 novembre 1897 : "Une belle vue sur la place Vendôme où par ce temps de Dreyfus, il ne manque qu'une guerre civile". *Op. cit.,* p. 439. De 1897 à 1906, l'Affaire fait dans le *Journal* de J. Renard l'objet de plusieurs mentions significatives.

18 On se reportera notamment aux deux ouvrages suivants : P. BOUSSEL : *L'Affaire Dreyfus et la presse*, "Kiosque", A. Colin, 1960 et A. PAGÈS : *E. Zola, un intellectuel dans l'Affaire Dreyfus*, Librairie Séguier, 1991.

que sa fiction entretient avec l'actualité : l'article que publie l'avocat du braconnier dans le *Réveil de Nord-et-Loir* est cause de désordres publics, une
Ligue se forme pour demander réparation de l'erreur judiciaire et le sieur Blaireau commente d'un seul mot l'intérêt qu'il suscite : "Diable !"[19]. Toutefois
l'auteur se garde de prendre part au débat[20]. Comme l'indiquent à plusieurs
reprises les dialogues des personnages, l'importance des événements est
fonction de ceux qu'ils concernent, ce que l'un juge bénin prend pour l'autre
les proportions d'"une grande affaire"[21] - et rien n'empêche de considérer des
situations contraires comme semblables : "Avant votre condamnation, vous
n'étiez pas coupable... Aujourd'hui, vous êtes innocent. C'est exactement la
même chose"[22]. Par toutes sortes de subterfuges, Allais désamorce les pas-
sions, il refuse d'intervenir dans le conflit en traitant sur le mode badin un
affrontement politique majeur. La question des droits de l'individu ne se pose
pas pour celui qui substitue à des impératifs éthiques le principe d'une équi-
valence fondatrice d'équivoques. *L'Affaire Blaireau* convertit une crise politique grave - et la tragédie d'un individu - en péripéties cocasses, dignes tout

---

19   Le bagne de l'île du Diable, sur les côtes de la Guyane française, est devenu célèbre
     depuis que le capitaine Dreyfus y est emprisonné. Dans son roman A. Allais multi-
     plie les clins d'œil en faisant référence à l'erreur judiciaire, au bagne ou en utilisant
     l'interjection "Diable" (*L'Affaire Blaireau*, Éditions de la Revue blanche, p. 54, 66,
     103, 158, 173, etc.). Il se garde cependant de prendre un parti clair tout en dédiant
     son livre à Tristan Bernard, l'un des nombreux collaborateurs français juifs de la *Revue
     blanche* dont Félix Fénéon, secrétaire de la rédaction, figure sur la première des péti-
     tions en faveur de Dreyfus que publie *L'Aurore*, le 4 février 1898. Dans son compte
     rendu de *L'Affaire Blaireau*, Rachilde écrit qu'Allais "peut seul, nous dédommager
     de l'autre Affaire" (*Mercure de France*, août 1899, p. 498). Dans le numéro suivant
     de septembre, Remy de Gourmont déclare : "Quant au fond de l'affaire, il restera dans
     les limbes, là où il ne fait ni jour ni nuit". Rappelons qu'en dépit de la neutralité quelque
     peu dédaigneuse qu'adopte la revue, A. Valette, son directeur et A. Jarry, l'un de ses
     collaborateurs, se comptent au nombre des dreyfusards.

20   A. Allais se défend d'avoir signé une pétition en faveur de Dreyfus : "J'ai mon idée
     sur tout ça, mais c'est mon affaire", écrit-il à F. Xau, directeur du *Journal*. Celui-ci
     ayant pris parti pour l'armée en suivant le combat de Barrès auquel il donne la parole
     dans des éditoriaux, différents collaborateurs du *Journal*, signataires ou non d'une péti-
     tion en faveur de Dreyfus, tiennent à ne pas se désolidariser de lui (parmi les noms
     que publie *Le Journal*, le 3 mars 1898, figure celui de Tristan Bernard). Voir : F. CARA-
     DEC : *A. Allais, op. cit.,* p. 400. C'est dans ce quotidien hostile à Dreyfus que, du 6 août
     au 1er septembre 1898, A. ALLAIS, rédacteur de la chronique "La Vie drôle", fait paraître
     en feuilleton *L'Affaire Baliveau*, tandis qu'un autre "feuilleton" est consacré à l'ac-
     tualité par E. GANNEVON sous le titre : "L'Affaire Dreyfus". Publié en volume aux
     éditions de *La Revue blanche* l'année suivante, le roman d'Allais prendra son titre défi-
     nitif : *L'Affaire Blaireau*.

21   A. ALLAIS : *L'Affaire Blaireau, op. cit.,* p 72.
22   *Ibid.,* p. 171.

au plus du théâtre de boulevard. Alors que de nombreux Français demeurent indifférents, que d'autres - et notamment des intellectuels et des écrivains - choisissent leur camp[23], A. Allais, fidèle à son anarchisme fumiste, brouille les pistes et bredouille une histoire d'erreur judiciaire passablement inepte qui se boursoufle et dont le héros, au terme de sa mésaventure, envisage d'ouvrir en face du Tribunal, un petit café qu'il nommera : "Au rendez-vous des innocents". De fait, l'*innocent* et le pochard tiennent des propos de pur loisir où la prise sur le réel autant que la prise de position n'ont pas lieu d'être.

L'humoriste "en roue libre" lâche prise, il s'abandonne au libre jeu du langage. Il dévoie l'attitude ordinaire qui consiste à exposer un point de vue, informer, intéresser, évaluer, prendre parti. Il se laisse aller à un moment de paroles désinvoltes, en prenant le risque de l'inconsistance. A la différence du satiriste, du rieur "engagé" (O. Mirbeau, A. Jarry, A. France, chacun à sa manière), il suit un parcours qui le place vite dans une position intenable car elle le condamne à rejeter les options partisanes. Il choisit de faire apparaître le néant dont les diverses opinions s'enflent comme autant de baudruches. Tourner par dérision les choses "à la blague", c'est désigner le sens premier du mot : "petit sac" (du néerlandais : *blagen*, "se gonfler").[24]

Est-ce à dire qu'aucun jeu n'en vaut la chandelle, qu'il faille prôner une indifférence de principe envers tout ce qui advient, en vertu d'un "à quoi bon ?" qu'a revendiqué, à la fin du siècle dernier, le groupe éphémère des *Je m'enfoutistes* ? Je m'en garderai bien, pour ma part, ayant chaque jour l'obligation de faire des choix et ayant eu l'occasion, quelques fois dans ma vie, d'être confronté à des événements *où rire n'est plus possible*. Il n'en reste pas moins que l'humour à vide fascine par la posture radicale qu'il adopte. Henri Monnier (père d'un personnage, Joseph Prudhomme, qui a brillamment essaimé : M. Homais, Tribulat Bonhomet...) avait tenté de représenter "la bêtise humaine" telle qu'elle est, sans amertume et sans lui faire l'honneur de la satire, en se contentant de la "photographier", de la "sténographier"[25]. Ce genre d'enregistrement (ou sa simulation) implique la plus grande bienveillance à l'égard des moments nuls de l'existence. Mais aussi à l'égard d'usages de la parole où trouvent leur part les associations, les ratés, les jeux non motivés

---

23 Voir A. PAGÈS, *op. cit.*. L'Annexe 2 de cet ouvrage reproduit, p. 325-331, les signataires des pétitions publiées dans *L'Aurore* les 14 janvier et 4 février 1898.

24 Sur "la blague", voir Ph. HAMON : *L'ironie littéraire. Essai sur les formes de l'écriture oblique*. Hachette "Supérieur", 1996, p. 140-149.

25 Si les *Scènes populaires* d'H. Monnier sont "dessinées à la plume", *La Religion des imbéciles* (1862) est présentée comme une "photographie", tandis que *Les deux Gougnottes* (Bruxelles, 1866) portent la mention : "Sténographie de Joseph Prudhomme".

de la parlotte. Ionesco saura s'en inspirer, tout en renouant avec la veine du non-sens absurde. Réduite à rien que du vent, la verbosité qu'A. Allais conteur et romancier exploite avec constance, défie les usages ordinaires. Son humour ne désigne aucun projet et ne défend aucune valeur : il amuse en musant. Entremêlant les trouvailles au fatras et à la grisaille, il affirme le pouvoir de celui qui parle à mettre au jour le vide qui de toutes parts menace.

11. *"AH !... VOILÀ DIT MADELEINE"*
OU LA MISE EN SPECTACLE
DE L'ÉNONCIATION DANS QUELQUES
CONTES D'ALPHONSE ALLAIS

Laurence ROSIER

J'ai un défaut (parmi d'autres) mais disons un défaut scientifique : j'éprouve toujours le besoin de justifier ma place, à la manière du monologuiste, d'asseoir le lien entre la perspective adoptée et l'objet traité. Ce défaut se trouve ici renforcé par mon intrusion dans le monde des allaisiens avec leur immense érudition, leur souci philologique, leur connaissance en histoire littéraire.

Cependant cette introduction épistémologique ne doit pas apparaître comme une façon peu élégante de masquer une absence de discours mais bien plutôt comme une volonté de défendre l'idée que théorie et objet sont liés intrinsèquement, s'influencent mutuellement, se façonnent l'un et l'autre. Je crois au fil conducteur rigoureux, à la démarche scrupuleuse, à la réflexion théorique en profondeur. J'essaie de ne pas avoir à l'égard de l'objet étudié une attitude castratrice, gommant au profit de mes idées linguistiques le texte lui-même.

Je n'ai donc pas cherché et je reviens, cher public, à ce qui vous intéresse au premier plan, l'œuvre d'Alphonse Allais ; je n'ai donc pas cherché, disais-je, à plaquer une grille préalable de l'interjection (l'amorce) et du discours rapporté (particulièrement le discours direct) sur quelques contes faire-valoir de mon savoir-faire de linguiste. Chaque texte est envisagé, non comme un ennemi à vaincre, mais comme une expérience susceptible de modifier la réflexion théorique.

Je n'ai pourtant pas abordé l'œuvre allaisienne, plus précisément les contes, en terrain tout à fait neutre. Les diverses approches existant en la matière, d'obédience littéraire ou linguistique, dans leur versant structuraliste ou énonciatif, ont successivement montré, de façon fort pertinente (notamment chez Defays ; 1992), l'importance de la théâtralité des contes, la dimension ludique énonciative, l'importance du métadiscours, le jeu sur la vérité/fausseté des faits du récit, le problème de la référence, la mise à mal de la narration, où Allais réalise un programme narratif décrit déjà par Lautréamont en ces termes :

J'établirai dans quelques lignes comment Maldoror fut bon pendant ses premières années, où il vécut heureux ; c'est fait. (cité par Brès, 1994 ; p. 112)

En cernant de manière privilégiée des formules d'amorces de discours direct, devenant de petits discours en soi, comme : *interjection + incise*, j'ai voulu montrer comment un fait linguistique précis peut participer de la critique de la narration classique et convoquer des phénomènes plus globaux comme l'écriture de l'oralité, la mise en texte du geste, la question du sujet de l'énonciation dans l'économie narrative.

Incise et discours rapporté : les œufs dans le même panier ?

Pourquoi avoir choisi de traiter ensemble ces deux problématiques ? Ces mal-aimés grammaticaux entretiennent entre eux des rapports plus étroits qu'il n'y paraît, au-delà de la simple constatation que l'on rencontre un grand nombre d'interjection dans des formes particulières de discours rapporté (en discours direct et direct libre, en discours indirect libre et dans des proportions nettement plus faibles en discours indirect).

Les paramètres énonciatifs qui les caractérisent se paraphrasent sémantiquement en mettant en jeu la figure de l'*autre*. Si le discours rapporté envisage l'ensemble des degrés d'intégration du discours d'autrui dans son propre discours, l'interjection désigne des unités syntaxiques servant à mettre en scène les affects de son moi-sujet, c'est-à-dire à se dire soi comme un *autre*. Par exemple, quand je dis *aïe*, je me représente comme un être souffrant selon un principe de conventionnalité langagière qui n'est pas sans rappeler les conventions théâtrales.

Le discours rapporté et l'interjection participent également de la même utopie grammaticale lorsque cette dernière se confronte au sémantique sans l'intégrer : on cherche toujours à paraphraser par une phrase "correcte" une interjection, ce qui ramène à l'interrogation de Ducrot (1984) :

Comment décrire ce qui distingue sémantiquement leurs énoncés (des interjections NDLR) des énoncés qui, au moyen de phrases indicatives, apportent grosso modo les mêmes renseignements [...] (p. 185).

De même l'envisagement du couple discours direct/discours indirect et les opérations de transformations grammaticales qui les lient repose sur une autre dichotomie, celle du vrai, de l'original de l'authentique opposé au faux, au "traduit", à l'inauthentique. Sous le discours indirect, on cherche à reconstituer les paroles ayant effectivement été prononcées.

C'est finalement le rapport au *réel* qui est au centre de la réflexion linguistique.

Reprenons isolément maintenant les deux facettes de notre formule, incise d'une part, interjection d'autre part, afin de les approfondir davantage avant de nous confronter au texte d'Allais.

1. L'incise, béances : de la littérature à la linguistique

Cette insertion attributive que l'on retrouve aux sources de la littérature (*inquit* en latin, *eph* chez les grecs) n'a pas manqué d'attirer les foudres des écrivains en raison de sa banalité, de son aspect contraignant et répétitif, de sa rupture de l'ordre naturel du langage.

Si on connaît les diatribes de Sarraute à l'encontre de la lourdeur des procédés limités de signalisation du discours direct[1], on rappellera les conclusions auxquelles deux siècles auparavant Marmontel arrivait dans ses *Éléments de littérature* (1754) : c'est bien la rupture produite par l'incursion de l'incise qui le gêne et seulement, par ricochets, la lourdeur inhérente à la tournure stéréotypée symbolisée par le paradigme *dit-il*. La solution typographique proposée par Marmontel (solution textuelle s'il en est puisqu'il envisage le discours direct dans l'échange dialogual et prescrit l'emploi des tirets pour signaler le changement d'interlocuteurs) a cependant les mêmes inconvénients que l'incisc (rupture de la linéarité[2]), si on se place dans la même veine réflexive.

On remarquera également que mises à part quelques tentatives ponctuelles, stylistiques, de renouvellement de l'usage (variation lexicale dans les polars de J.P. Manchette, par exemple : *gospélèrent-ils ;* réduplication syntaxique mallarméenne chez François Bon, par exemple : *racontait Andreas disait Barbin*), l'incise est toujours usitée et usée jusqu'à la corde dans sa forme la plus conventionnelle. Serait-ce alors dans son interprétation sémantique et son rôle narratif que naît sa mise à mal ? On le verra tout à l'heure dans le texte allaisien.

---

[1] Paradoxalement on connaît l'usage spécifique que les nouveaux romanciers et apparentés ont fait de l'incise, illustré de façon emblématique par le titre *Détruire dit-elle*.

[2] La question de la continuité/discontinuité des marques linguistiques dans l'effet de lecture reste posée : le lecteur moderne, habitué aux marqueurs classiques du discours direct (dire : "...") ne ressent-il pas davantage une rupture (un effet *discontinu*) lorsqu'on cesse de lui signaler le changement énonciatif par ces marques que dans la présence même de ces marques (qui assurent une certaine *continuité*) ?

La démarche linguistique peut, quant à elle, se résumer à quelques grandes tendances :
— son inutilité relative : on retrouve déjà cette position chez Destutt de Tracy. Claudine Haroche (1981) parle pour l'incise d'*ajout contingent*. Ce caractère accessoire s'accompagne d'un besoin de réécriture chez les grammairens qui lui donnent une allure plus honnête en préférant à la forme interjection + incise (zut, dit-il), l'ordre inverse (thème + prédicat : il dit zut). (Voir à ce sujet de Cornulier ; 1978)
— sa subjectivité : c'est notamment le cas dans la seule étude d'ampleur consacrée à l'insertion incidente de Dessaintes (1960) mais également toujours chez Haroche (op. cit.)
— sa paradoxalité (contingence + subjectivité) qui postule comme le montre Haroche (op. cit.) le couple inverse : utilité + objectivité.

En résumé, l'incise représente le trou noir de la réflexion grammaticale par la contingence du sujet, évincé durant de longues années de la linguistique structuraliste. C'est aussi l'éviction du sens de la formule *dit-il*, la négation de son rôle narratif.

2. L'interjection : même chemin

A ma connaissance, il n'existe pas, comme c'est le cas pour l'incise, de réflexion littéraire sur l'interjection — hormis dans son versant onomatopéique, par exemple chez Nodier ou Marinetti — malgré un usage fort répandu.

La linguistique pour sa part se sent mal à l'aise face à cette catégorie du discours pas très nette, "partie honteuse" tantôt cachée, tantôt exhibée. Expression de l'émotion du sujet parlant, privilégiant son expressivité, l'interjection signifie littéralement "jeter dans un discours les paroles *d'autrui*" et mérite d'être étudiée à côté de l'incise, entre contingence et subjectivité, entre sens et narration.

Si l'on systématise de façon caricaturale les positions précédemment énoncées, des structures de type *interjection* + *incise* seraient doublement superfétatoires et leur disparition n'aurait aucune conséquence sémiotique. La réflexion linguistique confrontée à la réalité narrative devient caduque, pour ne pas dire grotesque. C'est évidemment faire fi des approches récentes de ces phénomènes et leur revalorisation notamment dans le cadre de l'analyse conversationnelle et des travaux sur le récit oral (de Labov à Brès). Cependant, j'ajouterai que ces approches ne remettent pas en cause les caractéristiques évoquées ci-dessus concernant la contingence et la subjectivité. Simplement, au lieu de ressortir au non-dit, ces notions deviennent des concepts et participent au modèle théorique élaboré.

Il est temps maintenant de retourner à Allais.

Le texte allaisien se joue de la réalité par le biais de la subversion narrative et de la mise en scène énonciative. On citera notamment le rapport très particulier instauré avec le monde réel par l'emploi de formules testimoniales parodiques que le *je* du texte s'oblige à faire quasi-systématiquement, quand cette entrée en matière ne prend pas plus de place que le récit lui-même. Par exemple :

> La plus forte marée du siècle [...] s'est accomplie mardi dernier, 6 novembre. *Joli spectacle que je n'aurais pas donné* pour un boulet de canon, ni même deux boulets de canon, ni trois. (Une mort bizarre, p. 63 ; c'est moi qui souligne).

Ou encore :

> Je commence par déclarer à la face du monde que *l'histoire ci-dessous n'est pas sortie toute tressaillante de ma torride imagination. Je n'en garantis aucunement l'authenticité et même, à vous dire vrai, elle me paraît plutôt dure à avaler. Mais je cite mes sources [...]* (L'enfant de la balle, p. 96 ; c'est moi qui souligne)

C'est donc naturellement que s'est faite la jonction entre un intérêt linguistique et une démarche scripturale guidée, hantée par un jeu sur l'authentique et sa mise à mal.

Plus précisément, je resituerai les formules *interjection + incise* dans le texte allaisien comme participant de la mise en spectacle de l'énonciation, où la parole, activité vocale, s'interprète comme un mime. En effet, les interjections, "actes sémiques de nature mimique" (de Cornulier, op. cit.) oscillent entre des mimes verbalisés (c'est-à-dire une verbalisation de séquences soumises à l'arbitraire du langage et à la conventionnalité du discours : les interjections *ah, oh, dame, bon dieu* chez Allais sont des formules stéréotypiques, qui "singent" une expressivité codée) et les citations mimées dont la transposition typographique est normalement rendue impossible. Bien que de Cornulier(op. cit.) juge difficilement acceptable l'exemple qui suit :

> ! ajouta-t-elle après toutes les phrases (p. 90),

Allais se permet des emplois comme :

> [...]— !!!???.........!!! nous écriâmes-nous simultanément.
> — Oh ! pour Dieu, continua Harry en proie à la plus vive détresse, ne me parlez jamais de la transmigration du Moi.
> — !!!...!!! insistâmes-nous (Dans la peau d'un autre, p. 69)

Dans ce cas, l'interjection n'est plus qu'une exclamation scripturale. A une modalité foncièrement kinésique et orale, l'auteur fait correspondre une solution spécifiquement écrite par l'emploi de la ponctuation seule.

Dans les différents exemples que j'ai examinés (voir corpus numéroté en annexe), j'ai pu tirer les constatations suivantes sur l'usage de la formule *interjection + incise* :

De façon générale, les verbes utilisés en incises par Allais sont nombreux mais classiques : *dire* et *faire* se rencontrent le plus souvent. On notera l'usage des verbes inscrivant le procès dans une chronologie dialogale (*répondre, riposter, ajouter, reprendre, continuer, renforcer, protester, appuyer, insister*) et une suite de verbes insistant sur une description de l'acte même de parole et ses degrés vocaux (*crier, vociférer, hurler, piailler, balbutier, clamer*).

Au verbe *dire*, Allais préfère celui de *faire*. Dans le cas d'interjections isolées en discours direct, Allais oscille entre l'ordre *verbe + interjection* et son contraire quant il ne choisit pas tout simplement d'éliminer le verbe.

Ainsi on peut avoir :

> — Zut ! fit Gustave (La filouterie récompensée, p. 227)
> (interjection + faire)
> — Ce ne fut qu'un cri parmi les plagiaires : — M...âtin ! (Dévouement filial digne de l'antique, pp. 230-231)
> (lexème introducteur *cri* + interjection)

L'incise qui verbalise et linéarise le discours est utilisée dans les exemples typographiques ci-dessus alors que l'interjection se suffit souvent à elle-même.

De façon plus précise, à partir du corpus, on peut remarquer :

— les trois premiers exemples sont classiques dans la structure présentée, où *l'interjection+incise* agit comme déclencheur/réacteur du discours et est suivie d'une explicitation sémantico-pragmatique. On insistera à nouveau sur la prédominance du faire sur le dire.

— Les exemples 4 à 7 présentent un contenu verbal, receleur d'événements narratifs qui se trouve réduit à la banalité vocale du mime oralisé. L'exemple 5 est particulièrement frappant : le *Ah !* de Césarine est la désillusion d'une vie entièrement vouée à Alcide qui choisit d'en épouser une autre. Le contenu dramatique sous-jacent à l'interjection est paradoxalement exprimé verbalement par l'une des particules les plus conventionnelles et les plus polysémiques. De plus le *faire* prend le pas sur le *dire* avant que l'interjection n'apparaisse seule dans les échanges dialogaux (ex 6 et 7).

— Dans les exemples 8 à 12, la mise en spectacle de l'énonciation relève du méta-narratif, permettant à l'énonciateur d'avoir prise sur la narration (interruption dans l'ex. 8, affinement de la description dans 9, interpellation du lecteur dans 10). Le jeu sur les modalités dans l'exemple 11 (phrase exclamative suivie d'une phrase exclamative avec interjection et thématisation) rompt apparemment l'une des règles classiques de cohérence textuelle (progression de l'information permettant le passage d'une phrase à l'autre) tout en renforçant sémantiquement la sensation d'ennui du rajah. Enfin, en 12, le mime verbal se trouve démonté dans son principe même : l'interjection *oh* d'abord suivie d'une phrase explicative finit par pouvoir être adjointe à *tout*. Il ne reste

alors que le signe ostensible de l'admiration et non plus l'objet admirable et
admiré.

— Les derniers exemples relèvent du mode énonciatif polyphonique, où
l'énonciateur et ses personnages se rejoignent dans l'emploi des interjections,
puisque ce mode d'intervention leur est commun. L'ironie en 15 relève également de la polyphonie, l'énonciateur mimant un discours de lamentation
typique d'une certaine sphère sociale conservatrice, avec laquelle il prend sans
doute ses distances mais dont l'énonciation reste ambiguë (notamment quant
à la responsabilité stricte du locuteur assumant cette déploration).

En guise de conclusion

L'interjection se trouve dans les différentes strates énonciatives des
quelques textes d'Allais que j'ai passés en revue. Elle représente un mime
verbal dans son rapport à l'oralité et à la gestique, jusqu'au presque silence
narratif (la douleur de Césarine est si grande, si forte qu'elle se réduit à un
cri). L'usage d'interjections banalisées signale à la fois la conventionnalité
du langage face à la vie réelle et l'impuissance à dire la vie réelle. La parole
se trouve dès lors remise en question dans un système d'échanges marchands. Dire et surtout faire *ah, oh, zut,* c'est proposer par le biais d'éléments
linguistiques infimes certes mais extrêmement signifiants une certaine mise
en scène (qui joint le dire et le faire) du langage bourgeois auquel participe
malgré lui Allais.

L'incise semble être le signe écrit permettant d'établir un pont entre l'oral
et l'écrit dans l'inscription des affects du sujet au sein du texte. Ce n'est pas
dans sa fonction de rupture qu'Allais en use mais au contraire dans son principe de linéarisation, préférant d'ailleurs reprendre l'ordre classique verbe
+ interjection. Par contre l'interjection apparaît bien, libérée de l'incise,
comme une rupture au niveau narratif et énonciatif.

Entre subversion et soumission esthétiques et idéologiques, l'étude des
emplois des interjections et des incises dans le texte allaisien devrait être sys-
tématisé parce qu'elle permet, à mon sens, de pointer une caractéristique triple
de l'écriture chez notre auteur : l'écriture de l'oralité, la mise en cause de la
narration classique et une certaine critique de l'économie des échanges linguistiques.

Bibliographie

ALLAIS, A., *Cinquante-cinq contes d'Alphonse Allais*, Paris, Club des libraires de France, 1954.

BRÈS, J., *La narrativité*, Louvain-La-neuve, Duculot, 1994.

DE CORNULIER, B., "L'incise, les parenthétiques et le signe mimique", dans *Syntaxe et sémantique du français*, Montréal, Presses de l'université du Québec, 1978, pp. 53-95.

DEFAYS, J.M., *Jeux et enjeux du texte comique : stratégies discursives chez Alphonse Allais*, Tübingen, Max Niemeyer, Verlag, 1992.

DESSAINTES, M., *La construction par insertion incidente*, Paris, D'Artrey, 1959

DUCROT, O., *Le dire et le dit,* Paris, Minuit, 1984.

ECO, U., *Lector in fabula*, Paris, Grasset, 1985 (trad. fr.)

HAROCHE, C., "L'ellipse (manque nécessaire) et l'incise (ajout contingent)", dans *Matérialités discursives*, Lille, Presses Universitaires de Lille, 1981, pp. 149-154.

ROSIER, L., "L'incise *dit-elle* ou l'attribution du dire en discours rapporté" dans les Actes du XXe congrès international de Linguistique et Philologie Romanes (Zürich, 1992), tome1, pp. 657-667.

idem, "L'interjection, partie honteuse du discours", dans *Scolia* n° 3, Strasbourg, Proparlan et Université des sciences humaines édit., 1995, pp. 109-121.

Corpus

1) — Bah ! dis-je, c'est un petit nuage qui flotte au ciel de mon cerveau et qui va passer. (*Les petits cochons*, p. 47)
2) Marie arriva et très simplement :
— Tiens, fit-elle, Louis ! Comment allez-vous ? (*La jeune fille et le vieux cochon*, p. 62)
3) — Eh bien ! fis-je, cordial, ça ne va donc pas, Axelsen ? (*Une mort bizarre*, p. 63)
4) Le petit garçon répondit que cela faisait Salt Peter.
— Non, fit le banquier, cela fait Saint-Peter.
Le petit garçon fit : Oh !
Le banquier prit le petit garçon en affection, et le petit garçon fit encore : Oh !
(*Histoire du petit Stephen Girard et d'un autre petit garçon*, p. 94)
5) Un soir, Alcide rentra, tout guilleret.
— Ma petite Césarine, dit-il en dépliant sa serviette, ça y est !
— Quoi ?...Qu'est-ce qui y est ?
— Je me marie.
Césarine fit simplement : *Ah !* mais le rose de ses joues s'en alla tout à fait. (*Pauvre Césarine*, p. 104).
6) [Valentine parle] Le globe de l'œil, plus fortement bombé, fait une saillie plus grande hors de la cavité orbitaire et réfléchit plus de lumière.

— Ah !

Pauvre Alfred ! (*Idylle moderne*, p. 109)

7)   [Axelsen parle] Rien n'était plus bizarre, mon pauvre ami, que de voir, dans mon
     tableau, cette petite mer monter, monter, puis baisser, baisser, baisser, les lais-
     sant à nu, graduellement.

     — Ah ! (*Une mort bizarre*, p. 66)

8)   La cinquième fois que Madeleine trompa Jean...

     Ah ! Zut !

     La onze cent quatorzième fois que Madeleine trompa Jean...(*Comme les autres*,
     p. 79)

9)   Il la suivit, oh ! discrètement, sur l'autre trottoir...(*Idylle moderne*, p. 107)

10) Tout à coup...

     Oh ! ne souriez pas, les malins ! Qui sait si pareil phénomène ne vous guette pas
     au tournant ? (*A la recherche de l'inconnue*, p. 183)

11) Le rajah s'embête !

     Ah ! Oui ! Il s'embête, le rajah ! (*Un rajah qui s'embête,* p. 138)

12) De vieux rites, on eût dit d'infiniment vieux rites dont elle serait la suprême et
     la charmeresse tradition. Oh ! Les arabesques que ses petits pieds écrivent sur
     l'onisque des dalles ! Oh ! la presque drôlerie religieuse de ses mains menues et
     lentes ! Oh tout ! (*Un rajah qui s'embête*, p. 140)

13) Et il se jura d'apprendre qui elle était, et quitte à l'épouser, de la faire sienne,
     tout de suite. Mariée ? Eh ! on ferait disparaître l'importun ! (*A la recherche de
     l'inconnue*, p. 107)

14) Ensuite, d'indignées protestations de MM. les concierges, affirmant que jamais,
     au grand jamais — oh comme c'était mal les connaître ! — ils n'avaient souhaité
     le décès du moindre de leurs locataires...(*Inleonisation*, p. 243).

15) Ah ! Si l'esprit militaire disparaît, même de l'âme des chevaux ! Pauvre France !
     (*Hommage à un général français*, p. 145).

TROISIÈME PARTIE

ALLAIS ET LA LITTÉRATURE

12. CONTE, CHRONIQUE, CRITIQUE

Patrick BESNIER

Alphonse Allais parle souvent des écrivains de son époque, nous faisant revisiter une littérature que nous croyons illusoirement connaître. Il nous donne des nouvelles de ces auteurs - Zola, Maeterlinck, Déroulède ou Mirbeau - que nous lisons par ailleurs, facilement figés dans leur image de grands écrivains. Il nous parle aussi de figures de moindre importance : ainsi du salut amical qu'il donne à Louis Denise, l'un des fondateurs du *Mercure de France*, le poète de *La Merveilleuse doxologie du lapidaire*, qui était conservateur à la Bibliothèque Nationale. Achetant un dictionnaire, le narrateur du « Coup du Larousse » s'exclame : « Vous ne me verrez plus que rarement dans votre hall, mon ami Louis Denise, érudit bibliothécaire et charmant camarade »[1].

Qui d'autre sait nous parler ainsi de Louis Denise ? Chez qui d'autre trouverai-je l'opinion de Dieu sur le sâr Péladan ? et des « anecdotes inédites sur M. Jules Lemaître »? Les références, citations et allusions à des écrivains tiennent une grande place dans les contes d'Allais. Je me suis interrogé sur leur fonction, sur la manière dont elles s'intègrent au tissu en principe fictionnel des contes, au point de les faire parfois dériver vers la critique littéraire pure et simple. C'est le cas dans « Un poète nouveau »[2] où Allais fait une présentation des *Inattentions et Sollicitudes* de son jeune ami Franc-Nohain, agrémentée de larges citations, et sans aucun élément de fiction. Généralement, la critique est plus brève, ou plus masquée : un bon exemple s'en trouve dans un « Conte de Noël » de 1897. La critique y tient tout entière dans la dédicace :

---

1   *Œuvres anthumes*, éd. F. Caradec, Robert Laffont, collection Bouquins, 1989, p. 730.
     Abrégé désormais en OA.
2   *Ibid.*, p. 222.

A Georges Darien
auteur de cet admirable Voleur *qu'on devrait voir*
dans toutes les mains vraiment dignes de ce nom[3].

De même qu'il pratiqua l'art de la « fable-express », Alphonse Allais invente ici la forme non moins « express » de la critique-dédicace, restée rare après lui. Mais en général, les allusions aux écrivains interviennent moins directement et se trouvent intégrées à la fiction. Allais aime à manipuler les « grands écrivains » de l'époque, c'est-à-dire ceux qui sont reconnus d'un large public (les lecteurs du *Journal*[4]), ceux avec le nom de qui il est possible de jouer sans méprise : ils sont si célèbres et si diffusés qu'il n'ont plus besoin d'être lus pour exister. Les centaines de pages de leurs livres se voient, le moment venu, réduites, concentrées en un seul mot : leur nom. Produire, prononcer ce mot magique, comme un mot de passe, suffit à s'emparer de l'œuvre et de son rayonnement. Autrement dit, l'*image* de l'écrivain se substitue à son œuvre.

La chose est décrite avec une précision exemplaire dans « Et Daudet ? ». Un vieux capitaine au long cours, le capitaine Flambeur, débarque à Paris ; ce joyeux drille a une marotte : rencontrer de grands hommes.

> Je lui en servis autant qu'il voulut.
>
> A vrai dire, ce n'étaient point des grands hommes absolument authentiques, mais les camarades se prêtaient de bonne grâce à cette innocente supercherie, qui n'était point sans leur rapporter des choucroutes garnies et des bocks bien tirés.
>
> - Mon cher Zola, permettez-moi de vous présenter un de mes bons amis, le capitaine Flambeur.
>
> - Enchanté, monsieur.
>
> Ou bien :
>
> - Tiens, Bourget ! Comment ça va ?... M. Paul Bourget... Le capitaine Flambeur.
>
> - Très honoré, monsieur[5].

Et cela suffit. Jamais, soyons-en sûrs, Zola n'a été plus pleinement Zola, ni Bourget plus absolument Bourget qu'en ces instants. Pourquoi faudrait-il aussi lire leurs livres ? Ils sont suffisamment connus comme cela. Le conte se poursuit par une scène très forte qui accroît encore la dégradation de l'image de l'écrivain, de façon comparable à celle du troisième chant de Maldoror, où Dieu est montré comme un ivrogne effondré au bord du chemin :

---

3   *Ibid.*, p. 918.
4   Il faudrait examiner dans chaque cas le lieu de la première publication, la même allusion fonctionnant évidemment de façon très différente pour le public restreint du *Chat noir* et celui plus populaire du *Journal*.
5   *Ibid*, p. 441.

Il était étendu sur la route, les habits déchirés. Sa lèvre inférieure pendait comme un cable somnifère ; ses dents n'étaient pas lavées, et la poussière se mêlait aux ondes blondes de ses cheveux[6].

Et chez Allais, dont le style n'a pas, évidemment, l'intensité de Lautréamont, le narrateur, « au tout petit matin », arrive place Clichy avec le capitaine Flambeur :

> Un nécessiteux dormait là, accablé de fatigue.
> Son chapeau avait roulé à terre, un ancien chapeau chic, de chez Barjeau, mais devenu tout un poème de poussière et de crasse.
> Et, au fond du chapeau, luisaient encore, un peu éteintes, deux initiales : A. D.
> - Tenez, capitaine Flambeur, regardez bien ce bonhomme-là. Je vous dirai tout à l'heure qui c'est.
> - Qui est-ce ?
> - Alphonse Daudet.
> - Alphonse Daudet !... Celui qui a fait *Tartarin de Tarascon* ?
> - Lui-même !
> - C'est vrai, pourtant. Voilà son chapeau avec ses initiales... Ah ! le pauvre bougre ! Mais il ne gagne donc pas d'argent ?
> - Si, il gagne beaucoup d'argent ; mais malheureusement, c'est un homme qui *boit* ![7]

Le procédé, visiblement, plaît à Allais : il le reprend à la fin de ce même recueil. Dans les « Notes sur la côte d'azur », le narrateur usurpe l'identité de Maurice Barrès pour répondre aux questions de l'envoyé d'« un quelconque *Chicago Tribune* ». Le détail des propos n'est pas donné, mais le narrateur précise qu'ils relèvent de la plus parfaite insanité et devraient faire passer Barrès pour un fou[8]. Au-delà du plaisir de se payer la tête de grands hommes un peu trop contents d'eux-mêmes, ce qui relevait de la farce montmartroise dans « Et Daudet ? » rejoint ici une réalité : l'écrivain livré aux journalistes est effectivement une figure de l'époque. On sait l'importance de l'*Enquête sur l'évolution littéraire* publiée en 1891 par Jules Huret, journaliste si persuasif qu'il parvint même à arracher quelques mots à Maeterlinck ! Livré à la publicité, l'écrivain commence à ne pouvoir exister qu'en passant par le pittoresque et l'anecdote, c'est-à-dire l'oubli ou le déni de l'œuvre.

Une autre manière de vider de tout contenu l'image de l'écrivain se trouve dans « Polytypie » qui ouvre *Deux et deux font cinq* : l'écrivain (le grand homme en général, qui est le plus souvent l'écrivain) s'y trouve réduit à un trait, à une formule connue et superficielle, sans aucun rapport avec la litté-

---

6   LAUTRÉAMONT, *Les Chants de Maldoror*, Le Livre de poche, p. 125-126.
7   OA, p. 442.
8   *Ibid.*, p. 596.

rature : « Moi... je suis un type dans le genre de Balzac... je bois énormément de café » ou « Moi... je suis un type dans le genre de Molière... je suis
cocu »[9]. Là encore, Allais réutilise la formule à la fin du volume, de façon
très savoureuse. Un couple adultère monte dans un fiacre :

> Et nous voilà partis.
> Gustave Flaubert, avec sa grande autorité et son immense talent, n'osa point
> insister sur ce qui se passa dans le fiacre de Madame Bovary.
> Moi, je suis un type dans le genre de Flaubert, et vous n'en saurez point
> davantage[10].

A ces jeux, Allais convoque surtout des romanciers célèbres et de grande diffusion. L'image de la littérature qu'il donne n'exclut pas le respect de sa part
(respect appuyé jusqu'à l'ironie dans la formule touchant Flaubert), mais il
témoigne clairement d'une crise de la représentation de l'écrivain, d'une rupture entre son image sociale visible et l'œuvre littéraire. « Pour arriver » pousse
ce constat à l'extrême : le jeune César Durand se sert des références aux grands
écrivains pour tenter d'« arriver », mais il le fait de manière si ridicule qu'il
échoue[11]. Maladroit, il a pourtant bien compris les nouvelles mœurs et le
dévoiement de la littérature par le journalisme.

De telles pages ont une valeur polémique, voulue ou non, qui n'atté-
nue en rien leur puissance comique. Allais se pose ici en critique d'un état
de la chose littéraire, et poursuit ailleurs la même analyse par d'autres
moyens. Se faire passer pour Barrès, inventer d'imaginaires et aberrantes incar-
nations de Daudet ou Zola, c'est transposer dans l'intrigue une opération littéraire qu'Allais connaît bien, c'est, peut-on dire, le pastiche mimé, le pastiche en action. Je ne m'étendrai pas sur cette pratique bien connue, sinon
pour souligner qu'il atteint parfois une limite.

Avec les innombrables faux Sarcey, avec un excellent pastiche de Zola
comme « Un peu de naturalisme pour changer »[12], il réussit parfaitement la
caricature, s'amuse et nous amuse par la mise en valeur des tics et procédés
stylistiques. En revanche, il paraît beaucoup moins à l'aise dans une parodie supposée de la poésie fin de siècle comme le « Poème morne », texte
étrange dont on ne sait trop ce qu'il vise : initialement donné pour « traduit
du suisse » avant d'être repris dans *Le Parapluie de l'escouade* avec la mention « traduit du belge » et la dédicace : « Pour Maeterlinck ». S'agit-il d'une
parodie ? Cela ne ressemble en tous cas pas à Maeterlinck[13]. Ni les détails

---

[9]   *Ibid.*, p. 439 et 440.
[10] *Ibid.*, p. 580.
[11] *Ibid.*, p. 726.
[12] *Ibid.*, p. 355.
[13] Alors qu'il parodie parfois de façon précise et très amusante la manière de Maeter-
      linck : mais c'est brièvement, comme dans quelques répliques de "The Terrible

cruels, ni le style n'y font songer. Le prénom de la maîtresse chantée, Éloa, évoque Alfred de Vigny et aucunement l'onomastique décadente. On voit très mal de qui s'amuse ici Alphonse Allais, même si la surcharge de macabre peut faire penser, par exemple, aux poèmes qu'Albert Aurier publiait dans *Le Décadent*.

Le contraste est frappant entre l'acuité du pastiche de Zola ou Sarcey et le flou du « Poème morne » (qui n'est après tout peut-être pas un pastiche).

Mais la littérature « décadente » est extraordinairement difficile à pasticher, parce qu'elle possède déjà par elle-même une dimension d'excès et de pastiche : un de ses textes fondateurs, *Les Déliquescences d'Adoré Floupette*, au fond, parodie une poésie encore largement à venir. Faudrait-il dire alors que le « Poème morne » parodie des parodies dans le goût de Floupette ? Il témoigne en tous cas d'un grossissement du jeu littéraire, ne donnant de l'objet imité qu'une imitation sans finesse - parodie de l'image que se fait un vaste public d'une poésie qu'il ne lit pas plutôt que de cette poésie même. (Nous avons connu ces dernières années une industrie de la parodie de Marguerite Duras ayant le même caractère).

Se pose alors la question du rapport d'Allais avec cette littérature fin de siècle dont il se moque, mais dont il est proche par ses fréquentations et ses origines littéraires comme le *Chat noir*. En ce domaine trop familier, il n'a sans doute pas la distance nécessaire au pastiche, appartenant lui-même par bien des traits à un univers décadent. La lettre de janvier 1892 à son éditeur à propos de *Vive la vie !* est révélatrice du rejet :

> Le titre *Vive la vie !* me plaît assez.
> C'est une manière de protestation contre les emmerdeurs décadents et cultivateurs du *Moi*[14].

Si le coup de griffe à Barrès s'explique - il vient de terminer la publication de sa trilogie du *Culte du moi* - on voit beaucoup moins bien qui sont, en ce début 1892, les « emmerdeurs décadents » qui obsèdent Allais. S'ils ont jamais existé, leur temps est passé[15].

Au contraire, c'est le moment où survient dans la littérature une nouvelle génération dont Allais se montre proche, entretenant même des rapports amicaux avec certains de ses représentants : Tristan Bernard, Curnonsky, Franc-

---

Night", abusivement sous-titré « vague scénario pour le théâtre de l'Œuvre », car, en dehors de la courte séquence imitant Maeterlinck, rien ne peut faire songer au théâtre de Lugné Poe.

14 Lettre à Flammarion du 31 janvier 1892, citée par F. CARADEC, *op. cit.*, p. 404.

15 Dans ses contes, Allais cite beaucoup de noms, mais celui du caricatural Anatole Baju, fondateur et animateur du *Décadent*, n'apparaît pas, semble-t-il, sinon sous l'espèce du « soldat Baju », dans « Le bon factionnaire récompensé » (OA, p. 211) où n'apparaît aucune allusion littéraire reconnaissable au « vrai » Baju..

Nohain, Gabriel de Lautrec participent d'une littérature fantaisiste, souvent d'un esprit commun avec Allais ; mais à la différence de ce dernier, Tristan Bernard ou Franc-Nohain collaborent à des publications littéraires, comme *la Revue blanche* ou le *Mercure de France,* alors qu'Allais semble avoir toujours été rejeté dans le journalisme et n'avoir que difficilement été considéré comme un « écrivain » - encore que les éditions de la *Revue blanche* publient trois de ses livres. Il reste un « amuseur ».

Il se plaît à mentionner ces auteurs plus jeunes que lui et les introduit de façon singulière dans ses chroniques : il les traite comme des collaborateurs, citant longuement des lettres reçues d'eux - comme il cite aussi des lettres de lecteurs. Dans *Deux et deux font cinq,* Allais utilise pas moins de douze lettres reçues et annoncées parfois dans les titres : « Fragment de lettre de M. Franc-Nohain tendant à démontrer qu'on ne s'embête pas plus en province qu'à Paris », « L'oiseuse correspondance » ou « Une drôle de lettre ». La composition en est simple : dans le cas du « Fragment de lettre... », seize lignes d'Allais précèdent quarante-trois lignes de Franc-Nohain, que suivent six lignes de conclusion. Allais cède sa plume et sa place à l'auteur des *Poèmes amorphes.* Ce n'est pas simplement « parce que c'est toujours ça de moins à faire », comme il le prétend dans « Correspondance et correspondance » : « je l'imprime toute vive cette petite lettre, sûrement pas écrite par M. José-Maria de Heredia, mais si rigolo ! »[16], c'est aussi un acte de camaraderie littéraire envers un débutant qu'il aime visiblement beaucoup. Le texte s'achève d'ailleurs par une incitation au lecteur : « Son petit volume qui vient de paraître : *Inattentions et sollicitudes,* est dans toutes les mains »[17].

Ainsi nourrit-il sa prose de celle de jeunes écrivains tout en leur donnant une audience inespérée. Ces longues citations utilisées par Allais créent une forme inédite de collaboration littéraire, d'autant que le lecteur ne peut manquer de se poser des questions sur ces « lettres » longuement recopiées : sont-elles authentiques, ou bien Allais ne s'amuse-t-il pas à inventer de pseudo-correspondances[18] ? Franc-Nohain ou les autres : Curnonsky, Tristan Bernard, Lautrec sont-ils des collaborateurs volontaires ? leur copie est-elle revue et corrigée ? et rétribuée ? Mais ces questions ont un prolongement dans la fiction, car ces jeunes écrivains, par nature pourrait-on dire, ne sont pas connus du grand public. Le lecteur du *Journal* ne va-t-il pas croire que Franc-Nohain est sorti de l'imagination d'Alphonse Allais - d'autant qu'il est doté d'un état-civil improbable :

---

[16] OA, p. 445.
[17] OA, p. 467. Le compte des lignes est fait d'après cette édition.
[18] François Caradec pose bien la question p. 173 de son livre.

Franc-Nohain n'est pas le vrai nom du signataire de cette lettre.

Trésorier général dans un des plus fertiles département de notre chère France sud-occidentale, ce sympathique fonctionnaire se double d'un poète amorphe d'une rare envergure[19].

Déjà « Un poète nouveau » apportait ces précisions :

Comme bien vous pensez, Franc-Nohain n'est qu'un pseudonyme (qui cache un des plus excellents préfets de notre troisième République)[20].

Ces détails en partie authentiques sur la carrière administrative de Maurice Legrand, peuvent être reçus du lecteur non prévenu comme éléments de fantaisie ; absolument rien dans le texte ne permet de les distinguer des fictions habituelles du conteur Alphonse Allais, et d'autant plus qu'il recourt aussi fréquemment à des lettres signées de noms parfaitement imaginaires : dans *Deux et deux font cinq,* le « Fragment de lettre de M. Franc-Nohain » suit « Philologie » composé de deux lettres, celle d'un « syndicat d'idolâtres de votre incomparable talent » et celle de « Jean des Rognures »[21].

Ainsi les frontières de la fiction ne sont-elles pas toujours aisées à saisir. Le goût du pseudonyme, dans la littérature fin de siècle, peut poser des problèmes : c'est le temps où l'on choisit en littérature des noms ridicules et vaudevillesques : on voit Pierre Dufour signer Paterne Berrichon et Charles Fournier Jean Dolent. L'équivoque est parfois inévitable. Lisant « Les modes de cet hiver »[22], à l'époque et aujourd'hui plus encore, quel lecteur n'est pas tenté de prendre Narcisse Lebeau pour une création d'Alphonse Allais ? Or, nous devons nous en convaincre, il a bien existé et travaillé au *Chat noir.*

Allais lui-même semble mesurer parfois combien la fiction peut tout dévorer et que, d'un auteur fantaisiste, le lecteur n'attend que de la fantaisie. D'où une note bibliographique très sérieuse et très révélatrice accompagnant « Un nouvel organe » lors de sa reprise en volume :

Surtout, qu'on n'aille pas croire que *le Chasseur de Chevelures* est sorti tout fumant de mon imagination.
Cet organe parut dans le courant de 1892. Il eut trois numéros.
Il a récemment reparu, encarté dans *La Revue blanche,* avec, pour directeurs, MM. Tristan Bernard et Pierre Veber[23].

---

19 *Ibid.*
20 *Ibid.,* p. 222.
21 *Ibid.,* p. 463. Mais François Caradec peut se demander s'il ne s'agit pas dans de tels cas d'authentiques lettres de lecteurs signant de manière fantaisiste.
22 *Ibid.,* p. 373. Narcisse Lebeau n'est aujourd'hui pas mieux connu sous son vrai nom de Vital Hocquet.
23 *Ibid.,* p. 229.

Pareille précaution témoigne de ce qu'il est conscient du danger d'une assimilation de la réalité à sa fiction - et par conséquent qu'il peut, à l'occasion, s'il le désire, jouer d'une contamination.

Quoi qu'il en soit, parrainant ainsi des auteurs jeunes ou débutants, leur faisant place à nom découvert dans sa rubrique Alphonse Allais est un anti-Willy, dont les collaborateurs n'ont rien du nègre et qui élabore une nouvelle forme de chronique où l'entremêlement des plumes, le mélange du vrai et du faux est d'analyse difficile.

On pourra comparer son regard bienveillant sur les écrits d'un Franc-Nohain ou d'un Gabriel de Lautrec avec l'ambivalence qu'il manifeste souvent à l'endroit des noms les plus prestigieux de la littérature : ses rapports avec Mallarmé en témoignent bien, où se mêlent défiance et admiration.

Sans doute Allais ignorait-il les relations honfleuraises de Mallarmé, qui n'écrivit pas moins de quarante-deux vers sur des galets d'Honfleur : il aurait apprécié à la fois l'hommage à sa ville natale et la veine légère du poète, mais il est improbable qu'il ait eu connaissance de cette production intime et familiale de Mallarmé. Que connut-il exactement de son œuvre officielle ? La réponse n'est pas simple, mais il lut au moins les six poèmes en prose que republia *Le Chat noir* entre 1885 et 1889 : il était alors un collaborateur actif de l'hebdomadaire avant d'en devenir le rédacteur en chef en octobre 1886. C'est donc sous sa responsabilité que parut le dernier de ces poèmes en 1889. Une note à « Véritable révolution dans la mousqueterie française » fait écho au plus célèbre de ces poèmes en prose :

> Beaucoup de personnes, dévorées par le Démon de l'Analogie, disent le *chat* d'une aiguille. Ces personnes ont tort : on doit écrire le *chas*[24].

Le biais du *Chat noir* nous assure qu'ils ne s'ignorèrent pas totalement. Geneviève Mallarmé, qui plusieurs années de suite passa ses vacances à Honfleur, fait allusion à Allais dans une lettre à son père. Nous apprenant qu'aux mariages il passe pour un « très aimable cavalier », elle précise « Allais, tu sais, père, au Chat noir »[25].

L'auteur de *Pas de bile* s'est exprimé au moins deux fois sur Mallarmé, en 1896, à quelques semaines de distance et de façon contradictoire. D'abord, en juin, F. A. Cazals lui écrit pour l'inviter à faire partie du comité pour l'érection d'un monument à Verlaine, présidé par Mallarmé. Allais accepte « de grand cœur » et termine son billet à Cazals :

---

24 *Ibid.*, p. 478.
25 Cité in Stéphane Mallarmé, *Correspondance*, éd. H. Mondor et L.J. Austin, t. V, p. 95, n. 1, Gallimard, 1981. Contrairement à la plupart des autres lettres de Geneviève à son père, elle n'est malheureusement pas publiée intégralement.

> Quand tu verras Mallarmé présente lui mes hommages de vive sympathie et d'intégrale admiration[26].

Voilà qui est clair et sans réserve ! En octobre, dans *Le Journal,* une brève digression manifeste toujours de l'admiration, mais tempérée indirectement :

> Ah ! Monsieur Mallarmé, je vous tiens pour le plus grand poète actuellement vivant, mais aussi pour le plus désastreux chef d'école qui ne soit pas encore mort ![27]

Est-ce encore l'hostilité contre les supposés « emmerdeurs décadents » qui se manifeste là ? L'ambivalence en tous cas est nette ; elle reflète celle, plus générale, d'Alphonse Allais face à la littérature et à sa propre position dans le monde littéraire : lucide quant à la production littéraire et à sa place dans un monde contaminé par le journalisme, il garde quand même la foi en ce qu'elle représente et dans la grandeur de l'entreprise poétique. C'est à vrai dire la position même de Mallarmé, telle qu'elle s'exprime par exemple dans l'avant-propos de *Divagations.*

En dernier recours, l'ambivalence d'Allais devant la littérature se manifeste dans les nombreux compliments hyperboliques qu'il se décerne, souvent par le biais de correspondants imaginaires « admirateurs de votre beau talent » ou « syndicat d'idolâtres de votre incomparable talent ». Cette surestimation bouffonne de soi-même est aussi un rappel à l'intention du lecteur : malgré tout - le lieu où il écrit, la place qui lui est faite - Allais se donne pour un écrivain.

L'ensemble des opérations ici analysées traduit d'ailleurs toujours une incertitude de cet ordre : dans le goût de se substituer par jeu à tant d'écrivains ou de troubler l'image reçue du littérateur, comment ne pas sentir un trouble relatif à sa propre identité littéraire ? Même dans l'incroyable travestissement en Sarcey répété jusqu'à devenir une seconde nature passe autre chose que la pure caricature du philistin : une sourde nostalgie devant la dégradation présente, l'affirmation d'un « je ne suis pas cela » face à tant de platitude.

---

26 MALLARMÉ, *Correspondance*, t. VIII, p. 336.
27 Cité par F. CARADEC, *op. cit.*, p. 451.

13. ALLAIS, LES VERS

Michel DECAUDIN

Je dois commencer par un double aveu. D'une part, quand j'ai trouvé mon titre, je ne savais pas qu'il avait déjà été utilisé par Claude Gaignière dans *Les mots et merveilles*. En second lieu, j'ai appris récemment que Caradec préparait une édition intégrale de la poésie d'Allais, qui rendra certainement caduc mon corpus pour le moins restreint. Mais il était trop tard pour changer et d'un titre qui, outre qu'il me plaisait, répondait à mon propos (qui était de parler de vers plus que de poésie), et d'un sujet dont, du moins je l'espère, l'élargissement des références ne mettra pas en cause les conclusions majeures.

On privilégie volontiers dans la lecture d'Alphonse Allais la perversion du sens par le moyen des homonymes, des quiproquos et des à-peu-près. Ainsi fonctionnent ses fables express et les courts poèmes *ejusdem farinae* comme ce quatrain véritablement emblématique :

> Chaque fois que les gens découvrent son mensonge,
> Le châtiment lui vient, par la colère accru,
> « Je suis cuit, je suis cuit », gémit-il comme en songe.
> Le menteur n'est jamais cru.

Brièveté mise à part, c'est la démarche des histoires et fantaisies en prose, au point qu'on en oublie parfois la raison d'être du vers. J. Mauvoisin nous y ramène opportunément dans le cahier « Allais-Rimbaud » du Collège de 'Pataphysique[1] :

> Allais est l'anti-lyrique par excellence. Il affecte des airs d'honnête artisan du Parnasse, et à force d'être ciselées ses rimes tendent à l'équivoque et même au calembour : retrouvant l'exemple des Grands Rhétoriqueurs et donnant à son tour un exemple qui sera abondamment suivi. A la limite, la perfection poétique serait le vers holorime et ses combinaisons tirées par la perruque.

---

[1] « Poétique tactique » in « ALLAIS-RIMBAUD », *Cahiers du Collège de 'Pataphysique*, n° 17-18.

On peut, à sa suite, se demander pourquoi et comment Allais va se mettre au vers.

**

Lui-même nous vend la mèche, dans la brève notice qu'il se consacre au *Sourire* et qu'il signe allègrement « La Postérité » :

> Alphonse Allais, poète français qui jeta sur la littérature de son pays un vif éclat à la fin du XIXe et dans la plus grande partie du XXe. Cet auteur exécutait de véritables tours de force prosodiques comme en se jouant, et toujours « le Sourire » sur les lèvres.

Un jeu ? Des tours de force ? Assurément. Il s'amuse à tous les cas de figure qui s'offrent à son agilité d'esprit. Il trousse un quatrain parfaitement régulier comme ce « Mariage d'une jeune niaise » :

> Bête à ne savoir pas dire la moindre phrase,
> Cette dinde épousa Gontran de Saint-Omer
> Qu'elle voyait depuis vingt ans aux bains de mer.
> Tant va la cruche à l'eau qu'enfin elle se case.

Il joue tout aussi bien de l'apocope pour retomber sur ses pieds :

> Comme un' lamp' dont on coup' la mèche,
> Abélard, quand il expira,
> Dit, n' sachant plus d'quel bois fair' flèche :
> « J'avais pourtant quelque chos' là ! »

Ailleurs il se moque pas mal de la prosodie, alignant dans « Xylopyges » cinq vers respectivement de 11, 12 (au prix d'une élision), 10, 8, 4 syllabes, le quatrième restant sans rime :

> Un général anglais, dans une bataille
> Eut les deux fesses emportées par la mitraille.
> Il en fit faire une autre paire en bois
> Mais jamais il ne les paya
> Moralité
> Fesses que dois !

Et ainsi de suite...

Sur sa lancée, il invente le poème en vers « néo-alexandrins » qui riment par la première syllabe, non la dernière, et sont de longueur indéterminée, la seule contrainte étant que le nombre total de syllabes divisé par le nombre de vers donne 12.[2]

---

[2]   Dans un ordre d'idée analogue, il propose le 21 décembre 1901 aux lecteurs du *Sourire* un concours sur ce principe : les alexandrins étant composés de douze syllabes

Mais avant l'antérime, il avait épuisé toutes les possibilités et tous les paradoxes de la rime. Il pratique les « rimes riches à l'œil » (« à l'usage des sourds-muets », naturellement) telles que « retient / patient, aigre / dénigre, ils émanent / permanent, aigle / bigle, qui balbutient / qui s'entretient ». Et dans *Le Captain Cap*, les vers de Tom Hatt,

> Dans les environs d'Aigues-
> Mortes, sont des ciguës
> Auxquelles tu te ligues.

appellent cette suite :

- Mais, mon pauvre ami, ne puis-je m'empêcher de m'écrier, ça ne rime pas !
- Je le sais, répondit Tom. Tony me l'a dit.
- Qu'en peut-il savoir, lui, sourd ?
- C'est avec ses yeux qu'il l'a vu, mon cher. Il m'a reproché l'absence de consonne d'appui avant l'i.
- Il a raison.
- Je vais recommencer, voilà tout ! A demain !

Et le lendemain, en effet, Tom Hatt soumettait à mon examen un second morceau, de haute envolée, de philosophie profonde, mais dont voici le début

> Tout vrai poète tient
> A friser le quotient
> De ceux qui balbutient.

Etc., etc.

Devant tant de bonne volonté, je n'ai eu - qu'est-ce que vous voulez ! - qu'à m'incliner.

- Cette fois-ci, mon vieux, ça y est ! Tous mes compliments.

Et de plaisir, alors, la peau de Tom Hatt devint aussi rouge que ses cheveux.

Comme le dit le sous-titre de « Boomerang », « rien n'est mal qui finit bien »...

Quant aux rimes riches - sinon acrobatiques - à l'oreille, elles ne manquent pas :

> Rigide comme un cyclamen
> Chevauchez votre cycle. Amen.

Ou :

---

mais d'un nombre de lettres indéterminé, écrire un distique dont un vers soit le plus court, l'autre le plus long possible. Voici celui auquel fut attribué le premier prix :

COUP D'ŒIL SUR LE MOUVEMENT INSURRECTIONNEL EN VENDÉE
À LA FIN DU XVIIIE SIÈCLE

De 97 à 99
Maints Chouans gouailleurs bâfraient chaude andouille et froid bœuf.

> Bott, en dansant la valse et le boston, usa
> Le parquet de Mary Webb à Boston (U.S.A.)

Et cette fantaisie, qui ne tient que par ses rimes :

> LE JEUNE HOMME SANS SOIN ET, DE PLUS, IRRESPECTUEUX
>
> Sans la moindre mitaine,
> Il lit l'œuvre de Taine.
>
> Son thon de l'aquarium
> S'évade et file à Riom.
>
> A son excellent père
> Il parle avec colère.
>
> Surveille mieux, fiston,
> Ton thon, ton Taine et ton ton.

Il invente la rime de substitution :

> Au très noble marquis Saint-Gustave (Omer de)
> Quand il me rase trop, sans respect, je dit « Zut » !

plaisanterie qu'il répétera, comme nous le verrons plus loin, dans une « Exhortation au pauvre Dante ».[3]

Sur deux vers de Richepin (« Nous nous étalons / Sur des étalons »), il imagine l'histoire d'un jeune homme que cette rime tourmenta toute la nuit, si bien qu'il continua, devenu poète - « Et quel poète ! » -, alignant 36 pentasyllabes sur la rime « ons ».

L'holorime[4] n'est pas loin, dont il fit un genre à part entière. Rappelons-nous la présentation des « Sept brefs poèmes » :

> Le public est prié d'apporter sa bienveillante attention à ce curieux exercice.
> Ainsi que dans le cochon où tout est bon depuis la queue jusqu'à la tête, dans mes vers, tout est rime, depuis la première syllabe jusqu'à la dernière.
> Allons-y.

Mais il triche au jeu dont il vient de fixer la règle. D'abord parce que ses distiques, pour la plupart, ne prennent sens que grâce à un long titre explicatif : ainsi ces deux vers

---

3   En revanche, il s'amusera à ce quatrain :
    Il arrive souvent que mémoire se perde :
    Durand fut nommé maire et depuis ce beau jour
    Ne peut se rappeler quel est le nom du bourg.
        Maire de... ?
4   Ou « olorime », l'un et l'autre s'écrit ou s'écrivent. On remarquera que ce mot est d'usage récent (il ne figure pas dans le Larousse du XIXe siècle). Allais ne l'emploie pas et parle seulement de « distiques » ou de « brefs poèmes ».

Je dis, mettons, vers mes passages souterrains
Jeudi, mes tons verts, mais pas sages, sous tes reins.

sont incompréhensibles sans ce long préalable :

> Proposition folichonne d'un peintre un peu loufoc qui voulait entraîner une jeune femme dans des cryptes, à seule fin de lui peindre le dos avec de la couleur verte.

Ou ces « Conseils à un voyageur timoré qui s'apprêtait à traverser une forêt hantée par des êtres surnaturels »,

Par les bois du Djinn, où s'entasse de l'effroi,
Parle et bois du gin ou cent tasses de lait froid.

qui demandent ce commentaire :

> Le lait froid, absorbé en grande quantité, est bien connu pour donner du courage aux plus pusillanimes.

D'autre part, dans quatre de ses sept « brefs poèmes », le fonctionnement même de la rime est perverti. Au premier, « Namur » rime avec « canamus », avec cette justification aussi péremptoire que fallacieuse : « En wallon, Namur se prononce : Namus ». Au deuxième, « Exhortation au pauvre Dante », la fin du second vers, « de la vague ennuyeuse », répond à « de la vague, en mer, Dante »[5], avec cette remarque : « La rime n'est pas très riche, mais j'aime mieux ça que la trivialité ». Au cinquième, alors que pour le précédent il avait demandé qu'on lise « Sir » à l'anglaise, comme « sœur », il précise avec désinvolture que « pale ale, porter » se prononce « pâle à le porter », car « autrement ça ne rimerait pas ». Voici enfin le dernier :

> DISTIQUE D'UN GENRE DIFFÉRENT DES PRÉCÉDENTS POUR DÉMONTRER L'INANITÉ DE LA CONSONNE D'APPUI.

> Les gens de la Maison Dubois, à Bone, scient
> Dans la froide saison, du bois à bon escient.

> (C'est vraiment triste, pour deux vers, d'avoir les vingt-deux dernières lettres pareilles, et de ne pas arriver à rimer.)

Le penchant à la facilité, souvent invoqué par ses commentateurs, mais surtout le plaisir de l'à-peu-près et du paradoxe, l'esprit de blague ont sans peine eu raison d'une contrainte qui semble n'avoir été choisie que pour être aimablement mise à mal. Alphonse Allais joue avec la versification comme l'équilibriste avec les objets qu'il feint de temps en temps de ne plus maîtriser.

***

---

5   « Vagues » me semble s'imposer plutôt que « vogues » donné par les éditions que j'ai consultées.

Le pastiche, cet autre jeu d'adresse, l'a peu tenté et, s'il s'y est parfois adonné, c'est avec la même virtuosité indolente. « Alain Star de Meterlinque », avouons-le, n'est pas une réussite. Ni le vocabulaire ni les vers ne rappellent Maeterlinck, sinon en de bien vagues échos, et la verve de notre poète semble bien éteinte (à peine la retrouve-t-on dans la rime « vieille grand-maman / jeune et glabre amant »). Mais « A la manière de Madame de Noailles » est un divertissement plein d'allégresse en distiques aux rimes alliant la platitude complice (« abeilles / cerises vermeilles ») aux rapprochements drôles (« fripouille / citrouille », « fiente / amarante »). Et, bien que ce poème ne soit pas donné comme un pastiche, « Mon cœur » est un irrésistible « en-marge » des *Névroses* de Rollinat :

> Mon cœur est une armoire à glace inexorable,
> Où tristement gémit un vieux lièvre au doux râble ;
> Mon cœur est l'ostensoir des femmes sans aveu.
> Vous ricanez, idiots ? Moi, j'y trouve un cheveu !
> Mon cœur est un ruisseau qui ne bat que d'une aile.
> Quand la hyène y vient boire, oh ! que tant pis pour elle !

***

L'introduction de vers dans la prose n'est pas chose récente. Les conteurs, moraux aussi bien que gaillards, en ont fait grand usage au cours des temps, pour l'agrément du récit ou la variété des tons. Alphonse Allais ne s'en prive pas. Les vers qu'il insère dans ses contes n'équilibrent pas la prose, comme c'est généralement le cas dans la tradition. Ils viennent plutôt comme de brèves incises ou des manières de citations s'intégrant dans une phrase.

« L'Agonie du papier » commence ainsi :

> Vous pensez bien, mes petits amis, que ce n'est pas uniquement à titre de prunes, ni sans le plus sérieux des motifs que je viens de me livrer à d'intarissables jérémiades sur l'imminente disparition des arbres, causée par la de plus en plus folle consommation de papier imprimé.

> De derrière la tête, oh ! j'avais mon idée,
> Comme dirait si bien maître François Coppée.

> Et cette idée [...]

Dans « O mores ! » est évoquée la « petite môme Queue de Veau » :

> Ce me fut un grand plaisir de la rencontrer, l'autre jour, près de la Madeleine, inévitablement flanquée

> De son extraordinaire
> Daumière
> De mère.

(*Daumière* est le féminin de *Daumier*. Des hommes jouissant d'un certain pittoresque, ne dit-on pas : *c'est un vrai Daumier*. D'une dame analogue, pourquoi ne pas juger que c'est une vraie Daumière ?)

Et, quelques lignes plus loin :

> Tenez, hier, pas plus tard, on m'a montré un vieux monsieur, un satyre, un de ces individus
>
> > Qui assouvissent
> > Leur sale vice
>
> à la seule contemplation du trouble que leurs affreuses manœuvres jettent dans les cœurs ingénus.

La crainte d'une épidémie décrite au début de « Lady and Gentleman » donne lieu à des manifestations extravagantes :

> Sous prétexte prophylactique, les pharmaciens écoulaient leurs fonds de boutiques, jusqu'à de vieux bandages du temps de Louis-Philippe.
>
> > On avait pour dix sous
> > Un joli cantaloup.[6]
>
> La frayeur s'évaluait en raison de l'étiage social des sujets.

On pourrait multiplier les citations de ce genre. Les courts passages en vers n'ajoutent rien au texte, qui aurait pu être écrit en prose avec des termes identiques. Ces appoints de poésie mirlitonesque sont autant de clins d'œil complices au lecteur qui dénoncent, dans leur existence même, leur gratuité et leur inutilité.

Inversement, la prose peut servir de faire valoir à un jeu poétique, un peu à la manière des longs titres de distiques holorimes cités plus haut. Ainsi cette histoire où le narrateur raconte que, entré dans une auberge de Victot, dont justement on ramonait la cheminée, il fut pris pour un Anglais par la patronne :

> La suie tombait et souillait nos hardes. J'étais furieux. J'interpellai le ramoneur, hostilement :
> « - Comment t'appelles-tu, toi ?
> - Moine (Oscar)
> - D'où es-tu ?
> - D'ici même, monsieur, Victot. »
> A ce moment, la patronne du cabaret me dit :
> « - Tiens ! Vous parlez donc français ? Je vous avais pris pour un Anglais. »
> Et je m'enfuis en maugréant :
> « MOINE (OSCAR) DE VICTOT RAMONA... J'ETRANGLAIS ! »

---

6   De plus, que vient faire ici ce melon qui n'a, que je sache, aucune vertu thérapeutique ?

« MOI, NAUSCARDE VICTOR, A MON AGE, ETRE ANGLAIS !
Car il faut vous dire que mon vrai nom, c'est Nauscarde (Victor), Alphonse Allais
n'est qu'un pseudonyme.

Dans un autre texte, le narrateur croise une femme inconnue :

« - Qui est cette dame ?, fis-je à mon compagnon de route.
- Comment, vous ne connaissez pas *Parsé*, la belle Parsé ! Une délicieuse
odalisque enlevée au harem du pacha de X..., par un bey qu'on avait surnommé
« *Chat Botté* ». Cette Parsé, d'ailleurs, à peine arrivée à Paris, plaqua son
ravisseur et devint l'idole de la capitale. »
Et je murmurai à part moi :
« PAR SES CHARMES, APPAS, RIS, ET DU PACHA BEAUTE
PARSE CHARMA PARIS ET DUPA CHAT BOTTE.
Vous conviendrez sans peine que cette aventure est placée sous le signe
de l'évidence absolue ! »

***

J'en viens à un dernier usage du vers qui mérite réflexion. Il préside à
des poèmes longs qui, loin du distique ou de la fable express, peuvent
atteindre une centaine de vers et qui, par cette dimension comme par leur sujet,
leur déroulement et leur chute, s'apparentent singulièrement aux contes et fantaisies en prose.

Tel est « Les Courses de vaches et le beurre intégral», fondé sur un rai-
sonnement d'une absurde logique : puisque le beurre est obtenu par le bras-
sage du lait dans une baratte, pourquoi ne pas utiliser pour le même résultat
le pis que la vache agite en courant ? De même, dans «Le Potage aveugle guéri
par l'opération de la cataracte », la cuisinière, se rendant compte que les yeux
de son bouillon ne la voient pas, donc qu'il est aveugle, renverse son potage
sur l'épaule du convive :

« C'est rien, on va vous essuyer
Avec un linge un peu mouillé :
Il n'y paraîtra plus. Mais excusez mon acte,
Car je voulais, Monsieur, cela je vous l'affirme,
Faire subir aux yeux de ce potage infirme
L'opération de la... cataracte. »

« Un peu de thérapeutique ou les maladroites sollicitudes d'un tuteur »
raconte en 119 vers la mésaventure d'un tuteur qui pour soigner la jeune fille
chlorotique dont il a la garde va demander à un oculiste comment guérir sa
pupille. Celui-ci lui prescrit naturellement de l'atropine qui, absorbée par la
malheureuse, l'envoie sans tarder de vie à trépas. Et la pièce de vers se termine par ces lignes de prose :

Ajoutons pour les personnes qui ignoreraient ce détail que l'atropine est
en effet un médicament dont la propriété est de dilater la pupille et flétrissons

l'empressement de ce tuteur qui, procédant par esprit d'analogie trop rapide et simpliste, crut pouvoir guérir sa pauvre pupille en l'atropinant.

Tel le prestidigitateur qui explique un de ses tours, Allais nous livre le mode d'emploi. Cette conclusion redondante, si on s'en tient au seul récit, ne fonctionne-t-elle pas comme une mise à plat de l'anecdote et de la forme versifiée qui lui a été donnée ?

Qu'est-ce qu'apporte en effet la mise en vers à ce qui pourrait aussi bien être raconté en prose ? Elle ne modifie pas les procédés chers à Allais : élongation du récit, parenthèses, apartés, ex-cursus, etc. Elle conduit aux mêmes types de chute sur des méprises verbales. Le vers n'apparaît que comme un élément ludique complémentaire, une façon de surligner les effets. Il peut d'ailleurs être passablement maltraité, dans la disparité des mètres et surtout des rimes tantôt acrobatiques, tantôt inexistantes, ici clôturant fortement le vers, là à peine sensibles. Elle devient (et le vers avec elle) pure cheville quand, ayant besoin d'une rime en « ule », il écrit :

> [...] peu à peu se coagule
> Virgule

et enchaîne sur le vers suivant.

Une ultime étape est franchie avec le modèle du « Poème morne », donné d'abord comme « traduit du suisse », puis « du belge » et dédié à Maeterlinck, dont les vers *amorphes* ne sont que prose découpée. Qu'on en juge :

> Ancienne maîtresse d'un peintre anglais, ivrogne et cruel,
> qui aurait bleui son corps,
> tout son corps,
> à coups de poing,
> Elle aurait conçu la vive haine de tous les hommes.

Et la fin :

> Je ferai à Eloa des obsèques convenables, et,
> le lendemain,
> je prendrai une autre maîtresse
> plus drôle.

Les rares apparences de rimes (« précautions / productions»), les non moins rares cadences canoniques (« Nos deux corps, enfermés dans la même bière, ») ne font, par contraste, que renforcer ce prosaïsme.

Qu'est-ce donc le recours au vers, sous ses différentes formes, sinon une extrapolation du jeu narratif, un renforcement de la ponctuation et du suspens ? Une étude stylistique rigoureuse montrerait sans doute comment entre la prose si souvent discontinue d'Alphonse Allais et la mise en vers à laquelle il procède, il y a moins rupture que glissement.

Il serait en particulier facile de montrer combien cette discontinuité de la prose est déjà une manière de *gradus ad Parnassum* - le Parnasse spéci-

fique d'Alphonse Allais, naturellement. Des cadences simulent des structures
de vers :

> Un journal sans papier !
> Une revue sans papier !
> Un roman sans papier !
> Et pourquoi pas ?

Ou, plus ample :

> Pendant ce temps, les domestiques se livraient à un manège qui m'intri-
> guait fort.
> Je crus même un moment que ces subalternes étaient gris ou déments.
> Imaginez des gens qui s'emploieraient à faire de l'eau de Seltz sans eau !

Une « Simple histoire », par la brièveté de son dialogue, produit un effet analogue :

AU CHAT
NOIR

- Que deviens-tu donc ?... On ne te voit plus.
- Ah, mon cher, qu'est-ce que tu veux ? une femme !
- Quelque grue sans doute ramassée à l'Elysée...
- Non mon cher... Pure comme l'ange de la Création...
- Ah !
- Que prends-tu ?
- Un bock.
- Picard, un bock et une menthe verte !

Huit jours après
Même décor

- Eh bien, et ton ange ?
- Ah ! fiche-moi la paix avec mon ange.
- Tiens...
- Que prends-tu ?
- Un bock.
- Picard, un bock et une gomme chaude !

***

Concluons.

Les vers d'Allais ? Un coup pour rire, certes, un piment aux jeux d'esprit et de langage. Mais aussi, surtout pour le lecteur d'aujourd'hui, une mise
en question de la poésie par elle-même, dans tous les aspects de sa technique :
perfection formelle ou pitrerie désinvolte, acrobaties moins véritablement sub-
versives que neutralisantes, prose ou vers, tout est égal en fin de compte. La
poésie fonctionne à vide, s'auto-détruit à mesure qu'elle se fait.

Tout est dit dans « La profession tue le sentiment (Panneau décoratif) ».
Le héros de ce conte, monté à Paris par vocation et ambition de poète, se

retrouve, d'échec en échec, auteur fécond de couplets pour les music-halls. Un jour, voulant donner de ses nouvelles aux parents restés au pays, il aligne les couplets, « tous écrits dans cette langue châtiées, avec ce souci de la forme et du fond, cette ingéniosité rare et sûre, ces mille attraits qui font de notre chanson de café-concert un art dont la France peut à bon droit s'enorgueillir ». A preuve :

> Je vous écris, mes chers parents,
> Pour vous donner de mes nouvelles.
> Je n'l'ai pas fait depuis longtemps.
> Excusez-moi, nom d'un' poubelle !

Alphonse Allais poursuit et termine, enfonçant le clou de la vanité et de l'inanité poétiques :

> A retenir les deux couplets finaux où l'on trouve, heureusement réunies, toutes les qualités du jeune maître, rehaussées encore d'une pointe d'attendrissement :
>
>> Mon cher papa, ma chèr' maman,
>> Je n'vous en dis pas davantage,
>> Parce que me v'là précisément
>> Arrivé au bas d' la page.
>>
>> Avec Gustav' le rigolo,
>> Tout à côté, j' vas prendr' un verre.
>> La *cuite* au prochain numéro !
>> J' vous embrass' bien, chers père et mère.

Quand il eut terminé sa missive, il exhala le bon soupir du devoir accompli ; mais comme Vaunel entrait, à ce moment, dans le café, et lui demandait :
- Tu n'as rien pour moi ?
Le chansonnier sans cœur lui remit pour la dire, un de ces soirs, cette lettre où le fils avait mis toute son âme.
Et voilà comment de pauvres gens, là-bas, pleurent, sans nouvelles de leur garçon.

14. CHER MONSIEUR VOUS-MÊME...

François CARADEC

Naturellement, cette formule de politesse ne figure pas dans une lettre d'Allais, mais dans le *Journal* de Jules Renard à la date du 8 octobre 1900. « Cher Monsieur vous-même... » est tout simplement le titre que j'ai inscrit sur le dossier où j'ai rassemblé la correspondance d'Alphonse Allais. Comme ses œuvres complètes, auxquelles il doit bien manquer une demi-douzaine de contes ou de chroniques dans le début des années 1890, c'est un travail qui ne sera sans doute jamais terminé. Tant mieux ! Je n'ai pas été le premier à rassembler des inédits d'Allais, j'espère bien que ce n'est pas fini et que d'autres viendront compléter, - et corriger ! - ce qui a déjà paru.

J'ai eu l'occasion de souligner à quel point Alphonse Allais a négligé sa vie posthume. C'est miracle qu'il n'ait jamais cessé d'être lu. Car c'est un fait : il n'a pas connu de purgatoire, et cela grâce à Albin Michel, successeur d'Ollendorff, qui a longtemps réimprimé *A se tordre* dans une édition illustrée par Delarue-Nouvellière.

Si pendant onze ans, de 1889 à 1900, Alphonse Allais a publié à peu près régulièrement un recueil tous les ans, ni lui ni ses éditeurs Ollendorff et Flammarion, n'ont jugé que ses fantaisies humoristiques méritaient un tirage de tête. Seul Thadée Natanson (mais il s'agit d'une habitude des éditions de la Revue Blanche) a fait imprimer dix exemplaires sur Hollande des trois titres qu'il a publiés.

Cette négligence est grave car c'est elle qui a détourné les bibliophiles de son œuvre : il n'est pas possible de confier à un relieur des livres dont le papier va bientôt tomber en poussière. Et contrairement à Courteline, par exemple, dont les œuvres paraissent à peu près en même temps chez les mêmes éditeurs, Allais ne cherche pas non plus à faire illustrer ses livres par ses amis peintres et dessinateurs.

George Auriol, Caran d'Ache et Henri Somm ont illustré ses premières plaquettes, mais c'est tout. Quand ses recueils paraissent dans des collections populaires, les illustrateurs sont Dudouyt ou Xaudaro, qui n'ont pas laissé une marque profonde dans l'art du livre. Les a-t-il choisis lui-même ? (Heureusement, *Pas de bile*, dans la collection populaire de Flammarion, est illustré par Lucien Métivet.)

C'est la raison pour laquelle les livres d'Allais n'apparaissent pas dans les ventes publiques des grandes bibliothèques, et par conséquent ses manuscrits et sa correspondance.

Allais ne cote pas.

Les quelques manuscrits qui circulent depuis un peu plus de cinquante ans sur la place de Paris sont souvent les mêmes d'un catalogue à un autre, sortis des archives du *Chat Noir* ou du *Journal*, ou de leurs imprimeries.

En dehors des bibliophiles fortunés, il existe heureusement un certain nombre d'amateurs, souvent modestes, qui ont acheté des autographes d'Allais, chez quelques marchands un peu plus curieux que leurs confrères. Parmi ces amateurs, Georges Sirot, le célèbre collectionneur de photographies, aujourd'hui décédé, et parmi les marchands, Jean Loize qui, il y a déjà quarante ans et plus, parce qu'il aimait les contes d'Allais, tentait de faire monter la cote de ses autographes en partant de ce principe qu'il fallait le hisser au niveau d'écrivains qui étaient loin de le valoir, et surtout, (Jean Loize n'avait pas tort) ne dureraient pas aussi longtemps.

Je peux vous apporter comme preuve que certains grands libraires de la rive droite de la Seine commencent aujourd'hui à prendre soin de sa gloire posthume : on a vu il n'y a pas très longtemps une lettre insuffisamment mise en valeur lors d'une première vente, réapparaître encartée dans une édition originale du *Captain Cap* avec laquelle elle n'a évidemment aucun rapport ; mais maintenant on peut l'acheter sans excès de scrupule.

Oublions ce préambule inutile, pour en venir à l'état actuel de mes recherches de correspondance.

D'abord, pour en finir avec la publication des œuvres, il me reste à faire éditer :

• les *Poésies complètes* d'Alphonse Allais, qui ne contiennent peut-être pas de révélations mais sont au moins répertoriées, classées... et surtout, complètes : Anatole Jakovsky avait publié en 1956 (il y a quarante ans) une « anthologie » poétique, parce qu'il croyait à la nécessité des choix et répétait ce qu'on entend souvent dire, que chez Allais il y a beaucoup de déchets. Je préfère tout publier, chacun pourra choisir ses propres déchets ;

• le *Théâtre complet*, avec de nombreux inédits, dont quelques-uns proviennent de la Série F 18 des Archives Nationales, c'est-à-dire de la censure théâtrale ;

• enfin la *Correspondance*, c'est-à-dire environ 165 lettres adressées à une soixantaine de correspondants, de 1875 à 1905, de l'âge de vingt ans à sa mort.

Aucun poème, aucune pièce, aucune lettre ne figure en effet dans le choix (c'est hélas un choix !) d'*Œuvres Posthumes* publié dans la collection « Bouquins ». Il ne manque plus à ces manuscrits que des éditeurs, qui ne se bousculent pas au portillon.

Alphonse Allais fait partie d'une génération qui a vu se développer les moyens de communication et les facilités de la poste. Tant qu'il a vécu à Paris, jusqu'à son mariage, il n'a pas eu le téléphone, qui était un luxe, et ses amis non plus, à l'exception d'Alfred Capus et de Lucien Guitry. On pouvait d'ailleurs fort bien s'en passer : il y avait alors à Paris, les jours ouvrables, huit levées et huit distributions du courrier ; les dimanches et fêtes trois distributions le matin et deux l'après-midi, seulement. Une lettre déposée dans une boîte quelconque à 10 h du matin était distribuée l'après-midi entre 1 h 30 et 3 h.

Et quand Allais juge que ce n'est pas assez rapide, il use de cartes-lettres, de pneumatiques et de « petits bleus » distribués par porteurs spéciaux.

Les premières lettres connues d'Alphonse Allais sont des lettres à sa famille et datent des années 1875-1883, de sa vingtième à sa trentième année. Conservées dans la famille Leroy, elles avaient été recueillies par sa sœur aînée Jeanne, épouse de Charles Leroy (l'auteur du *Colonel Ramollot*) auprès de sa mère et d'une amie de sa jeune sœur, pour écrire son livre sur la jeunesse de son frère Alphonse. Elles sont aujourd'hui déposées à la Bibliothèque Historique de la Ville de Paris, qui a entrepris de rassembler un fonds Alphonse Allais. Avis donc aux amateurs : ne négligez jamais de déposer dans cette bibliothèque les documents allaisiens que vous possédez indûment, ni même vos propres travaux à son sujet.

La plus ancienne lettre connue à un ami est celle qu'il adresse en 1879 à Charles Cros, et qui apporte la preuve qu'ils travaillaient bien ensemble dans le laboratoire de Cros. Les suivantes sont destinées aux amis du *Chat Noir*, le cabaret fondé en 1881 : Rodolphe Salis, naturellement, mais aussi Léon Bloy, Georges Courteline, Maurice Donnay, Félix Fénéon, Franc-Nohain, Félix Galipaux, les frères Henri et Albert Guillaume, Jules Lévy l'Incohérent, Maurice Rollinat. Ce sont ensuite ceux de l'époque du *Journal,* fondé en 1892, et du Boulevard : Tristan Bernard, Paul Brulat, Georges Docquois, Lucien Guitry et son jeune fils Sacha, Jules Huret du *Figaro,* Jean Stevens et surtout David Pelet qui devient son factotum lorsqu'Allais s'absente de Paris.

Une autre catégorie de lettres est adressée aux éditeurs : Paul Ollendorff, Ernest Flammarion et son collaborateur Daniel Riche, Alexandre Natanson, directeur des Editions de la Revue Blanche ; aux directeurs de journaux également, Fernand Xau du *Journal,* Maurice Méry du *Sourire* (qui avait conservé trente-sept lettres et billets de son rédacteur en chef), Léon Deschamps de *La Plume,* les *Annales Politiques et Littéraires,* la Société des Gens de Lettres, etc.

Les lacunes apparaissent tout de suite : des amis normands, nous ne connaissons que des lettres à Fernand Lemonnier et à Robert Campion. Mais

aucune lettre non plus, aucun billet aux femmes qu'il a aimées, ni Jane
Avril, ni Marguerite Gouzée qu'il a épousée.

Et bien d'autres, naturellement, qui doivent dormir dans les archives familiales des descendants des chansonniers, des poètes, des écrivains et des
journalistes qu'il a connus.

Bien qu'il soit peu loquace dans sa correspondance et qu'il reste la plupart du temps distant et discret, les lettres d'Allais présentent beaucoup plus
d'intérêt qu'on ne le dit généralement.

Ce sont de courts billets, qui ne bouleversent pas ce que nous subodo-
rions du passé et de l'avenir de l'humanité. Mais alors que dans ses contes,
écrits pour la plupart à la première personne du singulier, ce n'est pas l'auteur qui parle, sinon par allusion, mais le narrateur, et que même quand
Allais dit « je », il est un autre ; dans sa correspondance par contre, « je »
n'est pas un autre : c'est bien Allais lui-même.

Et c'est dans sa correspondance, bien plus que dans les souvenirs de ses
amis les mieux intentionnés, qu'il faut aller chercher l'homme sensible qu'il
a été.

Ce qui caractérise d'abord la correspondance d'Alphonse Allais, c'est
que ses lettres ne sont *jamais datées.* C'est un trait de son caractère : Allais
n'a jamais eu la notion du temps. Comme ses correspondants négligents
n'ont pas souvent conservé les enveloppes timbrées, il n'est guère facile de
classer les lettres autrement que par destinataire.

Journaliste dans un grand quotidien, le *Journal,* il écrit toujours à la dernière minute. Cela peut sembler normal dans un quotidien ; mais dans une
lettre à Maurice Méry, directeur du *Sourire,* qui est hebdomadaire, il s'étonne
qu'il doive donner son papier une semaine à l'avance.

Allais n'est pas soigneux. Sa sœur nous l'avait dit. Il ne prend aucun soin
du support et de la qualité du papier : ni ses contes ni ses lettres n'ont été
écrits pour être conservés. Il écrit sa correspondance aussi bien sur des
feuilles de papier quadrillé, des feuillets coupés de petit format, ou sur le papier
à en-tête des brasseries. Après son mariage, entre 1895 et 1900, il a utilisé
quelques cartes-lettres gravées avec le monogramme fleuri qu'avait dessiné
pour lui son ami George Auriol.

Il écrit à la plume métallique. Au cours des années, son écriture n'a guère
évolué. Sa signature non plus : « A. Allais », signature soulignée d'un trait
ascendant, les deux A majuscules d'abord arrondis (des « a » minuscules agran-
dis) avant de devenir des « A » majuscules à angles aigus.

S'il n'a pas la notion du temps, il n'a pas non plus celle de l'argent. Il
préfère plaisanter que de réclamer son dû à ses éditeurs et aux directeurs de
journaux qui reproduisent ses « fantaisies », comme il appelle ses contes et
ses chroniques. Il écrit à Paul Ollendorff en lui réclamant 500 F pour le troisième mille de *On n'est pas des bœufs :*

« Ma femme et mes enfants crèvent de faim et je viens de dépenser mes derniers 20 sous à prendre un cock-tail... »

A Ernest Flammarion, en lui faisant miroiter un fort tirage de *Vive la Vie !* :

« Si on ne tire pas 6000 au moins je me brûle la cervelle. »

Au même encore :

« Merci pour les 150 balles. J'aurais préféré que la somme s'élevât à beaucoup plus, mais le sage doit savoir se contenter de peu. »

A Alexandre Natanson :

« Allons, mon cher Alexandre, j'aperçois des larmes plein vos yeux, ne vous en cachez pas, vous êtes ému par ma détresse extrême. Vous vous dirigez vers votre coffre-fort. Je suis sauvé ! Merci ! »

A Gaston Calmette, du *Figaro* :

« Le plus petit grain de mil (à défaut de billets d'id.) fera bien mon affaire. »

Quand il se trouve en 1902 littéralement acculé au suicide pour une dette d'honneur dont nous ne saurons sans doute jamais le fin mot, il tourne son appel au secours à Lucien Guitry de telle façon que seul un ami intime qui connaît son inhibition devant l'argent peut comprendre son désarroi :

« Si une pièce de cinquante louis n'était pas de nature à vous outrepasser, son envoi ici m'éviterait du tragique brusque. »

Et quand il joint un billet de banque dans sa dernière lettre à sa mère, c'est : « ci-inclus un petit machin », tant il répugne à appeler l'argent par son nom.

Sous la drôlerie de ces lettres, cette correspondance nous révèle un Alphonse Allais qui ne peut cacher, à Maurice Donnay sa neurasthénie, à sa petite fille sa tendresse, à Charles Cros son admiration, à Lucien Guitry sa faiblesse, à tous ses soucis d'argent, et tout simplement les angoisses d'un écrivain sensible, c'est-à-dire d'un humoriste, devant la vie.

Il me reste donc à souhaiter qu'un certain nombre d'entre vous me fasse parvenir des photocopies de lettres que je ne connais pas encore.

Comme il le dit lui-même au garçon dans *Absinthe :*

« - Ayez donc pas peur d'en mettre ! »

A noter :   Bibliothèque Historique de la Ville de Paris,
            « Fonds Alphonse Allais »
            24, rue Pavée, 75004 Paris

Sous le titre : *Par les bois du Djinn...*, les poésies complètes d'Alphonse Allais paraissent à la fin de 1997 aux éditions Fayard, Paris.

15. FORMES BRÈVES
CHEZ ALPHONSE ALLAIS

Philippe MORET

Le titre tient du pléonasme. Toute l'écriture d'Allais relève en effet de la brièveté. Le genre du "conte" ou de la chronique dans lequel il évolue très majoritairement est un genre bref, censé tenir dans la page du journal. C'est donc «tout Allais», pour reprendre François Caradec et Pascal Pia, qu'il faudrait convoquer si l'on voulait parler à bon droit et exhaustivement de la brièveté allaisienne et des effets de discontinuité qu'elle ne cesse de ménager, le texte du "conte" en venant souvent à se fragmenter, à ménager des ruptures internes, comme Jean-Marc Defays l'a bien montré dans son étude, en se fondant notamment sur le travail que Jean Sareil consacre à *L'Ecriture comique*, et dans lequel ce dernier souligne que «la discontinuité est à compter parmi les grands principes de l'écriture comique : les ralentissements succèdent aux soudaines accélérations, la minutie dans le détail au style le plus laconique ou elliptique»[1].

C'est ce style de rupture, de discontinuité, cette brièveté essentielle que je me propose de cerner comme à sa source, ou à l'état brut, en concentrant mon attention sur des textes quantitativement très minoritaires de notre humoriste, mais qui me paraissent informer l'ensemble de son écriture. Dans son introduction, Defays affirme que «[l'œuvre d'Allais] a été en quelque sorte occultée par l'humour et amputée par le morceau choisi. Or, elle est le fait d'un écrivain à part entière, d'un artisan et artiste de la langue, de l'écriture, de la littérature, qui en connaît toutes les ressources, les exigences, les arti-

---

[1]   Jean-Marc DEFAYS, *Jeux et enjeux du texte comique. Stratégies discursives chez Alphonse Allais*, Tübingen, Max Niemeyer Verlag, 1992, p. 26. L'étude de Jean Sareil est la suivante : *L'Ecriture comique*, Paris, Presses Universitaires de France, 1984.

fices, et qui sait en tirer tous les partis»[2]. Plus loin, il souligne à nouveau que cette réception anthologique d'Allais sous forme de «bons mots» ne devrait pas «occulter» le texte, «l'autre dimension cardinale de l'œuvre allaisienne»[3]. Cette valeur d'«artisan et artiste de la langue», Breton l'avait affirmée à haute et intelligible voix dans son *Anthologie de l'humour noir* : «Il va sans dire que l'édification de ce mental château de cartes exige avant tout une connaissance approfondie de toutes les ressources qu'offre le langage, de ses secrets comme de ses pièges»[4].

L'habileté de l'écrivain, c'est certes dans le registre du récit bref ou de la chronique qu'elle se manifeste pleinement, mais il me semble qu'on peut également en avoir le témoignage ou la preuve dans ces textes plus brefs encore qui forment la part minoritaire de sa création, microtextes ou textes minimaux, sortes de petites monades qui valent pour elles-mêmes, mais peuvent aussi s'offrir comme amorces d'expansions textuelles ou péripéties sentencieuses dans le cadre du "conte". C'est donc sur ces formes que je vais concentrer mon attention en essayant cependant de ne pas perdre de vue leur valeur séminale, en tant qu'elles peuvent engendrer des textes plus étendus. Les formes brèves d'Allais représenteraient ainsi des aspects privilégiés de son inventivité verbale, comme à l'état brut, telle qu'elle peut être resservie au compte du chroniqueur et de la narration.

Une précision s'impose concernant la provenance de ces petits textes. J'aurais pu me faciliter la tâche et m'en tenir, par exemple, à l'édition du «cherche midi» qui nous livre les soi-disant *Pensées* de notre écrivain[5]. Mais cette anthologie fait problème : si elle nous donne à lire les «maximes» d'Allais, nombre de ses fables versifiées et autres jeux holorimes, elle procède aussi par amputation, extrayant de leur contexte des énoncés gnomiques ou des affirmations d'énonciation personnelle, remarques, anecdotes, etc., pour en faire autant d'énoncés sentencieux autonomes, et contribuer ainsi à tracer la figure d'un Allais descendant à part entière de La Rochefoucauld, La Bruyère, Vauvenargues ou Chamfort. L'entreprise éditoriale tombe donc dans le travers critiqué justement par Defays. Ce qui m'intéresse, ce sont les énoncés brefs et autonomes assumés comme tels par leur auteur, dans la mesure où ils ont paru de son vivant dans différents journaux (*Le Tintamarre*, *Le Sourire*, *Le Chat noir*, etc.), et pour les répertorier, il faut s'en remettre à l'édition des œuvres complètes que l'on doit aux bons soins de François Caradec et Pascal Pia[6].

---

2   *Op. cit.*, pp. 1-2.
3   *Ibid.*, p. 89.
4   In *Œuvres complètes*, tome II, «Bibliothèque de la Pléiade», Gallimard, 1992, p. 1020.
5   Alphonse ALLAIS, *Les Pensées*, recueillies par R. Chouard, Paris, le cherche midi éditeur, 1987.
6   *Tout Allais, œuvres anthumes (3 volumes) et posthumes (8 volumes)*, Paris, La Table ronde, 1964-1970. Sauf précision en note, je renvoie à cette édition, en abrégeant *OA* et *OP*.

Je pourrais organiser mon propos en distinguant en Allais le moraliste, dispensateur de maximes, d'aphorismes ou de réflexions morales sur l'existence et les comportements humains, du poète, producteur, lui, de brefs poèmes versifiés, distiques, quatrains, sizains ou autres. Mais ceux-ci bien souvent miment le genre moraliste de la fable ou de l'épigramme à portée morale, avec une «moralité» explicitement signalée comme telle, quitte à ce que la soi-disant «moralité» se réduise à un calembour ; et à l'inverse, les «maximes» de notre humoriste relèvent bien souvent elles aussi du seul jeu verbal, exhibant purement et simplement ce que Jakobson appellait la fonction poétique du langage. Les catégories du moraliste et du poète se recouvrent largement chez Allais, dans la mesure où l'une et l'autre sont également mises à mal par son écriture iconoclaste. Tenons-nous en à un distinguo plus "objectif" entre prose et vers, sans perdre de vue néanmoins le moraliste éventuel en Allais, qui nous dispenserait plus ou moins directement ou explicitement son point de vue sur les valeurs et la condition humaine. Je précise cependant que j'insisterai surtout sur la prose brève d'Allais, Michel Décaudin concentrant ici même son attention sur ses poèmes versifiés, dont les «fables-express», vers holorimes, ou encore ces rimes pour sourds-muets dites «riches à l'œil» sont quelques-unes des manifestations dans le registre de la brièveté.

Laissons de côté les fameuses recettes de cocktails du bon Captain Cap, qui, aux dires de François Caradec, avaient suscité la curiosité expérimentale du jeune Leiris, avec les conséquences que l'on peut imaginer, et commençons notre recension par les pensées dites «*autographes*», dont voici quatre exemples :

> Beaucoup de gens trouvent que M. Berthaud, l'honorable député du Calvados, n'est pas un Adonis ; moi je ne trouve pas — BERTHOLLET (*OP I*, p. 15)
> Quand on commande : En place, repos ! il ne faut pas s'écarter — DURAND (*ibid.*, p. 16)
> Quand je vois un machiniste dans les frises, je ne peux m'empêcher de lui dire : Prends garde de tomber — THEO (*ibid.*, p. 19)
> C'est souvent le plus fort qui cède — HERCULE (*ibid.*, p. 20)

On voit bien comment fonctionnent ces énoncés, et que le jeu de mots y est souvent lourdaud, Allais ne reculant devant aucune facilité de langage. Signalons que le dernier ressemble fort à un énoncé sentencieux, maxime ou proverbe largement mis à mal dans la confrontation de l'énoncé et de la signature par le biais du calembour. C'est bien la prétention à la vérité du discours sentencieux qui apparaît bousculée dans ce petit jeu ingénieux de l'arroseur arrosé.

Le procédé du *wellérisme* agit somme toute de manière assez analogue. Rappelons d'abord ce que c'est qu'un wellérisme, d'après Alain Montandon dans son petit répertoire des *Formes brèves :* le mot vient de «Samuel Weller, héros de Dickens, qui pratiquait avec prédilection cette forme de microrécit procédant de la citation et défini par Arnold Van Gennep comme "une forme de dicton stéréotypé qui consiste à faire appel pour affirmer un fait ou prouver une morale à un témoin imaginaire". Distinctes de la citation savante, ces références populaires ont une fonction ironique qui naît fréquemment de l'écart créé par le locuteur fictif et la citation tout autant fictive». Et Montandon de donner deux exemples : «*Viens, nous allons pêcher*, dit le pêcheur au ver de terre» et «*Tout le monde peut se tromper*, dit le hérisson descendant de la brosse à habit»[7].

Allais a donné trois livraisons de wellérismes au *Journal* sous le titre dickensien de «Propos détachés de Sam Weller». En voici quelques exemples :

> *Oh, l'éternel féminin...* comme disait le monsieur dont la belle-mère n'en finissait pas de claquer. (*OP III*, p. 87)
> *Vous seriez bien gentil de repasser dans l'après-midi*, comme disait le condamné à mort auquel le directeur de la prison venait d'annoncer que l'heure était venue. (*ibid.*, p. 91)
> *L'amour ne fait pas le bonheur*, comme disait le jeune homme en exposant son cas au docteur. (*ibid.*, p. 108)
> *Evitons le surmenage*, comme disait Alphonse Allais, chaque fois qu'il mettait la main à la plume pour écrire ses spirituelles fantaisies. (*ibid.*, p. 88)
> *Je vous prie de m'excuser si je me retire si tôt, mais je suis un peu pressé*, comme disait Alphonse Allais quand il avait quelque chose de mieux à faire ailleurs. (*ibid.*, p. 92)

La confrontation de l'énoncé stéréotypé avec la situation et l'instance d'énonciation fait éclater l'humour en sanctionnant l'inanité du stéréotype, comme dans le premier exemple ou le troisième, qui fait lui aussi jouer le discours sentencieux — la maxime «L'amour ne fait pas le bonheur» étant elle-même un détournement de «L'argent ne fait pas le bonheur»[8]. Signalons que le deuxième exemple est bien proche de la fameuse illustration que donne Freud de l'humour, lorsqu'il évoque le condamné à mort que l'on mène à la potence un lundi et qui s'exclame : «La semaine commence bien !»[9]. Soulignons enfin les deux derniers exemples donnés ici de wellérismes allaisiens, énoncés clins d'œil, pourrait-on dire, puisqu'ils marquent bien la relation de connivence qu'Allais entretient avec ses lecteurs, dans cette posture de désinvolture affichée. Très significativement, ces deux énoncés apparaissent chaque fois à la fin, en conclusion d'une livraison de wellérismes.

---

7   Alain MONTANDON, *Les Formes brèves*, Paris, Hachette, 1992, p. 23.
8   Proverbe moqué par ailleurs toujours grâce au procédé du wellérisme : «*L'argent ne fait pas le bonheur*, comme disait le pickpocket en débarrassant un jeune Brésilien d'un portefeuille abondamment garni» (*OP III*, p. 91).
9   Sigmund FREUD, «L'humour», in *Le Mot d'esprit et ses rapports avec l'inconscient*, traduit de l'allemand par M. Bonaparte et N. Nathan, Paris, Gallimard, 1930, p. 399.

Je serai très bref concernant le «*comble*», qui n'est pas pour rien dans le succès d'Alphonse Allais, «Potard potassant beaucoup / Des *combles* l'exorbitance», aux dires poétiques de son confrère Georges Lorin[10]. Cette «exorbitance», on peut en avoir un témoignage dans les exemples que voici :

Le comble de l'inattention : se perdre dans une foule et aller chez le commissaire de police donner son signalement.
Le comble de la distraction : avoir perdu ses lunettes, et les mettre pour les chercher.
Le comble de la distraction [bis !]: le matin, en se réveillant, ne pas penser à ouvrir les yeux.[11]

Disons qu'ici, l'absurde joue pleinement. Les travers humains sont poussés jusqu'à leur comble, ce qui se traduit en des paradoxes radicaux déclenchant un rire qui n'est pas sans son poids d'inquiétude ou même d'angoisse — angoisse de perte de la personnalité, par exemple.

Arrêtons-nous un peu plus longuement aux «*maximes*» d'Allais. Dans *Le Chat noir*, il propose deux «dix-septains» de maximes, qu'il attribue à un certain «DUMAPHIS», pour se moquer des livraisons sentencieuses d'Alexandre Dumas à *L'Echo de Paris* — le second «dix-septains» se réduisant en fait à un "douzain", «la Direction s'étant vue dans la nécessité d'en supprimer cinq, révoltantes d'obscénité», nous précise Allais en note (*OP II*, pp. 162-169). Dans *Le Tintamarre*, ces soi-disant maximes, Allais les qualifie d'«aphorismes fêlés» (*OP I*, p. 21 et p. 23), ce qui indique assez clairement le peu de respect de notre humoriste pour le genre classique privilégié de l'écriture moraliste. Allais pratique en effet une critique en acte de la prétention à la vérité dc la maxime ; il en dénonce l'inanité en tant que véhicule privilégié de la *doxa* prudhommesque, du stéréotype culturel et langagier. Le plus souvent, il le fait par le biais du jeu de mots — calembour ou à-peu-près :

Les cochers de fiacre ne sont pas comme les galets. Plus ils ont roulé, et moins ils sont polis. (*OP I*, p. 16)
Les pommes de terre cuites sont plus faciles à digérer que les pommes en terre cuite. (*ibid.*, p. 21)
On prétend que les Turcs sont très malpropres. Alors pourquoi dit-on d'eux : les ennemis des populations s'lavent ? (*ibid.*, p. 23)
Pendant l'hiver, les pauvres gens ramassent du bois mort dans la campagne. Le bois mort, c'est le coke du village. (*OP III*, p. 165)

Mais il recourt aussi au zeugme :

---

10   Cité dans *L'Esprit fumiste et les rires fin de siècle*, anthologie de Daniel Grojnowski et Bernard Sarrazin, Paris, Corti, 1990, p. 79.
11   Les «combles» sont regroupés dans Alphonse ALLAIS, *Œuvres posthumes*, édition de F. Caradec, «Bouquins», Paris, Laffont, 1990, pp. 7-8.

Je préfère être traité chez Brébant que d'imbécile. (*OP I*, p. 16)
Il est plus adroit de se tirer d'un mauvais pas qu'un coup de revolver au cœur. (*ibid.*, p. 17)

Ou encore au truisme, à la lapalissade, à la tautologie pure et simple :

Dieu a sagement agi en plaçant la naissance avant la mort ; sans cela, que saurait-on de la vie ? (*OP III*, p. 163)
La statistique a démontré que la mortalité dans l'armée augmente sensiblement en temps de guerre. (*ibid.*, p. 164)

Cette entreprise de démolition, ou de destitution à tout le moins, est à rapprocher de celle de Commerson dans ses *Pensées d'un emballeur*, dont Allais se réclame en intitulant une série de six maximes «Pensées d'un couvreur en chambre» à la suite d'Hippolyte Briollet qui, dans le même *Tintamarre*, avait fourni des «Pensées d'un paveur en chambre». «Couvreur en chambre», dans la mesure où «c'est probablement parce que les ardoises viennent d'Angers que le métier de couvreur est dangereux», comme l'énonce courageusement la première maxime de la série (*OP I*, p. 16). Ces maximes, il faut encore les rapprocher des aphorismes de Xavier Forneret, de ceux d'Erik Satie ou de ceux de Jules Renard dans son *Journal*. Mais cette critique de la diction sentencieuse et du stéréotype n'est pas sans faire penser de près également au Léon Bloy de *L'Exégèse des lieux communs*, au Flaubert du *Dictionnaire des idées reçues* («*Maxime* — Jamais neuve mais toujours consolante»), et pourquoi pas au Ducasse des *Poésies I et II*, qui s'amuse à retourner comme un gant, à pervertir les maximes des glorieux ancêtres, La Rochefoucauld, et surtout Pascal et Vauvenargues.

L'époque est à la mise à mal de la diction moraliste : plus de vérité possible sur l'homme et sur les valeurs morales à l'heure où «Dieu est mort», selon la formule consacrée, et Allais participe bien lui aussi à cette critique en acte de la *doxa* et de l'énoncé gnomique. A sa façon à lui, il annonce dada et le surréalisme, qui se sont plu à revisiter cet héritage classique, ou celui, qui remonte à la nuit des temps, de la sagesse des nations censée véhiculée par les proverbes. Je pense en particulier aux *152 proverbes mis au goût du jour* d'Eluard et Péret, ou encore aux *Rrose Sélavy* de Desnos et Duchamp. Mais je pense encore au surréalisme belge, et en particulier à ce descendant direct d'Allais qu'est le Louis Scutenaire des *Inscriptions*, qui se définit lui-même comme «un Valéry mis à la question par Alphonse Allais»[12].

Il convient cependant de préciser que la critique en acte d'Allais n'est pas sans laisser affleurer la vision pessimiste qu'il a de l'existence : on aura remarqué le caractère morbide de plus d'un énoncé, et les deux que voici paraissent devoir être "pris au sérieux" ; la charge humoristique s'y estompe

---

12   Louis SCUTENAIRE, *Mes inscriptions (1964-1973)*, Bruxelles, Brassa, 1981, p. 294.

en tout cas assez nettement, le ton s'assombrit et l'humour rigolard fait place à ce qu'à bon droit on peut appeler de l'humour noir. Le jeu verbal, certes, est toujours présent, qui fait jouer l'image en la relevant par le biais de l'alexandrin, et qui remotive le stéréotype («tuer le temps») ; mais il se met au service d'un discours moraliste à prendre "au pied de la lettre" :

> Le tic-tac des horloges, on dirait des souris qui grignotent le temps. (*OP III*, p. 165)
> Nous parlons de tuer le temps, comme si, hélas ! ce n'était pas lui qui nous tuait ! (*ibid.*, p. 169)

A propos de la maxime, il convient encore de souligner qu'elle tient aussi son rôle, un rôle analogue à celui que je viens de décrire, dans le contexte du "conte". A cet égard, il faudrait parler des titres des chroniques allaisiennes. Le titre, après tout, est à sa manière lui aussi une forme brève, et il serait intéressant d'étudier une poétique du titre à l'œuvre chez Allais. Ce n'est pas ici mon propos. Je me bornerai à signaler que plus d'un titre de "conte" ou de chronique ressemble fort à de la maxime ou à de l'adage érasmien : «L'Excès en tout est un défaut», «Qui perd gagne», «Tous les moyens sont bons pour couper court à la vulgarité», «La Vérité plus belle que la légende», «O mores !», «Festina lente», etc., etc.

Mais la maxime peut aussi apparaître dans le texte même, en fonction d'épiphonème, d'énoncé sentencieux censé rassembler la morale de l'histoire, sa «moralité», en préambule ou en conclusion. Une des «Pensées d'un couvreur en chambre» («Un proverbe dit : Tel père, tel fils. Un autre : A père avare, enfant prodigue. Lequel croire ?») sera ainsi repris et amplifié dans le préambule de «Pas pressé» :

> Si vous arrivez à me montrer quelque chose de plus bête qu'un proverbe, je vous fais immédiatement offrande d'un demi-kilogramme de cerises anglaises, denrée somptueuse pour la saison.
> Ah ! pourtant, je me trompe. Il y a quelque chose de plus bête qu'un proverbe : c'est deux proverbes. [...]
> Ce proverbe : *Tel père, tel fils* est idiot ; mais cet autre : *A père avare, enfant prodigue*, n'est pas moins bafouilleux.
> Que dire des deux réunis ?

Autre exemple :

> *La nuit porte conseil*, et *Ne remettez jamais au lendemain ce que vous pouvez faire la veille.*
> Comment voulez-vous qu'on s'y reconnaisse ?
> D'ailleurs, à ce propos, j'ai pris un moyen terme ; depuis ma plus tendre enfance (ma mère vous le dira), j'ai toujours remis au surlendemain ce que j'aurais parfaitement pu faire l'avant-veille. (*OP I*, p. 389)

Cette confrontation de proverbes est particulièrement riche d'enseigne-ments[13]. Elle permet en effet de renvoyer dos à dos les deux éléments ainsi convoqués de la sagesse des nations, et sanctionne l'inanité de cette dernière par la surenchère.

Concernant la dimension moraliste des chroniques d'Allais, François Caradec affirme : «Allais est un moraliste, et il emploie [...] la forme la plus proche de l'apologue et de la fable, celle du conte qui s'achève par une chute qui ressemble parfois à une "moralité"»[14]. Mais il faudrait ajouter que cette «moralité» sentencieuse en fonction d'épiphonème est le plus souvent une façon de se moquer de la prétention à la vérité de la sagesse des nations ou de la sagesse prudhommesque de la maxime.

Ceci m'amène à parler très brièvement de quelques poèmes versifiés de notre auteur, en particulier de ses épigrammes à portée censément morale, qu'il appelle parfois des «*fables-express*», et qu'il se plaît, parfois aussi, à signer «Esope fils». En voici deux exemples :

> *Ne vous mêlez jamais des affaires des autres*
> Il voulait se noyer. De nageurs une horde
> Le retira de l'eau, mais cela sans profit,
> Car, comble de malheur, bientôt il se pendit.
> A tout r'pêché, misère et corde. (*OP VI*, p. 345)

> *Le parti Jeune Turc à Paris*
> Un jeune Ottoman couche avec l'horizontale
> Qui répond au doux nom de Théodora Burq.
> Puis, sans laisser d'argent, dès le matin détale.
> Prenez garde à lapin turc. (*ibid.*)

Dans le cadre du vers se joue une perversion de l'énoncé gnomique par le biais du jeu de mots, de l'à-peu-près, souvent "tiré par les cheveux".

Je n'insisterai pas non plus sur les *vers holorimes* d'Allais, sinon pour dire qu'ils nécessitent ou qu'ils amorcent parfois des expansions textuelles, et l'on aura alors un poème dit «hydrocéphale», où le titre est plus gros que le corps du texte, procédé de traduction qui n'est pas sans faire penser de près à celui de Roussel, tel qu'il l'explicite dans *Comment j'ai écrit certains de mes livres :*

> *Proposition folichonne d'un peintre un peu loufoc qui voulait entraîner*
> *une jeune femme dans des cryptes, à seule fin de lui peindre le dos avec de la*
> *couleur verte*

---

[13] On en trouve un autre exemple dans «Consolatrix» : «Musset a dit que l'absence ni le temps ne sont rien quand on aime. Villemer et Delormel ont affirmé qu'*On ne meurt pas d'amour (bis)*. / Villemer et Delormel ont raison. / Le temps mit bientôt sur mon cœur ulcéré l'arnica de l'oubli. / Un clou chasse l'autre, une femme aussi» (*Œuvres anthumes*, édition de F. CARADEC, «Bouquins», Paris, Laffont, 1989, p. 164).

[14] François CARADEC, *Alphonse Allais*, Paris, Belfond, 1994, p. 326.

p. 219)

> Je dis, mettons, vers mes passages souterrains
> Jeudi, mes tons verts, mais pas sages, sous tes reins. (*OP III,*

Ou alors, la glose suscitera un "conte", comme c'est le cas avec les œuvres de ce poète suisse que rencontre notre humoriste, et dont un quatrain particulièrement obscur nécessite toute une exégèse :

> — Ecoutez bien, insista le redoutable Suisse :
>> *La protubérance*
>> *Du prote Hubert Hanz*
>> *Lapereau tubé, rance*
>> *Dupe rot, tube et ranz !*
>
> — Peut-être, s'informa-t-il avec une grande douceur, vous n'avez pas saisi intégralement la signification de ce poème.
> — J'avoue quelques lacunes.
> — C'est pourtant bien simple. Hubert Hanz, le sympathique prote du *Journal de Genève*, a la bosse (la protubérance) de la chasse. Un jour, il tue un lapin avec son fusil... le fusil, c'est un tube, n'est-ce pas ?... Alors, *lapereau tubé !* Mais ce que le pauvre Hubert prenait pour un lapereau n'était qu'un vieux lapin rance. Hubert s'aperçoit de sa méprise en mangeant son gibier rôti : *Rance, dupe rot !* Alors, que fait ce vieux philosophe d'Hubert Hanz ? Pour se consoler, il décroche son cor de chasse, lequel, en somme, n'est qu'un tube recourbé, et sonne le ranz des vaches : *Tube et ranz !* Hein ! que pensez-vous de ça ? Est-il possible d'être plus concret ? (*OP III*, pp. 324-326)

On peut faire une remarque analogue sur l'expansion narrative pour les fameuses rimes «riches à l'œil», que l'on retrouve dans «Difficulté de la poésie française pour certains étrangers», où apparaît le jeune poète américain Tom Hatt, qui, pour son malheur et notre bonheur, a appris le français en pur autodidacte, et croit ainsi que «ciguës» rime avec «ligues» et «quotient» avec «balbutient»[15]. Même remarque concernant le procédé de l'épellation — auquel Leiris recourra parfois dans son *Glossaire*, qui suscite lui aussi un développement narratif en forme de dialogue avec un certain «Culot-Dulascart» (*OP IV*, pp. 362-363). Ici, de même qu'avec les vers holorimes, on peut dire qu'Allais annonce certaines entreprises oulipiennes, et qu'il constitue donc un «plagiaire par anticipation», pour reprendre une catégorie chère à l'Oulipo.

En conclusion, je soulignerai une fois encore la valeur séminale des formes brèves dans l'écriture d'Allais, qui suscitent, selon des modalités différentes qu'il faudrait étudier en détail, des expansions textuelles, de l'*amplificatio* narrative.

Concernant les formes brèves, proverbes, maximes, épigrammes, vers holorimes, etc., on peut dire qu'Allais se situe à un carrefour, au confluent

---

15   *Œuvres anthumes*, «Bouquins», pp. 1114-1116.

d'une culture populaire véhiculée par les almanachs et d'une culture, disons, savante, dans la mesure où la relation de connivence qu'il ménage avec son lectorat n'est pas sans exigence. Les jeux de mots ou de lettres sont souvent des jeux d'esprit relativement complexes, même si le résultat est scabreux ou "gros comme une maison".

A son corps défendant, Allais annonce dada et le travail de déconstruction que les surréalistes feront subir au proverbe et à la parole d'autorité en général. Ses jeux prosodiques, rimiques et autres annoncent également l'Oulipo. Ils préfigurent ainsi un courant important de l'écriture brève au vingtième siècle, celui de l'expérimentation ludique de la langue et de la lettre.

Quant au moraliste en Allais, ma foi, la seule morale qu'il nous dispensera en fin de compte, c'est celle de se moquer de la morale établie et des formes privilégiées du discours sentencieux. Mais n'est-ce pas la posture caractéristique d'un moraliste pessimiste ? Laissons donc le mot de la fin à notre humoriste mélancolique :

> La vie est un pont, morne pont qui réunit les deux néants, celui d'avant, celui d'après.
> Or, que faire sur un pont, à moins que l'on n'y danse tous en rond, ainsi que cela se pratique notoirement sur le pont d'Avignon ?
> *Gaudeamus igitur*, mes frères, et laissons les gens graves souffler ridiculement dans de ridicules baudruches qu'ils considèrent ensuite tels des blocs de Paros.[16]

---

16 *Ibid.*, p. 862.

16. ALPHONSE ALLAIS
ET ERNEST LA JEUNESSE,
UNE AMITIÉ TROUBLÉE

Alain MERCIER

Est-il possible de résoudre, de façon claire, le problème que pose le récit à clef d'Ernest La Jeunesse (1874-1917) qui fut publié en 1898 sous le titre énigmatique de l'*Holocauste*, qui ne correspond pas à son contenu ?[1]. Il a été suggéré que la texture de ce livre serait comme le reflet des problèmes de vie intime que rencontra Alphonse Allais avec son épouse Marguerite, née Gouzée. Bien qu'il ne s'agisse pas d'une roman d'adultère, comme il en paraissait à l'époque, on saisit que le narrateur s'éprend d'une femme mariée, Claire Tortoze, dont il devient l'amant. La description physique de Claire correspond à ce que nous savons de Marguerite Allais. Le narrateur lui-même semble bien être La Jeunesse à quelques détails près. Cependant, le mari de Claire, Godefroy Tortoze, n'est pas Allais, c'est un ingénieur de haut niveau, décoré et bien intégré dans la société. Si Maheustre, le narrateur, est La Jeunesse, Alphonse Allais apparaît sous le nom d'Anthelme Cahier, aîné et mentor du précédent. Il joue un rôle de second plan, mais tout indique qu'il est un mari trompé et qu'il soupçonne Maheustre d'être le coupable, à la suite d'insinuations et lettres anonymes. On peut se demander si l'objectif de La Jeunesse, en écrivant et publiant l'*Holocauste* n'était pas de se défendre et se justifier auprès de Allais. Le portrait qu'il donne de l'humoriste est assez saisissant :

> «Il y a dans une petite ville où il est né un homme qui m'a invité et qui m'attend. C'est un humoriste. C'est le plus célèbre des fantaisistes ; il a sécularisé le bizarre et rendu l'étrangeté quotidienne. De sa table de travail, de sa

---

[1] L'*Holocauste*, roman contemporain, Paris, Charpentier, 1898.

> table de café, du milieu du boulevard, il a saisi le cauchemar à bras-le-corps, si j'ose dire, l'a coiffé d'un chapeau comique, l'a déshabillé, l'a dénudé, l'a scruté et examiné, puis l'a vêtu sans hâte d'une casaque mi-portée, de la casaque qu'il voulait, en a fait sa chose, l'a offert ensuite au public sans hauteur, sans roideur, gentiment, comme un apéritif ou un cigare (...), il a saisi, conquis, retenu quelque chose dans l'air - et c'était le rire, et c'était le burlesque, le grotesque, la rapide et immense féerie. Il a derrière lui, comme une escorte, comme un état-major, comme une armée, le rire de toute une ville et de tout un peuple. Il a été l'imagination de la foule, il a été le paradoxe de tous, la folie quotidienne, cette dose de folie (...) qu'il faut chaque jour à chacun».

Il est certain que La Jeunesse fut épris de Mme Allais, et qu'il reçut d'elle d'abord des confidences puis des regrets et il est probable aussi qu'il en devint ensuite l'amant, comme l'affirme Charles de Richter dans ses souvenirs inédits, ajoutant même que Paulette Allais serait la fille de La Jeunesse. Dans ses mémoires publiés[2], ce romancier populaire fait bien allusion à l'*Holocauste* comme roman à clef, mais sans aller plus loin dans les révélations.

Un autre passage de ce «roman contemporain» rejoint les remarques de Jules Renard, dans son *Journal*, sur l'incapacité d'Allais à être un époux assidu ; citons-le :

> «Cet homme (Cahier) avait noyé l'amour dans les mille tracas de la vie : tendre certes et tristement tendre, il avait une tendresse tiède, lourde, irritée, courte, une tendresse timide, sinueuse, sans férocité : il aurait souri de ma ferveur furieuse, de ma jeunesse en amour.»

On peut en venir à scruter le degré d'intimité qui réunit les deux hommes de Lettres : chroniqueurs au *Journal*, à leur manière parodistes, témoins des moeurs de leur temps, ils n'exercent pas dans un registre identique. L'ouvrage le plus connu de ce bohème que fut La Jeunesse s'intitule *Les Nuits, les Ennuis et les Ames de nos plus notoires contemporains* (éd. Fasquelle, 1895), livre à succès réédité jusqu'au début du XXe siècle, recherché des bibliophiles et plus amusant que féroce. Le style de La Jeunesse est plutôt habile, mais semble aujourd'hui lourd et même laborieux. Ses poèmes en argot ont une verdeur mieux venue. Le monde de ce «contemporain pittoresque» est celui des marginaux, voleurs, souteneurs, ivrognes, apaches, prostituées. C'est très éloigné, en effet, du milieu d'où était issue Marguerite Allais, née Gouzée ; on sait que celle-ci, d'origine wallonne, avait des goûts et fréquentations plutôt conventionnels, sinon petits bourgeois. Elle a dû être effrayée et peut-être amusée par la personnalité de La Jeunesse ; elle l'appelait «Le Singe» en raison de sa pilosité abondante et ce trait est signalé dans un passage du récit l'*Holocauste*.

---

2   Charles DE RICHTER, *La mort du Boulevard* in, «Les Œuvres Libres», Paris, 1948. Un chapitre est consacré à La Jeunesse.

Quel que soit l'aspect transparent de cette oeuvre dite à clef, Allais eut conscience de son infortune mais n'en fit rien voir. Mieux même, il ne se brouilla que temporairement avec le Boulevardier, l'habitué du *Napolitain* et le futur critique de théâtre influent ; il avait - et il aurait - d'ailleurs besoin de lui pour certaines tâches, comme le remaniement d'adaptations scéniques.[3] Ils redevinrent amis après plusieurs années.

Après l'affaire Dreyfus, La Jeunesse, considéré comme juif par certains antisémites, fut l'objet d'attaques et de rosseries. Mais lui-même était un dessinateur et un caricaturiste habile qui se fit un disciple en Sacha Guitry. L'amertume d'Allais, qui était profonde, apparaît dans plusieurs passages de l'*Holocauste*, où le narrateur s'exprime ainsi :

> «Voici que je rencontre mon ami Cahier, celui qui servit de décor à mon trouble d'amour. Je me précipite vers lui, je précipite vers lui l'aveu de ma souffrance... Il ne me connaît plus, ne se retourne pas, presse le pas (...)
> Ah ça ! Il est donc marié lui aussi ! Et la trame des lettres anonymes s'est épaissie, élargie et rétrécie ! C'est le vide autour de moi. Et ce pauvre Cahier, de fantaisie et toute fantaisie, l'Anthelme Cabier du *Phantasme quotidien* a cru, a douté.
> Il est marié ! Je revois sa pauvre femme blonde comme je l'ai vue, en passant, si frêle, si souriante, exquise de la gentille indifférence empressée qu'elle témoignait aux gens, honnête en souriant, comme elle souriait - en offrant une tasse de thé. J'ai eu avec elle des causeries fraternelles et des demi-confidences - et me voici criminel de désirs et de tentatives ! (...)»[4]

L'admiration que nourrissait La Jeunesse à l'égard d'Allais était sans doute sincère et profonde, comme l'atteste cet autre extrait :

> «C'est Trouville, se levant lentement de la mer et c'est un bar où nous sommes quatre et où nous mangeons ; Anthelme Cahier... Ah ! tu ne sais pas, chérie et voici une parenthèse : mon Anthelme Cahier, celui que j'avais élu entre tous comme ami, qui m'offrait l'envers de sa bouffonnerie, la gravité de sa fantaisie, la profondeur de sa légèreté, la simplicité de ses phantasmes, Anthelme Cahier à qui je dois les heures les plus fraternelles et les plus émues de ma vie, Anthelme Cahier s'est détourné de mon chemin et de moi, m'ignore et me méprise. Il paraît qu'il est marié, lui aussi, et tous mes amis mariés ont reçu des lettres anonymes - ou lui tout au moins. Aujourd'hui, Cahier me fuit.»[5]

La biographie du grand humoriste de Honfleur ne serait pas complète si on ne levait pas un coin de voile sur cette affaire d'amour malheureux et d'amitié trompée. Georges Feydeau n'a-t-il pas dit de Marguerite Allais : «celle qui fut Mme Alphonse Allais et un peu Mme Ernest La Jeunesse».

---

3   La Jeunesse y travailla parfois avec Hugues Delorme et Tristan Bernard.
4   *Op. cit.*, p. 260.
5   *Ibid*, p. 295.

17. DEUX CONFRÈRES :
EMILE GOUDEAU ET ALPHONSE ALLAIS

Michæl PAKENHAM

Il m'a semblé tout naturel, lorsque j'ai eu l'honneur d'être invité à participer à ce colloque, de proposer Emile Goudeau comme sujet possible, lui et Alphonse Allais ayant apparemment beaucoup de choses en commun. N'ont-ils pas fréquenté les mêmes milieux estudiantins, les mêmes cafés, les mêmes cabarets, les mêmes cercles littéraires, les mêmes salons, et n'ont-ils pas travaillé, l'un à la suite de l'autre, sur le marbre de l'imprimerie du *Chat Noir* ? Ils avaient aussi de très bons amis en commun, notamment Charles Cros et Sapeck, sans parler de leur goût partagé pour la Fée verte. Ils vivaient, tous les deux, de leur plume et tous deux adhéraient au *fumisme*. Mais leur destin posthume allait être différent. Le centenaire de la naissance du potard manqué fut célébré à Honfleur en 1954 avec toute la dignité requise par le collège de Pataphysique, tandis que les édiles de Périgueux n'ont attaché aucune importance au centenaire de la naissance de Goudeau[1]. A l'époque, le Régent Caradec, avait bien souligné combien Allais était un auteur dangereux pour la jeunesse moderne. Il affirma sans ambages que

> « Ses œuvres, entre les mains de lecteurs faibles et insuffisamment cuirassés par la pratique religieuse, ne peuvent que donner le goût d'une vie facile, vautrée dans les plaisirs et les satisfactions des sens ».[2]

Eh bien ! J'oserai affirmer que le lecteur des *Poèmes du bitume*, des *Poèmes ironiques*, ou de romans tels que *Le Froc* ou *Corruptrice*, trouvera également chez Goudeau de beaux exemples d'immoralité. Mais qui lit Goudeau de nos jours ? Jamais il n'aura les honneurs d'une édition de poche -

---

[1] « Par le temps de centenairéisme aigu qui court... », *Le Chat Noir*, 19 mai 1883.
[2] « Allais mon prochain », *Cahiers du Collège de Pataphysique*, 17-18 [1954], p. 118.

seul son remarquable livre de souvenirs, *Dix ans de Bohème*, a connu la gloire d'un *reprint*. Nul besoin de vanter cet ouvrage à vous, connaisseurs des Hydropathes et des habitués du *Chat noir* ! Mais la question se pose : pourquoi Goudeau, mis à part son rôle dans le cercle des Hydropathes, a-t-il été aussi négligé ?

Rappelons tout d'abord ses débuts.

Né le 29 août 1849 à Périgueux, il est, de par sa mère, cousin germain de Léon Bloy, son aîné de trois ans. Le père de Goudeau, sculpteur obligé de gagner sa vie comme marbrier funéraire est aussi franc-maçon. Il fait faire à son fils des études solides, d'abord au petit-séminaire de Bergerac, puis au lycée de Périgueux. Goudeau laissait entendre qu'il était né en janvier 1850 - petite vanité qui s'accorde avec le témoignage de Laurent Tailhade qui trouvait que Goudeau l'homme de lettres « s'habillait avec recherche, mais aussi, parfois, avec un soin trop visible d'accrocher les regards » et que sa barbe et cheveux étaient d'un *noir* la cinquantaine dépassée. Bachelier à seize ans, Goudeau devint professeur de sixième. Réformé lors de la guerre de 1870, il échoua à Bordeaux où il prit un poste de professeur de géographie dans un établissement privé. Se sentant exploité, il démissionna et réussit à vivre largement de leçons particulières comme précepteur dans un château, et à se faire remarquer grâce à ses articles dans la presse bordelaise. Vers la fin de 1873 il ne sut résister davantage à l'attirance de la capitale. Muni de 200 francs, et d'un drame en poche, comme il le raconte au début de *Dix ans de Bohème*, il arrive à Paris, sans doute moins naïf qu'un Lucien de Rubempré, vu qu'il eut le bons sens d'obtenir un emploi comme rond-de-cuir au Ministère des Finances.

Ses débuts littéraires furent moins heureux que ceux de son futur ami Maurice Rollinat car Emile Blémont, rédacteur en chef de *La Renaissance littéraire et artistique*, revue d'avant-garde des jeunes, refusa ses vers en 1874 à cause de leur genre ! Blessé par la suffisance blémontienne, Goudeau lui en voulut longtemps puisqu'il lui décocha une flèche dans la « Petite correspondance » du Chat Noir en 1882[3].

Un certain Max Troïl, ayant annoncé dans l'avant-dernier numéro de *La Renaissance*, qu'il allait fonder une revue poétique, Goudeau ne manqua pas de se trouver au rendez-vous. Nous ignorons à quel moment précis il se lia à Georges Lorin et Rollinat. Ce dernier lui dédia un poème de son recueil *Dans les brandes*, publié en mai 1877, où il se trouve en bonne compagnie : les frères Cros, Cabaner, Charles de Sivry, Lorin et Adelphe Froger. D'autre part, il réussit à se faire publier dans *La République des Lettres* au mois d'août

---

3   « Jules Vallès. – Quand on n'a pas l'illustre nom de Blémont (Petit-Didier), et on n'a pas de fabrique près de Neuilly, on ne se permet pas d'apprécier *Ludus pro patria* ».

1876 ; par conséquent il connaissait sans doute Catulle Mendès ; il avait fait la connaissance de l'autre rédacteur en chef, Adelphe Froger, dès 1874, et ce fut sans doute grâce à ce dernier, qu'il fut chargé de la correction des épreuves de la revue à Meaux. Mendès aurait très bien pu l'introduire dans le salon de Nina de Villard, s'il ne le fréquentait pas déjà, grâce peut-être à Rollinat, qui lui, avait fait la connaissance de la maîtresse de Charles Cros en septembre 1875. De toute manière, on sait bien que Nina disait que pour être reçu chez elle, « *point n'était besoin d'un habit, qu'un sonnet suffisait* », et pour cela notre Emile était plus que qualifié. Il en devint un habitué et son premier historien sérieux. Je trouve touchant que lors de la publication des *Feuillets parisiens* en 1885, qu'au « bout de l'an de la pauvre Nina », il défendit sa mémoire en ami fidèle :

> Musicienne excellente, poète d'humour, extrêmement spirituelle, elle aimait à s'entourer d'artistes dans ces soirées de la rue des Moines, que l'on a si souvent décrites, et, je dois ajouter, méconnues et calomniées. Ceux qui, l'an dernier, parlèrent de Nina, au moment où elle mourut, ne savaient guère ce qu'ils disaient, et, en tout cas, furent injustes pour cette charmante femme qui aimait les beaux vers et les nobles chansons [...].[4]

Cette fidélité restera acquise d'ailleurs à Madame Gaillard, la mère de Nina, qui retourna rue Chaptal après le décès de sa fille. On en trouve un écho dans les papiers d'Augusta Holmès.

Voici

> INVOCATION (c'est signé Aemilios)
> Apollon, dieu dont l'arc est d'argent, ô Sminthée
> Moi, berger d'Asnières, à la barbe indomptée,
> Je vous salue, et dis : « L'Aurore de demain,
> - Jeudi, jour dû à Zeus - me verra, canne en main,
> Du palais de Khaptal suivre l'ample chemin.[5] »

Ce n'est pas du meilleur cru - si j'ose dire - de Gou d'eau, mais c'est de l'inédit, mes amis !

En 1889, son troisième roman, *Corruptrice*, fut dédié à Mme Gaillard-Villard : *En très respectueux et filial hommage et en témoignage de vénération profonde.*

Evidemment les mauvaises langues diront que le jugement du salon de Nina fait par Goudeau n'est pas impartial, vu que c'est là qu'il a certainement fait la connaissance de Marie de Grandfort laquelle, malgré ses vingt ans de plus que Goudeau, en devint l'égérie. Peu importe. Si j'ai évoqué le souvenir de Nina et de son salon fréquenté par tous ceux qui avaient un nom

---

4   « Les Feuillets parisiens », *L'Echo de Paris*, 21 juin 1885.
5   Bibliothèque Nationale, Naf 16263 f 185.

dans la littérature et les arts, c'est que la présence d'Alphonse Allais y est attestée en 1878. Quoiqu'il soit le seul à l'avoir dit, combien François Caradec a raison d'affirmer que ce salon est l'ancêtre des Hydropathes[6]. Si quelqu'un méritait le titre de fumiste avant la lettre, ce fut certes le poète au piano, Ernest Cabaner. Le jugement des Goncourt sur la maison Callias, qualifiée « d'atelier de détraquage cérébral », est injuste.

Ce salon de la Rive droite fut donc l'ancêtre spirituel des Hydropathes aussi bien que du Chat noir ; géographiquement l'ancêtre des Hydropathes se situait au *Sherry Cobler* dans le Quartier latin, fréquenté par Richepin, Ponchon, Mendès, Froger, les frères Bouchor, Bourget, l'illustre Sapeck, Villiers de l'Isle-Adam, Deschaumes, Fernand Icres, etc., et Emile Goudeau.

Guillaume Livet, dans *Le Voltaire* du 3 décembre 1882, nous donne un portrait assez surprenant de Goudeau :

> Dans un coin, s'installait depuis l'heure de l'absinthe jusqu'à l'heure de la fermeture un grand garçon très brun [...]; il buvait bien, sans se griser, mais ne soufflait mot, assistant, tranquille, aux grandes discussions artistiques et menant si peu de bruit qu'on ne s'inquiétait pas de lui et qu'on le regardait comme faisant partie du mobilier - à céder avec le fonds, le jour de la faillite ! -

En apprenant le nom du président des Hydropathes, Livet s'étonna : « Quoi, Emile Goudeau, le taciturne du *Sherry* ? »

Il le trouva « transfiguré, présidant sérieusement, faisant des réflexions justes et spirituelles, bruyant aussi, parlant de ses poésies, de son prochain volume de vers *Fleurs du bitume*, [...]; on y trouvait de la gaieté, de la bonne humeur, du modernisme [...]. »

Ce qui caractérisait Goudeau, d'après lui, c'était en effet le

> côté boulevardier, gouailleur du « monsieur qui ne croit pas que c'est arrivé », qui se moque des autres et de lui-même, parle de l'amour en virtuose, sans être « gobeur, » [...]; Goudeau est à proprement parler un « fumiste » [...] littéraire ; il se tient les côtes de rire quand on prend au sérieux certaines de ses déclamations qui paraissent graves et doctorales, mais se terminent par quelque excellente plaisanterie qui montre bien que l'auteur lui-même ne s'y laisse par prendre. »

Six jours après, à la suite d'une plaisanterie qui avait mal tourné à l'étranger, Goudeau donne sa propre définition du fumisme aux lecteurs du *Chat Noir* :

> Il est bon d'être *fumiste*, mais il y a une mesure à tout. Certes la *fumisterie*, ou plutôt le *fumisme* (ainsi que le nomme la jeune école) a été un progrès considérable sur le *gobisme* de 48. On s'est peu à peu débarrassé des croyances inutiles, superstitieusement encombrantes, religioso-maniaques, pour n'ad-

---

6   F. CARADEC, *Alphonse Allais*, 1994, p. 145.

mettre ni fait, ni idée, ni rêve, sans l'avoir contrôlé au *touchaut* (ou petite pierre de touche) de l'incrédulité forcenée.
Tel est le *fumisme*, comme doctrine.
Dans l'application - et, pour son malheur - il est dénaturé par de vulgaires mystificateurs qui croient encore à Romieu.[7]

Le Goudeau qui s'exprime ainsi est à l'époque rédacteur en chef du *Chat Noir*, journal selon Léon Bloy[8], « à la verve redoutée, qui offre, depuis deux ans, l'unique exemple parisien d'un journalisme absolument indépendant, faisant servir à la plus désintéressée des polémiques toutes les forces vives d'un talent d'ordre supérieur. »

Pour occuper cette chaise curule, Goudeau n'a-t-il pas lutté durement ? Rejeté par Blémont comme collaborateur à *La Renaissance*, formé comme journaliste en partie par la correction des épreuves de *La République des Lettres*, il cherchait dès juillet 1877 à fonder avec l'argent de Froger une revue moderne[9]. Il sera secrétaire de Rédaction à *La Revue moderne et naturaliste*[10], rédacteur en chef de *L'Hydropathe* (5 mars 1879), et collaborateur au *Molière* et au *Globe*. Bloy n'avait pas tort de dire que « les irrésistibles nécessités de la vie avaient roulé [son cousin] çà et là sur les récifs inhospitaliers et les dunes traîtresses du journalisme ». A pareille époque, Allais, avait déjà une certaine expérience des traîtrises du journalisme (*Les Ecoles*, puis plus tard *L'Anti-Concierge*). Goudeau, lui, était toujours en marche ascendante. En collaboration avec Charles Cros et sous le pseudonyme de « Carlemyll », il publie « Cinq contes sens dessus dessous » dans *Le Gil Blas*, l'été de 1880[11]. L'année suivante il obtient du même journal la commande de quatre chroniques sur les bains de mer. Fragerolle l'amène pour se documenter à Honfleur, où se trouvait toute la joyeuse bande.

Puis, en décembre 1881, c'est la rencontre avec Salis. Guillaume Livet fait le point à la fin de la première année du journal. Au *Chat Noir*

> règne Goudeau, le rédacteur en chef remuant, bruyant, amusant par ses paradoxes fumistes et ses improvisations bouffonnes, se moquant du qu'en dira-t-on et pensant que la vie est une vallée de rires où chevauchent des Parisiennes tout ensoleillées de poésie.

Goudeau y restera jusqu'à la fin février 1884. La cause de son départ fut à l'origine une dispute entre Salis et le dessinateur Willette - Goudeau prit le

---

7 A'Kempis, Bulletin littéraire de l'étranger, *Le Chat Noir*, 9 décembre 1882.
8 « Enfin ! les *Poèmes ironiques* », le *Petit Caporal*, 22 et 25 janvier 1884.
9 Paul ALEXIS, « *Naturalisme pas mort* », 25 juillet 1877.
10 De décembre 1878, jusqu'au 15 mars 1879.
11 Charles CROS, *Œuvres complètes*, éd. Louis Forestier, « Bibliothèque de la Pléiade », 1970.

parti de ce dernier - et le gentilhomme cabaretier a pu prendre ombrage de l'influence de celui qui lui avait amené toute une clientèle de la rive gauche. Goudeau et Salis se ressemblaient trop, Goudeau étant doté d'« une terrible verve gasconne » et d'un « talent de beau parleur »[12]. Le taciturne du *Sherry Gobler* était bel et bien enterré. Goudeau, ayant démissionné du *Chat Noir*, n'eut pas trop longtemps à attendre pour trouver une tribune encore plus importante : *L'Echo de Paris*[13]. La préface du recueil de ses articles au *Chat Noir*, *Voyages de découvertes du célèbre A'Kempis à travers les Etats-Unis de Paris*, donne quasiment son bagage :

> Voyages, philosophie, esthétique, politique étrangère et sociologie bizarre, tout a passé sous la plume du célèbre Montmartrois qui se voile sous le pseudonyme d'A'Kempis. Ce livre est-il une satire amère ou un simple jeu d'esprit, une folle étude, ou une légère fantaisie de belle humeur ? Réponds, A'Kempis, ne serais-tu qu'un fumiste ?

Nommé rédacteur en chef du *Chat Noir* en octobre 1886, Allais ne publia que des « fantaisies de belle humeur », de merveilleuses fantaisies qui traitent de tout. Il faut bien reconnaître que la principale différence entre Goudeau et Allais est que le premier, tout poète qu'il fût, était essentiellement journaliste - journaliste fumiste soit, mais Allais fut humoriste, et l'humour de ce pince-sans-rire au flegme tout britannique lassait moins que le fumisme d'un bonimenteur gascon. Le fumisme était une mode, le véritable humour est sans âge.

Et pourtant de par les thèmes traités par les deux écrivains, de par certains tours stylistiques, on peut établir quelques parallèles entre eux[14].

A part l'ouvrage d'A'Kempis, Goudeau n'a publié qu'un seul recueil de textes courts en prose, *Les Billets bleus* qui date de 1887. Plus tard Goudeau classifiera cet ouvrage sous la rubrique « Fantaisies », puis « Nouvelles » en 1900. Il me semble que les *Billets bleus* est l'ouvrage le plus propice à une comparaison Goudeau- Allais.

Le titre en est fourni par le premier texte qui est l'histoire d'un jeune peintre à bout de ressources qui se venge de son oncle, l'harpagon de la famille, en faisant croire qu'il pouvait fabriquer de beaux billets de 100 francs. L'oncle, finalement convaincu, lui confie quatre modèles de billets de 1.000 francs avec l'idée de partager les bénéfices. Evidemment il ne les reverra plus. Après ce conte réussi, on passe à « La grande colonie » qui traite de l'atti-

---

12 L. TAILHADE, Petits Mémoires de la vie, [s.d.], p. 56.
13 Il commença par des « Impressions de lecteur », puis à partir du 2 septembre 1884 il réussit à placer des « Chroniques fantaisistes » (les deux premières étant tirées du recueil *Voyages... d'A'Kempis*, p. 157 & 163).
14 Noms latins entre parenthèses, etc.

rance centrifuge de Paris. La conclusion comporte une explication qui vaut la peine d'être citée :

> O Grande Colonie, une humanité profonde, vivace et par conséquent plus jouissante et aussi plus souffrante vit en toi ; et le poète fantaisiste te salue, et t'aime, parce que, malgré l'apparence, tu es resté le seul pays au monde où la fantaisie ailée, [...] peut encore trouver un asile [...].

Le troisième n'a pas le charme du conte allaisien concernant la jeune fille qui attend un omnibus dont la couleur s'harmonise avec sa robe, mais traite d'une manière sympathique la vie terne d'un contrôleur en charge d'un « omnibus vide, inéluctablement désert, l'omnibus-fantôme, l'omnibus raté », qui rêve de changer de ligne pour trouver le bonheur en affichant : *complet.*.

Puis, en poursuivant la lecture de cet ouvrage, on commence à comprendre qu'il y a autre chose que de la fantaisie pure, par exemple dans la rivalité entre les artistes de Montmartre et ceux de Montrouge dépeinte dans « Question de veine ». En fait nous lisons dans la plupart des cas, me semble-t-il, des Chroniques inspirées par l'actualité. On peut dater « Le bon La Fontaine » qui allait avoir sa statue à Paris - statue qui s'amuserait en regardant combien peu le monde avait changé - au projet émis en avril 1886. « Iconoclastes », de mars 1884, expose un paradoxe : le conseiller municipal Jules Joffrin, militant socialiste, fait attribuer à l'Assistance publique les 7.000 francs prévus pour une statue de Jean-Jacques Rousseau, et ce faisant fait d'un pauvre sculpteur en chômage un mendiant de plus. Selon Goudeau, être mendiant vaut mieux que d'être ouvrier. Un chanteur de cour, « en travaillant quatre ou cinq heures à peine par jour, pourrait se retirer après fortune faite. » Ce que nous constatons dans les exemples cités c'est que la fantaisie d'un Goudeau masque mal la critique sociale et avec elle une certaine amertume peu propice au rire.

Il est plus que probable que la fantaisie des « Chiens d'Asnières », qui n'a rien à voir avec le célèbre cimetière, prend son point de départ dans un décret municipal. « Il semble, affirme Goudeau, que les contrées voisines tiennent à verser dans le sein de cette merveilleuse cité ce qu'elles ont de meilleur en elles, puisque ce qu'il y a de meilleur dans l'homme, c'est le chien. Aussi Asnières devrait s'appeler Chiennières. »[15] Le maire exige que ces braves animaux jouissant d'une liberté illimitée soient médaillés, sinon envoyés à la

---

15 Vaudrouille, personnage principal du « Chien noctambule » (*Les Billets bleus*, p. 71-82), est décrit d'une manière sympathique. Voir également l'anecdote concernant le chien berger de Goudeau racontée par Gustave Le Rouge dans *Les Nouvelles littéraires*, 20 Octobre 1928, p. 8. Le contraste avec Allais est frappant, voir « Contre les chiens », *Le Bec en l'air*, 1897, et l'histoire du chien qui sonne constamment à la porte d'une femme pour la rendre folle.

fourrière. D'où Goudeau se lance dans la fantaisie de l'émigration de la population canine qui ferait d'Asnières une ville morte.

L'Opéra de Paris lui, est enveloppé dans un silence de mort car Garnier, « Le doge de l'Opéra », voulant conserver son palais, bâti sur pilotis, aurait interdit toute représentation, mais malgré son évocation de « l'Escalier des Géants », Goudeau n'aura jamais l'envolée d'Allais dans « Les voleurs du grand escalier de l'Opéra » !

Cependant avec « La Chambre n° 9 », Goudeau réussit à composer un texte digne d'Allais, à savoir que l'histoire semble vraie, mais on se demande si ce n'est pas après tout une fantaisie. Goudeau sait aussi, comme Allais, mêler la vie et la fantaisie. Ainsi, là où l'autobiographique perce, pour sûr ce sont des allusions à peine déguisées à Nina et à sa mère dans « Miette et Cagliostro II » ; Allais, dans ces histoires concernant Sapeck, avait la vie et la fantaisie merveilleusement combinées au départ.

L'intérêt de ce recueil est sauvegardé par les thèmes : pauvreté, mendicité (« La mendicité française ! encore une industrie victime du krach et de la concurrence étrangère »), immigration, les Allemands, les Anglais, la vie humaine, la colonisation, et surtout Paris. Et, bien entendu, Allais les a traités plus d'une fois, par exemple, l'anglomanie était à la mode au cours du XIXe siècle. Goudeau semble être plutôt anglophobe, mais pour des raisons surtout politiques ou parce qu'il juge les Anglais obsédés par le commerce. Son étonnement est grand dans « Abordages » lorsqu'un vapeur anglais s'arrête pour recueillir les naufragés d'une goélette qu'il venait de démantibuler. (« ce sont ordinairement les Anglais qui travaillent dans cette partie qu'ils connaissent à fond : coulage à fond », p. 200). Mais Allais aurait pu être l'auteur de l'incipit de « Villégiature d'hiver » : « Depuis longtemps les importations anglaises réussissent en France : turf, handicap, beefsteack, four-in-hand et Shakespeare. » Goudeau s'attaque ensuite au snobisme des Français en décrivant tous les inconvénients de passer les fêtes de Noël dans un château en Normandie à l'imitation des Anglais se rendant dans leurs domaines pour chasser.

On s'attendrait à ce que Goudeau en tant que « fantaisiste » et à l'instar d'Allais pratique davantage les jeux de mots et les calembours. Voici deux ou trois exemples. Dans « Panoramas » (p. 158), il trouve « les filles en quête et les casquettes en file », tandis que les commerçants devant le *popolo basso* déclarent : « Il faut nous fournir du chlore, ou clore nos portes ! ». Dans « Témoins », p.169), « Le fin fond de la police correctionnelle, c'est d'aller s'asseoir », ne fait guère sourire, mais là où Goudeau se laisse aller à sa faconde, il peut donner une page étincelante sur la « Question pain » (p. 240-241), avec une multitude de variations (peint, rapin, Chopin, copain, Auverpin, galopin, *Mademoiselle de Maupin*, Richepin, etc., etc).

Au début de cette communication, j'ai posé une question : pourquoi Goudeau, mis à part son rôle dans le cercle des Hydropathes, a-t-il été aussi négligé, tandis qu'Alphonse Allais fut tiré de son quasi purgatoire par les efforts conjugués d'Anatole Jakovsky, Pascal Pia et François Caradec ? Je crois que Goudeau a souffert d'avoir obtenu trop de succès trop tôt. *Les Fleurs du bitume* connurent une grosse vente en 1878 ; Goudeau fut très populaire, et très en vedette comme président des Hydropathes. Il a quitté son emploi pour se lancer dans le monde des lettres, il fut célèbre au premier Chat noir, mais sa vie se termina dans la maladie et la dèche, il était quasiment oublié sauf par ses amis de La Gardénia. Il me semble qu'André Maurel, lors du bénéfice donné quatre mois avant la mort de Goudeau, nous fournit une explication très valable :

> Personne plus qu'Emile Goudeau n'a dispensé son génie et jeté ses perles. Verveux et primesautier, il aimait à parler, et sa voix mugissante, il aimait à en faire sonner les éclats. Nul ne saura jamais ce que cet homme jovial a dépensé d'esprit et même de sagesse dans les discours improvisés[16], des vers inspirés et des anathèmes échevelés. Emile Goudeau est strictement l'homme fraternel qui répand parmi ses semblables les trésors d'une fantaisie inépuisable, d'un pittoresque infini et d'un bon sens paradoxal, fertile et renaissant.[17]

Hélas ! le « vent des mots » ne laisse point de traces, alors qu'Allais, avec deux contes par semaine, avait élaboré une œuvre.

Dans un envoi à Bertil-Graivil de *La Graine humaine* (1900), Goudeau avait écrit : « A mon vieux Camarade, malgré des insultes graves, en prévision de 1930, époque où nous serons de joyeux vieillards »[18] Si seulement il avait vécu jusqu'à 80 ans, les chercheurs seraient venus le questionner au sujet d'Alphonse Allais et le vieux poète aurait répondu, « Oui, mes jeunes amis, je l'ai bien connu, et je lui avais ouvert les colonnes de *L'Hydropathe* et du *Chat Noir* plus d'une fois ! »

Mais pour conclure, force est de reconnaître que Goudeau, comparé à Allais, est un écrivain de second ordre, ce qui n'enlève rien à sa valeur comme témoin[19]. Je peux vous annoncer que M. Jean-Didier Wagneur prépare une édition critique de *Dix ans de bohème*, et qu'il est en relations avec un Périgourdin qui travaille depuis plus de vingt ans sur Goudeau, ayant dépouillé toutes les archives imaginables et collectionné une masse de matériaux. Je ne suis que trop heureux par conséquent de vous informer que le dernier mot sur Goudeau n'a pas été dit, de même sans doute que sur Allais, qui n'est qu'à son premier colloque international !

---

16   Jean Languet, personnage principal de *Corruptrice* (1889, p. 192) devenu député, se demande : « Est-ce décidément comme la plupart des méridionaux, je ne puis penser qu'en parlant ? ».

17   André MAUREL, « Le Cigal ayant chanté… », *Gil Blas*, 18 mai 1906.

18   Collection de l'auteur.

19   N'oublions pas que dans son roman à clefs *La Vache enragée* (1885), Goudeau fait figurer Allais sous le nom de Virelai, chimiste, ami de Sirocco [Ch. Cros].

18. ALPHONSE VILLIERS

OU ADAM ALLAIS ?

D'UNE COMPLICITÉ LITTÉRAIRE,
OU COMMENT JOUER À BROUILLER LES CONTES

Bertrand VIBERT

> *La réalité n'a pas lieu d'être.*
>
> E. Brouillard

Au regard de l'histoire littéraire, si peu qu'elle se préoccupe des « humoristes », Alphonse Allais n'appartient pas à la même planète que Villiers de l'Isle-Adam. Quel rapport en effet entre l'auteur de « Véra » ou d'*Axël,* un des maîtres à penser de la jeune génération symboliste des années 1880, et l'auteur d'*À se tordre* ou du *Parapluie de l'escouade,* considéré comme le parangon de l'esprit fumiste ? Ou encore entre « l'exorciste du réel et le portier de l'idéal » — selon l'inusable formule de Gourmont — et ce blagueur professionnel et invétéré que fut Allais ? Depuis quelques années pourtant, la figure d'un Villiers hiératique et compassé est largement corrigée[1], et on s'avise que lui, Allais et bien d'autres évoluent ensemble dans une constellation fin de siècle très complexe mais non véritablement éclatée, au grand dam de quelques vérités scolaires sans doute, mais au bénéfice d'une approche plus vivante et plus féconde. Car prendre en compte une appartenance commune, c'est aussi faire davantage ressortir les individualités. À ce titre et

---

1 Voir l'anthologie de D. GROJNOWSKI et B. SARRAZIN, *L'Esprit fumiste et les rires fin de siècle,* Paris, Corti, 1990, ainsi que mon *Villiers l'Inquiéteur,* Toulouse, P. U. du Mirail, coll. Cribles, 1995, auquel je me permets de renvoyer globalement pour des analyses précises des textes de Villiers cités.

comme en avant-goût de ce colloque — signe des temps peut-être —, la toute fraîche publication des *Poètes du "Chat noir"*[2] mérite d'être saluée comme une bouffée d'oxygène éditorial. Les poètes illustres y côtoient sans façon les moins illustres, voire les inconnus, et, comme de juste, Allais et Villiers y sont tous deux représentés. On voudrait donc jouer à brouiller encore un peu les cartes, en postulant que Villiers ne perd rien à être lu à la lumière d'Alphonse Allais, et que réciproquement, Allais gagne encore à être lu, pour qui veut bien y reconnaître une petite dose — et parfois plus qu'un soupçon — de Villiers. Il est vrai qu'en leur temps, George Auriol avait déjà su dépasser l'évidence trompeuse des différences :

> Le rapprochement peut paraître blasphématoire, je le maintiens ; et je range dans la même escouade Léon Bloy, Villiers de l'Isle-Adam et Alphonse Allais, tous trois ayant été possédés par l'Esprit de Mystification.[3]

Le blasphème vaut d'ailleurs surtout pour Villiers, le plus âgé des trois qui devance Allais d'une génération — ils sont nés respectivement en 1838 et 1855 —, et surtout parce qu'il semble incarner la figure de l'Écrivain par excellence — Mallarmé dira « poète ». Mais au-delà d'une différence flagrante de *situation,* Villiers et Allais partagent une forme de rire moderne sur fond de « mort de Dieu » — ou à tout le moins d'un Dieu en voie de liquidation. Et ce qui est en jeu ici, c'est moins telle parenté thématique qu'une capacité d'invention qui allie bien souvent la cruauté de l'un et le fumisme de l'autre. Il s'agit donc de montrer qu'il y a là, *littérairement parlant,* une même attitude fondamentale, et que ce qui définit respectivement Villiers et Allais comme écrivains (la cruauté et le fumisme), et du même coup les sépare si on s'en tient à des catégories exclusives, est au contraire ce qui, au moins dans un premier temps, devrait inciter à les rapprocher. Tâche d'autant plus urgente, en dépit de son caractère de réparation posthume, que les deux hommes semblent ne pas s'être rendu pleinement justice de leur vivant : le constat est plus étonnant qu'il n'y paraît et appelle d'emblée quelques éclaircissements. Après quoi, les présentations faites, on essaiera de percevoir les échos qui, pour une oreille un peu exercée, permettent une écoute simultanée et quasi stéréophonique des deux écrivains. Alors seulement, on pourra s'arrêter pour finir sur quelques cas d'intertextualité qu'on lira comme autant d'effets de *variation* propres à mieux faire appréhender la poétique de chacun.

---

2   Présentation et choix d'André Velter, Paris, Gallimard, coll. Poésie, juin 1996.
3   Cité par François CARADEC, *Alphonse Allais,* Paris, Belfond, 1994, p. 275. Sur George Auriol, rédacteur au *Chat noir,* voir *ibid., passim,* et les deux anthologies précédemment citées.

1. Un accord manqué ?

Comment donc situer l'une par rapport à l'autre ces deux figures d'écrivain en leur commune fin de siècle ? Il semble bien qu'on ait affaire à une méconnaissance mutuelle, alors que Villiers et Allais se sont rencontrés maintes fois. Ils ont en effet hanté les mêmes lieux, le salon de Nina de Villard[4], plus tard le Chat Noir — cabaret et journal[5] —, de nombreux cafés et brasseries[6], — habitude qu'ils partagent avec une pareille assiduité professionnelle encore que pas toujours aux mêmes heures, Villiers étant notoirement noctambule. En tout cas, il y a là au moins, de part et d'autre, une même cause de célébrité. À ces conditions objectives pour un rapprochement, on ajoutera corollairement des fréquentations et quelques grandes amitiés communes, Léon Bloy déjà cité, et surtout Charles Cros qui fut intimement lié à tous les deux.

Or force est de constater qu'on ne trouve rien de Villiers sur Allais, et, fait plus étonnant, presque rien à ma connaissance d'Allais sur son aîné — et il ne semble pas que l'édition de sa correspondance apporte des révélations décisives à ce sujet. Et pourtant, Villiers ne laissait guère indifférent[7]. Je hasarderai donc quelques hypothèses, qui tiennent d'abord à la différence de leur statut public : Villiers se campe dans le rôle du grand écrivain à l'éloquence enflammée, et Allais, taciturne, se complaît dans celui du blagueur froid, pas même littérateur ; l'un parle, l'autre écoute. À quoi il faut ajouter qu'on ne peut guère être sur un pied de familiarité avec Villiers, personnage ombrageux, fantasque, déclamatoire, et qui n'a rien des qualités d'un bon camarade appréciées par Allais. J'imagine même une certaine irritation chez Allais à l'égard des manières emphatiques de Villiers, ou de sa façon de monopoliser la conversation une fois qu'il s'est mis à parler, si inspirées que soient par ailleurs ses logorrhées. D'où peut-être ce mot « rosse » et peu révérencieux rapporté par George Lorin, une fois que Villiers, ayant élu provisoirement domicile dans un gîte peu sûr, avait demandé son revolver à Achille Ier, roi d'Araucanie — ou plutôt de Montmartre : « Il a dû tuer un créancier ! »[8]

Mais paradoxalement, je suggérerai que c'est peut-être surtout leur amitié commune avec Charles Cros qui a pu contribuer à maintenir Allais à

---

4   Voir Fr. CARADEC, *op. cit.*, p.143 ; Alan RAITT, *Villiers de l'Isle Adam exorciste du réel,* Paris, Corti, 1987, pp. 90-93 et *passim.*
5   À partir de 1884, Villiers devient une figure de Montmartre. Voir Alan RAITT, *op. cit.,* notamment pp. 257, 279, 306, et 316.
6   Notamment la fameuse Brasserie Pousset : voir Fr. CARADEC, pp. 211, 222 et n. ; A. RAITT, p. 226 et *passim.*
7   Voir B. VIBERT, *op. cit.,* p. 12 *sqq.*
8   Cité par Fr. CARADEC, *op. cit.,* p. 225.

ce que j'appellerai une *distance respectueuse* de Villiers. On sait que l'invention du *paléographe* de Cros a précédé de plusieurs mois celle du *phonographe* d'Edison (respectivement avril 1877 et janvier 1878). Mais l'impécuniosité de Cros alliée à des concours de circonstances profita au génie commercial et publicitaire d'Edison qui lui ravit la primauté de l'invention. Or, pour des raisons littéraires, Villiers a fait à son tour d'Edison « le *papa du Phonographe* »[9] et le héros de *L'Ève future*[10], contribuant ainsi à accréditer l'erreur commune. Dans la chronique d'hommage qu'il décerne à l'ami disparu dans *Le Chat noir* du 18 août 1888[11], Allais a donc à cœur de rétablir les faits, mais sans dire un mot de Villiers ni de *L'Ève future*. Étrange coïncidence ? C'est moins d'un mois après la mort de Villiers, le 14 septembre 1889 et toujours dans *Le Chat noir*, qu'Allais consacre à cette question une nouvelle chronique plus circonstanciée, — qu'il intitule « Charles Cros et M. Edison ». Il y manifeste une ferveur d'amitié que ne tempère pas son anti-américanisme, et toujours sans allusion à Villiers (*ibid.*, pp. 208-210). En toute logique, on pourra lire dans ces deux chroniques comme un muet reproche à l'égard de l'auteur de *L'Ève future*, qui fut peut-être jugé infidèle à « l'ami sûr et bon » (*ibid.*, p. 177). Mais défendant Charles Cros, « l'homme qu'[il] admira et sans doute aima le plus » (Fr. Caradec, *op. cit.*, p. 141), Allais n'a pas non plus voulu nuire à Villiers, ni ternir sa mémoire. Comme si, vis-à-vis de Villiers, il tenait à garder sa réserve, ou suspendre son jugement. Attitude de réserve à laquelle on jugera prudent de se rallier, une fois ces conjectures faites.

Et pourtant on peut arguer en faveur d'une reconnaissance littéraire *de facto,* puisque Villiers publie au *Chat noir* — dont il fréquente assidûment l'Hostellerie[12] —, et notamment quand Allais en est le rédacteur en chef : « Le Tueur de Cygnes » paraît en juin 1886 peu avant l'entrée en fonctions d'Allais, et sera suivi, deux ans plus tard, par les « Poèmes pour assassiner le temps »[13]. Verlaine lui dédie également « Crimen amoris » dans la livraison du 28 décembre 1885, ainsi que l'hommage funèbre d'un sonnet le 7 septembre 1889 : Villiers était incontestablement une des grandes figures du *Chat Noir.*

---

9   Toutes les références à Villiers renvoient à l'édition des *Œuvres complètes* en deux tomes (désormais *OC*) dans la Bibliothèque de la Pléiade (éd. A. RAITT et P.-G. CASTEX, avec la collaboration de J.-M. Bellefroid, Paris Gallimard, 1986). Voir *OC*, t. I, p. 1556.

10   Le roman est publié chez Brunhoff en 1886. Mais il a fait l'objet d'une prépublication dans *L'Étoile française* sous une forme presque complète dès 1880-1881.

11   Toutes les références à Allais renvoient aux deux tomes des *Œuvres anthumes* (désormais *OA*) et *Œuvres posthumes* (désormais *OP*) publiées par Fr. CARADEC, Paris Laffont, coll. Bouquins, 1990. Voir *OP*, pp. 177-178.

12   Voir Fr. CARADEC, *op. cit.*, p. 223.

13   *OC*, t. II, pp. 857-859 et notice pp. 1697-1700. Les « Poèmes » ont paru dans *Le Chat Noir* du 15 mai 1888.

Concluons sur ce point : au-delà d'évidentes différences de surface (qu'il serait aisé d'argumenter en matière politique, religieuse, voire esthétique), Villiers et Allais partagent au moins un « antibourgeoisisme » viscéral, ainsi qu'un goût commun de la blague et de la mystification nourri par une créativité constante et une incomparable faconde. Jamais d'ailleurs deux personnages d'écrivains ne furent autant cités, pillés aussi, et placés au centre d'un nombre incalculable d'anecdotes. Villiers par exemple, en conversation avec un bourgeois chez Nina de Villard :

"Monsieur... à cette époque de l'année, je ne vous dissimulerai pas que je consacre tout mon temps à la poésie. J'écris des poèmes en un seul vers." "Serai-je indiscret en vous invitant à m'en dire un ?" [Villiers] prit subitement un air inspiré, et regardant fixement son interlocuteur : "Je ferai, monsieur, une exception en votre faveur, puisque vous êtes un ami du Beau ; mais je vous prie d'être discret, car ces poèmes sont encore inédits [...] " Et, enflant la voix :

POÈME RELIGIEUX :
La trinité de Dieu l'individualise.
Villiers, aimable, ajouta ; "Je compose également des fables en deux vers. Écoutez et gardez-le pour vous :
Pépin le Bref est mort il y a douze cents ans.
Moralité :
Quand on est mort, c'est pour longtemps."[14]

La « fumisterie » est bien digne d'Allais, blague agie autant que dite[15], et d'ailleurs comme souvent racontée par un tiers. Mais inversement — puisqu'en l'occurrence « dire » équivaut à « faire » — on aura compris que la rencontre des deux écrivains se produira plus sûrement dans les textes eux-mêmes, au-delà des anecdotes et de la geste chatnoiresque.

2. Échos

Histoire de donner le ton, on repérera chez Villiers quelques traits considérés comme caractéristiques du génie d'Allais : goût du jeu de mots loufoque, du calembour sans vergogne et à outrance, du sous-entendu grivois, de la bouffonnerie absurde, de la précision oiseuse, voire du non-sens pur et simple, — le tout emporté par une verve et une alacrité qui laissent pantois. « Les Demoiselles de Bienfilâtre », le premier des *Contes cruels,* réunit d'entrée de jeu le tout, pêle-mêle. À commencer par des considérations sur la diversité des mœurs et la relativité de la morale :

14 Albert de BERSAUCOURT, *Au temps des Parnassiens,* cité *ibid.,* p. 1700. Voir également, sur la mystification d'un bourgeois, « Une soirée chez Nina de Villard », *Chez les passants, ibid.,* pp. 410-411.
15 Je démarque la définition de Fr. CARADEC, *op. cit.,* p. 130.

> — À Sparte, le vol était pratiqué et honoré : c'était une institution hiéra-
> tique, un complément indispensable à l'éducation de tout Lacédémonien sérieux.
> De là, sans doute, les grecs.[...] — Au nord de la Perse, et chez les peuplades
> du Caboul, qui vivent dans de très anciens tombeaux, si, ayant reçu, dans
> quelque sépulcre confortable, un accueil hospitalier et cordial, vous n'êtes pas,
> au bout de vingt-quatre heures, du dernier mieux avec toute la progéniture de
> votre hôte, guèbre, parsi ou wahhabite, il y a lieu d'espérer qu'on vous arra-
> chera tout bonnement la tête, supplice en vogue dans ces climats. (*OC,* t. I,
> pp. 545-546)

Suit la peinture des cocottes à une terrasse de café parisien, auprès de gué-
ridons peints « en vert espérance ». Et le narrateur de s'interroger : « Vous
eussiez dit qu'elles attendaient quelqu'un. » Les demoiselles de Bienfilâtre,
remarquables entre toutes — puisque toute l'ironie du conte consiste à faire
de ces demoiselles de petite vertu des parangons de la vertu (petite-)
bourgeoise —, se signalent par une application à la tâche irréprochable.
Sur leur carte de visite, on peut lire : « Spécialités ». La suite, comme on
sait, raconte la chute d'une des deux sœurs, jusque-là irréprochable, qui
se rend coupable d'aimer. Ce qui lui vaudra un sermon bien senti de sa
sœur : « Une fille qui a jeté son bonnet par-dessus les moulins ! ... qui
baye aux grues..., qui naguère encore...tenait le haut du pavé...». Jusqu'au
moment suprême où, enfin, la pécheresse repentie pourra mourir « rache-
tée »... par les pièces d'or entr'aperçues *in extremis* entre les doigts de son
amant.

Dans « La Machine à Gloire » — ironique dithyrambe vantant les
mérites d'une claque moderne, rationnelle et mécanisée —, Villiers ne résiste
pas non plus au plaisir de faire s'emballer la logique, mais cette fois au mépris
de toute vraisemblance, fût-elle symbolique :

> «[...] la Machine peut obtenir des résultats rétroactifs. En effet des conduits
> de gaz hilarant, habilement distribués dans les cimetières de premier ordre, doi-
> vent chaque soir, faire sourire, de force, les aïeux dans leur tombeaux. (*ibid.,*
> p. 595)

Or, de tels aperçus (entre mille possibles) sont précieux en ce qu'ils dépassent le cadre de l'évidente satire où la critique range un peu trop précipitamment Villiers. La cruauté y devient fumisme, car le jeu et la prime
de plaisir qui l'accompagne ne sauraient s'accommoder d'une vision purement satirique, par essence sérieuse et fort réductrice. Mais du même coup,
le fumisme devient cruel à un autre niveau (et à l'égard du lecteur cette
fois), car la signification se trouve étrangement suspendue. Qu'est-ce que
cela *veut* dire ? Où cela mène-t-il ? Questions lancinantes et sans réponse
qu'aucun lecteur d'Allais ni de Villiers ne pourra manquer de se poser,
et qui relèvent d'une commune « esthétique de l'indécidable » dont la
formulation remonte sans doute au programme assigné par Flaubert à
Bouvard et Pécuchet, lorsqu'il voulait assortir le roman d'une préface

rédigée de telle sorte que « le lecteur ne sache pas si on se fout de lui, oui ou non »[16].

Fumistes également nombre de mots de Villiers — « à faire dresser les cheveux sur la soupe » —, amorces de contes ou « nouvelles à la main »[17] qu'on ferait aisément passer pour du Allais tout pur. En vrac quelques échantillons :

> C'est le Coquelin Cadet Gassicourt de mes soucis.
> Elle attendait la mort de son mari avec une patience...d'ange !
> Comme il joue bien de la clarinette ! C'est presque un aveugle !
> Comme sonnet, pour ta fête, je t'apporte, dans du son, ces quatorze vers de terre.

Et pour clore la série, un de ces paradoxes logiques offerts par le langage qu'Allais affectionne tout particulièrement[18] et dont on trouve le pendant, entre autres textes, dans « Un cas peu banal, nous semble-t-il »[19] :

> La scène représente la salle d'un trône, avec le roi assis sur son trône, et un ministre qui arrive et lui dit :
> "Sire, il y a en bas trente mille muets qui demandent à vous parler."
> *Le Roi :* Mais sont-ce de vrais muets ?
> *Le Ministre :* Ils le disent du moins.[20]

Mais la blague, chez l'un comme chez l'autre, joue volontiers avec le macabre, lors même qu'elle affiche une intention parodique (chez Allais[21]), ou qu'elle atteigne à la noire dérision qui caractérise les réflexions de Tribulat Bonhomet :

> Cet ivrogne avait tué sa femme ; après le premier coup de couteau, il se repentit ; mais il valait mieux l'achever pour qu'elle souffrît moins, puisqu'il était trop tard après ce coup. Il redoubla ; elle criait encore. Il était perdu de douleur ; mais il fallait, à la hâte, en finir pour lui épargner les souffrances. Il redoubla, mais son émotion le fit frapper encore à faux. Elle criait. Cela le torturait. Il frappait toujours à faux, troublé par l'horrible remords et l'horrible chagrin qu'il éprouvait de la voir souffrir. Cela le tuait. Enfin, il fallut quinze coups de couteau et bien des coups de talon ; qu'il frappait en sanglotant, en criant : mon ange ! et quand elle cessa de crier, il tomba évanoui de douleur.
> — Toujours des sentimentalités ! La sentimentalité nous tue ! (*OC*, t. II, p. 230)

---

16 Lettre à Louis Bouilhet, 4 septembre 1850, citée in *Extraits de la correspondance ou préface à la vie d'écrivain*, éd. G. Bollème, Le Seuil, coll. Pierres vives, 1963, p. 52.
17 Voir Fr. CARADEC, *op. cit.*, pp. 372-373.
18 J'ai abordé cette question dans « Une rhétorique chasse l'autre : la rhétorique fumiste chez Alphonse Allais », Actes du Colloque d'Azay-le Ferron, 1997.
19 *OP*, pp. 901-904.
20 « Fragments divers », in *Ébauches et fragments, OC*, t. II, pp. 1002-1004.
21 Voir « Un peu de naturalisme pour changer », *OA*, p. 355.

Au-delà de telles rencontres, quelques réminiscences patentes de Villiers ont été recensées chez Allais[22], mais on pourrait allonger sans peine la liste des échos ponctuels. Parfois un simple mot ou une plaisanterie : la médaille du Mérite agricole du bienfaiteur qui a étudié « la transplantation du *mildew* (maladie de la vigne) sur la tomate » (*OA*, p. 641) semble bien devoir quelque chose à la digne célébrité de « l'*Introducteur du phylloxéra* en France » (*OC*, t. I, p. 652). Au-delà, ce sont des motifs qui entrent en résonance, où l'élément thématique proprement dit peut aussi se combiner avec un certain type de traitement, ironique ou parodique. J'en citerai cinq :

1° La confrontation de l'auteur et du directeur de journal (ou éditeur, ou directeur de théâtre) dont la situation fondamentale est exposée dans « Deux Augures » de Villiers, et diverses fois reprise chez Allais[23]. Je n'y insisterai pas.

2° La ventriloquie, souvent utilisée chez Allais, mais qui compte déjà au nombre des talents de Bonhomet. Les effets qu'il en tire relèvent, comme on va voir, du plus pur style de la blague fumiste :

> J'ai fait une espièglerie à un mariage.
> [...]
> Au moment du "Oui !" de la jeune fille, j'ai fait partir deux ou trois voix d'enfants autour de ses jupes. Elles criaient : "Dis *non*, maman ! Dis *non !*" Tandis que, derrière les jeunes époux agenouillés, les mains jointes et avec un air d'extase, je semblais appeler les bénédictions du ciel sur leur avenir dans une muette oraison jaculatoire. (*OC*, t. II, p. 231)

La blague est méchante et gratuite, et ce n'est pas un hasard si Villiers la prête à Bonhomet — que dans un autre passage d'ailleurs, Dieu qualifie de « fumiste » (*ibid.*, p. 231). Je me garderai de tirer ici des conséquences métaphysiques de la ventriloquie — quoique toute énonciation polyphonique menace ce que Derrida appelle le « logocentrisme » —, mais j'y verrai néanmoins l'emblème du pouvoir de l'écrivain, l'être par excellence qui dispose de plusieurs voix. Pouvoir étrange, inquiétant en dépit de son côté farce (version music-hall), il est un des traits qui caractérisent le mieux Allais, écrivain qui sut si bien faire parler tout un chacun que sa propre voix est celle dont l'authenticité devient la plus improbable, et la plus difficile à percevoir.

3° Autre motif, le goût pour les explosifs de ces deux sympathisants anarchistes, qui, à défaut de poser des bombes, excellèrent dans la confection de cocktails littéraires détonants[24] : « Farce légitime » (*OA*, p. 819), par exemple,

---

22   Voir Fr. CARADEC, *op. cit.*, p. 430.
23   Voir par exemple « Chez l'éditeur », *OP*, pp. 248-249 et « L'auteur dramatique et le directeur de théâtre », *ibid.*, pp. 304-305.
24   Voir mon « Villiers de l'Isle-Adam écrivain déton(n)ant », in *Littérature et Anarchie*, Actes du Colloque international de Grenoble, P. U. du Mirail, 1997 ; pour Allais, Fr. CARADEC, *op. cit.*, pp. 389-403.

qui met la nitroglycérine à contribution, n'est pas sans évoquer « L'Appareil pour l'analyse chimique du dernier soupir » :

> [...] pour rassurer les clients de la bourgeoisie, [...] nous pouvons révéler que la mixture contenue dans la boule de cristal multicolore dont se constitue l'Appareil en sa forme, est à base de nitroglycérine et chacun sait que rien n'est plus inoffensif et onctueux que la glycérine. On l'emploie journellement pour la toilette. (Agiter avant de s'en servir.) *Contes cruels, OC,* t. I, p. 673

On ne saurait être plus clair qu'Allais lui-même : « qui dit fumiste dit chimiste » (*OP,* p. 28), que cette chimie emprunte aux ressources de la science ou à celles de la fantaisie littéraire. À vrai dire, même chez le potard Allais, la première ne doit pas être surestimée. Tout au plus remplit-elle le rôle d'un additif. Quant à Villiers, on voit que chez lui la seconde supplée largement les insuffisances de la première.

4° Autre motif privilégié, une même fascination pour la science[25], dont les applications techniques, tant réelles qu'imaginaires, leur fournissent une intarissable source d'inspiration. Applications souvent liées à l'ingéniosité commerciale, avec un penchant affirmé, là encore, pour la blague macabre. Comment par exemple rationaliser la mort ? Dans « L'Appareil pour l'analyse chimique du dernier soupir » et « L'Inquiéteur »[26], Villiers avait montré comment supprimer les manifestations de douleurs intempestives et peu dignes de l'époque. Il revient à Allais d'avoir inventé le « corbillard réclame » — qui eût ravi l'auteur de « L'Affichage céleste » ; «l'omnibus funéraire dit "multiplicateur", qui, grâce à un jeu de glaces [...], donne l'illusion d'un nombreux groupe de personnes à son intérieur par la simple réflexion à l'infini d'un unique personnage placé convenablement » ; enfin « le Crématoire automobile dont le foyer, tout en incinérant le corps, fait marcher le char funèbre »[27]... et le commerce. Enfin rationalisée, maîtrisée pourrait-on dire, la mort peut devenir source de profit industriel. (Les inventions sont d'Allais, mais le génie de la réclame semble venir tout droit de Villiers, tout comme celui des métiers loufoques[28] et plus généralement des pseudo-chroniques d'actualité qui sont de vrais contes à dormir debout).

5° Dernier motif, l'amour, sous sa forme de cliché romantique ou mélo-

---

25 Encore qu'il insiste sur la différence des enjeux, voir Warren JOHNSON, « Machines and Malaise : Technology and the Comic in Villiers and Allais », *Nineteenth-Century French Studies,* vol. 24, n° 1 & 2, Fall-Winter 1995-1996.

26 *Histoires insolites, OC,* t. II, pp. 323-328.

27 « Facétie macabre », *OP,* p. 565. Voir aussi « The Corpse-Car », pp. 370-373 et « Placer macabre », pp. 377-379.

28 Les deux sont notamment réunis dans « L'Agence du Chandelier d'or », *L'Amour suprême, ibid.,* pp. 41-48, société spécialisée dans l'organisation des pseudo-flagrants-délits de divorce.

dramatique. En tant que tel, il suscite un recyclage parodique dans lequel le naïf narrateur-témoin est volontiers mis en scène avec une dérision calculée. Ainsi lira-t-on tout l'incipit de « Virginie et Paul », dont le titre annonce déjà le retournement parodique :

> C'est un premier rendez-vous ! C'est une page de l'idylle éternelle ! Comme ils doivent trembler de joie l'un près de l'autre ! Salut ! innocence divine ! souvenir ! fleurs ravivées ! (*Contes cruels, OC,* t. I, p. 604)

Même motif chez Allais, bien que la situation et le ton soient légèrement variés, — le sentimentalisme affiché du narrateur étant contrebalancé par un réalisme à la pointe du progrès et à la hauteur de l'époque :

> Parmi les voyageurs de mon wagon, je citerai :
> Deux jeunes amoureux, grands souhaiteurs de tunnels, la main dans la main, les yeux dans les yeux. Une idylle ! (« En voyage », *OA,* p. 88)

Chez Villiers, la désillusion sera cruelle, le discours des amoureux faisant résonner de réplique en réplique le mot « argent », avec pour le coup un sens précoce de ces réalités bourgeoises qui échappent au narrateur, — cantonné qu'il est jusqu'au bout dans une attitude de naïveté enthousiaste. Mais c'est précisément celle-ci qui, en contrepoint, permet de faire entendre la charge de cruelle ironie de l'auteur :

> Ô jeunesse ! printemps de la vie ! Soyez bénis, enfants, dans votre extase ! vous dont l'âme est simple comme la fleur, vous dont les paroles, évoquant d'autres souvenirs *à peu près* pareils à ce premier rendez-vous, font verser de douces larmes à un passant ! (texte cité, p. 606)

On retrouvera le même cliché sentimental chez Allais (l'attendrissement devant l'amour naissant renforcé par l'évocation de la jeunesse enfuie), de même que l'effet de métalepse dans l'apostrophe du narrateur aux person-nages. Mais la note mélodramatique est encore accentuée par l'autoportrait cliché du narrateur, et la rupture de ton finale dégonfle rétrospectivement toute l'emphase sentimentale :

> Cela me rappelle ma tendre jouvence. Une larme sourd de mes yeux et, après avoir trembloté un instant sur mes cils, coule au long de mes joues amai-gries pour s'engouffrer dans les broussailles de ma rude moustache.
> Continuez, les amoureux, aimez-vous bien, et toi, jeune homme, mets longtemps ta main dans celle de ta maîtresse, cela vaut mieux que de la lui mettre sur la figure, surtout brutalement (texte cité, *ibid.*)

À l'évidence, le jeu de mots prosaïque, imputable au narrateur (alors que chez Villiers, l'effet d'ironie était à mettre au compte de l'auteur) brouille l'image de l'instance énonciative, et les valeurs qu'elle est censée représenter. Le pseudo-sérieux tourne donc à la blague déclarée, comme si on changeait la règle du jeu chemin faisant. C'est dire que, même quand il joue, le narrateur allaisien ne joue pas sérieusement, ou à fond — il ne fait que se prêter provisoirement à tel jeu, ou s'amuse à jouer. En d'autres termes, il ne se sent pas le moins du monde tenu de respecter les règles du jeu qu'il a lui-même instaurées, parce qu'il cultive par dessus tout les valeurs de la surprise et de l'imprévu. Il est vrai que le statut des réflexions diffère sensiblement d'un texte à l'autre : chez Villiers, on a affaire à la matière même du conte, alors que chez Allais, il s'agit d'un simple motif, d'ailleurs abandonné en cours de route. Une fausse piste, en somme, qui ne sera pas davantage exploitée, mais qui offre au lecteur le détour d'une gratification supplémentaire sans nécessiter de plus ample justification. C'est qu'il n'est pas pour Allais d'autre propos que de faire rire, et de s'amuser, tandis que chez Villiers, le jeu le plus délirant ne se conçoit que par rapport à un enjeu sérieux qui, nous l'avons vu, lui sert au moins d'alibi, — quitte à être ensuite partiellement évacué.

Ce dernier exemple permet donc de mesurer ce qui, tout en appelant un rapprochement, sépare les deux écrivains. S'il est vrai qu'aucun des deux ne semble le céder à l'autre ni pour la cruauté, ni pour le fumisme, les fonctions respectives de l'une et de l'autre restent à définir chez chacun. En d'autres termes, une fois admis que les deux écrivains jouent largement dans les mêmes registres, on voudrait faire entendre leur(s) différence(s).

3. Variations

Paradoxalement, c'est chez Allais qu'on trouve une forme de cruauté qu'on chercherait vainement chez l'auteur des *Contes cruels*. En voici un exemple tout désigné avec tel personnage d'assassin, Chigneux :

> Plus tard, il épousa une charmante jeune fille condamnée à vingt ans pour avoir précipité dans les waterclosets un enfant fraîchement né — avec cette circonstance atténuante qu'elle avait immédiatement remis le couvercle en place pour éviter un courant d'air au bébé. (« Chigneux », *OA*, p. 113)

Qu'on ne se méprenne pas. Ce qui signe ici la manière allaisienne, ce n'est pas l'horreur de l'invention, dont on trouverait sans peine l'équivalent chez Villiers,[29] mais le ton : tout ce qui peut séparer une ironie froide de l'ironie brûlante de celui qui avait pensé intituler ses *Contes cruels* « Contes au fer rouge ». Évidemment, le développement est un jeu à double détente : il est une parodie de « happy end », et il dément au-delà de toute attente l'illustration promise par l'énoncé programmatique « charmante jeune fille », — le tout exacerbé par la feinte naïveté du narrateur et le jugement aberrant rendu

---

29 Voir par exemple « Le Sadisme anglais », *Histoires insolites, OC,* t. II, pp. 287-294, — texte auquel la récente actualité belge apporte une sorte d'écho sinistre.

par le tribunal (la « circonstance atténuante »). Autodestruction goguenarde donc, en forme de contradiction interne, qui relève en plein de la blague affectionnée par Allais. Que les normes morales soient malmenées ou suspendues, ce n'est pas là même ce qui devrait scandaliser le lecteur. En revanche, la verve allaisienne ne laisse pas de surprendre par sa *gratuité* déroutante qui interdit toute forme de justification autre qu'un jeu dont la signification même échappe. Pourquoi tel luxe de détails ? Où ce cynisme mène-t-il ? Il faut en convenir : si le propre de la fiction fumiste est d'excéder son propos, Allais n'a pas son pareil pour monter des machines textuelles paradoxales dont on finit par ne plus savoir, si averti soit-on, par quel bout les prendre.

En ce sens, l'originalité d'Allais est peut-être d'interdire l'exemplification minimale qui semble caractériser toute fiction, qu'elle le veuille ou non.[30] Ainsi de ces contes qui, à proprement parler, ne prouvent rien, ne *veulent* rien dire. Deux exemples, empruntés à la série bête et méchante : le monsieur riche qui, pour se distraire, demande à deux maçons de murer une porte qui se révèle être la seule issue de la chambre (« Une mauvaise farce », *OA*, p. 202) ; ou encore celui dont le passe-temps favori consiste à engraisser les danseuses, pour s'offrir le spectacle burlesque de leur déconfiture, une fois la métamorphose accomplie (« L'Engraisseur », *ibid.*, p. 671). Le texte a beau affirmer que « chacun prend son plaisir où il le trouve », cette vérité banale, quand bien même elle serait promue au rang de maxime pratique illustrée par le récit, défie toute intelligibilité précisément parce que la fable s'emploie à en ruiner l'évidence. De surcroît, la construction circulaire du conte, qui s'achève sur la répétition de la proposition initiale, semble plutôt creuser une énigme qu'apporter une réponse à la question, — qui est tout simplement éludée. L'argument et son illustration renvoient ainsi l'un à l'autre de façon purement tautologique, et ne débouchent sur rien. La vérité ultime du fumiste, s'il en faut une, serait celle-ci : le plaisir en général, et le rire en particulier, sont l'unique mesure des valeurs. Car, en termes allaisiens, et en quelque sens qu'on entende l'expression, il s'agit « de ne pas s'embêter » (Voyez à ce propos « Un rajah qui s'embête », *OA*, pp. 418-420). C'est peut-être aussi pourquoi le lecteur, dès lors qu'il ne goûte pas la plaisanterie, se trouve dérouté, voué à rester hors-jeu, sans trop savoir si la fumisterie était délibérément cruelle à son égard.

Certes, j'ai pu essayer de montrer ailleurs à quel point les textes de Villiers étaient fumistes et, en tant que tels, irrécupérables et fauteurs de malaise. Mais si sa fameuse cruauté est précisément le jeu retors au terme duquel le

---

30 Sur les relations entre argumentation et fiction chez Villiers, voir ma contribution, « Le conte cruel est-il l'avatar du conte philosophique ? À propos de Villiers de l'Isle-Adam », in *19/20*, 1997.

sens est déstabilisé, c'est que Villiers commence par admettre des lectures sérieuses qui misent sur l'existence d'un sens. (Pour que la critique ait pu d'ailleurs s'y tenir si longtemps, il fallait bien qu'elle y eût été en quelque sorte invitée par les textes eux-mêmes, au moins en première lecture). En d'autres termes, la déconstruction villiérienne est encore une construction de lecture. Rien de tel chez Allais qui désarme d'emblée toute tentative herméneutique, qui place la gratuité et le non-sens au cœur de son activité d'écriture, et en appelle à une lecture qu'on dira *désorientée*. (La justification dernière qu'il avance cyniquement à ses lecteurs — rebaptisés « clients » — étant le bénéfice matériel qu'il en retire.) Le rire d'Allais récuse ainsi toute profondeur — ce qui ne veut pas dire qu'il soit dénué de signification —, il ne connaît d'autre philosophie que celle de la jouissance de l'instant et, contrairement à celui de Villiers, il n'ambitionne aucunement de « faire penser ». (Quant à susciter un colloque...) Tel est pour finir l'écart que je voudrais tenter de mesurer, lorsque Allais s'amuse à parodier Villiers.

Ainsi, par-delà l'héritage de Poe, et peut-être avec quelques réminiscences de Rollinat, « Amour spectral » parodie largement « Véra »[31]. Comment ramener à la vie une femme morte ? Chez Villiers, grâce à la force de l'amour où se concentrent la pensée et le désir. Chez Allais, on commencera par changer le décor. Pas d'antique manoir, mais une brasserie. Pas non plus l'obsession d'une bien-aimée disparue, sœur d'élection prédestinée, mais l'hallucination, où la boisson entre pour quelque chose, de la caissière morte derrière le comptoir. À remarquer qu'il ne s'agit pas de faire revenir la morte, puisqu'elle est déjà là, mais seulement de la ramener à la vie. C'est là surtout que les choses divergent sensiblement. À la puissance idéaliste de l'amour, Allais substitue une nuit d'amour, et des caresses à ressusciter une morte, qui la ressuscitent en effet. Et le conte s'achève sur le mot de l'ex-défunte à l'adresse du narrateur : « Je suis si reposée !...» Point ici d'arrière-plans ou de prolongements philosophiques, mais plutôt un fantastique désinvolte, qui apporte une variation fumiste au très poétique, mais très sérieux conte de Villiers. « Véra » si l'on veut, mais en farce. Car Allais se refuse à toute gravité emphatique, autant dire littéraire. Or le sérieux, chez Villiers, n'est pas toujours soluble dans le rire, et c'est par là qu'il prête le flanc à la parodie d'Allais.

Dans cette perspective, on lira « La Recherche de l'inconnue » comme une parodie de « L'Inconnue »[32]. On se rappelle que chez Villiers, le jeune comte Félicien de la Vierge, à peine arrivé à Paris de sa Bretagne natale, tombe

---

31 Respectivement *OP*, pp. 23-25 et *OC*, t. I, pp. 553-561. Évidemment, Allais *fait* beaucoup plus court.

32 Respectivement *ibid.*, pp. 710-721 et *OA*, pp. 1036-1037.

amoureux d'une inconnue aperçue à l'opéra. Chez Allais, le personnage principal, qualifié de « brave garçon » est, on s'en doute, une âme plus prosaïque. Néanmoins, il éprouve pareillement « le coup de foudre » pour une inconnue, mais cette fois lors de l'enterrement de la femme d'un de ses amis. Va donc pour le coup de foudre, cliché dont se moque Allais, mais que Villiers quant à lui prend au sérieux, en l'assortissant de quelques garanties philosophico-littéraires. Les symptômes sont néanmoins les mêmes : l'idée fixe de se trouver en présence de l'élue, afin de proférer quelque serment éperdu.

Version Villiers. Après que « l'idéal [a d'abord répondu] idéalement », l'inconnue refuse d'agréer la déclaration de son amant, en arguant — longuement — de l'obstacle de sa surdité (sur les dialogues de sourde, voir aussi Allais, « Un cas peu banal, nous semble-t-il »). Sur quoi son amant, prêt à triompher de toutes les difficultés, se lance dans une tirade lyrique qu'il achève par ces mots : « Chère femme épousée à jamais, viens vivre ensemble ! » (p. 718)

Version Allais : disparition de l'inconnue, et détresse de l'amoureux, qui ne peut puiser quelque réconfort que d'imagination, à rêver que l'idéal, comme chez Villiers, réponde à l'appel du désir, — avec néanmoins ce que Sempé appelle « un léger décalage », double effet de la distance du narrateur et d'un art singulier du raccourci :

> Jusqu'au soir, il resta là, espérant, dans je ne sais quelle démence, que l'inconnue repasserait par cet endroit, se jetterait dans ses bras, lui déclarant : "Moi aussi, je t'aime ; partons pour les îles ioniennes !" (p. 1037)

Après beaucoup de paroles, l'Inconnue de Villiers parviendra à convaincre celui qu'elle aime aussi de renoncer à elle. Chez Allais, le conte prend une tout autre tournure. Comment retrouver l'inconnue ? Tout simplement en tuant l'ami, histoire de favoriser une nouvelle fois les circonstances. Mais, ironie du destin, le personnage est aussitôt arrêté, et ce n'est qu'au moment de monter sur l'échafaud que l'inconnue réapparaît :

> Grâce à une autorisation spéciale, rarement accordée, une jeune femme se trouvait parmi l'assistance privilégiée admise à s'approcher tout près de l'échafaud.
> Son inconnue !
> Mais il était bien temps ! (p. 1037)

Certes, le conte de Villiers est dévoyé, non sans une surenchère dans la cruauté. Mais Allais adopte également un parti pris fumiste évidemment étranger à son hypotexte probable. Point de paroles, mais des actes ; un *presto,* au lieu d'un *largo ;* non des considérations philosophiques et morales tortueuses, mais une logique pratique irréprochable (quoique peu respectueuse des normes sociales et morales) ; un clin d'œil enfin, peut-être, aux lecteurs de Villiers : au moment où Allais fait suivre un autre cours à son his-

toire, il retrouve, comme par hasard, un autre thème villiérien. La guillotine ?
Tiens, tiens... La parodie fait ici coup double, et tient de l'art du télescopage.
Comme si « La Recherche de l'inconnue », débouchant sur « Le Convive des
dernières fêtes », s'offrait deux parodies au lieu d'une. Pour le reste, on s'abs-
tiendra soigneusement de chercher une signification ou une morale à cette
histoire. À cet égard, le préambule, dont le sérieux prétendu n'avait d'autre
valeur que de dénégation, sapait par avance toute possibilité de vraisemblance
réaliste, et toute récupération de nature morale ou symbolique. Autant dire
que le ton était donné d'emblée :

> Dans les conseils qu'on donne aux jeunes gens, on n'insistera jamais
> assez sur les ennuis qui peuvent résulter pour eux d'actes de violence mal cal-
> culés ou de crimes accomplis à la légère.
> Le court récit dont, braves messieurs et dames, vous allez bien vou-
> loir prendre connaissance, servira d'éclatante consécration à cette thèse.
> (p. 1036)

Quand il feint de vouloir « faire penser », Allais veut encore donner à rire,
le rire fût-il noir : l'art de la parodie, ou, en l'espèce, comment *raccourcir...*
Exécuter ses personnages reste d'ailleurs un des meilleurs moyens connus pour
finir une histoire. Allais ne s'en est pas privé.

Dernière variation parodique, qu'on examinera à partir d'une situation
commune. Soient deux amants, qui, tout à leur amour, font le vœu d'une
étreinte éternelle. Ce sera chez Villiers, « Les Amants de Tolède » : liés nus
l'un à l'autre sous les ordres de Torquemada, qui veut les faire triompher de
l'épreuve de l'amour charnel afin d'assurer leur salut spirituel, deux jeunes
fiancés goûtent « *quarante-huit heures* » de félicité — au lieu, hélas ! de l'éter-
nité désirée — et, conclut le conte, « ils ne s'embrassèrent jamais plus — de
peur... DE PEUR QUE CELA NE RECOMMENÇÂT ! » (*Histoires insolites, OC*, t, II,
p. 286). Morale fort cruelle, où on peut soupçonner que l'ironiste raille son
propre rêve humain trop humain... Allais pour sa part réutilise deux éléments :
la formulation du vœu (« ... *Être toujours avec toi ; ne jamais nous quitter ;
de nos deux êtres ne faire qu'un être !* ... » *OA*, p. 13) ; et l'idée de sa réalisation effective. Mais à partir de là, les solutions divergent sensiblement :
on a peut-être reconnu « Collage ». L'histoire est prosaïquement transposée
dans le monde moderne, et elle met en scène la femme, l'amant et surtout le
mari jaloux, par ailleurs chirurgien (pour les besoins de la fable) et américain (pour le sens pratique). Celui-ci donc, et l'auteur avec lui, accomplis-
sent le tour de force de prendre à la lettre le vœu de l'épouse adultère. Or,
dans le monde possible où Allais nous entraîne, cela va presque de soi.
Une opération chirurgicale en quelque sorte anodine pour un praticien doué,
et faite en guère plus de temps qu'il n'en faut pour le dire. Le temps de laisser le tout cicatriser, et le mari peut goûter l'effet de sa blague, — car c'en
est une :

> Réveillés en même temps, Georges et Bertha se crurent le jouet de quelque hideux cauchemar.
> Mais ce fut bien autrement terrible quand ils virent que ce n'était pas un rêve.
> Le docteur ne pouvait s'empêcher de sourire à ce spectacle. (p.14)

L'ironie de Villiers jouait déjà de l'impropriété sémantique. Avec Allais, on passe à un degré supérieur où le jeu métalinguistique et la logique qu'ils impliquent en dehors des conditions habituelles de l'expérience (la blague sémantique en somme) suffisent seuls à fournir l'argument, le développement et la chute du récit. Laissons le docteur conclure, s'adressant à sa jusque-là légitime épouse, désormais unie à son amant pour le pire, et par d'autres liens que ceux du mariage :

> Je n'ai fait qu'accomplir votre vœu le plus cher : *Être toujours avec toi ; ne jamais nous quitter ; de nos deux êtres ne faire qu'un être...*
> Et, souriant finement, le docteur ajouta :
> — C'est ce que les Français appellent un *collage.* (*ibid.*)

Le rire d'Allais est ici de même nature que celui de son personnage, c'est-à-dire absolument désengagé (à l'inverse de celui de Villiers), parce que tout référent extratextuel en est évacué : l'absence de réalisme ne laisse pas la moindre place à l'indignation ou au *pathos*. Le référent serait ainsi l'horizon perdu des signes au profit d'un jeu entre signifiant et signifié, qu'il s'agit justement ici de faire *coller* . Prenant délibérément le parti de ce qu'on a depuis nommé la clôture textuelle, Allais crée un monde vertigineux de fantaisie verbale où tout est annexé par le non-sérieux[33], à commencer par ce qui pourrait ressembler de près ou de loin à la littérature. C'est pourquoi la parodie est en quelque sorte son régime naturel. Mais celle-ci est doublement fumiste : variation approximative, elle semble en outre démarquer un modèle tout en affolant le sens par ses moyens propres, c'est-à-dire en affranchissant dans une certaine mesure la subversion du sens du jeu parodique lui-même. Aussi a-t-on l'impression de lire partout de la parodie chez Allais, et assez peu de parodies strictes.

Récapitulons. La souveraine désinvolture d'Allais a donné tout son sens à l'intuition prophétique et ô combien moderne de Flaubert : « L'Art, au bout du compte, n'est peut-être qu'une immense blague, j'en ai peur, et quand nous serons de l'autre côté, nous serons fort étonnés d'apprendre que le mot du rébus était si simple. »[34] Ce qui donne en style allaisien, une fois adopté le parti d'en rire : « À quoi bon prendre la vie au sérieux puisque de

---

[33]   On comprend aussi que, condamné à faire rire, le clown soit parfois plus que triste (« Absinthes », *OA*, pp. 254-256).
[34]   Lettre à Louise Colet [nov. 1851], *op. cit.*, pp. 49-50.

toute façon nous n'en sortirons pas vivants ?.» Exit l'art, donc. Du moins acceptons provisoirement de le croire. Va pour Allais. Mais Villiers blagueur de l'art et de la littérature, ce serait tout de même un peu fort de café (breveté Allais). Voire, car s'il est un Villiers sublime bien éloigné d'Allais[35], il n'est point toujours chez lui de ligne de démarcation entre la blague et le sérieux, de domaine réservé pour l'un ou pour l'autre (Lisez maint conte ou *L'Ève future*).

Villiers cache en effet plus d'un tour dans son sac à malices, et il retourne comme un gant l'argument flaubertien nostalgique du non-sérieux fondamental de l'art. Ce qu'on formulera en ces termes : si Allais ne doute pas que l'art ne soit de la blague, Villiers, lui, n'a jamais douté que ses blagues, déjà, ne fussent de la littérature. Juste retour des choses qui vaut bien évidemment pour Allais. Car si Villiers voulait « faire penser », Allais ne peut faire, malgré qu'il en ait, qu'il ne « donne à penser ». Notre présence ici atteste que sur ce point, c'est Villiers qui a vu juste, lui qui fut peut-être le premier à donner ses lettres de noblesse au fumisme. Récupération, dira-t-on. Tout au contraire. C'est précisément parce qu'il reste fondamentalement non-sérieux que le fumisme doit être pris au sérieux[36], ni plus ni moins que l'art dont il propose une vision résolument moderne. Il faut écouter Allais : « [...] un homme qui sait se rendre heureux avec une simple illusion est infiniment plus malin que celui qui désespère avec la réalité. »[37] Nietzsche n'est pas si loin, et l'auteur de *L'Ève future* est décidément tout près. Et à ce jeu de l'art comme illusion, exercice de haute voltige qui se pratique sans filets au mépris de la mort, Villiers et Allais surent jouer en princes « d'outre-rire »[38]. Mais si justice a déjà été rendue à Villiers, il faut le redire aujourd'hui, un siècle après Jules Renard — repris par quelques autres—, et après avoir désamorcé le paradoxe, le fumiste Allais fut et reste un « grand écrivain », et pas seulement un « grand chimiste »[39].

---

35 À preuve — s'il en fallait une — cette juste réflexion de Villiers, qu'on lira sans rire (« Fragments divers », *OC*, t. II, p. 1009) :
> Si je pense magnifiquement, on trouve *littéraire* ce que j'écris. Ce n'est pourtant que ma pensée clairement dite — et non point de la littérature, laquelle n'existe pas et n'est *que la clarté* même de ce que je pense.

À quoi on ajoutera que Villiers pousse le sublime (en termes de style) jusque dans la blague.

36 Je reprends la conclusion de B. Sarrazin, *op. cit.*, p. 38.

37 « La Forêt enchantée », *OP*, p. 188. Dans le très curieux « Conte de fin d'été », et dans un esprit similaire, Villiers vante pareillement l'«innocent jeu de l'Illusion » (*Histoires insolites, OC*, t. II, p. 333).

38 Je reprends le mot à André Velter, *op. cit.*, p.26.

39 *Journal*, Paris, Laffont, coll. Bouquins, 1990, p. 793.

19. L'HUMOUR MACABRE
CHEZ ALPHONSE ALLAIS

Marine DEGLI

Avec Sapeck, Jules Jouy et Maurice Rollinat, Alphonse Allais est l'un des meilleurs représentants de l'humour macabre "fin de siècle". Son goût de la mystification, de l'impertinence et sa puissance d'ironie en font même un maître en la matière.

Le terme de macabre, en soi, par sa valeur de provocation, devait nécessairement séduire Allais. Décrié par la critique, à cause, sans doute, des mauvaises humeurs qu'il draine derrière lui, longtemps refusé en tant que substantif indépendant, complexe, protéiforme, il échappe à toute catégorie, à toute appartenance et ne trouve véritablement sa place que dans le détournement. Il est en quelque sorte l'innommable de la mort, tournant autour tout en l'esquivant, se dérobant, à force d'ambiguïté, à ses lieux communs.

Irrespectueux de la mort, ennemi des protocoles et des conventions, Allais se révèle un incomparable explorateur de l'humour macabre, de ce rire noir qui surgit comme une hérésie de l'imagination.

Rien n'est épargné sous le joug du macabre. Ni personne. Ni les pauvres mortels, ni Dieu, ni la science. Tout est frappé d'insignifiance et l'inacceptable entre dans le cycle du quotidien avec un naturel déconcertant.

A cet égard, le crime, dans les chroniques d'Alphonse Allais, est significatif. Il se présente le plus souvent comme un acte sans importance, excluant à la fois compassion et solennité. C'est alors que l'humour affleure. Il est là, dans ce décalage entre la réalité du fait et la feinte légèreté avec laquelle il est décrit. D'un commun accord avec ses personnages, Allais met tout à plat, même le meurtre, créant ainsi une sorte d'imprévu de l'horreur.

Comme l'a écrit André Frédérique :

La danse macabre fait avec lui figure de quadrille[1].

---

[1] Alphonse ALLAIS. *Les Templiers*. Préface d'André Frédérique. Editions des Quatre Vents, 1947, p. 11.

En effet, les personnages vont et viennent sans troubler la sérénité du monde, ni celle des coupables. Nulle trace de remords chez ce cuirassier, curieux de savoir si la taille d'une jeune femme rencontrée dans la rue n'est pas postiche, tant il la trouve mince, et qui, "pour en avoir le cœur net", "trancha net la dame en deux morceaux[2]". Le vrai, en paraissant si peu vraisemblable, introduit le macabre dans l'ordonnance d'une vie apparemment sans souci, et l'incrédulité, agrémentée d'un brin d'innocence, légitime les gestes les plus répréhensibles.

S'y mêle, bien sûr, la saveur de l'interdit. L'assassinat n'est pas seulement anodin, il est aussi attrayant. Dans "Cruelle Enigme", le narrateur parle d'un carrefour de Paris où "il n'est pas rare d'assister à quelque joyeuse écrabouillade de gens à pied". Il ajoute :

> Avant hier mon coupé a passé sur le dos d'une dame âgée et cela m'a produit un bien déplaisant soubresaut[3].

Le renversement de situation, totalement inattendu, donne la mesure de la causticité d'Alphonse Allais qui a parfaitement compris que le macabre n'était jamais l'illustration d'une leçon de morale.

L'homme, du même coup, perd toute signification. Il devient un objet soumis à la loi du plus fort, comme dans "une mauvaise farce", où un dilettante fait emmurer vivants de pauvres bougres pris au piège de leur remarquable construction.

C'est également le cas dans "Le rajah qui s'embête" où un roi puissant, livré au désœuvrement, ordonne à une jeune bayadère, qu'il vient de découvrir, de se dévêtir. Mais cette mise à nu ne suffisant pas pour le tirer de son ennui, le tyran rugit : "encore !" Ses serviteurs enlèvent alors la peau de la jolie danseuse qui "apparaît au rajah, telle une écarlate pièce anatomique, pantelante et fumante[4]". La destruction de l'un contre le plaisir de l'autre. Le macabre a la violence de l'injustice sous couvert d'insouciance.

Il n'est donc pas étonnant que les morts, sous sa férule, puissent inspirer une franche gaieté. Le narrateur de "Délicatesse" avoue n'avoir jamais tant ri qu'après l'indigestion, suivie du trépas, d'un jeune garçon à qui il avait fait absorber une substance lubrifiante, le dégras, destinée notamment à entretenir et assouplir le cuir des chaussures. Sadisme n'est pas forcément synonyme d'humour, mais ici c'est la note de bas de page, qui, par contrepoint, fait basculer le texte dans un macabre grinçant :

---

2   Alphonse ALLAIS. Œuvres anthumes. A se tordre. "Pour en avoir le cœur net". Ed. La Table ronde, 1970, p. 43.

3   Alphonse ALLAIS. Œuvres anthumes. Le Parapluie de l'Escouade. "Cruelle Enigme". Op. cit. p. 419.

4   Alphonse ALLAIS. Œuvres anthumes. Rose et Vert-Pomme. "Le Rajah qui s'embête". Op. cit. p. 576.

Ce cas, fort intéressant, élucide un point de médecine légale fort contro-versé, à savoir que l'ingestion, dans l'économie, d'une substance, même non toxique peut déterminer la mort[5].

Cette note, faussement scientifique, rompt avec le ton goguenard de l'ensemble. La blague vire à l'incongru. Or l'incongruité n'est-elle pas l'une des com-posantes de l'humour chez Alphonse Allais ?

Nous en avons la confirmation avec "Fils de Veuve", où le crime, qui restera impuni, est commis sans que personne ne s'en inquiète. Le corps du mari défenestré s'écrase par terre, éclaboussant de "mouchetures grises" une jeune femme passant par là. Toute l'attention, évidemment, est portée, non pas sur la victime, mais sur l'infortunée, souillée, malencontreusement, en sortant du théâtre. Un monsieur "obligeant" la rassure :

> - C'est de la cervelle, madame, ça ne tache pas. Laissez-la sécher et demain, avec un bon coup de brosse, il n'y paraîtra plus. Le passant se trom-pait en cela : la cervelle humaine contient de la graisse (phosphorée) et tache les étoffes comme n'importe quel corps gras[6].

De déviations en digressions, le drame est oublié au profit de considérations matérielles sur la composition de la cervelle humaine. Les mots dérivent jus-qu'à découvrir une issue dans l'absurdité de leur progression. Précisons que ce texte, extrait du *Chat noir*, a été repris, quelques années plus tard, dans le *Gil Blas* et que le commentaire du narrateur figurera alors en note de bas de page, intensifiant encore la part de l'absurde tout en désamorçant le sor-dide de l'histoire.

Le fait divers a également aiguillonné la curiosité d'Alphonse Allais. Il est le moteur et le motif principal de "Question de détail", où un soi-disant malentendu est à l'origine du crime. Cette chronique, parue dans *Le Bec en l'Air*, est une courte scène dramatique confrontant un Président du tribunal et un prévenu, accusé d'avoir tué sa concierge et de l'avoir coupée en vingt-huit morceaux. Le mobile ? La laideur de la malheureuse. L'alibi ? Une visite chez le Dr Vivier, hypnotiseur, qui met en tête à notre monomane de la "détailler" afin de lui trouver - qui sait ? - après une observation minutieuse, quelques charmes. Le conseil sera suivi au pied de la lettre. Le littéral, en effet, a toujours droit de cité chez Alphonse Allais, à la faveur d'une pure gratuité où le comique le dispute au machiavélisme.

On pense aussi à cette histoire canaque, extraite du *Parapluie de l'Es-couade*, relatant la triste fin d'un anglais naufragé, confié aux soins des indi-gènes, qui, pour ne pas avoir bien saisi le sens de sécher, ont simplement entre-pris de faire cuire le pauvre rescapé.

---

5   Alphonse ALLAIS. *Le chat noir*. "Délicatesse". 14 janvier 1888.
6   Alphonse ALLAIS. *Le chat noir*. "Fils de Veuve". 1er octobre 1887.

Dans "Un peu de naturalisme pour changer", ce n'est pas l'incompréhension mais l'intérêt qui entraîne de fâcheuses circonstances. Une jeune femme avale une pièce d'or de cinq francs pour que son amant ne puisse s'en emparer. C'est méconnaître la cupidité de ce dernier :

> Faisant appel à ses vagues tuyaux anatomiques d'ancien louchébème, il ouvrit la gorge de la fille. Et, longuement, avec toutes sortes d'erreurs, il tripatouilla l'intérieur fumant de sa maîtresse[7].

Outre la chute inattendue, parodie d'un mauvais roman naturaliste, on retrouve cette constante de l'œuvre d'Allais : montrer, avec le plus grand détachement, le peu de valeur accordé à l'existence d'autrui. L'humour macabre n'est pas exempt de cruauté.

Le chimiste de "Scientia liberatrix ou la belle-mère explosible" va même jusqu'à livrer une excellente recette pour se débarrasser des importuns. Il lui a suffi de mettre au point un système capable de transformer le coton en fulmi-coton. Un jour de grand soleil, il projette sur sa belle-mère "un intense faisceau de rayons solaires" :

> Ce ne fut pas très long : un grand cri, une flambée comme de féerie, puis plus rien !
> Le médecin légiste conclut que ma belle-mère était une alcoolique invétérée, et qu'il ne fallait voir dans cet accident qu'un cas assez curieux de combustion spontanée.
> Je ne jugeai point nécessaire de contredire notre savant[8].

Une fois de plus, les bons sentiments ne sont pas de mise. Allais ne s'attarde pas tant sur la disparition de la belle-mère que sur la perfection du crime. En outre, le feu et ses avatars lui donnent l'occasion d'élaborer une science de l'imaginaire. Ses souvenirs d'ancien potache, loin de faire de lui un zélateur du progrès, l'incitent au contraire à placer la révolution scientifique du côté du subversif.

Ainsi, à l'aide des sciences physiques et surtout de la chimie, certains de ses personnages se proposent d'assurer aux morts une utilité posthume, les défunts devenant, de ce fait, source de profit plutôt que source de regrets. C'est cet aspect de l'œuvre d'Allais que nous allons à présent aborder.

Il était question, dans le texte précédemment cité, de fulmi-coton. Dans "Une Idée lumineuse", un savant, pour le moins illuminé, suggère de remplacer la crémation et l'inhumation par l'inaération qui consiste à débarras-

---

7   Alphonse ALLAIS. *Œuvres anthumes. Rose et Vert-Pomme.* "Un peu de naturalisme pour changer". Op. cit. p. 489.

8   Alphonse ALLAIS. *Le Journal.* "Scientia liberatrix ou la belle-mère explosible". 17 décembre 1899.

ser le cadavre de toute l'eau qu'il contient et de le transformer en "matière explosible" ou en "feu d'artifice complet" :

> Pour les familles pauvres, je me charge de transformer, au prix de trente francs, le cher défunt en chandelles romaines de toutes couleurs. Pour dix mille francs, j'établis un feu d'artifice de première classe avec bouquet allégorique. (...) Mieux encore... Les anciens militaires pourront léguer leur dépouille mortelle ainsi transformée, au comité d'artillerie. On en chargera les canons et les obus. Quelle joie, d'aller, dix ans après sa mort, mitrailler les ennemis de la France[9] !...

Ironie ou insolence du sort ! La concession (à perpétuité !) d'Alphonse Allais, en 1944, sera pulvérisée par une bombe. Mais revenons à ce projet dément qui est censé servir la patrie, supprimer le rituel des larmes et celui de l'enterrement, et lutter contre la douleur de la séparation en illuminant le deuil des gaietés de la fête. Le macabre ouvre une brèche sur le monstrueux, un monstrueux qui nous permettrait d'appréhender le trépas comme un objet d'émerveillement si l'on se contentait d'y voir une survivance dérisoire des séductions humaines.

Il existe d'autres moyens pour échapper aux rites convenus des funérailles. Un grand propriétaire foncier, conscient de l'importance du devenir de l'homme, rédige son testament en ces termes :

> Je ne veux être enterré ni incinéré. Quarante-huit heures après mon décès, qu'on mette mon corps dans une grande chaudière avec de l'eau et qu'on me fasse bouillir jusqu'à cuisson complète. La viande et le bouillon seront distribués à mes cochons. (Ayant, toute ma vie, vécu en cochon, il me sied de finir en cochon). Quant à mon squelette, on lui fera subir le traitement employé dans l'industrie pour retirer le phosphore des os. Ce phosphore, divisé en petits morceaux, sera distribué dans de petites lampes analogues à celles qui, sempiternellement, brûlent devant les tabernacles. (J'ai tant éclairé ma vie durant que ce me serait une cruelle privation de ne pas le faire encore un peu, après ma mort)[10].

En dépit de ses contradictions, ce païen en peine de religion a cerné la logique de ce que nous pourrions appeler la continuité posthume, loi irréductible du macabre "fin de siècle". Mais au-delà de ce défi par l'humour, penser à la survie du corps plutôt qu'à celle de l'âme, n'est-ce pas une autre façon de refuser la mort ?

Pour les vivants, en tout cas, la conservation des cadavres, surtout quand il s'agit des vestiges d'hommes célèbres, peut être extrêmement lucrative. C'est le sentiment d'un garde des sceaux, désireux d'accroître l'intérêt

---

9   Alphonse ALLAIS. *Œuvres anthumes. Pas de bile !* "Une Idée lumineuse". Op. cit. p. 342.
10   Alphonse ALLAIS. *Œuvres anthumes. Pas de bile !* "Un Testament". Op. cit. p. 356.

du Panthéon en cueillant les "panthéonisables" "à la minute même de leur trépas" afin de les figer un peu plus dans une immortalité factice :

> Ils seraient, comment dirai-je bien perpétués, éternisés, sempiternisés aux contemplations de la postérité !... Plus de cercueils ! Plus de sépulcres !... Tout ce sombre attirail remplacé par un vase immense de cristal...
> - Rempli de quoi ?
> - D'alcool[11] !

Allais, avec son irrévérence habituelle, se plaît à envisager qu'un lieu respecté pût devenir un lieu destiné à divertir le public. Après la Roquette et la morgue, pourquoi pas le Panthéon ? On irait s'ébaudir tout en faisant entrer dans les mœurs le commerce de la mort, entreprise fructueuse permettant, selon le garde des sceaux, de rapporter "des mille et des cents".

Ce texte aurait très bien pu s'intituler "Placer macabre", titre d'une chronique d'Allais parue en 1897 dans *Le Journal*, où il est question d'une société américaine ayant pour vocation d'acheter des cimetières afin d'en faire de futurs terrains à bâtir :

> (...) rien de plus facile que de transformer un vieux tombeau abandonné et moisi en un gracieux monument frais, coquet, et des plus alléchants.

On ne saurait, dans un pareil contexte, négliger les cadavres. Outre "les phosphates très demandés par MM. les producteurs de céréales", ce sont les dents aurifiées des défunts qu'il convient d'exploiter :

> Des statistiques sérieusement établies ont démontré qu'en Amérique les mâchoires de mille personnes représentent, au bas mot, trente once d'or, c'est-à-dire, *grosso modo*, six cents dollars (3000 francs environ), soit trois francs par personne. Comme la Compagnie prévoit une exploitation de près de dix millions de corps, il vous est facile de calculer les immenses bénéfices qu'elle est appelée à réaliser, rien que de ce chef[12].

En journaliste vigilant, Allais n'ignore pas qu'aux Etats-Unis s'est développé un véritable marché d'outre-tombe. Fort de cette information qu'il amplifie à plaisir, il dénonce les aberrations d'une société fondée sur le profit et la productivité, où les hommes vivent de la mort et par les morts sans aucun scrupule.

Ce sarcasme subtil apparaît aussi en filigrane dans "Facétie macabre". Des étudiants du quartier latin, ayant décidé de s'amuser, distribuent aux passants des prospectus sur lesquels on peut lire :

> POURQUOI S'OBSTINER A VIVRE ?
> Quand on peut se faire enterrer confortablement pour seulement 49,95 francs[13].

---

11   Alphonse ALLAIS. *Le Sourire*. "Accroissons l'intérêt du Panthéon". 17 mai 1892.
12   Alphonse ALLAIS. *Le Journal*. "Placer macabre". 26 septembre 1897.
13   Alphonse ALLAIS. *Le Journal*. "Facétie macabre". 17 mai 1900.

Le "joyeux directeur licencieux en droit" de ces pompes funèbres fantaisistes multiplie les propositions abracadabrantes : "le corbillard réclame", "l'omnibus-bar", "le crématoire automobile dont le foyer, tout en incinérant les corps, fait marcher le char funèbre". Dans le règne des apparences, le dernier habitacle est encore un signe extérieur de richesse. Aussi le macabre-bibelot fait-il son apparition. La modernité est le point d'orgue de cette entreprise au nom flatteur "la Sinistre", qui compte bien tirer un bénéfice satisfaisant des morts sans trop secouer la sensibilité de ceux qui restent.

L'inventeur du "corpse-car" se double, lui aussi, d'un redoutable promoteur :

> J'ai sous les yeux un projet fort bien conçu, ma foi, d'un véhicule qui remplacera du même coup et les voitures funéraires et le four crématoire. Le nécromobilisme, quoi. L'inventeur cédant en cela au goût du jour, a baptisé son appareil d'un nom anglais, il l'appelle : le corpse-car. Comme vous avez pu le deviner déjà, c'est le corps du cher défunt qui sert de combustible[14].

La nouveauté est indissociable de l'idée de performance. Le confort se substitue à l'éthique et le funéraire au funèbre. Les traditions et les souvenirs, quant à eux, sont évacués, le rendement économique accompagnant forcément l'oubli des morts.

Allais n'a-t-il pas pris le soin de préciser, dans "placer macabre", texte déjà cité, que "c'est surtout à l'oubli que les morts vont vite" ? "Les morts vont vite". Ce fameux refrain de la ballade de Bürger, "Lénore", a fait fortune à la fin du XIXème siècle. Il scande régulièrement l'œuvre d'Allais et sert d'ailleurs d'exergue au "Corpse-Car". Il est aussi présent dans "Ne laissons rien se perdre" qui fustige une fois de plus les dérives de la science. Le dilemme est le suivant : comment utiliser la matière première des morts ? Plusieurs suggestions sont émises. Retenons celle-ci : inhumer les cadavres en de larges prairies où paissent des chevaux de course, puisque "les morts vont vite" et qu'il "semble hors de doute que ce don de vélocité passera dans l'herbe qu'ils engraisseront[15]".

A force d'être reprise dans une transcription parfaitement littérale, cette formule empruntée retrouve une sorte d'autonomie sous la plume d'Allais.

Le texte, "Un Cérémonial fixé", en témoigne encore. A la question :

> Peut-on, non sans décence, assister à une inhumation en tenue de cycliste et avec sa machine[16] ?

---

14   Alphonse ALLAIS. *Le Journal.* "The Corpse-Car". 23 juillet 1897.
15   Alphonse ALLAIS. *Le Journal.* "Ne laissons rien se perdre". 2 juillet 1899.
16   Alphonse ALLAIS. *Œuvres anthumes. Le Bec en l'air.* "Un Cérémonial fixé". Op. cit. p. 438.

la réponse est affirmative, au regard des mœurs et coutumes de quelques pays lointains, évoqués par le narrateur qui, soucieux de reproduire ces modèles, conclut ainsi :

> Moi, je crois bien faire en fixant, dès maintenant, un cérémonial appelé - trop souvent, hélas ! - à nous rappeler que les morts vont vite, même quand ils renoncent à la bicyclette[17].

Par le biais du détournement, Allais écarte toujours un peu plus le cercle de la fantaisie, une fantaisie qui aide à considérer la mort avec un semblant d'effronterie. Ce texte rappelle inévitablement l'épisode du "Perpetual Motion-Food" dans *Le Surmâle* de Jarry où l'on assiste à "la décomposition incompréhensiblement accélérée[18] d'un coureur cycliste qui a succombé à l'effort et qui, fixé sur sa selle, doit continuer à pédaler, "vif ou mort".

Mais "les morts vont vite" n'est pas la seule expression que l'on rencontre chez Allais. Il jongle autant avec les morts qu'avec le mot "mort" lui-même car le dévoiement passe avant tout par le jeu de langage. Dans "The Corpse-Car", il soutient qu'avec la méthode dont il vient de rendre compte, "on n'aura plus à craindre de voir les chevaux prendre le "mort aux dents".

A ce désir de malmener la syntaxe se mêle le simple goût du ludique, du calembour. La fameuse phrase d'Eugène Chavette : "Quand on est mort, c'est pour longtemps", devient une sorte de précepte : "Quand on est Maure, c'est pour longtemps", formulé par un "jeune Arabe qui, après avoir reçu une excellente éducation au lycée d'Alger, s'en allait rejoindre ses frères du désert, dans le Sud-Oranais[19]". L'intrusion de cette remarque, exotique pour les besoins de la cause, est prétexte à transformer le sens et le corps d'un mot, au hasard d'un paragraphe, lui-même totalement dissident au milieu de la chronique.

Procédé jubilatoire s'il en est pour notre maître en fumisterie qui en renouvelle l'usage aussi souvent qu'il peut. En voici un dernier exemple dans un texte intitulé "La Morgue". Contre toute attente, cette morgue est une crèmerie répondant au nom de "crèmerie Dupuytren". La réalité, sous de tels auspices, aurait dépassé la fiction si Allais n'avait introduit dans ce lieu prédestiné, l'Ecossais Mac Abbey et l'Egyptien Makha Bey. Or, comme il se plaît à le noter : "il suffit de deux macchabées pour constituer une morgue". Suit, encore en note de bas de page, une définition plutôt singulière de "macchabées" :

> C'est ainsi que la trivialité parisienne dénomme les tristes épaves qui, sur les dalles de la morgue, attendent une reconnaissance posthume, n'ayant souvent rencontré, durant leur vie, que l'ingratitude[20].

---

17 *Id.* p. 439.
18 Alfred JARRY. *Le Surmâle*. Ramsay/J.J. Pauvert, 1990, p. 61.
19 Alphonse ALLAIS. *Le Journal*. "Propos détachés de Sam Weller". 21 octobre 1894.
20 Alphonse ALLAIS. *Le chat noir*. "La Morgue". 14 juillet 1888.

L'humour macabre est fait de ces transgressions verbales, formées à partir d'associations d'idées et de jeux sur les sonorités. La mort y est dédramatisée, jusqu'à la transparence, et les morts eux-mêmes perdent toute dimension tragique. Non seulement leur statut en soi, nous l'avons constaté, est totalement insignifiant, mais en plus, ils semblent n'être jamais à leur place. Ils constituent une vaste métaphore de la mort vécue et reviennent hanter, de leur présence narquoise, la terre et les rêves des hommes.

La mort, sous le prisme du macabre, est souvent évincée, à tel point qu'elle n'existe plus. C'est ce que nous nous attacherons à montrer dans une dernière partie.

Allais perçoit dans la charge du macabre et de l'exorbitant, son corollaire, un moyen de déraciner les idées reçues. C'est pourquoi il n'hésite pas, en poussant l'absurde dans ses derniers retranchements, à persuader son lecteur que les morts ne sont jamais aussi morts qu'on ne le croit. On trouve ainsi cette déclaration, en post-scriptum, dans une chronique du *Gil Blas* :

> Je serai dimanche à Toulouse. Si je ne trouve pas certaine lettre, poste restante, je me brûlerai la cervelle en plein Capitole. Après quoi, je filerai sur Bordeaux où je m'occuperai principalement de chantage[21].

Loin d'être un obstacle à la vie, la mort s'ancre dans une réalité un peu glauque dont elle sort intacte, et cette déconstruction des valeurs, précisément, appelle le sourire. "Renversons les choses", proclame Allais. Cette phrase pourrait presque s'appliquer à l'ensemble de ses écrits.

Dans cette perspective, le rôle de la parodie est essentiel. "Poème morne", par exemple, est une imitation gentiment satirique de l'œuvre de Maeterlinck, dédicataire, par ailleurs, de ce texte en vers :

> Eloa me ferait jurer,
> Qu'elle morte,
> Je me tuerais
> Nos deux corps enfermés dans la même bière,
> Se décomposeraient en de communes purulences.
> Le jus confondu de nos chairs putréfiées passerait
> Dans la même sève,
> Produirait le même bois des mêmes arbustes,
> S'étalerait, livide, en les mêmes feuilles,
> S'épanouirait, radieux, vers les mêmes fleurs[22].

La mort qui transfigure les cadavres en de charmants calices, en leur donnant la sève de la vie, est un poncif de cette fin de siècle. A cela s'adjoint

---

21 Alphonse ALLAIS. *Gil Blas.* "Le Midi à Quatorze Heures". 29 janvier 1892.
22 Alphonse ALLAIS. *Œuvres anthumes. Le Parapluie de l'Escouade.* "Poème morne". Op. cit. p. 401.

l'amour fusionnel, inaltérable : image éculée remise à l'honneur dans la tradition symboliste. Allais, qui, lui, ne se sert du symbole que par effraction, singe cette poésie d'âmes, se nourrissant de sublime dans une atmosphère de "serres chaudes". Après les obsèques d'Eloa, le locuteur, doué de sens pratique, se promet de prendre, dans l'avenir, une maîtresse drôle. Pour qui la vie drôle est en fait le reflet de la mort drôle, il n'y a de vérité que dans l'écart.

La passion démystifiée par l'arme de la dérision est encore présente dans une chronique intitulée : "Amour spectral". Cette fois, Allais rend hommage à Maurice Rollinat en parodiant avec une certaine tendresse "l'Amante macabre", poème assez célèbre dans le cénacle du Chat noir. Allais est sensible à l'humour de cette longue mélopée qui commence comme un conte d'Edgar Poe et s'achève sur le hoquet d'un cadavre. D'emblée, il prend soin de préciser : "Les vers et la musique de mon ami Rollinat me battaient dans la tête[23]". Il enchaîne sur l'histoire d'une morte qui continue à vivre son existence de "dame de comptoir". Avec "son corps froid et maigre", elle plonge le locuteur dans "une griserie macabre et troublante", avant de se muer en une adolescente "éblouissamment rose et vivante". La dimension féerique, ici, est contrariée par la présence parallèle d'un sentimentalisme pervers où perce l'ironie. Allais a saisi que la nécrophilie favoriserait cette ambivalence. Le cadavre, doté d'une vie surnaturelle, est sauvé de la disgrâce de la décomposition tout en gardant une identité que la mort, porteuse d'anonymat, décline. Mais chez Allais, la mort et l'amour ne sont jamais là où nous pourrions les attendre.

"Amour spectral" n'est pas le seul texte qui pose la question de la conservation ou de la survie des corps. Il n'est pas rare, notamment, d'assister à des résurrections inopinées qui vont plutôt dans le sens de la galvanisation. C'est le cas dans "L'Enrhumé". Un clergyman, mort subitement au cours d'une traversée en mer, est "enrhumé", c'est-à-dire déposé "dans un récipient rempli de rhum". Il reprend vie au contact du précieux liquide dans lequel il a été immergé. Cet heureux dénouement change ses dispositions d'esprit. Après s'être livré, sur le bateau où s'est accomplie sa métamorphose, à quelques obscénités, "notre revenant contracta pour le tafia sauveur une telle reconnaissance que, depuis, il n'a pas dessaoulé... Il est actuellement pianiste dans un petit music-hall de dix-septième ordre, à San Francisco[24]". La mort fait naître des vocations insoupçonnées. En la circonstance, l'alternative est simple : vivre ivre ou mourir comme un saint. Le clergyman ne choisit pas, mais, ainsi privé de libre arbitre, il aura oublié ce qu'est le repentir. Dans un élan d'anticléricalisme, Allais fait taire ce qu'il appelle les "moralisteries".

---

23 Alphonse ALLAIS. *Le chat noir.* "Amour spectral". 22 février 1885.
24 Alphonse ALLAIS. *Le Journal.* "L'Enrhumé". 8 juin 1905.

Autre modèle d'humour relevant d'un grotesque de situation et autre miraculé : Hercule Cassonnade. Ce géant de deux mètres dix est fort embarrassé par un rhume qui s'avère récalcitrant. Le médecin qu'il consulte lui recommande "la senteur balsamique des sapins". Or, Hercule conçoit la mauvaise idée de venir se soigner à Paris. Grand mal lui en prend puisqu'il se fait écraser par l'omnibus des Batignolles. Mais la mort, contrairement au rhume, ne veut pas de lui. Alors, à l'intérieur de son caveau, il se fâche :

> L'indignation l'étouffait. Il brisa le cercueil, brisa la pierre et se rendit chez son médecin[25].

Qu'il supprime, soit dit en passant. La mort fertilise le cynisme d'Alphonse Allais, comme elle tisse des liens entre ses différentes chroniques. Les échos se font d'un mot ou d'un texte à un autre, constituant une structure à l'intérieur d'une œuvre apparemment disparate ou décousue. Dans ces deux exemples d'"enrhumés", au sens propre et au sens figuré, la drôlerie repose sur le caractère loufoque de l'histoire, et d'autant plus dans le cas d'Hercule Cassonade dont l'aventure ou plutôt la mésaventure, est prétendument rapportée par un dénommé Foc.

Néanmoins, certains personnages, plus chanceux que notre géant, parviennent à éviter le cauchemar d'une inhumation précipitée :

> Car si ça n'est pas déjà très rigolo d'être enterré quand on est mort, sous quel fâcheux angle doit-on considérer cette opération lorsqu'on la pratique de votre vif[26].

écrit Allais dans une chronique du *Journal*. Il cite à l'appui le sauvetage d'un "monsieur précautionneux" qui avait demandé à ses proches, s'il lui arrivait de décéder brutalement, de lui planter dans la chair "une longue épingle d'or". Grâce à cette ingénieuse idée, il se réveillera effectivement d'un long sommeil, avant d'avoir été mis en bière.

Il est d'autres cadavres qui ne reviennent à la vie que par habitude, la mort macabre, en cette fin de siècle, n'étant bien souvent qu'une morne répétition des gestes quotidiens. Ainsi, cette vieille femme qui, tout au long de son existence "avait manifesté des sentiments de la plus rare harpagonnerie", et qui, au lendemain de sa mort, "comme réveillée par le cocorico (...) tourna la tête vers la bougie qui brûlait sur la table de nuit". Le narrateur, fidèle transcripteur des observations d'Edgar Bérillon au sujet de l'Inconscient, poursuit alors :

---

25   Alphonse ALLAIS. *Œuvres anthumes. Deux et deux font cinq.* "Début de M. Foc dans la Presse quotidienne". Op. cit. p. 40.
26   Alphonse ALLAIS. *Le Journal.* "Festina lente". 30 mai 1905.

Avec une aisance inouïe chez une personne dans cet état, elle se dressa sur ses coudes et souffla la bougie. Après quoi, reprenant sa position première, elle remourut immédiatement. Elle remourut comme parfois on se rendort sans même s'être aperçue du court instant de réveil[27].

Parce qu'il pense la mort autrement, Allais nous parle de morts qui ne ressemblent que très peu à des morts. Le macabre, dans son œuvre, est inscrit dans l'incohérence d'un réel transposé où les données empiriques finissent toujours par s'évanouir sous le poids du burlesque.

Du crime banalisé aux défunts ressuscités en passant par la métamorphose et le commerce des cadavres, le macabre, chez Allais, revêt mille facettes. Il est un théâtre plus vivant que la vie elle-même, dans ses débordements, ses excès, ses prolongements cocasses, ses paradoxes exubérants. Il est un théâtre où la facétie élude la gravité, où l'humour défie le pathétique, où les simulacres rendent possible l'impensable en stigmatisant le dérisoire de toutes choses.

Avec plus d'amour que de virtuosité, Allais a su reformuler la mort, recréer son image et réinventer des images autour d'elle. Et parce qu'il a cru à l'illimité pouvoir des mots, au détour de ses trouvailles, sans ostentation, il a touché la poésie, comme par inadvertance.

---

[27]   Alphonse ALLAIS. *Le Journal*. "Mortambulisme". 19 juillet 1904.

20. IRONIE ET FANTASTIQUE :
ALPHONSE ALLAIS

Pierre SCHOENTJES

1. Ironie et fantastique

La nature protéenne de l'ironie et la diversité des acceptions dans lesquelles le mot est employé actuellement nous obligent à rappeler brièvement ici quelques distinctions établies ailleurs[1]. Nous définirons l'ironie verbale, puisque c'est à cet aspect du phénomène que nous limiterons cette étude, comme un mode de discours indirect et dissimulateur qui met en présence deux sens contradictoires entre lesquels s'observe l'écart ironique. Celui-ci est une aire de tension qui découle de ce que l'ironie exprime toujours l'un *et* l'autre, le oui *et* le non. Dans la perspective qui est la nôtre, deux types d'ironie verbale semblent devoir être distingués : l'ironie-simulation et l'ironie-dissimulation.

L'ironie-simulation, c'est l'ironie que cherchaient à définir les rhéteurs ; elle est caractérisée par la relation de contrariété : l'ironiste veut faire entendre le contraire de ce qu'il dit. Les exemples qui illustrent ce type d'ironie se ressemblent tous ; Henri Morier[2] cite cette mère en colère qui, voyant son fils rentrer crotté de l'école, lui lance : « Tu es propre », pour lui signifier qu'il est sale. La contrariété retenue comme critère premier entraîne pour la conception de ce type d'ironie deux conséquences importantes. Premièrement, il s'agit d'un type d'ironie locale. Il n'y a en effet que les mots isolés qui puissent être affectés par ce rapport ; en général des qualificatifs

---

1   Pierre SCHOENTJES, 1993, *Recherche de l'ironie et ironie de la Recherche*, Gand, Universa, <Werken uitgegeven door de Faculteit van de letteren en wijsbegeerte, 180>, 310 p.
2   Henri MORIER, 1981, *Dictionnaire de poétique et de rhétorique*, Paris, P.U.F., p. 578.

exprimant un jugement de valeur. Deuxièmement, cette forme d'ironie est ouverte ; celui qui l'énonce ne cherche pas à cacher son ironie et les auditeurs n'auront guère de mal à la percevoir. C'est une ironie grossière car elle prend appui sur l'écart maximum sur lequel peut jouer le phénomène : le contraire sera en effet toujours reconnu comme incompatible avec la situation de discours.

L'ironie-dissimulation se caractérise essentiellement par le rapport de contradiction : ce que l'ironiste cherche à faire comprendre est en contradiction avec ce qu'il semble dire. Il est dit « autre chose » que ce qui est exprimé à première vue et la signification qui doit être inférée est en opposition avec la signification apparente. Cette conception de l'ironie se retrouve dans l'*Ethique à Nicomaque* et revient souvent quand les auteurs font appel à la figure de Socrate pour caractériser le phénomène. De même que la relation de contrariété influence la conception de l'ironie-simulation, la relation de contradiction influence celle d'ironie-dissimulation. Premièrement ce type d'ironie n'est plus limité au mot, il s'agit donc d'une ironie diffuse. En effet, si la relation de contrariété ne peut être étendue, celle de contradiction peut s'observer dans des portions de texte beaucoup plus importantes, voire dans des textes entiers. Deuxièmement, la relation de contradiction permet une gradation presque infinie dans l'écart que l'ironie instaure entre la signification de surface et la signification en profondeur : une contradiction minime peut suffire à faire surgir l'ironie. Plus difficile d'accès donc en raison de la subtilité de l'écart, l'ironie-dissimulation est une ironie couverte dont la compréhension exigera un effort accru de la part du décrypteur.

Précisons d'emblée que la relation entre ces deux types d'ironie en est une d'inclusion dans la mesure où toute relation de contrariété est d'abord relation de contradiction. Pas de frontière nettement marquée donc entre les deux types mais plutôt un continuum : la dissimulation de l'ironie peut être en effet quelquefois si grossière qu'elle se rapproche de l'ironie-simulation.

L'ironie, par ses procédés, se définit d'abord par référence à la langue ou à la pensée, tandis que le fantastique, par ses thèmes, entretient un rapport privilégié avec la réalité. Et si l'ironie est une pratique, un mode de discours, le fantastique s'est aussi développé en genre, caractérisé d'abord par un certain nombre de thèmes : vampires, revenants, spectres, fantômes, loups-garous, ... Il est assez clairement distinct d'un genre que nous n'aborderons pas dans cette étude bien qu'Allais s'y adonne occasionnellement : le merveilleux. On en trouve un exemple dans *Conte à Sara*[3] dont l'histoire fait d'ailleurs penser à un des modèles du genre : *Alice au pays des merveilles*. Contrairement au fantastique qui se déroule dans une réalité qui se veut

---

3   Alphonse ALLAIS, 1965, *Allais-grement*, Paris, Poche, p. 16, 17.

aussi proche que possible de la nôtre, les récits merveilleux se situent dès l'incipit à l'époque d'un « Il y avait une fois » où il est normal que les oiseaux parlent et que des petites filles se fassent manger par les chats. L'univers du merveilleux est régi par des lois qui ne sont pas celles de notre monde.

Malgré des noyaux clairement distincts, plusieurs spécialistes ont attiré l'attention sur la proximité du fantastique avec des pratiques proches de l'ironie : l'humour, le comique ou le ludique. Jacques Finné observe qu'« [u]n conte fantastique est un conte qui exploite du fantastique dans un but ludique[4] » tandis que Louis Vax, s'appuyant sur la définition que Bergson donnait du comique dans *Le rire*, écrit que :

> Le comique et le fantastique entretiennent des relations assez étroites. Fait rire, on le sait, le mécanique plaqué sur du vivant. Devient terrifiant, au contraire, le mannequin qui s'anime[5].

On remarque en outre que le principe central de l'ironie n'est pas absent des analyses puisque Irène Bessière note que :

> Le fantastique ne résulte pas de l'hésitation entre ces deux ordres [naturel et surnaturel], mais de leur contradiction et de leur récusation mutuelle et implicite[6].

Le principe de contradiction est bien celui qui préside à la « rupture de l'ordre reconnu, irruption de l'inadmissible au sein de l'inaltérable légalité quotidienne » que Roger Caillois[7], parmi d'autres, situe au cœur du fantastique. On le vérifiera à la lecture d'un conte fantastique écrit par Alphonse Allais :

2. Allais et le fantastique : « L'Esprit d'Ellen »

« Ce soir-là, j'étais rentré las et très énervé. Depuis un an qu'Ellen n'était plus, j'avais manqué pour la première fois à sa mémoire »[8]. L'homme qui exprime ainsi ses regrets au début de « L'Esprit d'Ellen » s'est montré infidèle au serment fait à sa maîtresse sur son lit de mort. Alors qu'il lui avait juré une fidélité éternelle, il s'est laissé aller à la trahison, entraîné « dans les bras d'une drôlesse quelconque » par des amis trop bien intentionnés :

4   Jacques FINNÉ, 1980, *La littérature fantastique : Essai sur l'organisation surnaturelle*, Bruxelles, EdUB., p. 17
5   Louis VAX, 1959, « L'art de faire peur », *Critique*, 15, p. 1042.
6   Irène BESSIÈRE, 1974, *Le récit fantastique : La poétique de l'incertain*, Paris, Larousse, <Université : Thèmes et textes>, p. 57.
7   Roger CAILLOIS, 1965, *Au cœur du fantastique*, Paris, Gallimard, p. 161.
8   Alphonse ALLAIS, 1921, *A l'œil*, préface de M. Donnay, Paris, Flammarion, p. 41.

> Les vins généreux, l'odeur et les parfums des femmes avaient réveillé chez moi la bête, la bête brutale et sale qui, longtemps assoupie dans mon être, se dédommageait enfin. (1921 : 42)

Au matin, saisi de remords, il s'était enfui de chez la fille « si brusquement qu'elle crut à un accès de folie ». N'osant pas rentrer chez lui de peur d'y trouver la morte, il avait erré fiévreusement toute la journée, tachant en vain d'oublier son ignominie.

S'étant enfin décidé à rentrer, notre personnage croit discerner Ellen dans l'obscurité du soir, assise au bureau ; son parfum, dans lequel domine le *winter-green*, flotte dans la pièce. Figé sur le seuil mais « sachant bien qu[‘il] était l'objet d'une hallucination » (1921 : 43), l'homme trouve néanmoins le courage de frotter une allumette. Personne dans le fauteuil mais l'odeur est bien là, persistante et inexplicable. Après avoir aéré, il se couche, s'endort pour se réveiller aussitôt au bruit de ce qu'il croit être un grignotement de souris mais qu'il finit par identifier comme le crissement d'une plume sur le papier.

A peine a-t-il allumé une bougie que le bruit cesse pour reprendre dès l'instant où la pièce est replongée dans l'obscurité :

> Fou d'épouvante, je n'osai bouger sous mes couvertures. Puis j'ignore si je perdis connaissance ou si je m'endormis simplement, mais je ne sais pas comment cessa le bruit. (1921 : 44)

Au réveil, l'homme retrouve son bureau en désordre, le porte-plume humide, l'encrier ouvert et s'il peut lire la signature d'Ellen sur le buvard, celui-ci a été appliqué sur une encre trop sèche pour qu'il puisse déchiffrer la lettre. Depuis ce jour, il ne goûte plus un seul instant de sommeil, l'odeur du *winter-green* revient chaque nuit :

> Très désespérément, je m'obstine à vouloir lire dans le miroir les insaisissables pattes de mouches de la morte, et c'en est fini de mon repos, car jamais Ellen ne me pardonnera ma lâche trahison. (1921 : 46)

Dans l'œuvre d'Alphonse Allais, les contes fantastiques sont relativement rares ; « L'Esprit d'Ellen » est d'autant plus intéressant qu'il répond aux exigences sévères posées par Todorov dans son *Introduction à la littérature fantastique*. Le critique définit le genre à partir de la contradiction entre le monde familier et des événements que les lois de ce monde ne peuvent expliquer pour retenir comme critère central « l'hésitation du lecteur - un lecteur qui s'identifie au personnage principal - quant à la nature d'un événement étrange »[9]. Aux trois niveaux du texte distingués par Todorov, celui de

---

[9]   Tzvetan TODOROV, 1970, *Introduction à la littérature fantastique*, Paris, Seuil, <Points>, p. 165.

l'énoncé, de l'énonciation et de la composition, il est aisé de retrouver dans
le conte d'Allais les propriétés structurantes du discours fantastique.
     Le premier trait se rapporte à l'énoncé : « Le surnaturel naît souvent
de ce qu'on prend le sens figuré à la lettre » (1970 : 82). Cette caractéristique s'observe clairement dans « L'Esprit d'Ellen » ; voici ce que nous
apprend le personnage sur son errance à travers la ville :

> Toujours devant moi, se dressait le pâle fantôme d'Ellen dont l'expression
> de cruel reproche me navrait à en pleurer. Avec le soir, mon inquiétude devint
> plus terrible et plus précise. Je n'osais rentrer chez moi, tant je croyais être sûr
> d'y trouver la chère trahie.[10]

Le « pâle fantôme » n'est dans un premier temps rien d'autre que l'image
qu'il prête à son sentiment de culpabilité : en passant de subjectif à objectif, de remords en reproches, le spectre gagnera en épaisseur et en réalité.
     La paraphrase du résumé a déjà permis de vérifier la pertinence de la
seconde caractéristique, celle qui concerne l'énonciation : « [d]ans les histoires fantastiques, le narrateur dit habituellement 'je' » (1970 : 87). Ainsi,
dans « L'Esprit d'Ellen », de même que dans tout autre conte où le « je » est
à la fois héros et narrateur, l'identification du lecteur est facilitée en même
temps que le procédé confère au discours un statut ambigu. L'hésitation surgit alors d'autant plus facilement chez le lecteur que celui-ci s'interroge sur
la vérité des mots (1970 : 91).
     Le dernier trait à noter se rapporte à la syntaxe ; plus exactement à la
composition. Penzoldt, à la suite de Poe, soulignait que dans le fantastique
l'histoire suit une ligne ascendante aboutissant à un point culminant[11] et
cette conception du climax se retrouve dans notre conte. « L'Esprit d'Ellen »
marque en effet nettement la progression : le « pâle fantôme » (1921 : 42)
n'est d'abord rien d'autre qu'une expression figurée ; il deviendra « hallucination » au seuil de la porte : « j'étais l'objet d'une hallucination » (1921 :
42), projection de l'esprit qui disparaît dès que la lumière se fait : « Ellen
était là (...) je frottai une allumette (...) Il n'y avait en effet personne »
(1921 : 42, 43).
     Disparaissant à la vue, la présence persiste cependant à l'odorat :
« l'odeur lourde et troublante où domin[e] le *winter-green* » (1921 : 42) ; elle
se manifestera plus tard à l'ouïe au travers du « grignotement de souris »
(1921 : 44). La présence se fera de plus en plus réelle et au paroxysme de la

---

10 1921 : 42 ; cette « *chère* trahie » qui est aussi une « *chaire* trahie » constitue peut-
    être, avec la description des yeux « de vache à l'herbage » de la fille, la marque d'un
    auteur friand de calembours.
11 P. PENZOLDT, 1952, *The Supernatural in Fiction*, Londres, Peter Nevill, p. 16 ; *cf.* TODO-
    ROV, 1970 : 92.

peur du héros, nous entendons avec lui la « plume fantastique se rem[ettre] à galoper sur le papier » (1921 : 44).

Le point culminant ayant été ainsi atteint, le lever du soleil marquera le moment d'une tentative de retour au rationnel : « j'attribuai à un cauchemar mon hallucination de la nuit » (1921 : 45). L'hésitation alors s'installe, durable : un spectre, celui d'Ellen, mais qui se dérobe à la vue rendant ainsi son existence hypothétique ; des indices, odeur de *winter-green*, porte-plume humide, encrier ouvert, buvard, qui toutefois pourraient s'expliquer naturellement.

Dans la perspective de Todorov, la ligne ascendante qui aboutit au climax n'est cependant pas essentielle. L'important selon lui réside en ce que le fantastique est un genre qui accentue plus qu'un autre la convention de l'irréversibilité du temps de la lecture (1970 : 94). A relire un texte fantastique, ou à le lire dans un ordre qui ne serait pas linéaire, la perte subie par le lecteur est plus grande que dans un autre genre.

Ce rappel succinct des principes exposés par Todorov se justifie par le besoin d'établir un cadre de réflexion général à la problématique que nous allons développer. Des lecteurs plus attentifs au texte que lui, à commencer par Irène Bessière et Jacques Finné, ont depuis longtemps démontré les lacunes de l'approche structuraliste. Seulement, le modèle avancé dans l'*Introduction au fantastique* permet, par son côté réducteur précisément, de s'interroger sur les similitudes et les dissemblances entre ironie et fantastique, deux pratiques qui demandent au lecteur de résoudre une contradiction inscrite dans le texte. A partir des trois critères suggérés par Todorov, nous examinerons ce rapport en élargissant le corpus à des textes ironiques.

3. Prendre le figuré au pied de la lettre

Si la majorité des lecteurs ont pendant longtemps reconnu le fantastique à partir des thèmes de prédilection du genre, certains ont, avant Todorov déjà, attiré l'attention sur le jeu qui s'installait fréquemment sur la lettre du texte. Ainsi, Louis Vax écrivait dans « L'Art de faire peur » : « Le fantastique consiste souvent à prendre à la lettre ce qui n'est qu'une façon de parler » (1959 : 1043). On a vu que ce procédé se retrouve dans « L'Esprit d'Ellen » mais d'autres contes d'Allais, qui n'appartiennent pas au genre fantastique, l'exploitent également.

Dans *Question de détail* (1965 : 159-161), un locataire qui détestait sa concierge et avait fini par la tuer avant de la découper en vingt-huit morceaux, déclare qu'il a agi sur les conseils de son médecin. Il explique au juge qui l'interroge que le praticien lui avait suggéré sous hypnose de *détailler* l'antipathique femme afin de lui trouver quelque bon côté : notre accusé a pris le conseil à la lettre... L'ironie qui surgit dans ce conte est d'autant plus forte qu'elle passe le truchement du titre : détailler ou *détailler*, c'est une question de détail.

Le procédé est similaire dans *Lectures substantielles* où un Monsieur propose d'améliorer une nouvelle technique d'imprimerie basée sur « l'étrange aptitude du fromage de gruyère à remplacer avantageusement la pierre lithographique »[12]. Il suggère de remplacer plutôt le papier par une feuille de gruyère fondu :

> — il faudra, bien entendu, pour que la comestibilité en soit sans danger, qu'on emploie une encre d'imprimerie spéciale, tel, par exemple un amalgame de truffes et de jaunes d'œufs.
> — Et c'est désormais que les expressions « déguster une chronique » ou « dévorer un feuilleton » pourront se prendre au pied de la lettre.
> — De même qu'on pourra parler sans hyperbole de « lectures substantielles ». (1992 : 153)

Les exemples[13] montrent qu'à lui seul le procédé ne suffit pas pour conduire au fantastique ; c'est ce que faisait d'ailleurs observer Finné dans sa critique de Todorov. Analysant les exemples de fantastique avancés comme illustration par l'auteur, il constate que les passages des textes concernés relèvent moins du fantastique que de l'humour noir ou de l'ironie (1980 : 33).

L'hésitation entre les deux pratiques n'est surprenante que pour celui qui oublie que l'ironie se base, ainsi que nous l'avons rappelé en début d'analyse, sur un jeu avec le double-sens des mots. La distinction entre une signification littérale et une signification figurée est récurrente dans les analyses de l'ironie : en France, la plupart des définitions découlent en effet de celle que Dumarsais proposait au XVIIIe siècle :

---

12 Alphonse ALLAIS, 1992, *Lecture substantielle*, préface de Ph. Kerbellec, Paris, Hamy, p. 150.

13 Apollinaire exploite plus à fond encore les possibilités qui découlent du principe qui consiste à prendre le figuré à la lettre avec un conte intitulé *L'ami Méritarte*. Le cuisinier hors pair qui donne son nom à l'histoire régale littéralement ses amis d'un drame comestible, de régal de comédie, de lyrisme, d'épopée et de roman avant de convier ceux qui, au fil des soirées gastronomico-littéraires, sont devenus les amants de sa femme à un repas satirique. Les champignons vénéneux empoisonnent les convives : « Ainsi, la satire de l'ami Méritartre atteignit véritablement son but et tua ceux qui en étaient l'objet, y compris lui-même, qui était las de la vie et qui croyait avoir épuisé toutes les ressources de son art » (Guillaume APOLLINAIRE, 1977, *Œuvres en prose,* Paris, Gallimard, <Bibliothèque de la Pléiade>, t. I., p. 380). La satire tue ici à la lettre. Ce qui rapproche les exemples d'Allais et d'Apollinaire c'est que, chez les deux auteurs, le récit naît et s'organise précisément par le fait que le figuré est pris à la lettre : il s'agit clairement dans ces cas d'une technique d'écriture consciemment adoptée par l'auteur.

> L'ironie est une figure par laquelle on veut faire entendre le contraire de
> ce qu'on dit : ainsi les mots dont on se sert dans l'ironie, ne sont pas pris dans
> leur sens littéral[14].

Il est depuis lors fréquent de considérer le phénomène comme un mode de
discours à double sens dont le sens figuré s'oppose au sens littéral. Plus exactement, il y aurait dans les cas d'ironie les plus simples un sens apparent et
un sens caché, contradictoires ; il y aurait aussi deux auditoires : les bons et
les mauvais entendeurs. Plutôt que de recourir une fois de plus aux exemples
canoniques d'antiphrases qui encombrent les rhétoriques, relisons Allais
dans un paragraphe de *Scientia liberatrix* :

> Sans positivement mépriser notre gendarmerie nationale, je recule toujours,
> au dernier moment, l'occasion de me trouver en conflit avec les braves mili-
> taires qui sont l'ornement de cette institution.
> Or le meurtre, tant soit peu connu de n'importe qui, fût-ce d'une belle-
> mère, suffit à déterminer la visite chez vous d'un maréchal des logis ou par-
> fois même d'un modeste brigadier de gendarmerie. (1992 : 82)

L'*understatement*, la litote des Anglais, domine ce passage qui s'ouvre sur
une prétérition à elle-seule déjà fort révélatrice. Des contradictions internes :
« n'importe qui »… « une belle-mère », doublées de gradations à rebours :
« maréchal des logis »… précédant « brigadier », invitent en outre le lecteur
à se ranger du côté du narrateur et à partager ses réserves relatives aux
« braves militaires » et au corps dont ils constituent l'« ornement ».

Sans caricature mais néanmoins avec assez de clarté, l'écart apparaît ici
entre un sens premier, souligné d'ailleurs par une rhétorique solide dans la
forme, et un sens second en contradiction avec la surface des mots.

Fantastique ou ironique, la situation des contes qui se développent à partir des jeux que permet la lettre demeure néanmoins marginale : à prendre le
figuré à la lettre on aboutit en effet plus souvent au contre-sens qu'au récit.
Il est possible d'en juger par un exemple culinaire tiré d'Albert Cohen. Dans
Belle du Seigneur, les valeureux, conscients qu'ils ne parviendront jamais à
écarter Solal de sa maîtresse, méditent comment parvenir à ce qu'elle se
détourne de lui. Mangeclous avance une solution alléchante :

> — Amis, que diriez-vous si nous nous attirions du mérite moral en rame-
> nant la jeune femme sur le chemin de la vertu à l'aide de quelque fromage odo-
> rant ?
> — Mais qu'as-tu donc dans la cervelle ? s'indigna Salomon. Crois-tu qu'elle
> abandonnerait le précieux de son âme pour un morceau de fromage et penses-
> tu qu'à un seigneur si beau elle préférerait le parmesan ou même le bon salé
> de Salonique ?

---

14 DUMARSAIS-[FONTANIER], 1967, *Les tropes*, G. GENETTE éd., Genève, Slatkine, t. 1,
p. 199.

— Figure de rhétorique, dit Mangeclous avec la lassitude de la supériorité[15].

Figure de rhétorique en effet que cette métaphore utilisée localement dans
un discours et qui, malgré son caractère original, n'en demande pas moins
d'être comprise comme telle, à savoir dans un sens figuré. Quiconque lit autrement commet un erreur, semblable à celle que commettrait celui qui ne sai-
sirait pas la malice visant les braves militaires, ornements de la gendarme-
rie nationale.

4. La première personne et le statut de vérité

Todorov fait observer que dans les meilleures nouvelles fantastiques le
narrateur est le héros même de l'histoire de telle sorte que « la parole est sujette
à caution » (1970 : 91). La possibilité qu'il mente est toujours ouverte et l'hésitation, caractéristique du genre, peut accroître d'autant chez le lecteur.
Dans « L'Esprit d'Ellen », nous sommes portés à croire sincèrement aux faits
rapportés par le héros-narrateur. Rien ne permet en effet dans son récit de
mettre sa parole en doute ; au contraire, en faisant part des hésitations qui
l'assaillent — il doute de ce que lui apprennent ses sens, il augmente la
confiance que nous avons en lui.
Il n'en va cependant pas toujours ainsi dans les contes d'Allais. « Une
mort bizarre » contient le récit d'un jeune peintre norvégien, Axelsen, qui
raconte à un ami comment il lui est arrivé de peindre une jolie baie à l'aquarelle en se servant d'eau de mer. Amoureux à cette époque, il avait fait
cadeau de la petite marine à l'élue de son cœur et la jeune fille avait aussitôt suspendu l'œuvre dans sa chambre. Or, lors d'une forte marée, l'eau de
cette baie s'était révélée sensible aux attractions lunaires, avait débordé et
noyé la jeune fille dans son lit. Le récit se termine quand, les larmes aux yeux,
Axelsen déclare :

— Et, tu sais, ajouta-t-il, c'est absolument vrai ce que je viens de te
raconter. Demande plutôt à Johanson.
Le lendemain même, je vis Johanson qui me dit que c'était de la blague.
(1992 : 52)

En révélant l'imposture d'Axelsen, la dernière phrase du texte — et elle seule
— fait basculer le conte du fantastique au fantasque. Ne pouvant s'appuyer
sur des faits vérifiables, le fantastique repose tout entier sur la force de

---

15   Albert COHEN, 1986, *Belle du seigneur*, Ch. PEYREFITTE et B. COHEN éds., Paris, Gallimard, <Bibliothèque de la Pléiade>, p. 669-670.

conviction de celui qui fait le récit des faits anormaux. Sa sincérité peut être mise en doute sans nuire au fantastique puisqu'il suffit que subsiste une hésitation, même légère. Une fois cependant le mensonge reconnu, c'en est fini du fantastique.

Allais affectionne les mystifications et le jeu qu'elles permettent sur la vérité et le mensonge. L'ironie exploite plus encore ces possibilités et il existe dans l'œuvre d'Alphonse Allais un conte particulièrement intéressant en raison du fait qu'il constitue un des très rares cas de récits qui mettent en scène un ironiste parfait qui exerce son art pour son seul plaisir, sans témoins ni victimes[16].

« Nature morte » raconte l'histoire d'un homme qui va rendre visite à un vieux peintre dont il a admiré au Salon un petit tableau « lequel représente tout simplement une boîte à sardines sur un coin de table » (1992 : 27). Dans l'atelier du père Houlen, le narrateur s'étonne de l'ignorance de l'artiste : « Impossible d'imaginer plus de naïveté, de candeur et même d'ignorance » (1992 : 28). Le vieil homme finit par lui confier qu'il vient de perdre toute une année à peindre sans succès « un tableau représentant un dessus de cheminée avec une magnifique pendule en ivoire sculptée » (1992 : 30)... à chaque fois qu'il avait cru mettre la touche finale à sa toile « il y a quelque chose qui n'est pas en place »... « [l]es aiguilles de la pendule » . Depuis ces échecs répétés, Van der Houlen avoue avoir commencé une existence « de torture et d'exaspération » ; « [l]ui, jusqu'à présent si sûr de lui-même, ne pouvait pas arriver à mettre en place ces sacrées aiguilles » !

Le narrateur constate alors « l'inutilité absolue de toute explication » et prend congé du bonhomme : « Comme un homme qui compatit à son malheur, je lui serrai la main » (1992 : 31). S'apercevant toutefois au bout d'une vingtaine de mètres qu'il a oublié son parapluie, notre visiteur revient sur ses pas pour trouver le vieux

> en proie à un accès d'hilarité si vive qu'il ne me vit pas entrer. Littéralement, il se tordait de rire. Tout penaud, je m'éloignai en murmurant : « Vieux fumiste, va ! » (1992 : 31)

L'ironie du peintre est ici absolument privée ; si le visiteur n'était pas retourné sur les lieux qu'il venait de quitter, il aurait cru — et le lecteur avec lui — que le vieil artiste ne jouissait plus de la plénitude de ses facultés mentales.

---

16   Avec « Gênes », on trouve un autre cas intéressant, encore que moins parfait sous le rapport de l'ironie puisqu'il met en scène un public et une victime. Allais y montre Mark Twain mystifiant avec quelques amis un guide italien en prétendant ne jamais avoir entendu parler ni de Christophe Colomb ni de la découverte de l'Amérique (1948 : 157-159).

En comparant les deux contes, on constate que les personnages qui disent « je », Axelsen et Van der Houlen, mentent tous les deux en racontant leur histoire. Mais on observe également que leur mensonge est d'une nature particulière dans la mesure où il ne profite à personne. Leur mensonge donne naissance à une fiction, il fait du premier un auteur fantastique, du second un ironiste.

Constatant la parenté structurale entre l'ironie et le fantastique, Pierre Bange propose de l'expliquer

> par l'analogie de leurs fonctions comme actes de langage ne se fondant pas sur la véridiction (*non verum consilium*). La différence entre l'ironie et le fantastique réside peut-être dans le caractère de jeu intellectuel de l'ironie, alors que le fantastique est affectif, déclencheur d'angoisse parce qu'il ébranle les certitudes existentielles et les sécurités du moi[17].

Seulement, comme il est impossible de soumettre n'importe quel texte littéraire à l'épreuve de vérité, le dénominateur commun proposé ici pour subsumer ironie et fantastique s'avère en réalité inopérant. Il permettrait tout au plus d'établir la distinction entre « réalité », où les choses sont là pour attester de la vérité d'une assertion, et « fiction » où précisément ces choses font défaut de sorte que seul demeure possible l'examen de la cohérence interne de l'œuvre.

Quant à distinguer entre une ironie plutôt intellectuelle et un fantastique davantage affectif, cette démarche ne revient qu'à faire varier les termes d'une opposition traditionnelle : celle entre ironie et humour. Or, il est aussi aisé de montrer la part intellectuelle dans le fantastique que dans l'humour : songeons seulement au divertissement que procure à l'esprit, et à lui seul, le fait de prendre le figuré à la lettre.

Le rapport à la vérité est fondamentalement différent dans le cas de l'ironie et dans celui du fantastique. Les auteurs fantastiques « mentent » sur la réalité mais une réalité qu'on ne peut pas vérifier dans la mesure où les fantômes ne sont pas de notre monde. Le cas de Johanson nous apprend que dès que la fausseté de la parole a été reconnue, le fantastique fait place à la supercherie.

L'ironie par contre n'est pas un mensonge sur la réalité ; le mensonge des ironistes porte sur un jugement. En effet, l'ironie est propositionnelle, elle s'articule toujours autour d'un jugement de valeur. La mère qui dit à son fils crotté « Tu es propre » n'émet pas un jugement sur la réalité ; cela serait absurde compte tenu des couches de boue dont est manifestement barbouillé

17 Pierre BANGE, 1978, « L'ironie : Essai d'analyse pragmatique », *in : L'ironie, Travaux du Centre de Recherches linguistiques et sémiologiques de Lyon*, 2, Lyon, P.U.L., p. 83.

son enfant. Elle émet un jugement de valeur : « J'aime que mon fils soit propre » ou, plus généralement, « J'aime la propreté ».

Ce qui fait de « Nature morte » un récit ironique c'est que le visiteur croit quitter un peintre idiot et qu'il se félicite de sa propre intelligence, cet habile instrument grâce auquel il explique le mouvement des aiguilles. Or, en réalité, l'idiot c'est bien lui et le vieil artiste a toutes les raisons de rire de quelqu'un d'assez stupide pour croire qu'il existerait un homme suffisamment ignorant pour ne pas savoir que le temps passe.

La position du vieux peintre n'est en somme pas si éloignée de celle de Socrate qui feint l'ignorance pour mieux faire ressortir l'ignorance réelle de ses interlocuteurs : il semble cependant moins charitable que le philosophe puisqu'il refuse au visiteur l'indice qui lui aurait permis de corriger son erreur.

« Lecture substantielle » est un conte ironique parce que si une expression figurée y est bien prise à la lettre, cette lettre réfère à une réalité directement vérifiable. Même ceux qui sont prêts à croire aux fantômes ne se trouveront jamais disposés à accréditer une hypothèse que les sens et le bon sens démentent immédiatement : celle d'un monde où dans les imprimeries, les fontes et le papier seraient remplacés par du fromage de Gruyère. L'absurdité de la proposition jaillit de façon irrépressible et l'ironie s'impose comme mode de lecture du texte à partir d'un jugement de valeur qui se retrouve à l'incipit du conte :

> La typographibilité du fromage de Gruyère est une de ces questions — je m'en doutais bien — qui ne peuvent manquer de passionner tout être tant soit peu possédé par l'angoisse du demain industriel. (1992 : 150)

5. Le temps de perception de l'œuvre

On sait déjà qu'en matière de syntaxe du récit fantastique, Todorov fait peu de cas de la théorie du climax tel qu'il s'observe au fil de « L'Esprit d'Ellen » et dans plusieurs autres contes d'Allais. Dans le domaine de la structure il choisit de souligner l'importance de l'irréversibilité du temps de la lecture et d'insister sur la perte de plaisir subie par le lecteur qui relit un conte fantastique. L'*Introduction au fantastique* suggère ici un rapprochement avec le genre du non-sérieux en faisant remarquer que

> le récit fantastique n'est pas le seul à mettre ainsi l'accent sur le temps de perception de l'œuvre : le roman policier à énigme [...et] [l]e mot d'esprit semble[nt] connaître des contraintes semblables. (1970 : 95)

Le lecteur qui connaît déjà la fin d'un conte fantastique, de même que le convive qui connaît la pointe d'un mot d'esprit ou la chute d'une blague n'est plus à même de goûter l'histoire à la façon du naïf qui l'entend pour la première fois.

Cependant, il convient ici de nuancer car si dans les récits ironiques aussi bien que dans les récits fantastiques le plaisir du texte naît bien des contradictions que l'histoire met en place et que le lecteur tente de résoudre, il n'en demeure pas moins que l'ampleur de l'écart qui sépare les contradictions est essentielle, ainsi d'ailleurs que la façon dont l'explication franchit cette distance. On en jugera par les exemples suivants.

Nous lisons dans « La forêt enchantée » comment deux amis, s'étant décidés à une promenade nocturne à travers la forêt, se retrouvent désespérément perdus le long d'un « sentier poétique en diable, mais où l'humain le plus désespéré n'aurait pu se pendre à aucun réverbère » (1992 : 74). Brusquement l'un d'eux distingue une lumière, vers laquelle ils se dirigent. Quel n'est pas leur étonnement de se retrouver sur un boulevard bordé de hautes maisons et de voir une pharmacie, une terrasse de café. Le narrateur poursuit : « Et puis une station de fiacres, des colonnes Morris, des kiosques à journaux, des réverbères innombrables. Paris quoi ! » (1992 : 75).

Cette présence pour le moins inhabituelle s'explique avec la rencontre d'un brave homme qui raconte qu'ayant été obligé de quitter Paris pour des raisons de santé, il n'avait toutefois pas réussi à s'habituer à la solitude des bois et avait recréé son quartier en pleine forêt : des bûcherons faisaient dans ce décor office de figurants.

Avant d'apprendre en fin de récit l'origine de cette surprenante présence de Paris au cœur d'un bois, le lecteur s'était interrogé avec le narrateur sur les explications possibles. Comme lui, il avait cherché à résoudre la contradiction à partir des éléments à sa disposition. Sa situation de lecteur lui interdit certains modes d'explication, ceux précisément que le narrateur et son ami envisagent en premier lieu :

> Je priai Wilfrid de me pincer, à seule fin de me réveiller.
> Wilfrid m'invita à lui fournir quelques grains d'ellébore pour dissiper son hallucination. (1992 : 75)

L'explication *rationnelle* qui fait appel à la folie ou au rêve est fréquente dans le genre qui nous préoccupe ; les deux possibilités étaient envisagées par le narrateur-héros de « L'Esprit d'Ellen » et il suffit de lire « Le revenant » pour trouver l'illustration parfaite du procédé. Dans ce conte d'Alphonse Allais, la nuit qu'un homme passe dans un chambre hantée en compagnie d'un fantôme prend fin suite aux effets d'une querelle surgie entre l'homme et le revenant. A la dernière ligne du récit des événements qui se sont déroulés dans la chambre violette, voici comment le narrateur raconte le coup de poing qu'il a décoché au spectre :

> Mon poing traversa le fantôme sans résistance et vint s'excorier cruellement contre les moulures d'une vieille armoire normande.
> Je ne pus réprimer un cri de douleur qui me réveilla. (1965 : 227)

Au lieu de dire « Il m'est arrivé de rêver que je me battais avec un fantôme », le narrateur raconte « Je me battis avec un fantôme, voilà ce qu'il m'est arrivé de rêver »[18]. S'il se trouve disposé à prêter une oreille attentive, l'auditeur du premier type d'histoire tentera de déchiffrer le récit du rêve à l'aide d'une clé des songes quelconque à moins que ses qualifications lui permettent d'avancer une explication psychanalytique. L'auditeur du second type d'histoire par contre, trompé par le faux statut de vérité du récit, cherchera dans son expérience du monde ainsi que dans les informations véhiculées par le texte une explication. Voilà d'ailleurs pourquoi une phrase comme « Ce n'était qu'un rêve » déçoit presque toujours : l'esprit du lecteur n'y trouve aucune satisfaction ; il est seulement déçu de s'être attelé à un défi qui à la fin se révèle ne pas en être un. La gratuité du jeu dérange.

Ce n'est sans doute pas un hasard si Todorov refuse de classer ce dernier type de récits sous le dénominateur de fantastique et leur réserve le terme d'étrange. Ce type de contes se présente selon lui quand à la fin du récit on admet que « les lois de la nature demeurent intactes et permettent d'expliquer les phénomènes décrits » (1970 : 46). Procéder de la sorte revient à écarter à bon compte du champs d'étude la masse imposante de contes fantastiques médiocres ou mauvais, précisément parce qu'après avoir suggéré une réponse dans un certain ordre d'idées, celui d'un monde qui échappe à la raison, ces contes concluent sur un registre incompatible, celui de l'univers rationnel. Todorov est peut-être plus conscient qu'il n'y paraît du côté artificiel de sa classification puisqu'il soulève, rhétoriquement il est vrai, des objections sur la pertinence d'une définition de genre « qui laisserait l'œuvre 'changer de genre' du fait d'une simple phrase comme : 'A ce moment, il se réveilla et vit les murs de sa chambre' ». (1992 : 47).

Dans l'étrange tel que Todorov le définit, la distance entre les contradictions du texte — Paris en plein bois, le fantôme dans la chambre violette — est franchie par le narrateur à la fin de son récit quand il avance l'explication rationnelle et dans la plupart des cas le lecteur ne peut faire autrement que d'y adhérer, quelle que soit par ailleurs sa déception.

S'il fallait établir une hiérarchie entre les types de récits, on voit bien comment l'étrange occuperait une place inférieure à celle du fantastique : l'hésitation prolongée devant les contradictions sera toujours valorisée davantage que le rejet d'un des termes de la contradiction. Ainsi posé, le problème du rapport entre étrange et fantastique rejoint celui du rapport qui unit l'ironie-simulation à l'ironie-dissimulation.

---

18   Une bonne cuite peut remplacer le rêve ; on lira la fin de « Dans la peau d'un autre » : « - Et au bout de combien de temps, fit l'un de nous, ton âme réintégra-t-elle sa véritable enveloppe ? Harry répondit froidement : - Le lendemain matin seulement, quand je fus dessoûlé ! » (Allais, 1965 : 29).

Quand on désigne du nom d'Apollon un homme particulièrement laid, tout auditeur saisit qu'il faut comprendre l'antonomase à rebours. Cet exemple d'ironie-simulation, un type d'ironie que Roland Barthes qualifie avec bonheur de « pauvre ironie voltérienne[19] », montre bien comment dans ces cas la signification première est en contradiction avec la réalité et qu'il n'y a pas d'autre solution que de rejeter la signification littérale... aux dépens de la victime. Cette forme d'ironie est assez grossière et Schopenhauer prétendait même que « de telles plaisanteries ne font rire que les enfants et les personnes dépourvues de toute culture[20] ». Nous avons déjà rencontré ce genre d'ironie avec le « brave militaire » et c'est également de l'ironie-simulation qui s'observe quand Allais mêle ironie et auto-ironie en parlant du compositeur de *Trois morceaux en forme de poires* comme d'un « musicien ogival et gymnopédique qui s'appelle Erik Satie et que je baptisai naguère (j'ai tant d'esprit) d'Esotérik Satie »[21]. Le rejet de la lettre correspond au rejet de l'explication qui fait appel au surnaturel dans le genre de l'étrange.

Si nous pensons maintenant à des textes comme *La modeste proposition* de Jonathan Swift ou à des contes ironiques où Allais, pince sans rire, exploite l'ambiguïté du phénomène sur plusieurs pages[22], nous voyons immédiatement comment l'ironie-dissimulation se caractérise, comme le fantastique, par l'hésitation qui s'empare du lecteur devant les contradictions irréductibles qui l'assaillent. Il ne s'agit plus pour lui de renverser la lettre au profit du sens contraire mais bien d'organiser les contradictions du terme en tenant compte de toutes les incertitudes qu'il fait jaillir.

Si le fantastique et l'ironie-dissimulation sont « meilleurs » c'est en raison du fait qu'il s'agit de pratiques plus littéraires : elles attirent l'attention sur le texte et invitent le lecteur à interroger les mots plutôt que le monde. L'ironie-simulation et l'étrange au contraire sont moins axés sur le texte que sur la réalité : l'effort d'interprétation s'exerce sur ce que les sens peuvent vérifier : la laideur d'un visage, la présence effective d'un coin de Paris en pleine forêt, la reconnaissance d'un rêve. Cela n'enlève rien à l'efficacité de ces pratiques, se moquer de quelqu'un, faire peur, et si l'étrange ou l'ironie-simulation peuvent être qualifiés d'« inférieurs » c'est uniquement d'un point de vue poétique.

On remarque qu'en réalité, c'est surtout l'étrange qui, à la façon de l'ironie-simulation, perd beaucoup de son sel à la relecture. Le fantastique se carac-

---

[19] Roland BARTHES, 1966, *Critique et vérité*, Paris, Seuil, <Tel Quel>, p. 75.
[20] Arthur SCHOPENHAUER, 1966, *Le monde comme volonté et comme représentation*, traduit par A. BURDEAU, Paris, P.U.F., p. 776.
[21] Alphonse ALLAIS, 1963, *La barbe et autres contes*, Paris, U. G. E., <10/18>, p. 122.
[22] On se reportera, toujours dans le genre du fantastique, au « Conte de noël » (Allais, 1992 : 101-104).

térise par l'hésitation et dans les meilleurs textes, le lecteur pourra toujours chercher des indices textuels susceptibles de confirmer telle ou telle explication. L'étrange interdit cette recherche ou plutôt la stigmatise comme vaine, puisque elle fige l'interprétation en fin d'œuvre en donnant explicitement l'explication correcte de faits contradictoires seulement en apparence.

6. Ironie et fantastique : Allais et le dévoilement du procédé

Le principe de contradiction rassemble ironie et fantastique ; les deux pratiques demandent en effet au lecteur de s'efforcer à résoudre les incongruités qu'elles présentent plus ou moins explicitement. L'analyse des domaines régis par les trois caractéristiques retenues par Todorov a permis de situer avec plus de précision les similitudes et les dissemblances.

Le fantastique prend le figuré à la lettre afin de faire entrer l'inexplicable dans le monde : le « pâle fantôme d'Ellen » qui surgissait d'abord devant la conscience du narrateur finit par se dresser physiquement devant lui. Il est clair que le procédé ne saurait s'appuyer sur n'importe quelle expression ; il faut que celle-ci cadre thématiquement dans le genre. L'ironie cherche aussi à faire prendre le figuré à la lettre mais gare à celui qui se laisserait prendre aux apparences : très vite sa lecture s'égare quand elle ne fait pas de lui une victime. Le fantastique demande de s'ouvrir à l'irrationnel tandis que l'ironie sanctionne immédiatement tout relâchement de l'esprit critique. Ce n'est que quand elle décide de jouer ouvertement avec la langue qu'elle prend le figuré à la lettre et propose des « lectures substantielles ».

Le rapport des mots à la vérité est différent aussi dans les deux pratiques puisque le fantastique repose entièrement sur la force de conviction du narrateur et dépend de la confiance que le lecteur est prêt à lui accorder : Axelsen multiplie les faits vérifiables et va même jusqu'à avancer le nom d'un témoin. L'ironiste par contre simule la sincérité et demande à son auditoire de ne pas le suivre : le plaisir privé de Van Houlen confirme (ironiquement) cette règle.

Le meilleur fantastique comme la meilleure ironie est celui qui maintient la tension entre les contradictions le plus longtemps possible : plus grande est l'hésitation du lecteur plus réussies sont les œuvres. Les meilleurs récits fantastiques ou ironiques sont ceux qui ne pâtissent pas d'une relecture parce que les éléments qu'ils contiennent peuvent étayer alternativement des lectures incompatibles. En figeant définitivement la lecture, l'étrange et l'ironie-simulation déçoivent souvent.

De même qu'il s'agit pour Allais d'épingler les conventions bourgeoises de la société, il s'agit pour lui de mettre à nu les procédés et les conventions littéraires. Il fait les deux avec verve et avec d'autant plus de bonheur qu'il sait être concis. On en lira pour preuve un morceau de poésie allographe intitulé CONSEILS À UN VOYAGEUR TIMORÉ QUI S'APPRÊTAIT À TRAVERSER UNE FORÊT HANTÉE PAR DES ÊTRES SURNATURELS :

> Par les bois du Djinn, où s'entasse de l'effroi,
> Parle et bois du Gin ou cent tasses de lait froid.
> (Le lait froid, absorbé en grande quantité, est bien connu pour donner du courage aux plus grands pusillanimes.) (Allais, 1965 : 241)

Il conviendrait bien sûr d'étudier les points de rencontre entre ironie et fantastique dans un cadre beaucoup plus vaste que l'œuvre d'Alphonse Allais ; les remarques avancées n'ont d'autre ambition que de défricher le terrain. Elles ne doivent en aucun cas occulter que Allais est d'abord et avant tout un auteur ironique. Même dans « L'Esprit d'Ellen », peut-être le conte le plus fantastique de son œuvre, la malice transparaît encore ; ainsi quand il fait le portrait de sa séductrice et évoque ses « yeux à fleur de tête, des grands yeux de vache à l'herbage » (1921 : 42), ces yeux de la « vache *à lait* » derrière laquelle se cache en outre la « vache *Allais* » !

A côté des procédé formels seuls envisagés ici, les rapports entre ironie et fantastique gagneraient à être replacés dans leur contexte historique. On oublie en effet trop souvent que c'est le Romantisme, allemand et anglo-saxon d'abord, qui a connu la montée simultanée des deux pratiques. Il ne faut pas oublier que si E. T. A. Hoffmann est bien l'auteur du *Chat Murr*, il est aussi celui de *La Princesse Brambilla* ou des *Kreisleriana* avec la célèbre « Lettre aux machinistes ». Quant à E. A. Poe, pour extraordinaires que soient ses contes, ils n'en demeurent pas moins fréquemment ironiques. Cette distance critique est plutôt rare chez les romantiques français ; quand viendra la charge d'Alphonse Allais, le réveil sera brutal.

21. ALLAIS :
LA MARCHE, LE RIRE ET L'ALCOOL

Alain VAILLANT

> *First it marked out a race-course, in a sort of circle*
> *("the exact shape doesn't matter", it said), and then*
> *all the party were placed along the course, here and*
> *there. There was no "One, two, three and away", but*
> *they began running when they liked, and left off when*
> *they liked, so that it was not easy to know when the*
> *race was over. However, when they had been running*
> *half an hour or so, and were quite dry again, the Dodo*
> *suddenly called out "The race is over" and they all*
> *crowded round it, panting, and asking, "But who has*
> *won ? "*
>
> Lewis CARROLL, *Alice's Adventures in Wonderland,*
> 1865, extrait du chapitre III.

Littérature pour rire

Le cas d'Alphonse Allais est, au moins sur un point, unique. A ma connaissance, il est le seul auteur du passé dont l'œuvre soit perpétuée au sein du corpus littéraire français, il est vrai à un rang très modeste, pour cette seule raison qu'elle provoque le rire. Pour tous les autres écrivains réputés comiques, le rire est accepté et valorisé dans la mesure où il participe d'une entreprise qui l'englobe et le justifie. Quatre stratégies de légitimation sont alors développées, ensemble ou séparément. La plus simple et la plus pratiquée - mais la moins intéressante pour la compréhension littéraire du rire - consiste à mettre au premier plan la visée satirique et, en somme, à considérer le comique comme une forme argumentative dont l'examen relèverait à la fois de la pragmatique linguistique, de la rhétorique, du décryptage idéologique. Deuxièmement, on accorde un prix particulier au rire si, au-delà de ces manipulations discursives, il exprime une conception du monde et de l'homme, une attitude philosophique qui imposerait le comique à l'exclusion de tout autre mode. Troisièmement, le comique, lorsqu'il donne forme et mouvement au jeu théâtral, relève de la poétique dramaturgique, constitue un matériau de l'art de la scène : qu'on pense, par exemple, à l'argumentaire esthétique développé par ceux qui, aujourd'hui, veulent réhabiliter les maîtres classiques du vaudeville (Labiche, Feydeau...). Enfin, les pratiques ludiques, les jeux multiples sur les sons, les sens, les lettres, les images manifestent la nature poétique du langage, et le rire est alors versé au crédit de cette inventivité rebelle aux règles et aux convenances qui, de Rabelais aux surréalistes, paraît une des sources les plus fécondes de la littérature.

Or ces détours apologétiques paraissent ici insuffisants. On peut trouver chez Allais - et on aura donc raison de le faire - un moraliste, un philosophe, un metteur en scène, un poète. Mais ces traits annexes ne suffisent pas à comprendre le plaisir, immédiatement perceptible, qu'il procure au lecteur. Allais fait rire, et c'est ce rire - son caractère élémentaire, irrésistible, apparemment fruste - qui dérange nos habitudes de lecture. Aussi est-il plus volontiers lu qu'étudié, plus cité que lu. Allais nous impose de revenir à cette interrogation préalable : qu'est-ce que le rire a à faire avec la littérature – c'est-à-dire avec ce que nous mettons tous derrière ce mot ?

En effet, pour déterminer où situer le rire dans l'échelle des valeurs, il faut d'abord avoir montré que le risible relevait de la littérature ou, du moins, qu'il était compatible avec ce qu'elle implique, structurellement et non pas culturellement. C'est parce que cette question-là reste en pointillés dans les discours théoriques qu'Alphonse Allais, avec quelques autres, bénéficie d'un statut ambigu, à la fois présent et absent dans notre tradition. Allais est drôle, peut-être génialement drôle ; mais on n'est pas sûr que ce génie relève des études littéraires : pourquoi le rire ne serait-il pas un phénomène *sui generis* qui traverserait, comme par accident, le ciel paisible de notre écosystème intertextuel ?

Je propose donc, comme Jean-Marc Defays[1], d'aborder la question à rebours : étudions les récits d'Allais comme des textes quelconques, et nous rencontrerons en chemin le rire, à la place qui est requise par la poétique propre de l'œuvre. De fait, les procédés comiques employés par Allais, quelque intérêt linguistique ou logique qu'ils suscitent par ailleurs, me semblent assez aisés à décrire : leur utilisation est simple, préparée, répétitive. Mais on sent bien que la joie provoquée excède de beaucoup la mécanique de la figure comique. Il passe, entre le texte et le lecteur, une émotion particulière qui touche aux zones obscures de l'imagination et de la sensibilité. C'est pourquoi, d'ailleurs,

---

1   Jean-Marc DEFAYS, *Jeux et enjeux du texte comique. Stratégies discursives chez Alphonse Allais*, Tübingen, Max Niemeyer Verlag, 1992, p. 2.

ce plaisir est cumulatif. Chacun en aura fait l'expérience sur lui-même, en lisant à la suite les nombreux recueils d'Allais : le retour des mêmes clichés et des mêmes techniques ne provoque aucune réaction de saturation. La capacité d'Allais à construire un univers, à élaborer une œuvre malgré une écriture qui fonctionne, formellement, sur la brièveté et l'effet de chute est un premier indice, vague mais indubitable, de littérarité.

Rire et lyrisme

Pourquoi, dans ces recueils journalistiques, une telle apparence de continuité ? C'est que si les récits, considérés individuellement, s'arrêtent et, parfois, tournent court, on ne cesse d'y parler, et que le concert de ces voix bavardes finit par constituer un murmure que rien ne paraît devoir interrompre - pas même la clôture effective du texte imprimé. Autrement dit - et, sur ce point encore, je me trouve d'accord avec une des observations principales de Jean-Marc Defays[2] -, les phénomènes d'énonciation jouent un rôle bien plus considérable que la logique de l'énoncé. Allais parle à son lecteur ; propre actant de ses histoires, il s'y adresse à des interlocuteurs fictifs ; ceux-ci parlent à leur tour et racontent des anecdotes, etc. Ce feuilletage complexe de discours est concrètement étudié par Jean-Marc Defays, et je n'y reviens pas. Je note seulement que se déploie ainsi le pur plaisir de la parole. On parle de rien, sans avoir rien à en dire : la parole devient intransitive, joyeusement inutile et irréelle. Cela vaut même pour le comique, qui se purifie en se simplifiant jusqu'à l'élémentaire : moins c'est drôle, plus c'est drôle ; on rit de rire, justement parce qu'on ne sait plus bien si l'on a raison de rire. A la limite, il n'est même plus besoin d'ouvrir la bouche. Comme le notait Jules Renard à propos d'une conférence donnée par Alphonse Allais, « il s'avance, une main dans la poche gauche. On sent que le public, nombreux, trouve déjà que c'est drôle » (*Journal*, 14 janvier 1900). Ainsi définirai-je, au prix d'une première approximation, le projet allaisien : faire éprouver l'énergie propre du rire, sans l'amoindrir par ce qui l'habille nécessairement, et créer entre rieurs la connivence du sentiment qui est la condition première de l'émotion comique.

L'art du conte, chez Allais, déporte ainsi l'attention du plan de l'énoncé à celui de l'énonciation. Les formes les plus diverses de savoirs et de discours s'y succèdent, pour alimenter un rire dévorateur qui ne laisse subsister aucune sorte de sérieux. Les textes d'Allais ne paraissent proposer aucune vision du monde, ne contiennent aucun message ; au contraire, ils invalident

---

2   *Id., ibid.*, chap. 1 (« Le jeu du "je" : l'énonciation en trompe-l'œil »).

systématiquement, par le jeu croisé de la parodie et de l'absurdisme, les principes de vraisemblance et de logique qui régissent les applications utiles du langage. Cependant, très paradoxalement, le bavardage allaisien ne cède pas aux facilités rhétoriques qu'on retrouve chez la plupart des textes de la fin de siècle. Le plus souvent, les fumistes jouissent avec une évidente jubilation de leurs effets d'éloquence, ils exhibent leur logorrhée, ils la théâtralisent à la manière du bonimenteur qui, en se mettant en scène, procure au chaland le plaisir de la représentation. A l'inverse, le discours allaisien est basé sur la concision. On parle aussi beaucoup chez lui, mais toujours de façon lapidaire, elliptique, lacunaire. Car les propos échangés comptent moins alors que la subjectivité ineffable qui se perçoit confusément à travers eux mais où finit par percer le regard de l'auteur.

Il faut donc s'entendre ici sur la notion d'énonciation, qui recouvre, sous une apparence trop commodément neutre et scientifique, deux réalités distinctes. Soit elle désigne l'ensemble des phénomènes discursifs, dont l'examen se mènera avec les outils de la linguistique, de la pragmatique ou de la narratologie ; soit elle permet, sur des bases textuelles, de repenser la question du sujet et de son inscription au travers des structures de la fiction. C'est de ce deuxième point de vue que l'énonciation allaisienne est remarquable, parce qu'elle finit par imposer, au fil des brefs récits, la personne d'Alphonse Allais, en sorte que la figure de l'auteur se superpose constamment sur celles de ses relais fictifs.

Il est vrai que cette confusion perceptible entre l'auteur, tel qu'il est suggéré par le texte, et les personnages qu'il crée est générale dans la littérature fin de siècle - et, notamment, dans le roman décadent. Mais, dans la plupart des cas, ces échanges servent alors de prétexte à l'intrusion de convictions dogmatiques ou d'excursus autobiographiques : cette difficulté à s'en tenir au plan de la fiction peut alors être considérée, à tort ou à raison, comme une défaillance de l'écriture, une rupture du contrat générique. Le *je* allaisien, lui, s'impose avec d'autant plus de force qu'il n'a rien à dire du monde, que le rire a gommé sans retour possible. La singularité formelle de cet univers réside dans le contraste qui s'instaure entre un réel fantômatique, annulé par la dérision, et ce *je* qui, malgré son inconsistance psychologique et par sa seule présence charnelle et presque pathétique, témoigne encore d'une conscience disponible à la vie et capable de vraies perceptions. Voici donc ma deuxième conclusion provisoire : alors que tout - les thèmes, les motifs, les jeux langagiers et logiques - marque son appartenance au comique, son principe fondateur apparente le récit allaisien au texte lyrique moderne, où un *je* scripteur, présumé authentique, s'efforce de saisir, malgré leur fugacité et leur incohérence, des fragments de réalité.

Baudelaire et Allais

Ce lyrisme du regard, et non de l'effusion, est celui qui se met progressivement en place, au cours du XIXe siècle, dans le poème en prose et dont Baudelaire achève de définir la formule. Il serait facile, dans certains textes du *Spleen de Paris* (*Un plaisant, Le Mauvais vitrier, Les Dons des fées, La Corde, Mademoiselle Bistouri*) de repérer des procédés à la Allais, pimentés d'une forte dose d'amertume. Mais c'est l'intention de Baudelaire, plutôt que ses réalisations, qui nous intéresse ici.

Son projet, très ambitieux, est de composer une œuvre qui soit l'envers des *Fleurs du mal*, sous les trois aspects de l'esthétique, du lyrisme, du comique : non plus élaborer un recueil fermement et visiblement charpenté, mais « un petit ouvrage dont on ne pourrait pas dire, sans injustice, qu'il n'a ni queue ni tête, puisque tout, au contraire, y est à la fois tête et queue, alternativement et réciproquement » de manière à constituer une « tortueuse fantaisie » (*Dédicace à Arsène Houssaye*) ; non pas versifier le discours intime du *je* mais saisir, sans apprêt, les « ondulations de la rêverie », les « soubresauts de la conscience » ; non plus enfouir dans le tissage des images, comme une source souterraine et clandestine, le rire, mais utiliser ouvertement le comique pour décrire le comportement humain. En somme, *Le Spleen de Paris* explicite ce que *Les Fleurs du mal* implicitent, et inversement : des deux ingrédients de la poétique baudelairienne (« Deux qualités littéraires fondamentales : surnaturalisme et ironie »[3]), il accorde la première place au premier ; parallèlement et par voie de conséquence, il projette sur le monde l'imagination qui se déployait dans le confort intime de la conscience, de manière à gommer, à force d'art, l'opposition entre le dedans et le dehors, l'intériorité lyrique et l'observation extérieure :

> « Il n'est pas donné à chacun de prendre un bain de multitude : jouir de la foule est un art ; et celui-là seul peut faire, aux dépens du genre humain, une ribote de vitalité, à qui une fée a insufflé dans son berceau le goût du travestissement et du masque, la haine du domicile et la passion du voyage.
> Multitude, solitude : termes égaux et convertibles par le poète actif et fécond. Qui ne sait pas peupler sa solitude, ne sait pas non plus être seul dans une foule affairée.
> Le poète jouit de cet incomparable privilège, qu'il peut à sa guise être lui-même et autrui » (*Les Foules*).

Mais, à ce travail poétique original, il faut un espace réel où se confondent en effet l'intime et le public, soi et les autres : espace ouvert et décloisonné

---

3 Charles BAUDELAIRE, *Fusées*, dans *Œuvres complètes*, Paris, Gallimard, « Bibliothèque de la Pléiade », t.1, 1975, p. 658.

qui permette la circulation et le coudoiement des corps, la mobilité des objets et des esprits. D'où le rôle central, dans ce dispositif littéraire, de l'univers citadin et de Paris : « C'est surtout de la fréquentation des villes énormes, c'est du croisement de leurs innombrables rapports que naît cet idéal obsédant » (*Dédicace à Arsène Houssaye*). Le Paris des écrivains, du moins au XIXe siècle, fonctionne comme un gigantesque espace privé, où chacun peut librement changer de place, interpeller l'autre : lieu utopique fait pour la promenade et la marche au hasard. Cette poésie, où la subjectivité s'arrache à sa sphère propre pour dire la réalité multipliée de la foule, a besoin de la dynamique centrifuge du rire. Ainsi Baudelaire accumule-t-il, comme pour s'administrer un salutaire antidote, les énoncés auto-parodiques qui reproduisent, sur un mode dévalué, l'atmosphère des *Fleurs du mal*.

Or, on retrouve la même référence parodique aux *Fleurs du mal* dans un récit d'Allais, chez qui les allusions à des auteurs passés sont pourtant très rares. Voici comment le jeune préparateur en pharmacie, féru de Baudelaire, du conte *Inconvénients du baudelairisme outrancé*, répond à une cliente venue lui acheter un filtre pour mettre du vin en bouteilles :

> « Alors, subitement déclenché par ces mots, le jeune baudelairien clama :
> *Ah ! les philtres les plus forts*
> *Ne valent pas ta paresse*
> *Et tu connais la caresse*
> *Qui fait revenir les morts*
> Légitimement froissée de ce quatrain interpellatif qu'elle n'avait aucunement mérité, et auquel, disons-le, elle était loin de s'attendre, la dame alla conter la chose à son mari, lequel s'empressa de venir administrer à l'éthéré potard une raclée noire.
> Avais-je pas raison de dire en débutant : "Faut du Baudelaire, c'est entendu, mais pas trop n'en faut ?" »

Le comique est plus ambigu dans *Les Modes de cet hiver*, où un certain Narcisse Lebeau écrit à Alphonse Allais pour se féliciter d'avoir imposé la mode du légume frais de pot-au-feu, à la place de la traditionnelle fleur d'oranger qui orne les coiffures des mariées ; puis il ajoute :

> « Ces détails paraîtraient peut-être frivoles à tes lecteurs, mon cher Allais ; n'oublie pas de dire à ceux de tes correspondants qui s'étonneraient de notre sollicitude pour les choses de la mode que toi et moi sommes dans la vie les derniers refuges du dandysme, et qu'il n'est pas de jour que Dieu fasse - on avouera que le bougre en fait quelques-uns - où nous ne mettions en pratique cette assertion de Baudelaire : *le véritable dandy doit vivre et mourir devant sa glace* ».

Le contexte est évidemment risible. Cependant, il faut se rappeler que, dans l'esthétique et l'éthique baudelairiennes, le dandy incarne la poésie moderne, pour qui, toute profondeur niée désormais, la vie est volontairement réduite aux surfaces qu'elle offre au regard, au choix des vêtements, des actes et des poses ; ayant fait le deuil pour soi de l'en deçà et pour le monde de l'au-delà, le dandy oppose aux métaphysiciens ou aux psychologues de tout poil une philosophie radicale du paraître, qui aurait définitivement renoncé à l'être. Dans cette stricte acception, on peut dire sans réserve qu'Allais pratique le dandysme comique avec une totale intransigeance. Même dans les textes les plus sobrement ironiques de Baudelaire, on parvient à entendre le bruissement du moi intérieur. Allais, lui, s'est débarrassé de toute forme d'éloquence personnelle ; il ne justifie pas son joyeux emploi de la dérision ; il n'explique même pas que le monde est vain, absurde, condamnable. Par la seule vertu de son rire, il l'esquive tacitement, fondant sa poétique sur l'intime conviction que tout n'est qu'illusion.

Allais, le dernier des romantiques

Exceptionnellement, nous disposons pourtant, avec le personnage du peintre norvégien Axelsen, d'un bref autoportrait, de l'esquisse d'une vision du monde et d'une morale personnelle :

> « Axelsen se saoule, c'est entendu. Mais dans tous les cas, pas avec ce que vous lui avez payé. Alors, fichez-lui la paix à ce garçon, qui ne vous dit rien.
> Axelsen ne boit qu'un liquide par jour, un seul liquide, mais à des intervalles effroyablement rapprochés et à des doses qui n'ont rien à voir avec la doctrine homéopathique (...)
> Axelsen, autre originalité, professe le plus profond mépris pour le vrai, pour le vécu, pour le réel.
> - Comme c'est laid, dit-il, tout ce qui arrive ! Et comme c'est beau ce qu'on rêve ! Les hommes qui disent la vérité, toute la vérité, rien que la vérité sont de bien fangeux porcs. Ne vous semble-t-il pas ?
> - Positivement, il nous semble, lui répondons-nous pour avoir la paix.
> - Si l'humanité n'était pas si *gnolle*, comme elle serait plus heureuse ! On considérerait le réel comme nul et non avenu et on vivrait dans une éternelle ambiance de rêve et de blague. Seulement, il faudrait faire semblant d'y croire. Hein ?
> - Evidemment, parbleu !
> Partant de ce sage principe, Axelsen ne raconte que des faits à côté de la vie, inexistants, improbables, chimériques. Le plus bel éloge qu'il puisse faire d'un homme :
> - Très gentil, ton ami, et très illusoire ! » (*Blagues*).

Baudelaire résumait la même philosophie dans son poème en prose *Enivrez-vous* :

> « Il faut être toujours ivre ; tout est là : c'est l'unique question. Pour ne plus sentir l'horrible fardeau du Temps qui brise vos épaules et vous penche vers la terre, il faut vous enivrer sans trêve.
> Mais de quoi ? de vin, de poésie ou de vertu, à votre guise. Mais enivrez-vous. »

Le titre du récit où s'insère l'histoire d'Axelsen (*Blagues*) a une valeur métatextuelle. La blague est, pour Allais, ce plaisir d'esprit, partagé à plusieurs, grâce auquel s'estompent les limites du vrai et du faux, du réel et de l'irréel, du vécu et de l'onirique. Axelsen est, mieux qu'un blagueur, un magicien : C'est lui qui « avait offert à sa fiancée une aquarelle peinte à l'eau de mer, laquelle était, de par sa composition, sujette aux influences de la lune. Une nuit, par une terrible marée d'équinoxe, où il ventait très fort, l'aquarelle déborda du cadre, et noya la jeune fille dans son lit ». On le voit, ni la drôlerie ni la dérision n'entravent la puissance d'imagination, la pente rêveuse de l'esprit.

La question de l'influence de Baudelaire sur Allais ne se pose pas : Baudelaire écrase de son autorité sulfureuse tous les écrivains de la fin de siècle, mais cette universalité interdit qu'on n'infère rien pour un auteur considéré individuellement. On pourrait aussi relever des analogies biographiques entre Baudelaire et Allais : l'alcool, les interminables déambulations parisiennes de café en café, le goût pour la camaraderie, la pratique de l'ironie à froid. Mais ces comportements sont généralement ceux de la tribu littéraire du Second Empire et de la Troisième République.

D'autre part, rien dans la lettre du texte - ni dans les énoncés métadiscursifs ni dans l'entrelacs des connotations et des images - ne mène expressément, chez Allais, du domaine rassurant de la tradition comique jusqu'au fantastique et au loufoque. Mais cette économie de moyens, qui embarrasse l'analyste, prouve la radicalité de son rire. Sans éprouver le besoin d'en signaler l'avènement, Allais fait naître à la littérature l'art fantaisiste que les œuvres de Baudelaire - mais aussi de Gautier ou de Flaubert - pointaient sans y parvenir, parce qu'elles l'appelaient trop bruyamment de leurs vœux. N'ayant l'air de rien, il parachève le projet comique que le romantisme d'après 1830 portait en lui et dont il attendait son ultime accomplissement.

Poétique de la marche

Faute d'autres indices tangibles, seul le retour obsédant de certains motifs banals en eux-mêmes dévoile, par instants, le monde fantastique qu'habitent les personnages d'Allais. Leur univers est une coque vide, un décor sans opacité ni profondeur qu'ils arpentent désœuvrés de Montmartre au Jardin des Plantes, des boulevards au Quartier latin. Car malgré quelques échappées vers la campagne, le Midi ou les pays anglo-saxons, ils ont une prédilection marquée pour Paris, quadrillée par ses rues et ses avenues qui peuvent inspirer une infinité d'itinéraires. La disponibilité du corps à la marche - mouvement par excellence inutile et asocial[4] - va de pair avec la vacuité de la vie, où le meilleur plaisir est de consommer le spectacle de la rue : « La dernière occupation entre les repas consistait, pour mon ami Vincent Desflemmes, en longues flâneries par les rues, par les boulevards, par les quais et plus généralement par toutes les artères de la capitale » (*L'Embrasseur*). Allais déclarait lui-même à Jules Renard : « Je n'aime plus que la rue. Je regarde toutes ces gueules. Je ne reste plus chez moi, et ma femme s'en pique » (*Journal*, 9 janvier 1897).

Le trajet d'une promenade est par nature aléatoire, le sort y rend toute rencontre imaginable. Le hasard total — la négation des déterminismes et des vraisemblances, l'équiprobabilité de tout événement, même le plus inattendu — constitue la principale caractéristique du récit allaisien. On s'habitue à y voir des sculpteurs affamés y avaler, à la dérobée, des éléphants (*Episode du siège de Paris*), des sabreurs y couper en deux, par curiosité, les femmes à la taille trop mince (*Pour en avoir le cœur net*), les jeunes filles offrir innocemment des fleurs cochonicides aux vieux cochons qu'elles aiment (*La Jeune Fille et le vieux cochon*). On peut aussi bien rencontrer n'importe qui au coin d'une rue, et nombre d'histoires commencent ainsi :

> « La dernière fois que j'avais rencontré Boisflambard... » (*Boisflambard*).
> « Il la rencontra un jour dans la rue, et la suivit jusque chez elle » (*Pas de suite dans les idées*).
> « J'ai rencontré ce matin un homme, jeune encore » (*De plus en plus fort*).
> « J'ai rencontré, hier, Valentine » (*La Vapeur*).

Cette commodité d'entrée en matière, comparable au « Il était une fois » du conte traditionnel, induit un mode de sociabilité où règne une insouciante indifférence. Le même rejet du confinement psychologique l'amène à privilégier les espaces ouverts - triviaux, selon l'étymologie - de la voirie publique. Lorsque le récit requiert le cadre privé d'un appartement, l'immeuble collectif devient un système relationnel, un lieu de promiscuité où l'on se croise et s'observe. L'escalier y est, bien sûr, un lieu stratégique, tout comme la fenêtre, par laquelle le monde du dehors fait irruption dans l'espace intime.

Cependant, les espaces fermés qui conviennent le mieux sont les locaux destinés à l'usage public, où tout peut survenir dès lors qu'un blagueur y entre : magasins, fiacres, trains, omnibus. Mais le lieu idéal reste celui où l'on s'attable (café, bar ou restaurant). Dans la sociabilité réelle du XIXe siècle, il constitue le territoire neutre et divers qu'exige la poétique allaisienne de l'espace social. En outre, le café, où l'on se retrouve pour s'amuser entre consommateurs, permet de figurer la mise en abîme du rire qui, implicite ou explicite, est indispensable à l'art de la blague, sorte de comique au second degré.

---

4   Sur le sens littéraire et philosophique de la marche - notamment au XIXe siècle -, voir A. VAILLANT dir., *Corps en mouvement*, Saint-Etienne, Presses de l'université de Saint-Etienne, 1996.

Ivrognerie et fantastique

Enfin, au café on boit de l'alcool, qui se déguste, à l'époque, hors du domicile privé et de la réprobation conjugale. Or l'alcool (et sa consommation excessive) intervient aussi fréquemment que la marche : les deux thèmes, d'ailleurs souvent liés entre eux dans la narration, condensent la nébuleuse de symboles et de significations dont on a jusqu'à présent repéré les traces éparses dans l'œuvre d'Allais. La description qu'il fait, à longueur de récits, du délire alcoolique est celle d'une perte d'identité, d'une provisoire dépossession de soi où se révèle totalement, dans d'étranges accès paroxystiques, la dynamique déréalisante du comique allaisien : l'ivrogne est un blagueur dont rien ne permet de déterminer s'il croit ou non à ses blagues, au point même de risquer d'ébranler les convictions du lecteur et ses certitudes logiques. On se rappelle, par exemple, qu'Axelsen avait tué malencontreusement, par le débordement d'une de ses aquarelles, sa bien-aimée. Du moins le prétendait-il :

> « Axelsen pleurait comme un veau marin. Je lui serrai la main.
> - Et, tu sais, ajouta-t-il, c'est absolument vrai ce que je viens de te raconter là. Demande plutôt à Johanson.
> Le soir même, je vis Johanson qui me dit que c'était de la blague » (*Une mort bizarre*).

Un autre texte, presque attendri celui-là (*Absinthes*), détaille la métamorphose du buveur d'absinthe, dont la psychologie et la perception du réel se modifient graduellement, à mesure qu'augmente le taux d'alcoolémie. Car l'ivrogne peut littéralement entrer dans la peau d'un autre, comme le malheureux Harry Covaire qui se rappelle avoir contemplé à la morgue, lui vivant dans un corps inconnu, son propre cadavre.

> « Comme si ces souvenirs l'étranglaient, Harry Covaire absorba d'un coup un copieux grog au Whiskey où il n'y avait pas du tout de sucre, et de l'eau pas davantage.
> - Et au bout de combien de temps, fit l'un de nous, ton âme réintégra-t-elle sa véritable enveloppe ?
> Harry répondit froidement :
> - Le lendemain matin seulement, quand je fus dessoûlé » (*Dans la peau d'un autre*).

Le récit d'ivresse complète sur un point essentiel le système comique d'Allais, parce qu'il offre la seule séquence textuelle où, sur le mode hallucinatoire, il est donné d'éprouver de l'intérieur l'évanescence du monde, de douter hyperboliquement de sa réalité. Hors de tout contexte alcoolique, Allais revient d'ailleurs à plusieurs reprises sur la fragilité de l'identité corporelle, l'étrangeté à soi ou à l'autre. Il faudrait si peu pour oublier, par distraction, son monde familier. Comme ce promeneur qui suit une belle inconnue dont le visage éveille en lui de trop vagues souvenirs ; mais voilà qu'elle le conduit, au terme de sa marche, jusqu'à son propre appartement dont, nouvelle surprise, elle possède une clé :

> « Quelque élégante cambrioleuse, sans doute.
> Lui, ne faisait qu'un bond.
> - Tiens, dit la belle inconnue, tu rentres bien tôt, ce soir !
> Et seulement à ce moment il se rappela où diable ! il l'avait vue, cette jeune personne, et dans quelles conditions.
> C'était sa femme » (*La Belle inconnue*).

Etait-ce sa femme ? Ou une autre ? Ou les deux à la fois ? L'événement le plus étrange est le *drame bien parisien* survenu entre Raoul et Marguerite, à l'occasion d'un bal masqué. Raoul déguisé en Templier croit reconnaître dans la Pirogue qui lui fait face sa femme Marguerite en goguette. Marguerite, elle, a identifié Raoul sous l'apparence du Templier. D'un geste vif, ils s'arrachent mutuellement leurs masques :

> « Tous les deux poussèrent, en même temps, un cri de stupeur, en ne se reconnaissant ni l'un ni l'autre.
> Lui, ce n'était pas Raoul.
> Elle, ce n'était pas Marguerite » (*Un drame bien parisien*).

Situation évidemment absurde : si le Templier n'est pas Raoul, il ne peut pas s'étonner que la Pirogue ne soit pas Marguerite, et réciproquement. A moins que chacun des deux protagonistes soit, effectivement, lui-même et un autre. Mais qu'importe :

> « Ils se présentèrent mutuellement leurs excuses, et ne tardèrent pas à lier connaissance à la faveur d'un petit souper, je ne vous dis que ça (...)
> Cette petite mésaventure servit de leçon à Raoul et à Marguerite.
> A partir de ce moment, ils ne se disputèrent plus jamais et furent parfaitement heureux.
> Ils n'ont pas encore beaucoup d'enfants, mais ça viendra ».

Le plus intime d'Allais tient dans cette pirouette : c'est au moment où l'on jette bas les masques et où la vérité devrait éclater qu'on réalise qu'il n'y a rien à comprendre[5]. Le lecteur est ainsi toujours dans la position frustrante de ce petit reporter s'évertuant à interviewer Allais dont il n'obtient, à la table d'un café, que d'imperturbables élucubrations :

> « le petit reporter crut comprendre que notre entrevue avait assez longtemps duré. Il tira de sa poche une pièce de 2 francs, dont il frappa, à coups saccadés, le marbre de la table, dans le but évident d'appeler, sur lui, l'attention du garçon et de lui verser le montant de son vermouth.

---

5   Pour une description sémiotique de ce processus déceptif, voir Umberto Eco, *Lector in fabula*, Paris, Grasset, 1985, p. 260 sq.

Je le conjurai de n'en rien faire.
- c'est ma tournée, ajoutai-je en souriant finement (*L'Interview Fallacieuse*).

Écriture pour rire

Renonçons donc à poursuivre et revenons, pour conclure, à la question des rapports entre le rire et la littérature. Le droit commercial suggère une amorce de réponse : on sait que l'histoire drôle est le seul type de texte auquel ne s'applique pas la législation sur le droit d'auteur. L'inventeur d'un trait d'esprit n'est pas considéré comme un propriétaire intellectuel, parce que la propriété littéraire porte sur l'originalité de la forme, non sur une idée ; or, on estime à juste titre que le style et le décor d'une histoire drôle n'influent pas sur son efficacité comique. En revanche, un rire devient littéraire lorsqu'il suscite, par nécessité génétique, la forme où il s'inscrit, où il devient poétiquement structurant ; cette capacité littéralement formatrice s'ajoute alors à la commune vertu déconstructionniste, parodique, consommatrice des savoirs, des discours et des stéréotypes que possède tout rire.

On n'imagine pas les plaisanteries d'Allais sans son arrrière-plan de boulevards, de terrasses de café, de misérables bonnes fortunes - sans la grande ville familière, et pourtant estompée, anonyme, désespérante. Il ramasse ainsi dans le fatras de ses chroniques journalistiques réalités sociales et stéréotypes culturels ; néanmoins, parce qu'il s'en tient au simple parti d'en rire, Allais produit enfin l'œuvre qui contient les *ultima verba* du XIXe siècle et dit, dans sa vérité nue et médiocre - sans les flamboyances baudelairiennes, les brumes verlainiennes, les rehauts colorés de Zola - la petite bourgeoisie du Paris haussmannien et la vie, plutôt pathétique que pittoresque, de ses écrivains professionnels.

Cette œuvre dit aussi, sans aucun doute, Alphonse Allais. Ses linéaments artistiques constituent le prolongement d'un geste d'écriture qui, dans son nihilisme absolu, fait écho à Flaubert. Mais Allais commence par où Flaubert a fini. Celui-ci, à sa mort, laisse le roman inachevé de *Bouvard et Pécuchet* où deux petits employés, revenus de leurs illusions, finissent par se taire, eux naguère si joyeusement bavards et éloquents, pour recopier, à leur écritoire, « tous les manuscrits et papiers imprimés qu'ils trouvent, cornets de tabac, vieux journaux, lettres perdues ». La modernité littéraire est née de cette auto-flagellation. Mais Bouvard et Pécuchet se punissent, bien à tort, d'avoir compris trop tard que les discours, les savoirs, les certitudes, les convictions n'étaient que blagues : ils souffrent, au lieu de s'en réjouir, de cette universalité du rire. Allais, lui, commence par s'asseoir, commande un vulnéraire, raconte des blagues, et son œuvre est la transcription littéraire de cette lucidité vitale. Transcription, et non transfiguration. Allais n'est pas Beckett et n'exploite pas esthétiquement le fonds de l'absurde. Pour lui, le rire ne doit

valoir que pour lui-même et il sait bien que, à ce compte, tous les rires se
¬valent. Il ne transige jamais avec cet ascétisme d'écriture : rien ne distingue
ses récits des plaisanteries de commis-voyageurs ou d'employés qu'il met si
souvent en scène. Contrairement à bien des artistes modernes du rire, il ne
dépayse jamais son comique. D'où sa réputation bien établie d'auteur négli-
geable - sauf chez les écrivains eux-mêmes : voilà un signe qui ne trompe
pas. Il n'est pas douteux, cependant, qu'il trouvera bientôt un meilleur accueil
et qu'on finira par trouver à son œuvre un charme inaperçu jusqu'à présent.
mais ce sera alors que, le temps passant, la mémoire collective, aiguillonné
par son perpétuel emportement commémoratif, aura suffisamment poétisé la
France révolue de la Troisième République. On aura tort : le sens de l'entreprise d'Allais est tout dans son inconfort littéraire. Il faut qu'indéfiniment
« il garde toujours son air abruti, qu'il se laisse taper sur le ventre, qu'il écoute
sans broncher les "Est-il rigolo, ce type-là !" du premier venu » (Jules
Renard, *Journal*, 24 avril 1894).

QUATRIÈME PARTIE

ALLAIS ET LE DESSIN
LA PEINTURE, LE CINÉMA

22. LE RIRE MONOCHROME :
LECTURE DE L'*ALBUM PRIMO-AVRILESQUE*

Jean-Pierre BERTRAND

> Avez-vous jamais (pardonnez-moi de vous inter-
> peller ainsi à tout bout de champ), avez-vous
> jamais, dis-je, perçu une couleur avec votre oreille ?
> Alphonse ALLAIS[1]

Le but de cet exposé n'est pas de montrer la modernité picturale d'Allais qui aurait ainsi inventé tout à la fois la peinture monochrome et l'art
conceptuel. Comme Denys Riout, je suis d'avis qu'Allais est plutôt "un
élève des maîtres du XXe siècle"[2]. S'il a posé un geste qui peut paraître iconoclaste et fondateur eu égard à toute une tradition artistique, il faut aussi
ne pas oublier que l'*Album primo-avrilesque* s'inscrit dans un mouvement
qu'on a qualifié avec raison "d'avant-garde sans avancée"[3]. Ce mouvement,
c'est celui des Arts Incohérents, fondé par Jules Lévy en 1882 et auquel Allais
a activement participé. Par ailleurs, ne perdons pas de vue que c'est notre
regard rétrospectif qui institue en références anticipatrices des pratiques qui
ouvriront la voie à de réelles ruptures esthétiques, voire épistémologiques.

C'est en 1883 et 1884 qu'Allais exposa aux Arts Incohérents deux de
ses œuvres monochromes, successivement "Première communion" et "Récolte
de la tomate". On sait que l'idée et le projet de ce groupe d'écrivains, de

---

1.   "Une mauvaise nuit", in *Le Bec en l'air. Œuvres anthumes*, Paris, Laffont, 1989, p. 712.
2.   Pour une archéologie du monochrome, cf. D. RIOUT, *La peinture monochrome*, Nîmes,
éd. Jacqueline Chambon, 1996 et plus particulièrement les chapitres 1 à 3 de la Troisième Partie, pp. 167 et ss.
3.   Selon l'expression de D. GROJNOWSKI, "Une avant-garde sans avancée : les 'Arts Incohérents', 1882-1889", *Actes de la Recherche en sciences sociales,* n° 40, novembre
1981, pp. 73-86.

peintres et d'artistes de tous poils (citons Caran d'Ache pour le dessin, Allais et Cros pour l'écriture, l'illustre Sapeck pour le spectacle) était de "faire une exposition de dessins exécutés par des gens qui ne savent pas dessiner[4]". Projet subversif, puisqu'il était question de mettre à mal les valeurs à la fois institutionnelles et esthétiques liées à la pratique et au marché de l'art dans une France républicaine, démocrate et bourgeoise. Mais surtout "simple rigolade sans méchanceté", "blanche gaieté" et "folie noire" pour reprendre quelques expressions de circonstance qu'utilisa le fondateur Lévy [5].

L'*Album* doit donc se lire en aval de certaines avant-gardes du vingtième siècle : par la remise en question qu'il pose du rapport entre le texte et l'image, mais aussi entre le texte et la musique, il hérite de ce que nous lisons entre autres dans certaines œuvres surréalistes — pensons particulièrement à la titraille des tableaux de Magritte —, dans la peinture monochrome — de Malévitch à Yves Klein — ainsi que, quoique sur un mode mineur, dans certaines partitions de musique contemporaine, — John Cage, bien sûr, mais avant lui Erik Satie et même Debussy.

Mon propos est de regarder le texte de cette suite "monocroïdale", pour reprendre le qualificatif d'Allais, et plus encore l'objet-livre qu'est l'*Album* et qui l'institue réellement en tant qu'œuvre dans l'histoire — à tout le moins dans ses marges[6]. Œuvre marginale certes, mais qui pose d'intéressantes questions sans prétendre à une quelconque révolution esthétique. Il s'agira de démonter la mécanique textuelle et paratextuelle de l'*Album* en partant de l'idée, somme toute évidente, que ces "magnifiques planches gravées en taille-douce et de différentes couleurs" ne peuvent se départir d'un énoncé textuel qui leur donne du sens.

Et l'on devrait noter en première approximation cette relation dynamique (dialectique même) entre le texte et la couleur : par effet de contiguïté, chaque aplat (il y en a 7, comme sur le spectre) reçoit une "définition" (acceptons provisoirement ce terme), laquelle aussitôt et en retour s'infléchit sémantiquement de la valeur chromatique reçue. Pour le dire autrement, le "combat de nègres dans une cave, pendant la nuit" ou la "Première communion de jeunes filles chlorotiques par un temps de neige" sont respectivement plus noirs et plus blancs — d'un *autre* noir et d'un *autre* blanc — que ne l'indique l'énoncé-texte. C'est comme s'il s'agissait, par les mots, de déverser

---

4   Cité par D. Rioux, *op. cit.*, p. 172.
5   "Simple rigolade sans méchanceté", [l'Incohérence] entend présenter un divertissement, un aimable chahut dans lequel il faut voir davantage 'une blanche gaieté' qu'une 'folie noire', D. Rioux, citant J. Lévy, *op. cit.*, p. 172.
6   Et encore, histoire de la littérature ou de l'art ? D. Grojnowski note qu'Allais ne figure dans aucun dictionnaire de peinture. Trop hybride sans doute, son *Album* n'apparaît pas davantage dans les dictionnaires littéraires.

toujours plus de couleur sur ce qui est dit et vu. Et inversement de coloriser
à outrance des aplats qui se signalent par leur déjà très forte coloration, par
une "dominance" nette, une "luminance" aigüe et un haut degré de "saturation"[7]. On notera de surcroît que les sept monochromes se présentent dans
une séquence relativement pertinente, puisque ils vont du Noir au Blanc, en
passant successivement par le Bleu (dominante), le Vert, le Jaune (dominante),
le Rouge (dominante) et le Gris. Panachage qui a pour effet de recomposer
le prisme des couleurs dites spectrales[8] dans le sens d'une décoloration. Et
si l'on s'en tient à la lecture séquentielle telle que l'impose l'usage du livre
ou de l'album, il faut ajouter que cette suite de couleurs aboutit curieusement
à de la musique silencieuse — ce qui indique que manifestement du sens
est à trouver dans ce cheminement qui passe d'un univers de perception à un
autre.

    Je reviens au texte dans sa relation à l'image. L'illustration et la légende,
la chose vue et la chose lue surdéterminent réciproquement leur procès de
signification. En cela, Allais — et ceux de ses contemporains qui ont proposé de tels tableaux — inversent le rapport du titre à l'œuvre : il n'est plus
demandé au texte de lire l'image, mais bien à l'image de lire le texte. A tout
le moins ce qui se présente traditionnellement comme discours d'accompa-
gnement de l'œuvre — son titre — déroge à sa fonction structurante. Et c'est
encore trop peu dire : le texte et la couleur dans sa matière brute se figent
mutuellement en un percept compact et monolithique. C'est bien là le sens
ou la fonction du monochrome qui, avec Allais, en plus d'être visuel est aussi
et surtout conceptuel dans la mesure où, humoristiquement, les mots prennent le relais de la peinture, à moins que ce ne soit l'inverse.

    Si nous ne sommes pas encore, avec l'*Album* à "Ceci n'est pas une pipe",
Allais semble signifier dans sa démarche une proposition du type : ce que
vous voyez et ce que vous lisez de ce qui est vu surenchérissent dans l'im-
prévisible, voire dans l'invisible. Puisque le vu est abstrait ou du moins non
figuratif, il ne peut se remplir de sens qu'à la condition de puiser dans les
mots, lesquels par leur surcharge dénotative ou connotative refusent le pacte
référentiel et font voir tout autre chose que ce qu'ils désignent en eux-
mêmes. Ainsi l'aplat rouge aurait pu s'intituler "champ de tomates ou de coque-
licots" : c'eût été donner un sens à une impression muette laissée par la toile
et radicaliser les pratiques scandaleuses des impressionnistes et des néo-

---

7   Pour reprendre grossièrement les caractéristiques de la couleur telles que les définit
    le Groupe μ dans son *Traité du signe visuel*, Paris, Seuil, 1992, pp. 73-76.

8   Qui rappelons-le est formé, au départ de la lumière solaire, du violet, de l'indigo, du
    bleu, du vert, du jaune, de l'orangé et du rouge. Le violet, l'indigo et l'orangé ont dis-
    paru, à la faveur du noir, du gris et du blanc.

impressionnistes (pensons notamment aux techniques d'irisation, de décomposition prismatique, de brouillage et de brouillard qui ont été mises au
point à l'enseigne de toute une physiologie de la couleur et de la lumière).
Lorsque Allais intitule le même monochrome "Récolte de la tomate par des
cardinaux apoplectiques au bord de la mer rouge (effet d'aurore boréale)",
il se sert de mots qui tout en disant la couleur de manière extrêmement
redondante, à travers une rhétorique qui use de la métaphore et de la méto-
nymie, produisent un effet déréalisant et incongru.

Ce qui semble donc en jeu, c'est ce rapport entre une chose et son ou
ses langages — en l'occurrence, la couleur et son expression picturale et verbale. Mais le problème ainsi posé se complique du fait que la chose en question est une couleur qui, comme l'ont montré les rhétoriciens du Groupe μ,
n'a "pas d'existence empirique si elle ne s'associe pas, au sein du signe plastique, à une forme et une texture[9]." Lorsque j'assimile la couleur à une
chose, c'est évidemment pour désigner le monochrome en tant qu'objet
esthétique dont la forme et la texture sont celles des œuvres picturales portées à leur comble. C'est bien en ce sens qu'Allais parle ironiquement
d'œuvre à propos de son *Album* (sur un ton faussement prophétique "Mon
Œuvre parlera pour moi !"). La fracture qu'il pose par son geste est de super-
poser et de confondre la peinture et la couleur — déniant toute prétention artistique à la première et conférant un idéal esthétique à la seconde. Cette idée
est clairement exprimée dans sa préface :

> Le peintre en qui je m'idéalisais, c'était celui génial à qui suffit pour une
> toile une couleur : l'artiste, oserai-je dire, monochroïdal.

C'est dire que le texte et l'image, l'air de rien, entrent dans une dynamique complexe. D'autant plus que l'*Album* est conçu comme un objet-livre
et qu'il s'entoure de tout un discours en surcharge dont l'effet est de gros-
sir jusqu'à la caricature ce qu'il se refuse à être sérieusement : un livre. Et
là encore, les effets d'absurde prolongent le geste pictural lui-même. Paru en
1897 chez Ollendorf, l'*Album* se donne en effet pour un livre incongru qui
aurait pour intention de figer le geste éphémère — la performance aurait-on
dit plus tard — d'exposer dans des circonstances appropriées le propre de l'in-
exposable. Un peu comme si Marcel Duchamp avait voulu signer de son nom
le catalogue d'un fournisseur d'articles sanitaires après avoir exposé sa
fameuse *Fontaine*-urinoir (1917). Le côté "performance" est d'ailleurs présent dans l'*Album* lui-même puisqu'il est qualifié de "primo-avrilesque" en
raison de sa date de publication farcesque : le premier avril — à moins qu'il
ne faille voir dans ce qualificatif une allusion à l'amoureuse d'Allais en

---

[9] *Op. cit.*, p. 227.

1889 qui s'appelait Jane *Avril* et qui dansait au Moulin-*Rouge* et dînait chaque soir au Chat-*Noir*[10].

L'*Album* est un livre. Un livre d'images. Le mot lui-même mérite questionnement. Pourquoi *Album*, alors qu'on aurait pu s'attendre à Catalogue, en référence aux expositions de 1883 et 1884 ? Parce qu'il y a collection, recensement d'images ? Sans aucun doute. Mais le sens étymologique du mot doit ici être pris à la lettre — Allais, en bon philologue, ne devait certainement pas l'ignorer : *Album* en latin signifie "surface blanche, tableau blanc (tiré de l'adjectif "albus", blanc)." Voilà qui commence fort et qui indexe le livre sur le mode d'une œuvre en projet, et peut-être même d'une non-œuvre qui se remplirait de son propre concept. Mais "album" est aussi un clin-d'œil d'une part à une pratique populaire en vogue depuis le Second Empire et qui fait de cet objet particulier un livre à destination privée (familiale) où se consignent souvenirs et photographies ; d'autre part à l'esprit Je-m'en-foutiste et fantaisiste de la dernière bohème du siècle, celle qu'Allais a fréquentée dans les cabarets parisiens : particulièrement, la potachique entreprise de l'*Album zutique* à laquelle collabora Rimbaud, mais aussi Cros, Verlaine, Richepin et d'autres en 1871. Sans compter que dans le domaine de la musique, il ne manque pas d'*albums*, notamment le célèbre *Album à la Jeunesse* de Robert Schumann qui est une série de 43 morceaux d'initiation au piano — ce que sont aussi les planches d'Allais pour les apprentis artistes.

Quand Allais, en première page de couverture, prend la peine de présenter son *Album* en détaillant trois parties, on est déjà dans la fiction et la fumisterie, un conte cousu de fils blancs mais qui justement fait rire en raison de ses coutures — on les voit très clairement d'ailleurs au travers des cadres stylisés qui ornent chaque monochrome et rappellent ironiquement qu'ils sont de l'art, comme tout ce qui s'encadre. Un conte, en fait, qui ne serait que coutures — c'est peut-être un idéal allaisien. L'excessif et humoristique paratexte se prolonge à l'intérieur du livre, lequel se dote luxueusement de deux préfaces. Une première qui est ou se dit autobiographique et qui se présente comme un conte ("C'était en 18... (ça ne nous rajeunit pas tout cela)") qui pourrait s'appeler "La Vocation" ou "Esthetic" pour reprendre le titre d'une histoire fameuse[11]. La seconde préface s'apparente plutôt à un avertissement sous forme de syllogisme, tout aussi farcesque — Allais préfère dire "presque aussi spirituel" ; elle introduit la "Marche funèbre" dont on peut se demander ce qu'elle fiche aux côtés des monochromes :

---

10 Ainsi que l'observe François Caradec dans sa biographie d'Allais en introduction des *Œuvres anthumes*, Paris, Laffont, 1989, p. XXIV, sans évidemment faire le rapprochement fantaisiste proposé ici.

11 *A se tordre*, in *Œuvres anthumes*, *op. cit.*, p. 40 et ss.

> L'auteur de cette Marche Funèbre s'est inspiré, dans sa composition, de ce principe, accepté par tout le monde, que les grandes douleurs sont muettes. Ces grandes douleurs étant muettes, les exécutants devront uniquement s'occuper à compter des mesures, au lieu de se livrer à ce tapage indécent qui retire tout caractère auguste aux meilleures obsèques.

La marche funèbre dont il est question, en plus d'être préfacée est titrée ; elle constitue une sorte d'album dans l'*Album*, Allais transposant dans l'art de la musique la facétie qu'il a conçue au plan pictural. Avec toutefois l'impossibilité de faire varier le jeu, puisque c'est une musique entièrement silencieuse qu'il conçoit. Silencieuse parce qu'elle est créée pour "les funérailles d'un grand homme sourd", allusion à Beethoven (poncif bien connu) qui du point de vue allaisien représente sans doute le comble du compositeur. Mais silencieuse aussi parce que cette marche est purement visuelle et textuelle, le lecteur ayant à découvrir huit portées vides de notes. Sans blanches ni noires, cette partition, digne d'un Erik Satie avec cette seule indication de tempo "*Lento rigolando*", prolonge le travail graphique dans une même rhétorique hyperbolique Un peu comme si cette partition, elle-même assez mortuaire, était le comble de la peinture monochrome. Preuve par l'absurde que le silence est l'équivalent des aplats de couleurs mais qu'il suffit de le faire parler pour qu'il se mette à faire rire, "*lento rigolando*" certes.

Laissons-là la musique. Les grandes douleurs sont peut-être muettes, les grandes couleurs, elles, sont plutôt bavardes. Pour comprendre ce qui se passe entre le texte et la couleur, il me semble intéressant d'interroger le terme qu'Allais utilise pour qualifier ses planches : *monochroïdal*. Barbarisme très savant et très plat à la fois (n'évoque-t-il pas spontanément quelqu'affection gentiment honteuse, clin d'œil que souligne cette humoristique incise, "oserais-je dire" ?) est formé sur un attelage tronqué de *mono* (seul), *chro*[*mo*] (couleur) et "[*o*]*ïdal*" qui signifie "semblable à", "qui a l'aspect de". L'adjectif est intéressant non seulement parce qu'il massacre joyeusement le terme juste qui serait "monochromoïdal" — qui n'existe évidemment pas —, mais aussi parce que du même coup il pulvérise tout le caractère sérieux du projet en renforçant partout où cela est possible son côté primo-avrilesque. Monochroïdal : qui a la forme ou l'aspect de la couleur — sémantiquement et formellement il faut reconnaître que c'est assez tordu. D'autant plus que l'adjectif, Allais l'applique à l'artiste lui-même, par déplacement métonymique : c'est la toile qui est monochroïdale et non celui qui l'exécute — encore que... Ce mot, en tout cas, me semble caractériser ce qui relie l'énoncé-titre à l'aplat : en effet, chaque argument narratif *correspond* bel et bien *à, a* bel et bien *l'aspect de* la couleur en question. Pour le dire autrement, quoi de plus rouge qu'une récolte de la tomate, de plus noir qu'un combat de nègres dans une cave, etc. C'est le titre de chaque tableau que l'on peut donc raisonnablement qualifier de monochroïdal — ou plus exactement le geste même qui consiste à narrativiser une couleur : je vais vous raconter une histoire qui a la forme et l'aspect du blanc, du rouge, du jaune, du noir, du vert, du gris et du bleu. Pari intenable et néanmoins tenu évidemment.

Si je dis "narrativiser", c'est qu'il me paraît évident que la dynamique de l'*Album* relève d'une intention diégétique. Et non seulement il s'agit de faire parler des couleurs, mais aussi de faire parler un projet qui consiste à faire parler les couleurs... En cela l'*Album* participe pleinement des élucubrations esthétiques que l'on trouve au cœur de certains contes comme "Esthetic", "Un coin d'art moderne", "Le bon peintre", "Ingéniosité d'un jeune peintre de talent", etc. A ceci près, qu'ici le geste et la pratique se joignent à l'idée.

Il me reste à montrer le mode de fonctionnement sémiotique de cette histoire qui fait se contaminer deux langages autonomes, le visuel et le textuel et remet en question nos modes de perception du réel. En cela on peut dire que l'œuvre d'Allais, un peu plus sans doute que les autres monochromes fictifs comiques qui l'ont précédé, notamment en Belgique (cf. Louis Ghémar), est d'une implication philosophique plus sérieuse qu'il n'y paraît[12].

L'*Album* a sa logique, pour le moins, son langage. Logique syntagmatique qui présente chaque planche dans une série qui répète le même procédé : une couleur, assortie d'une légende. Logique paradigmatique aussi, puisque chaque monochrome, de manière autonome, met en relation définitoire un énoncé chromatique et un énoncé textuel. De cette syntaxe qui entremêle deux ordres de codification naît une sorte de nouveau langage qui se moque résolument de la valeur symbolique des couleurs et de la prétention instrumentale des mots. En effet, du point de vue des couleurs, c'est tout un symbolisme qui est mis à mal — et partant la stéréotypie langagière affectée aux valeurs chromatiques (i.e le rouge de la passion, le rire jaune, le blanc de la pureté, ...). Du point de vue langagier, c'est le rapport des mots aux choses qui se voit déstabilisé dans une logique artificieuse. Comme s'il s'agissait très sérieusement de dire l'impossibilité et l'imposture de tout acte de signification. Ce que fait Allais, c'est cela : son petit système de remotivation sémiotique fait apparaître de façon évidente les failles et les trucs du langage.

Ainsi à propos du rouge, on a beau se dire qu'une récolte de tomates n'a pas grand'chose de rouge hormis le fruit (une action n'a pas de couleur, et c'est pourtant par des actions qu'Allais qualifie le plus souvent ses aplats : "combat", "récolte", "manipulation", "ronde").Une telle définition peut être jugée partielle — à quoi Allais répond oui, mais il y a des "cardinaux". Soit,

12 Toute la difficulté étant de sortir du paradoxe dans lequel se trouve immanquablement l'interprète d'Allais et qui consiste à parler sérieusement de quelque chose qui se dit ne l'être jamais.

mais ils ne sont pas uniquement rouges, même s'ils sont nombreux. Alors il faut qu'il soient "apoplectiques" — mais l'apoplexie ne se caractérise pas uniquement par une montée de sang, — si, car ils sont au bord de la mer Rouge — mais elle ne l'est que par le nom, etc. etc. On voit là une invitation au jeu, une sorte de charade ou de rébus notionnel et sémiotique qui à force de pénétrer dans la discrétion des signes les vide de toute substance et finit toujours, par un tour de passe passe, à reproduire le sens de la couleur-matrice. En dépit de toute crédibilité et de toute vraisemblance d'ailleurs ; là n'est plus le problème : on ne se pose même plus la question de savoir s'il est possible qu'un cardinal récolte les tomates, ou que des jeunes filles fassent leur communion par temps de neige, etc... Au lecteur de prolonger cette petite mécanique ... ce que je crois faire ici d'une autre manière par mon propre commentaire qui se prend au jeu et peut-être même au piège.

La règle générale de composition (en tout cas d'effet) de l'*Album* peut alors être énoncée comme suit. Chaque couleur, sans être nommée, est définie, un peu à la manière des dictionnaires, par une accumulation de plus en plus arbitraire de signes au seul motif d'une cohérence chromatique. Peu importe qui fait quoi, où, quand et comment, pourvu que tout soit rouge, noir, bleu, vert, jaune, gris ou blanc.

De là un jeu assez subtil sur ce qui dans le langage écrit et parlé évoque ou dit la couleur. Car il y a couleur et couleur. Passons alors en revue les sept planches de l'*Album*. en pointant quelques procédés d'évocation et de désignation. Procédés qui rappellent ironiquement le fameux sonnet des voyelles de Rimbaud.

• Noir = "Combat de nègres dans une cave, pendant la nuit (reproduction du célèbre tableau)". *Combat* — pas de couleur, c'est une action — sauf à considérer qu'un combat est noir au sens moral. *Nègres :* désignation physique à travers la couleur de la peau (sympathique référence à du racisme ordinaire). Dans une *cave* et Pendant la *nuit :* même procédé ; absence de lumière, ce qui ne signifie pas tout à fait noir. On a là quatre modes d'évocation du noir : respectivement, une métaphore et trois métonymies qui ont pour effet de faire se confondre les sens propre et figuré. Surtout, du point de vue de l'économie informationnelle propre au langage, chaque évocation rend inutile celle qui la précède et absurde la séquence entière. Allais use donc d'un langage qui consiste à faire s'annuler entre eux des éléments d'information censés se compléter ; c'est à proprement parler un procédé d'auto-correction à l'envers, le but étant de réamorcer sémantiquement par n'importe quelle stratégie l'énoncé chromatique. Mais au fait, comme le blanc qui clôt la série, le noir n'est pas une couleur — on le sait.

• Bleu = "Stupeur des jeunes recrues apercevant pour la première fois ton azur, ô Méditerranée !" Qu'est-ce qui dit ou évoque le bleu dans ce titre ? L'émotion, tout d'abord : la *stupeur* est souvent qualifiée de bleue. *Jeunes recrues*, ensuite et doublement puisqu'on parle à leur propos de "bleusaille" (le mot date de 1865) et qu'un "bleu" est un novice — ce qui se prolongerait dans la mention *apercevant pour la première fois*. A cela s'ajoute la référence à la Méditerranée, la grande bleue. Mais la fin du titre est surtout un clin d'œil à une célèbre tirade de *Ruys Blas* de V. Hugo, "Contempler ton azur, ô Méditerranée[13]", sans compter que l'azur est proprement mallarméen, symboliste, un poncif de la poésie romantique. Avec Allais, l'élan d'absolu lié au bleu se réduit en fait à une vague émotion, et à une blague, puisque les sujets ainsi émus prennent la couleur de l'objet admiré — exactement comme dans le conte si bien nommé "Chromopathie[14]" (sous-titre : "Ou l'arc-en-ciel humain") où l'on voit littéralement des personnages prendre la couleur de leur nature et de leur tempérament.

• Vert = "Des souteneurs encore dans la force de l'âge et le ventre dans l'herbe boivent l'absinthe." Qu'y a-t-il de vert dans cette évocation ? Tout, comme ailleurs. Mais le procédé est ici plus chiffré, plus codé — du moins pour celui qui n'est pas familier à l'argot parisien. En effet, c'est presque une devinette qui est soumise à l'attention du lecteur-spectateur : quel rapport entre un "souteneur" et la couleur "verte" ? Aucun, dira-t-on, si ce n'est qu'il faut substituer au mot souteneur son synonyme argotique de "maquereau" et considérer le poisson en tant que tel (et non plus au sens dérivé). Car le poisson est non seulement, comme le dit n'importe quel dictionnaire, "osseux et fusiforme", mais aussi a le "dos vert et bleu". Le glossaire argotique qui suit *La Chanson des Gueux* de J. Richepin note au mot "Dos", "souteneur (abr. de dos vert)"[15]. Ces souteneurs sont d'autant plus verts qu'ils sont *dans la force de l'âge, le ventre dans l'herbe*, en train de boire une petite verte. Par ailleurs, il me paraît évident que ce tableau parodie, par la dominante du vert mais aussi par l'énoncé textuel, *Le déjeuner sur l'Herbe* de Manet (qui date de 1863).

• Jaune = "Manipulation de l'ocre par des cocus ictériques". Pour la première fois, un nom de couleur apparaît qui désigne approximativement le monochrome — "ocre". Le comique ici provient de la jaunification, si je puis dire, de l'ocre en raison de sa manipulation par des sujets doublement jaunis, par une maladie bien nommée la jaunisse, et par un statut social bizarrement associé au jaune, le cocuage. On notera ici que chaque légende ou presque fait référence à une stéréotypie conversationnelle très marquée qui cible faits, gestes et têtes de turcs de la société bourgeoise moderne : le cocu,

---

13 Cf. RIOUT, *op. cit.*, p. 175 et n. 31 p. 298.
14 Dans *On n'est pas des bœufs*, *op. cit.*, pp. 614-616.
15 Le recueil date de 1876 ; je renvoie à l'édition parue chez Charpentier en 1896, p. 302.

le curé, la communiante, le pochard, le conscrit, etc. — soit le personnel arché-
typal de la blague.

• Je passe rapidement sur le Rouge que j'ai déjà commenté. En ajoutant toutefois une particularité qu'il partage avec le Noir : la légende est suivie d'une parenthèse ("Effet d'aurore boréale") qui surcharge et annule tout
à la fois ce qui vient d'être dit puisque cet effet d'aurore boréale peut qualifier de manière autonome le monochrome et prolonger la sémantique du rouge
installée par le texte, en perturbant allégrement les repères géographiques puisqu'on passe du Moyen Orient au pôle nord.

• Restent le gris et le blanc, respectivement "Ronde de pochards dans
le brouillard" et "Première communion de jeunes filles chlorotiques par un
temps de neige". L'incongruité des scène évoquées est à la mesure de la pertinence des évocations chromatiques — comme dans les autres planches. Mais
ici plus qu'ailleurs, il semble qu'on n'y voit rien, et pour cause. Dans le cas
des pochards, on est en droit de se demander si le gris n'est pas tout autant
ce qui est vu par les ivrognes qui tournent en rond — c'est-à-dire rien, du
brouillard — que les ivrognes eux-mêmes. Comme on n'y voit rien, je ne tran-
cherai bien évidemment pas. Quant aux "jeunes filles chlorotiques" (on
remarquera en passant l'inclination allaisienne pour le lexique médical — à
travers l'amusante série : ictérique, apoplectique, chlorotique), si le blanc
dénote bien entendu leur pureté, il se voit aussitôt terni par l'évocation d'une
maladie, la chlorose, plus communément connue par l'expression "[avoir] les
pâles couleurs" ou "anémie essentielle des jeunes filles". Maladie d'époque,
du moins telle qu'une certaine décadence littéraire la fantasme et qui sert de
modèle et d'idéal féminin. Allusion ici à Laforgue, à ses jeunes communiantes
chlorotiques dont il parle entre autres dans les *Complaintes*. Mais surtout,
manière autodérisoire et paroxystique de fermer l'*Album* par un rectangle blanc
sur fond blanc. Circulez, y'a plus rien à voir — à entendre peut-être...

Pour conclure. L'effet comique de l'*Album primo-avrilesque* résulte d'un
assez subtil, mais gros de procédés, pied-de-nez à l'art institué, qu'il soit peinture, littérature ou musique. Cette pochade prend en fait à la lettre le fait que
le langage ordinaire recourt souvent à la couleur pour qualifier des émotions.
L'humour, comme l'humeur, en effet a ses couleurs ; il oscille entre le jaune
et le noir. Edmont de Goncourt ne traitait-il pas Allais de "comique mangé
de mélancolie[16]" ? Il voyait juste : la bile noire, selon les Anciens[17], a son
siège dans la rate, là d'où le rire part.

---

[16]   *Journal*, 6 juillet 1895, Paris, Laffont, Bouquin, t. III, p. 1152. C'est la seule mention d'Allais dans le *Journal*.
[17]   D'après Littré.

23. STEINLEN, *LE CHAT NOIR*
ET L'HUMOUR CLANDESTIN
DE WILHELM BUSCH

Nelly FEUERHAHN

Le Chat Noir, le journal fondé en 1882 par Rodolphe Salis[1] peu après l'ouverture du célèbre cabaret montmartrois, bénéficie des effets de la nouvelle loi du 21 juillet 1881 sur la liberté de la presse, qui donne un nouveau souffle à l'esprit satirique et en particulier à la caricature. Le rire ne connaît plus de garde-fou. Il emprunte à la tradition, improvise de nouvelles manières d'où naît un humour « moderne[2] ». Au *Chat Noir,* il trouve un lieu d'expression idéal. Alphonse Allais, acteur des soirées du cabaret, est aussi un auteur apprécié pour ses contes, ainsi que le secrétaire de rédaction, puis le rédacteur en chef (de 1886 à 1891) du journal ; autant de fonctions qui lui reconnaissent un rôle d'animateur déterminant. Au poste de rédacteur en chef, il a succédé à Emile Goudeau[3], lui-même à l'origine du groupe des Hydropathes et personnage important des Incohérents, deux parmi divers courants parallèles dont le point commun consiste à se situer en rupture totale de conformisme artistique (Charpin, 1990). Ses acteurs disparus, le journal représente aujourd'hui l'expression la plus accessible d'un esprit comique où la fantaisie le dispute à la noirceur, un ton caractéristique de la modernité du rire à la fin du XIXème siècle. Dans *Le Chat Noir* coexistent dessins et textes humoristiques, un état assez courant dans la presse satirique d'alors. Cependant si l'intérêt

---

1   Fondateur du cabaret du *Chat Noir* et du journal du même nom, Rodolphe Salis est né en 1851 à Châtellerault et mort en 1897 à Naintré, près de Châtellerault. Le cabaret fut actif de 1881 à 1897, alors que le journal ne parut que de 1882 à 1893.

2   Un terme analysé par Daniel Grojnowski (1981).

3   Poète et romancier (1849-1906).

pour l'écriture comique d'Alphonse Allais n'est plus à démontrer, notre propos consistera en une interrogation sur ses possibles correspondances graphiques, sur ses sources d'inspiration.

Des dessins satiriques à connotations politiques sont présents dès le premier exemplaire du journal, tel le dessin de Salis : « Allez la mère Michel... votre chat n'est pas perdu » (14 janvier 1882). Louise Michel, condamnée au bagne après sa participation à la Commune, venait d'avoir de nouvelles difficultés avec la justice française. Salis représente son arrestation par Gambetta en costume de sergent. La confiscation supposée de son chat permet un clin d'œil à « la Mère Michel » de la chanson populaire[4]. Dès lors qu'un chat pouvait agrémenter la polémique, le rapprochement entre les démêlés de la militante avec les représentants de l'Ordre Public et ceux de la Mère Michel avec le Père Lustucru s'imposait à Salis. Caran d'Ache[5], Willette[6], H. de Sta[7] signent plusieurs dessins politiquement virulents. Très vite néanmoins, les productions abandonnent ces terres réalistes pour s'engager en terrain moins exploré. Le *Chat Noir* propose certes des portraits-charges dans l'esprit de l'époque, mais il s'agit le plus souvent d'illustrer les familiers du cabaret, tel cet « Emile Goudeau, bitumier en chef du Chat Noir » par Uzès[8], où il est fait allusion à *Fleur de bitume (1878),* titre de l'un des recueils de poésies du rédacteur en chef. A la différence de la caricature de facture classique où l'adversaire est agressé graphiquement par l'exagération grotesque d'une de ses caractéristiques physique ou morale, l'intention se veut ici plaisante, l'image est un jeu amical avec la personne représentée. A l'âge où la raison l'abandonne, André Gill[9], plus connu comme génial caricaturiste de *La Lune, L'Eclipse* et *La Lune rousse*, propose quelques contes et l'image d'une mignonne République en bourgeons printaniers : « Vive la République, ça pousse » (18 mars 1882).

Durant l'année 1882, Willette multiplie ses histoires de *Pierrot ;* mystification oblige, son inspiration moqueuse en fait un farceur fumiste. L'évocation de la pétomania fin de siècle n'est qu'une variation obligée parmi d'autres motifs où se manifeste un irréalisme burlesque. Pourtant le ton des illustrations tranche sur celui des productions plus traditionnelles : l'insolite domine, une veine en concordance avec l'esprit général des récits. A la fin de 1883, Willette introduit Steinlen[10] au *Chat Noir.* Dès l'année suivante le

---

4 Une chanson probablement composée vers 1820 (David et Delrieu, 1988).
5 Caran d'Ache, pseudonyme d'Emmanuel Poiré (1858-1909).
6 Adolphe-Léon Willette (1857-1926).
7 Henri de Sta, pseudonyme de Henry de Saint Alary (1846-?)
8 Uzès, pseudonyme de J. Lemot (1847-?).
9 André Gill, pseudonyme de Louis André Gosset de Guines (1840-1885).
10 Théophile Alexandre Steinlen, peintre et dessinateur suisse naturalisé français en 1901 (Lausanne, 1859-Paris, 1923).

jeune artiste suisse propose des histoires en images où il est question d'animaux familiers et d'enfants. Les productions du jeune émigré sont peuplées de poules, coqs, oiseaux et particulièrement de chats, une constante de son œuvre, mais l'inspiration qui caractérise ces images n'a rien à voir avec la compassion militante de sa maturité. Souvent sans paroles, ces histoires jouent d'un humour acide et dérangeant. Quelques-unes furent reprises par l'imagerie Quantin d'Epinal, d'autres ne semblent pas avoir eu d'autre diffusion que celle du Chat Noir[11]. Par bien des points, ces histoires résonnent en écho des plaisirs déraisonnables proposés par le *Chat Noir*. Certaines histoires inspirées par l'enfance surprennent dans ce monde de bohême.

« A la toute petite Sara Salis »

La fille de Rodolphe Salis inspira non seulement des contes à Alphonse Allais[12], mais aussi de nombreuses histoires en images à Steinlen, principalement en 1884 et 1885. La dédicace mentionnée ci-dessus accompagne un dessin intitulé « L'Enfant, le Chat et la Poupée ». L'approche d'un chat noir détourne l'attention d'une fillette jouant avec une poupée japonaise. La poupée perd ses attraits au profit du chat. Un petit texte commente exceptionnellement les illustrations. Le signataire, un certain Bayevent-Sansoucy, pourrait bien être le masque d'Alphonse Allais, dont le goût pour les mascarades et les noms en jeu de mot est connu[13]. D'autres contes à Sara mettent en scène une petite fille, un jouet ou un objet et un inévitable chat noir : « La mauvaise aventure de Maigriou[14] », « La boîte au lait ». Mais en dépit de l'innocence des personnages, ces histoires ne peuvent absolument pas être qualifiées de mièvres. Le motif de la régurgitation du jouet par le chat, la décapitation de l'animal dont la tête est restée coincée dans la boîte à lait n'appartiennent pas au florilège des histoires édifiantes données aux enfants. Dans le conte d'Alphonse Allais « Le veau[15] », le ressort comique joue sur le dialogue entre un narrateur qui ressemble beaucoup à l'humoriste et les interrogations de la jeune interlocutrice. La conclusion se termine sur un pied

---

11 Le catalogue de l'exposition réalisée par le centre des expositions de Montreuil en 1987 ne mentionne pas cette période de création antérieure à 1885.
12 F. Caradec (1994), signalant le total désintérêt des éditeurs pour ces contes d'Allais, précise en outre que ses inspirateurs furent la petite Sara Salis et ses neveux Leroy.
13 F. Caradec mentionne une longue liste des noms imaginés par Allais, dont la fonction caractérologique s'impose d'emblée par le jeu de mot (*Ibid*, p. 518-524).
14 Maigriou était le nom du chat du cabaret.
15 « Le veau. Conte de Noël, pour Sara Salis », texte reproduit par Jean-Claude Carrière (p. 374-375), dans son *Anthologie de l'humour 1900* (1988).

de nez aux attentes morales. Un veau offert pour récompenser un petit garçon de sa sagesse est mangé cru par celui-ci. Après une digestion difficile
soignée avec force tisanes, l'enfant est à tout jamais privé de veau.

> « - Alors qu'est-ce qu'il a dit, le petit garçon ?
> - Le petit garçon...Il s'en fiche pas mal. »

La fillette des histoires en images de Steinlen ressemble à s'y méprendre à
ce petit garçon. Le lecteur adulte plus coutumier des contes d'avertissement
est surpris par l'indifférence affective prêtée à la petite. Le conte comme les
récits en images mettent en défaut une attente conventionnelle de réaction
dont l'effet insolite est plus à trouver chez le destinataire habituel du *Chat
Noir* que chez la jeune enfant.

Une autre histoire dédicacée « au maître ès fantaisie Paul Arène[16] » et
intitulée « Ce qu'il advint d'une petite fille » est franchement fantastique. La
fillette en question, réussit à emprisonner deux oiseaux dans son sac, cet exploit
innocent accompli - un forfait aux yeux de Steinlen -, l'enfant est confrontée à un chat noir qui ne fait qu'une bouchée d'elle. Seules restent ses chaussures, tandis que les deux oiseaux retrouvent la liberté. Image totalement irréa-
liste et insolite en France, mais que les familiers du *Struwwelpeter* ne
manqueront pas d'associer à celle de Pauline. Dans cet album imaginé par
H. Hoffmann en 1845, des histoires pour les enfants de 3 à 6 ans proposaient
des récits fondés sur la valeur démonstrative des images (Feuerhahn, 1993).
Ainsi Pauline, la petite fille qui joue avec les allumettes, bravant l'interdit
de ses parents et l'admonestation répétée de deux chats bien intentionnés, est
réduite en cendres par l'incendie qu'elle a provoqué ; ne demeurent à la fin
que ses chaussures et ses rubans sauvés par les chats en larmes. De toute évidence Steinlen a lu les histoires enfantines les plus populaires de l'Allemagne
du XIXème siècle, il en a retenu la leçon qui se comprend avec les yeux mieux
que de se dire. Plus surprenant encore, Steinlen fait appel à ses souvenirs
de lecture de Wilhelm Busch, une influence qui n'a apparemment jamais été
signalée.

Steinlen et l'humour de Busch

Wilhelm Busch (1832-1908), l'humoriste le plus célèbre d'Allemagne,
pionnier de la bande dessinée dans l'espace germanophone, est une référence
comique pour Steinlen. Plusieurs histoires proposées au *Chat Noir* sont inspirées de récits très connus Outre-Rhin.

---

[16] Un familier d'Allais.

« Horrible fin de Bazouge ou les Suites funestes de l'intempérance
(11 avril 1885) » reprend le motif de *Hans Huckebein der Unglücksrabe*[17]
(1867). En quinze images muettes - format de la page oblige -, Steinlen
réduit à sa conclusion implacable l'histoire facétieuse où Busch n'avait pas
trop de 48 vignettes accompagnées de légendes rimées au ton faussement sentencieux ou naïf. Avec un dynamisme graphique incomparable, Busch dévide
toutes les péripéties qu'un corbeau endure et fait endurer à l'espace humain
où il a été entraîné par l'espièglerie d'un gamin. Steinlen ne conserve que
l'essentiel de cette rencontre entre nature et culture : un constat d'incompa-
tibilité entre deux univers. Le jeune artiste qui vibre alors au pessimisme défi-
nitif dont le vieil humoriste s'était fait une raison de rire, s'en dégagera assez
vite par son engagement militant dans le mouvement ouvrier alors en plein
essor (*Le bel héritage*, 1987). Le nom de « Bazouge » pour l'oiseau est
aussi celui du croque-mort de *L'assommoir* publié par Emile Zola en 1877[18].
Ce personnage accompagne les événements sombres de la vie des ouvriers,
doublement aliénés par leur statut social et leur asservissement à l'alcool. Les
deux motifs se superposent au profit d'une démonstration en images qui
n'a que faire de la morale, sur ce point l'humoriste allemand et le romancier
français se rejoignent : il suffit d'observer la réalité sans fard pour la comprendre.

   « La pipe (7 novembre 1885) » évoque *Krischan mit der Piepe, eine
Rauchphantasie*[19] (1864), un récit extrait des *Bilderpossen,* ces farces en
images publiées par Busch au début de sa carrière peu de temps avant le célèbre
Max und Moritz (1865). Steinlen sélectionne un motif central très classique,
dont seul le traitement de la fumée évoque Busch. Le malaise produit par l'effet du tabac sur le jeune garçon conduit celui-ci à une vision anthropo-
morphe des volutes de la fumée ; la représentation subjective passe d'une élégante fantasmagorie à une persécution martelée. Le dynamisme graphique de
Busch, son inspiration taquine ne sont pas retenus.

   Limiter l'inspiration de Steinlen à ces motifs trahirait sa veine créatrice,
la suite de son œuvre apporte la preuve d'une grande maîtrise graphique, y
compris à l'heure où le jeune artiste se cherche un style bien à lui. Dans
le genre descriptif, sa sensibilité s'exacerbe et ses images dépassent en
« cruauté » tout ce que Busch a imaginé. Ainsi, « Le clou vengeur (août 1884) »
dédicacé « A la dame qui s'étonne que les Lapins n'aient pas d'entrailles »
est assez terrible. Le regard froidement objectif que Steinlen pose sur les êtres
et les choses n'est pas sans inquiéter, il sait saisir les images qui dérangent,

---

17   Hans Huckebein, le corbeau malchanceux.
18   Je suis très reconnaissante à Marine Degli d'avoir attiré mon attention sur ce point.
19   Christian et la pipe. Une fantaisie en fumée.

qui glacent par leur réalisme exacerbé. Comme dans certains contes d'Alphonse Allais, le frisson d'horreur n'est jamais loin du rire.

« ...à son ami A. Allais »

L'ambiguïté comique issue du fantastique ne demeure pas toujours dans ce registre très noir, le non-sens est une source d'images fort plaisantes auxquelles Steinlen et d'autres recourent activement. Le dessin dédicacé « Steinlen à son ami A. Allais (12 mars 1887) » tendrait à prouver que le genre de l'escroquerie peut être moralement revisité avec drôlerie : contrairement à toute attente, le bourgeois menacé par le mauvais garçon n'est pas le plus à plaindre des deux, qui non seulement tue son agresseur, mais le dépouille avant de l'abandonner.

« Le cheval susceptible (7 juin 1890) » met encore une fois l'univers des animaux de Steinlen au service de ses conceptions anticonformistes. Le brave bourgeois qui tente de calmer l'ire du charretier sur le point de fouetter son cheval, est interrompu par la remarque pour le moins inattendue de celui-ci « Mêle-toi de tes affaires ! Hé ! Feignant ». On notera l'usage de la bulle pour donner la parole au canasson. L'histoire de la bande dessinée s'écrit aussi dans les pages de la presse satirique destinée aux adultes.

Il serait injuste de s'en tenir à Steinlen pour définir l'humour graphique du *Chat Noir,* celui-ci compta d'autres créateurs dont les images non moins insolites contribuent à un humour très singulier. Le nom de Doës[20] s'impose dans cette dernière catégorie.

« Fallait le dire tout de suite (23 novembre 1889) » de Doës évoque également des images de Wilhelm Busch avec le motif de la liquéfaction (*Eispeter* dans les *Bilderpossen* de 1864). L'étrangeté des trouvailles est saisissante : « Repopulation (9 août 1890) », « 14, Avenue Marigny[21] », « L'honneur est satisfait (13 septembre 1890) » mettent en scène un non-sens où la conception du vivant est malmenée. La déréalisation des êtres atteint chez cet artiste une violence insoupçonnée.

---

[20] Louis DOESS, comme l'orthographie l'*Allgemeines Lexikon der Bildenden Künstler von der Antike bis zur Gegenwart* (de Ulrich Thieme und Felix Becker, Leipzig, Seemann Verlag, 1969, p. 376) est un artiste assez mal connu. Né à Genève, d'origine hollandaise, naturalisé suisse. Etudiant à l'Académie des beaux-Arts de Paris en 1879, Doess travailla pour de nombreuses revues humoristiques suisse, française, anglaise et américaine.

[21] S'agit-il d'une maison de rendez-vous ? Les connotations de cette adresse me demeurent énigmatiques ; toute information sera la bienvenue.

L'écrasement présent dans *Diogenes und die bösen Buben von Korinth,* une histoire extraite des *Münchener Bilderbogen* (1859-1871), apparaît aussi avec « Le fidèle garçon (1890) » de Saint Maurice.

Ces derniers thèmes fondent le caractère de l'humour qui se dégage des dessins du *Chat Noir.* L'humeur sombre communiquée par la proximité de la mort, l'absence désespérante de toute perspective permettent-elles pourtant de qualifier cet humour de macabre ? Jamais le plaisir n'est morbide, la mort et ses représentations n'apportent aucune jouissance comique. Il y a comme un défi au contraire à traiter de la mort comme d'une vulgaire anecdote. Le pessimisme fondamental de ces hommes obsédés par la vanité des mascarades sociales a trouvé une voie d'expression dans l'illusoire riposte qu'ils opposent à ces spectres. L'indifférence aux émotions attendues, le refus du pathétique et de la sentimentalité, l'abandon des rites sociaux usuels prennent dès lors une connotation transgressive et l'on se demande si ces conduites ne constituent pas les manifestations d'une sensibilité nouvelle dont le sens pourrait être lu de manière prémonitoire chez Baudelaire[22]. En distinguant, un comique « absolu » opposé à la sensibilité française plus encline au comique « significatif » de satire sociale, ce sont les œuvres des romantiques allemands et d'Edgar Poe que le poète désignait. Ce courant d'influence qui s'émancipe de l'intention moralisante caractérise une percée novatrice en France. Néanmoins, invoquer les seules sources américaines ou encore un lien avec le graphisme de Töpffer pour décrire les productions appréciées des familiers du cabaret de Salis est un argument qui ne résiste pas à l'analyse des images et doit être reconsidéré[23]. L'expression humoristique en Europe appartient aussi à l'histoire, une histoire qui ne s'écrit pas seulement sur les champs de bataille ou dans les livres, mais aussi dans la mémoire vivante des personnes. Mentionner l'influence de l'humoriste allemand dans l'esprit comique du *Chat Noir,* c'est rappeler que la popularité de Wilhelm Busch ne pouvait être que clandestine après les désastres de la guerre de 1870 et la Commune. A plus d'un siècle de distance, la grande famille des humoristes se réjouira de renouer avec les siens à visage découvert.

---

22   Cf. *De l'essence du rire* (1855)

23   Des affirmations qui surprennent dans le très érudit catalogue d'exposition de Mariel Oberthür (1992) : « Au Chat Noir, l'humour anglo-saxon, froid et macabre, apporté par les Américains, s'alliera chez les poètes et les artistes à la bonne humeur française, à ses jeux de mots et d'esprit, et à ses calembours.. (p. 30). »

LE CHAT NOIR

Le Printemps, par **André GILL**

 IVE LA RÉPUBLIQUE.
ÇA POUSSE!

PIERROT FUMISTE

Dessin de Steinlen.

L'Enfant, le Chat et la Poupée

Il y avait une fois une petite fille très gentille qui jouait toute la journée avec un petit l'âne et une petite poupée japonaise...

Avec une belle poupée japonaise qui était venue en France parce qu'elle s'ennuyait dans son pays. La petite fille aimait bien sa poupée parce qu'elle était japonaise et qu'elle avait des yeux comme ça et de beaux cheveux en mèches... Un jour un chat noir la vint voir...

Un chat noir la vint voir... un chat noir la vint voir... le prit de sa main blanche, et gentiment l'habilla comme un petit enfant; bonnet rose, robe grise ; robe grise, bonnet rose...

Grise robe, bonnet rose... dodo le petit minet, dodo... dodo... Quand le chat noir eut bien dormi près de la poupée qui s'ennuyait beaucoup, il se mit en colère parce qu'il était méchant comme le diable; il griffa la petite fille qui voulait lui donner des airs de princesse et s'en fut...

S'en fut très loin, très loin! s'en fut ne sais plus où... s'en fut là-bas...! Et la petite fille resta toute marrie avec sa poupée japonaise qui regrettait bien d'être venue en France...

Elle resta toute marrie, laissant sa poupée sur la terre et pleurant. Et plus du tout ni jamais elle n'aima la pauvre poupée, car c'était une poupée qui ne marchait pas et qu'elle regrettait fort la poupée vivante...

Il y avait une fois une petite fille...

BAYEVENT-SANSOUCY.

A mon vertueux ami Henri Rivière.

Horrible fin de Bazouge ou les Suites funestes de l'Intempérance. Dessin de Steinlen.

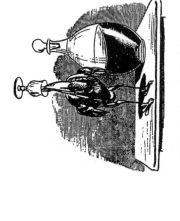

Und läßt mit stillvergnügtem Sinnen
Den ersten Schluck hinunterrinnen.

Er hebt das Glas und schlürft den Rest,
Weil er nicht gern was übrig läßt.

Ei, ei! Ihm wird so wunderlich,
So leicht und doch absunderlich.

Nicht übel! Und er taucht schon wieder
Den Schnabel in die Tiefe nieder.

Jetzt aber naht sich das Malheur,
Denn dies Getränke ist Likör.

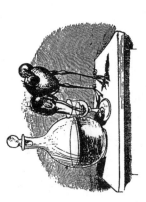

Es duftet süß. – Hans Huckebein
Taucht seinen Schnabel froh hinein.

Hans Huckebein, par Wilhelm Busch

Le Clou Vengeur, par Steinlen.

A la Dame qui s'étonne que les Lapins n'aient pas d'entrailles.

Le Cheval susceptible, — dessin de Steinlen.

A notre nouvel oncle Ernest Legouvé fils.

14. Avenue Marigny, par Does.

Bibliographie

CARADEC François, *Alphonse Allais*, Paris, Belfond, 1994.

CARRIÈRE Jean-Claude, *Anthologie de l'humour 1900,* Paris, Les éditions 1900, 1988.

CHARPIN Catherine, *Les Arts Incohérents (1882-1893),* Paris, Syros, 1990.

CHARPIN Catherine, « Les Arts Incohérents, farce prophétique », *Humoresques, « L'image humoristique »,* 3, 1992, p. 36-42.

DAVID Martine et DELRIEU Anne-Marie, *Refrains d'enfance. Histoire de 60 chansons populaires,* Paris, Herscher, 1988.

DEFAYS Jean-Marc, *Le texte à rire : Technique du secret et art de l'illusion chez Alphonse Allais,* Jyväskylä, University of Jyväskylä, 1994.

FEUERHAHN Nelly, *Le comique et l'enfance,* Paris, PUF, 1993.

FEUEUHAHN Nelly, « Aux sources comiques des récits en images : Töpffer et Busch », *Le Collectionneur de Bandes Dessinées,* Hors série, 1996, p. 36-42.

GROJNOWSKI Daniel, « Une avant-garde sans avancée : les arts incohérents » , *Actes de la Recherche en Sciences Sociales,* Paris, 1981, p. 73-86.

GROJNOWSKI Daniel et SARRAZIN Bernard, *L'esprit fumiste et les rires fin de siècle. Anthologie,* Paris, José Corti, 1990.

Le bel héritage. Th. A STEINLEN. Rétrospective 1885-1922, Catalogue d'exposition conçu et rédigé par Jean-Luc Barre, Montreuil, Musée de l'histoire vivante, 1987.

Le Chat Noir, 1881-1897, Les dossiers du musée d'Orsay, catalogue rédigé et établi par Mariel Oberthür, Paris, Réunion des Musées nationaux, 1992.

OSTERWALDER Marcus, *Dictionnaire des illustrateurs. 1800-1914,* Neuchâtel, Ides et Calandes, 1989.

RICHARD Lionel, *Cabaret, cabarets,* Paris, Plon, 1991.

24. STRATÉGIE NARRATIVE ET DISCOURS ESTHÉTIQUE : ALPHONSE ALLAIS, LE PETIT FICTIF

Vérane PARTENSKY

> INCOHÉRENT : se dit des idées, des phrases qui ne se suivent pas, qui ne forment pas un tout, un ensemble bien joint.
> LITTRÉ, *Dictionnaire de la langue française*, 1863-1873

S'il fallait à toute force faire tenir la verve allaisienne dans le carcan d'un genre littéraire, peut-être la fable serait-elle la catégorie la plus accueillante pour l'œuvre d'Alphonse Allais ; pareille étiquette n'eût sans doute pas déplu à l'écrivain qui choisit parfois pour pseudonyme le nom évocateur d'Esope fils. Pourquoi la fable ? Littré la définit : "sujet de malins récits", "récit imaginaire", "petit récit qui cache une moralité sous le voile d'une fiction".

Le personnage de l'artiste est l'un des héros favoris des innombrables petits récits publiés par Allais. Son intérêt pour l'art est évident. On peut en prendre la mesure au vu aussi bien du nombre de peintres et de sculpteurs qui traversent ses nouvelles que par sa participation au Salon des Incohérents, suivie de la publication, quelques années plus tard de son *Album primo-avrilesque*[1]. Pourrait-on, à partir de ces données, dégager une esthétique allaisienne ? La gageure est difficile : entre gag fumiste et distanciation ironique, les propos d'Allais concernant l'art éveillent quelque méfiance. De toute évidence notre humoriste fin-de-siècle n'engage guère son lecteur à le traiter en théoricien. Il ne fait d'ailleurs, qu'écrire des histoires... Mais si ces

---

[1] Paris, Ollendorff, 1897. Parution le 1er avril.

histoires sont bien des fables, ne cachent-elles pas "une moralité sous le voile d'une fiction" ?

Volontiers systématique, l'auteur de *Ne nous frappons pas* n'est pas le père d'une doctrine ni le pontife d'une philosophie. Il paraît cependant engager, aussi bien dans ses écrits que par sa participation aux Incohérents, une spéculation ironique et virtuose, qui, en déconstruisant les règles communément admises des "écrits sur l'art", donne naissance à un véritable programme esthétique — ou anti-esthétique. Il s'agirait donc de mettre en évidence les enjeux et le fonctionnement éminemment subversifs de son attitude critique : quels sont les modalités et les fruits de la rencontre paradoxale entre esprit fumiste et théorie d'art ? Dans quelle mesure est-on autorisé à dire d'Allais qu'il construit un "discours" spécifique sur l'art ?

Prenons pour point de départ sa pratique artistique. Son œuvre picturale est constituée pour l'essentiel de la série fameuse des monochromes, (noir, bleu, vert, jaune, rouge, gris et blanc) réunis dans l'*Album primo-avrilesque* et à propos desquels il est d'usage de se demander s'ils doivent être considérés comme un phénomène précurseur des avant-gardes abstraites du XXe siècle. Formulée en ces termes, la question se heurte cependant à l'écueil de l'anachronisme. Prenons donc la question à rebours, et considérons au contraire la dimension proprement figurative de ces œuvres. Figuratives, elles le sont puisqu'elles ont un titre. L'album fait se succéder les images suivantes : Monochrome noir : *Combat de nègres dans une cave pendant la nuit (reproduction du célèbre tableau)* / bleu : *Stupeur de jeunes recrues apercevant pour le première fois ton azur, ô Méditerranée !* / vert : *Des souteneurs encore dans la force de l'âge et le ventre dans l'herbe boivent de l'absinthe* / jaune : *Manipulation de l'ocre par des cocus ictériques* / rouge : *Récolte de la tomate par des cardinaux apoplectiques au bord de la mer Rouge / (Effet d'aurore boréale)* / gris : *Ronde de pochards dans le brouillard* / blanc : *Première communion de jeunes filles chlorotiques par un temps de neige*[2]. A strictement parler, ces monochromes sont bien des images : elles respectent en effet le pacte de mimésis sur lequel repose depuis l'antiquité l'art de la peinture. Aristote, dans un passage célèbre de la *Poétique,* avait en effet assigné à l'art une fonction essentiellement *imitatrice :*

---

2   Voici quelques précisions destinées à faciliter la lecture des profanes en matière d'argot : l'ictère est le symptôme de diverses maladies, notamment la jaunisse, caractérisé par une coloration jaune des tissus provoquée par une présence anormale de pigments biliaires. Le dos-vert est le nom du maquereau, poisson dont le dos est strié de bleu et de vert. Comme "maquereau", il désigne le souteneur. Le terme est populaire de 1773 jusque vers 1885. A partir de 1876, on l'abrège parfois en "dos", jusque vers 1905. Bleu signifie "stupéfait" ; substantivé, il désigne les soldats nouvellement recrutés. La ronde est une corde de pendaison.

Or, ce qui cause leur plaisir [aux hommes] en voyant une image, c'est qu'à la première vue ils peuvent deviner et comprendre, par exemple, que cette figure est un tel.[3]

Le plaisir donné par la peinture réside, d'après cette définition, dans la possibilité de *reconnaître* l'objet représenté. Le philosophe explique ensuite que "le fini dans l'exécution, la couleur, ou toute autre cause de ce genre" sont des causes secondaires et négligeables du plaisir esthétique. C'est bien en tant que *cosa mentale*, en tant qu'elle fait appel à l'intelligence, et non pas aux sens, que la peinture, dévaluée par Platon comme imitation, est réhabilitée par Aristote. C'est également cette appréciation de la peinture, le fait qu'elle soit apte à susciter un discours descriptif et interprétatif, qui lui vaudra d'être, à l'époque classique, rangée parmi les arts libéraux[4]. Cet impératif figuratif est toujours, plus que jamais peut-être, en vigueur à la fin du XIXe siècle, tant dans le réalisme impressionniste que dans l'idéalisme symboliste. S'il est permis de convoquer Aristote pour une lecture d'Alphonse Allais, posons la question du sort de la mimésis dans l'œuvre de notre humoriste fin-de-siècle. Car la peinture monochroïdale d'Allais, si elle joue de façon provocante avec la définition aristotélicienne, parvient, par un tour de force qui provoque le rire, à respecter l'engagement de la figuration tout en échappant à la contrainte du *disegno* que toute la tradition académique avait élu, suivant l'analyse aristotélicienne, comme l'instrument nécessaire de la pratique figurative.

Il ne s'agit pas pour Allais d'un refus du signe, mais au contraire d'un travail sur la limite fragile où l'insignifiant s'ouvre vers la figuration. Au vu des œuvres exposées aux Incohérents, on pourrait dire en effet que l'entreprise d'Allais, fidèle à la démarche incohérente, s'emploie à pousser l'image jusqu'à la limite où elle disparaît, et n'exhibe un sens, d'ailleurs quelque peu dérisoire, — celui du titre — que pour en donner une représentation à proprement parler défigurée. Démarche destructrice donc, qui étouffe dans l'œuvre aussi bien la tentative figurative que le discours critique — le dessin que le dessein. Pourtant, avec l'*Album primo-avrilesque*, c'est une démarche allant à l'encontre de l'Incohérence, une démarche cohérente qui s'instaure. Le livre, dans sa matérialité même, impose à la série désordonnée des images un ordre et un sens. Il contraint le lecteur à suivre les images page après page et les dévoile suivant une ordonnance qui n'existait pas dans le chaos du Salon, celle de la succession qui les agence en une série plus signifiante que le poisson d'avril ne veut bien l'avouer.

---

3   ARISTOTE, *Poétique*, chapitre IV, traduction française par E. Eger, Paris, Hachette, 1875, troisième édition revue et corrigée, p. 5.

4   Voir l'étude passionnante de Jacqueline LICHTENSTEIN, *La Couleur éloquente*, Paris, Flammarion, coll. Idées et Recherches, 1989.

L'album s'ouvre sur le monochrome noir, reproduction lithographiée de l'œuvre de Paul Bilhaud, qui avait été exposée au premier salon des Incohérents en 1883. Suivent les six monochromes, dont deux avaient été exposés aux Incohérents. Le plus ancien, *Communion de jeunes filles chlorotiques par un temps de neige* ornait, en 1883, les cimaises du deuxième salon sous la forme d'un simple carton de bristol ; il occupe la dernière place dans la série des monochromes de l'album ; la *Récolte de la tomate par des cardinaux apoplectiques au bord de la mer Rouge (effet d'aurore boréale)* avait été exposée en 1884 sous la forme d'un morceau d'étoffe rouge. Les autres monochromes sont réalisés à l'occasion de la publication de l'album. Fermant l'album, une œuvre qui est, non plus picturale, mais musicale, une partition silencieuse, série de portées dépourvues de notes.

L'ordre imposé par le livre aux œuvres qu'il montre ou qu'il reproduit est un ordre proprement narratif. L'*Album primo-avrilesque* raconte une histoire : il propose une fable picturale.

Histoire de peinture : histoire de couleur. Cette fable a un début, le noir, une fin, le blanc, une moralité, la *Marche funèbre*, sur laquelle nous reviendrons plus tard. Elle raconte trois histoires de couleurs primaires (le bleu, le jaune, le rouge), une étrange histoire de vert, glissée là comme par incohérence. L'avant-dernier monochrome ("ronde de pochards dans le brouillard") sonne comme un avertissement ironique : ce gris, image pénultième de l'album, nous apprend d'emblée que l'histoire tourne en rond, et que le discours critique que nous allons essayer d'y lire n'est à coup sûr qu'un cercle vicieux. Partons de là : le gris — couleur de qui, homme ou papier, a trop bu — n'est constitué que par le mélange des deux non-couleurs qui délimitent la série — le noir et le blanc — et n'est pas plus qu'eux une couleur. D'emblée nous comprenons que les dés sont pipés. Et quoi d'étonnant, puisqu'il s'agit d'une fable, c'est-à-dire — dernière définition de Littré — d'une "histoire mensongère".

L'album s'ouvre sur une œuvre qui est, par excellence, une non-œuvre : premièrement, elle n'est pas de l'auteur. Elle introduit pour ainsi dire un corps étranger — un nègre, mais invisible — dans le texte. Elle est entièrement noire : sa couleur est négation et mort de la couleur, couleur susceptible d'annuler toutes les autres. Notre histoire de couleurs commence mal. Elle commence par un "combat de nègres dans une cave, pendant la nuit" : par le meurtre de la peinture dans un acte de violence. La peinture meurt là dans un *combat*, mené par un auteur qui n'est pas l'auteur : c'est après tout la définition du nègre[5] — et si Allais ne donne pas le nom de Paul Bilhaud, c'est sans doute parce qu'un nègre doit rester anonyme. Ce titre, certes, n'est pas non plus l'invention d'Allais. Mais, de même que l'œuvre, son intégration

---

5   Cette acception du terme est attestée depuis 1757.

dans l'album en change radicalement la valeur et la portée. Allais d'ailleurs le fait sien en lui faisant subir une légère modification. La toile de Bilhaud s'intitulait *Combat de nègres dans un tunnel, la nuit* ; elle devient *Combat de nègres dans une cave, pendant la nuit*. Le tunnel pouvait mener quelque part ; de la cave, lieu souterrain, il se pourrait bien qu'on ne puisse sortir. Dans la cave (contrairement peut-être au tunnel), nulle lumière ne pénètre. Nulle lumière, donc nulle couleur. Et pourtant, l'album va dérouler son histoire de couleur, depuis le noir — non-couleur — jusqu'au blanc — non-couleur qui contraste avec la première. L'ordre de cette histoire est un ordre à rebours. Allais commence par le noir, par la fin de la peinture, et remonte jusqu'au blanc.

Il déroule ainsi, dans le bon ordre, mais à l'envers la gamme chromatique. On sait que la notion de couleur est fondée sur l'interprétation du spectre, que Chevreul a décomposé en sept couleurs : rouge, orangé, jaune, vert, bleu, indigo et violet. Chacune correspond à une longueur d'onde d'après sa saturation lumineuse. La gamme chromatique se divise en deux types de couleurs distinctes, primaires (rouge, bleu, jaune) et complémentaires. A l'exception du vert, la série de l'*Album primo-avrilesque* est donc uniquement constituée des non-couleurs (noir, blanc, gris) et des couleurs primaires (bleu, jaune, rouge) auxquelles il faut ajouter un intrus : le vert. S'agit-il simplement d'une incohérence ? Allais pourtant, respecte soigneusement l'ordre de la saturation lumineuse : il va du moins lumineux (le noir, puis le bleu) au plus lumineux (le rouge puis le blanc).

Mais le vert n'est qu'apparemment un intrus. Alphonse Allais, scientifique, ami de Charles Cros, intéressé avec lui à la photographie des couleurs, n'avait pu ignorer un débat qui déchirait le monde savant depuis 1874. Suivant la théorie "classique", la rétine possède des récepteurs de trois espèces, sensibles respectivement au bleu, au vert-jaune (c'est-à-dire une couleur qui serait à égale distance entre le vert et le jaune) et au rouge. Par synthèse, l'œil parviendrait à la vision totale des couleurs. En 1874, Ewald Hering avait formulé, contre cette théorie, l'hypothèse suivant laquelle quatre couleurs entreraient dans les processus oppositionnels fondamentaux (ce que les hypothèses actuelles confirment). Pour Hering, le vert serait une couleur primaire. Le vert acquiert ainsi dans le système perceptif une véritable autonomie. Est-il ou non une couleur fondamentale ? Peut-il être considéré à valeur égale avec le bleu, le rouge et le jaune ?[6]

En tout état de cause, il se trouve au centre du débat. Après la stupeur face à la couleur pure du second monochrome, — le bleu — la nécessité d'un

---

6   Nous empruntons ces informations à Dora VALLIER, *Du Noir au blanc, les couleurs dans la peinture*, Paris, l'Echoppe, 1989.

questionnement s'impose au lecteur de l'album. La présence du vert, incongrue, force à mettre en doute l'innocence de la démarche fumiste d'Allais, à poser la question de la cohérence ou de l'incohérence de la série.

C'est à cette question que renvoie le dernier monochrome. Blanc, il est placé à la fin. On a donc remonté de la non-lumière à la lumière en respectant tous les paliers de la décomposition spectrale. A l'issue de ce trajet, on arrive à l'origine de la peinture. Ce dernier monochrome, vierge de peinture, est comme ouvert à elle. Vertige de la toile blanche où toute couleur est en puissance, cette page est en quelque sorte un état antérieur de la peinture. Elle montre un espace où la couleur est encore à venir : signe parfait de la virginité que, en dehors de tout signe, elle représente. La feuille est blanche et vierge comme sont blanches et vierges les jeunes filles chlorotiques en attente de l'acte qui soit les souillera, comme la peinture pourrait souiller le papier, soit les définira comme le trait, encore absent, définirait une forme dans l'espace vierge de la peinture, et fera de ce collectif à peine féminin (les jeunes filles vierges), informe, des figures à formes de femmes.

Une tension s'établit donc : il n'y rien à voir. Rien ne se détache sur l'uniformité des aplats colorés. Pourtant, la présence du titre en fait bien des images. A peine ce titre est-il énoncé, que le "rien à voir" devient du "trop à voir", que la non-image devient une image à part entière, où la mimésis fonctionne impeccablement. On ne peut que *reconnaître* dans la *Communion de jeunes filles chlorotiques sur fond de neige* le programme iconographique annoncé par le titre. Il en va de même pour chacun des monochromes du recueil. Ce défaut de visible n'est que l'envers d'un excès de visualité. La blancheur est à la fois ici une non-image, — une image qui n'existe pas encore (comme la jeune fille est une femme qui n'existe pas encore) — et un trop plein d'image.

Pourquoi le monochrome se trouve-t-il à la fin de l'album ? Est-ce parce que la pratique allaisienne consisterait à effacer la peinture ? Ou plutôt, l'expérience de la peinture étant faite, propose-t-il de retrouver l'innocence perdue entre les souteneurs du monochrome vert et les cocus du monochrome jaune ? De revenir à la virginité de la blancheur et de la jeune fille ? Mais, en dépit des apparences, les jeunes filles chlorotiques ne sont pas des oies blanches : elles ont vécu — elles vont mourir. Cet accomplissement existentiel n'est pas tant anecdotique et analogique que pictural. Ce que le tableau représente, avec ces silhouettes que leur blancheur même rend invisibles, c'est un spectre. Spectre blanc, mais qui contient, latentes, toutes les couleurs du prisme que l'album vient de passer en revue. Ainsi, ce tableau blanc, sorte d'espace originel ouvert à la peinture est aussi la peinture par excellence, la couleur qui contient et rassemble toutes les autres, le tableau qui est en même temps tous les tableaux possibles. Il s'agit bien, comme l'indique le titre, d'une "communion". Attribuer à cette œuvre un sujet, c'est limiter l'infini de ses possibilités, à ceci près, bien entendu, que le titre même choisi par Allais "communion de jeunes filles chlorotiques sur un fond de neige" ne fait que désigner l'ouverture de cette représentation. Cependant, on aura compris, en frôlant le danger de si près, que la parole constitue une trahison envers la peinture. C'est le discours qui invente dans le tableau la ressemblance qui tout à la fois le définit et le défigure.

Peu de temps avant la parution, Allais priait son éditeur de rajouter à la fin de l'album une "Marche funèbre pour un grand homme sourd". Pourquoi cette addition ? Amélioration humoristique ? Sans doute. Cependant, elle ne s'imposait pas : l'album était fort drôle sans cet appendice. Cette partition silencieuse reprend l'une des œuvres exposées au Salon des Incohérents en 1884 sous le titre *Marche funèbre incohérente — les grandes douleurs sont muettes.* Elle figure dans l'album sous le titre : *Marche funèbre composée pour les funérailles d'un grand homme sourd.* De façon tout à fait emblématique, le terme "incohérente" a disparu. Serait-ce au profit de quelque cohérence inattendue ?

Quatre ans avant la publication de l'*Album primo-avrilesque*, Léon Bloy avec qui Allais avait entretenu une amitié aussi incongrue que solide, avait fait paraître une nouvelle qui n'est peut-être pas étrangère au changement de titre de l'œuvre de 1897. Ce texte s'intitulait *"Le musicien du silence"*, et mêlait étrangement le plus grand sérieux à la blague fumiste. Il mettait en scène un musicien, nommé Pouyadou, en qui l'on reconnaît l'une des figures les plus pittoresques du salon de Nina de Villard, le musicien Cabaner.

Ce paradoxal artiste expose, dans le texte de Bloy, les principes de la grande œuvre qu'il cherche à composer :

> Ah ! c'est que j'ai une manière de comprendre la musique ! Sachez que pour être parfaite, il est indispensable qu'elle soit *divine* je veux dire SILENCIEUSE, enfermée, cloîtrée au plus profond du silence.[7]

Et Pouyadou s'en prend à Wagner, qui n'a jamais su comprendre cela, et qui "croit obstinément que la musique est la combinaison de divers bruits"[8] :

À Wagner, il oppose Beethoven. L'analyse qu'il donne de sa musique nous ramène sans ambiguïté à Alphonse Allais. Car, assure-t-il, Beethoven est le musicien, le seul, qui avait vraiment compris la valeur du Silence :

> En sa qualité d'artiste divin, Beethoven aspirait naturellement au Silence, et c'est pour cela qu'il obtint la grâce de devenir sourd pour mieux entendre chanter son génie.[9]

---

[7] Léon BLOY, "Le Musicien du silence" (1893). Cité d'après l'édition *Histoires de musique et de musiciens*, Paris, Minerve, 1991, p. 165.
[8] *Ibid.*, p. 166.
[9] *Loc. cit.*

Avec la partition qui tient lieu de moralité à l'*Album primo-avrilesque*, Allais voudrait-il lui aussi faire du silence l'essence de la musique, et de la surdité l'essence de l'écoute ?

Tout au long de l'album, plutôt que d'écrire sur l'art et d'élaborer un discours critique, Allais a superposé d'une façon à la fois contradictoire et illustrative les monochromes et leur titre, les œuvres et leur interprétation. Avec la *Marche funèbre* on passe, par un saut radical, de la peinture à la musique, du monochrome au silence. On comprend sans peine que ces deux phénomènes-limites jouent, chacun dans leur sphère respective, le même rôle. Cependant, le passage d'une sphère à l'autre, dans un contexte où l'idée que tout art tend vers la condition de musique commence de passer pour un véritable mot d'ordre esthétique, ne relève pas du hasard. Du monochrome blanc aux portées sans notes, il y n'y a pas seulement analogie, mais bien progression. L'art matériel qu'est la peinture, même épurée par l'expérience monochroïdale, s'allège encore un peu, et paraît admettre, bien sur le ton d'un incisif humour, l'inanité de la représentation. Substituer la musique à la peinture, c'est préférer un art non-figuratif à un art de la représentation.

La marche funèbre rythme l'enterrement de la mimésis, et avec elle, de la *parole*. Car entre silence et surdité, le langage est mis au tombeau. La présentation typographique de la *Marche funèbre* le confirme. Contrairement aux œuvres précédentes où le titre placé sous chaque monochrome inscrivait dans l'espace de la peinture un texte qui autorisait à la considérer comme représentation, le discours disparaît du morceau de musique. Seuls un "*lento rigolando*" et un TSVP président à la première page de cette partition vide : entre latin de cuisine et sigle barbare, le meurtre du langage est sérieusement commencé. Atteint d'emblée dans sa dimension sonore, il agonise littéralement à la dernière page, la seule d'ailleurs qui soit imprimée au recto, et où il n'y a plus que des portée sans notes.

Doit-on, considérer, pour reprendre un titre de Willy, tout cela comme de simple "notes sans portée" ? Il semble pourtant que cet appendice silencieux serve bien de moralité à la fable et traduise concrètement une proposition esthétique d'Allais. Car cette partition est précédée d'une préface où l'auteur précise les modalités suivant laquelle elle doit être jouée :

> L'Auteur de cette Marche funèbre s'est inspiré dans sa composition de ce principe, accepté par tout le monde, que les grandes douleurs sont muettes.
> Ces grandes douleurs étant muettes, les exécutants devront uniquement s'occuper à compter des mesures, au lieu de se livrer à ce tapage indécent qui retire tout caractère auguste aux meilleures obsèques[10].

---

10   *Album Primo-avrilesque*, op. cit., p. 27.

En dépit du silence, les musiciens ont bien *quelque chose à faire*. C'est là le principe d'une esthétique allaisienne, qui met un point d'honneur à exister en dehors des artifices inutiles du commentaire théorique. Cesser de parler pour agir. Cesser de faire semblant pour faire vraiment. Les grands hommes sont sourds : autre façon de dire que les grandes douleurs sont muettes, de dire enfin que la rhétorique doit laisser la place à la vie.

Parmi les nombreux peintres qui peuplent les contes d'Alphonse Allais, l'un raconte un jour comment lui est venue la vocation de la peinture[11]. Alors qu'il faisait de tout autres études, il passa un jour devant le Palais de l'Industrie, où l'on s'amusait bien. Il a alors le désir d'entrer. Non le désir de peintre, mais le désir d'explorer le lieu d'où venait ce chant des sirènes : le rire. Il achète donc, chez l'épicier du coin, 25 kg de macaronis qui lui permettent d'obtenir, en prime une chromolithographie exposée dans la vitrine. Ce ready-made pré-duchampien va lui permettre de devenir peintre. Mais ce n'est nullement la pratique plastique qui lui donne les moyens d'y accéder. C'est au contraire la maîtrise du langage. Sa part d'invention consiste en effet à donner au tableau un titre. Ce tableau est une "façon de grand chromo" ; on y voyait, assure l'artiste, "une façon de pâturage, avec des vaches, des moutons, des moulins à vent, et *une bande bleue que j'ai toujours supposée figurer la mer*". [...] J'appelais l'œuvre *Environs de Rotterdam*"[12]. Le geste du peintre consiste à inventer une ressemblance : mais cette invention ne peut s'opérer que par le discours. Et de fait, cette pratique singulière de la peinture ne produit que la parole : l'œuvre a été huée, ce qui est somme toute honorable dans un milieu de rapins : mais c'est déjà de la parole. Tout cela ne va pas tarder à s'aggraver. Plus l'artiste avance dans la conquête du milieu artistique, plus cette parole se constitue en un discours écrit, qui, au fil des étapes ne cesse de dégénérer. Dans un premier temps, notre artiste en herbe a donné un titre et rempli des formulaires :

> Quelques semaines plus tard j'avais presqu'oublié cette aventure, quand je reçus un pli, timbré du ministère des Beaux-Arts, et conçu à peu près en ces termes : "Monsieur, j'ai le plaisir de vous annoncer que le tableau que vous avez envoyé au Salon, intitulé *Environs de Rotterdam* (Pays-Bas), a été admis et classé sous le numéro tant."
> [...]
> Le jour du vernissage arriva. J'achetai le livret.
> Mon nom s'y étalait, avec mes prénoms et mon lieu de naissance.
> Je courus au numéro indiqué. Il n'y avait pas d'erreur.

---

11 "Vocation" (1887). Cité d'après l'édition des *Œuvres posthumes*, établie et introduite par François CARADEC, Paris, Laffont, coll. Bouquins, 1990.
12 Ibid. p. 112.

[...]
Des journaux parlèrent de mon pâturage avec éloge.
Je fus même éreinté par quelques-uns.
Albert Wollf le jugea : un "début plein de promesses".
Et j'eus une mention.[13]

Titre, lettre, timbre, catalogue, numéro, livret, article... La représentation
n'existe que par le discours qui l'invente en la commentant. Faut-il souligner
la pauvreté poétique et créatrice d'une parole dont le point culminant est un
article d'Albert Wolff ? Quant à l'œuvre... En réalité, du tableau, on ne voit
rien ; personne ne cherche à en jouir. La production du sens par l'arbitraire
d'un acte de langage concurrence l'activité des sens. La parole serait-elle responsable du meurtre de la peinture ? En tout cas elles cohabitent difficilement. Dans un conte intitulé *"Un coin d'art moderne"*[14], un peintre théoricien, du groupe des néo-pantelants a figuré deux abominables personnages,
l'un orange et l'autre bleu. Ces figures défigurées par l'application d'une théorie que l'artiste s'empresse d'expliciter — la complémentarité des couleurs
— ne seraient pas reconnaissables, si une étiquette ne précisait : "mes
parents". Encore le peintre néo-pantelant prend-t-il la peine de peindre, ce
qui n'est pas le cas de tout le monde. Celui de la nouvelle intitulé "Artistes"[15]
y a pour sa part absolument renoncé. Sa théorie, la théorie furtivo-momen-
tiste, l'en dispense d'ailleurs pleinement. Il ne peint pas mais il parle. La parole
semble corroder la matérialité même de la peinture. Peut-être dans ces conditions vaudrait-il mieux se taire.

De fait, à ces faux artistes, un conte d'Allais oppose la description
d'une véritable œuvre créatrice. La nouvelle s'intitule *"Esthetic"*[16]. Le
contexte est celui d'un salon d'art, aux États-Unis. La sculpture surtout
retient l'attention ; c'est le domaine où les artistes ont fait preuve de plus d'inventivité :

> Les statuaires américains ont compris que, dans l'Art, la Vie seule inté-
> resse, et qu'il n'y a pas de vie sans mouvement.[17]

Suivant des techniques tout à fait élaborées et que nombre de futuristes ont
dû envier, ces œuvres d'avant-garde sont merveilleusement articulées et
donnent une illusion de réalité, dont l'humour féroce d'Allais ne manque pas
cependant de souligner l'aspect kitsch et toc. Deux œuvres, particulièrement

13 *Ibid.* p. 112-113.
14 "Un coin d'art moderne", in *Rose et vert pomme,* Paris, Ollendorff, 1894.
15 "Artistes", in *Deux et deux font cinq,* Paris, Ollendorff, 1895.
16 "Esthetic", in *A se tordre, histoires chatnoiresques,* Paris, Ollendorff, 1891.
17 *Ibid.,* cité d'après l'édition des *Œuvres anthumes,* Paris, Laffont, coll. Bouquins,
1989, établie et introduite par François CARADEC, p. 41.

abominables, suscitent l'admiration de tous. L'une est un *Cochon taquiné par les mouches* trente-six fois grandeur nature, l'autre une statue articulée représentant la mort du général George-Ernest Backer, "au moment où, frappé d'une balle en plein cœur, il s'affaissa sur une mitrailleuse voisine. La mitrailleuse surtout recueillit les suffrages universels"[18], précise l'auteur.

L'art, on le voit, comme dans la nouvelle précédente, a vocation de susciter du discours, parlé et écrit : des compliments et des diplômes. Et l'artiste y tient tant qu'il procède à un petit chantage. Appelant son plus sérieux concurrent — le créateur du cochon —, il lui révèle que l'œuvre que l'on prend pour une *imitation* recouvre, à proprement parler, de la réalité : grattant la mitraillette de plâtre, il laisse apparaître l'arme véritable que dissimulait l'enduit, et assure qu'il s'en servira, s'il n'obtient pas le prix. Complaisant, son adversaire accepte de servir d'intermédiaire et de prévenir le jury. Tout cela se serait sans doute très bien terminé si l'on n'avait pas eu affaire à un artiste "pour de vrai", et à un critique digne de ce nom. Car, en dépit des ridicules sculptures articulées qu'il a présentées au concours, Julius Blagsmith, est, nous allons le voir, un créateur. Quant au père du *Cochon*, à défaut d'être un grand artiste, il se révélera du moins un grand critique : il sait se taire, et son silence est plus performatif que n'importe quelle parole. Il ne prévient pas le jury, qui commence la distribution des prix :

> Après un grand morceau exécuté par l'harmonie des abattoirs de Pigtown, le président du jury se leva et proclama le nom des heureux lauréats.
> On commença par la peinture. A part quelques coups de revolver échangés entre une *mention honorable* et une *médaille d'argent*, la proclamation des lauréats peintres se passa assez tranquillement. Puis le président annonça : "Sculpture, grand diplôme d'honneur décerné à Mathias Moonman, auteur de..."
> Auteur de quoi ? je ne saurais vous dire car, à ce moment précis, il se produisit un vif désordre parmi les gentlemen qui garnissaient l'estrade.[19]

C'est qu'un tableau est en train voir le jour. Interrompant le petit jeu des représentations, sculpturales ou mondaines, Julius Blagsmith a entrepris de se servir de son arme. Il se livre à un jeu de massacre, bien réel, mais c'est un tableau qui en résulte, et l'œuvre destructrice est aussi une œuvre créatrice :

> Cent mille milliards de démons se seraient acharnés à déchirer cent milliard d'aunes *de toile forte*, que le tapage n'eût pas été plus infernal, cependant que les projectiles meurtriers semaient la mort et l'effroi parmi le jury et le public.
> L'estrade ne fut bientôt plus qu'un *amas confus* de draperies *rouges,* d'arbustes *verts* et de jurés de toutes *couleurs.*
> [...]

---

18 *Ibid.*, p. 42.
19 *Ibid.*, p. 43.

> Quand les gargousses étaient brûlées, il en tirait d'autres du socle de son groupe et continuait tranquillement l'*œuvre* de destruction.
> [...]
> Sortis de la poussière, les marbres et les plâtres retournaient en poussière. Seuls les bronzes s'en tiraient avec quelques renfoncements négligeables.[20]

Enfin, une vision picturale ! œuvre coloriste où le plaisir des sens l'emporte sur ce qui est représenté. Peu importent les cadavres, seules les couleurs comptent. Là où toute la virtuosité d'une imitation parfaite n'avait réussi à produire que la caricature, l'action violente et réelle produit une œuvre d'art. Le réel serait-il la seule forme esthétique valable ?

De fait, la véritable activité artistique paraît ainsi résider dans l'action et le plaisir esthétique dans le regard posé directement sur les choses. C'est la leçon que nous donne la nouvelle intitulée "Allumons la Bacchante"[21] : un amateur d'art se montre insatisfait du tableau qu'on lui propose et qui représente une bacchante. Celle-ci n'est, à son goût, pas assez allumée. Mais ce n'est pas en corrigeant le tableau, c'est en s'intéressant de plus près — de très près — au modèle, que le peintre parvient à faire véritablement œuvre. Et cette œuvre, éphémère, et réalisé dans l'intimité d'un atelier qui est aussi une chambre, l'amateur ne la verra pas. Il reste à la porte : le plaisir — esthétique ? — est réservé à ceux qui ont mis la main à la pâte. On pourrait multiplier les exemples, car ils abondent dans l'œuvre d'Allais. Mais tous opposent radicalement le discours et la représentation à la vie et à la sensation.

Ce n'est, semble-t-il, que par une perversion que l'art fait discours. Comment peut-on, dans ces conditions, parler d'art et que veut dire parler d'art ?

Le discours critique invente son objet. Il prétend trouver un sens où il n'y que de la sensation, un dessin où il n'y a que couleur (on le sait, les lignes dans la nature n'existent pas), une figure là où il n'y a que de la réalité vivante. Aussi, Allais peintre, se souvenant de ce principe qui s'énonce en filigrane dans ses textes, ne pratique-t-il que le monochrome : la couleur seule : car la couleur, c'est la matière, c'est la réalité même, que le trait (le dessin ou le dessein) voudrait discipliner. C'est par un coup de force que la parole, dans ces peintures coloristes, vient remplacer le dessin absent. Le trait d'humour se substitue au trait de crayon. Mais la peinture peut se refuser à ce petit jeu. Un artiste d'Allais, ayant peint avec de l'eau de mer une charmante marine, provoque une catastrophe[22] : l'eau — le matériau — réussit à se libérer du dessin qui ne parvient pas à contenir cette matière inhabituelle et récalcitrante ; fidèle à son origine maritime, elle reste sensible aux marées au fil desquelles

---

20 *Loc. cit.* Je souligne.
21 "Allumons la Bacchante, in *A se tordre*, op. cit.
22 "Une mort bizarre", in *A se tordre, ibid.*

elle noie le tableau. Un jour de grande équinoxe, la composante aquatique en révolte remporte une définitive victoire sur ce qui lui restait à vaincre : le cadre. Elle s'en échappe ; elle sort du cadre, franchit la frontière qui sépare l'espace bidimensionnel de la représentation pour accéder à la réalité. Et elle inonde toute la chambre.

Ainsi, plus une œuvre, non pas imite le réel, mais est réelle, plus elle est capable de susciter le plaisir et l'émotion. C'est peut-être d'ailleurs la raison de la supériorité de la sculpture dans les nouvelles d'Allais. Tridimensionnelle, la sculpture participe du réel : dans *Esthetic,* le véritable artiste est un sculpteur. C'est peut-être aussi la limite de l'*Album primo-avrilesque* que de ne pouvoir contenir que des images bidimensionnelles. La fameuse pomme (de terre cuite) qu'Allais avait exposée aux Incohérents ne peut avoir sa place dans ce lieu dangereux qu'est le livre. Les monochromes allaisiens, pris entre la cave où combattent les nègres et la marche funèbre finale, ont dû renoncer à une part de leur matérialité. Le bristol blanc est devenu lithographie, l'étoffe rouge de même. L'album accomplit et dénonce la mort de l'art par sa collusion avec le discours.

Suivant la formule que devaient utiliser les Dadaïstes, une génération plus tard, "l'art est mort, vive l'art !" Et sans doute est-ce la raison pour laquelle Allais, plutôt que de construire un discours théorique, laisse la parole poétique, le discours de la fiction, la fable, prendre en charge ce qu'il a à dire sur la peinture. Contre la recherche du sens, il défend, par sa relation même aux arts plastiques, la dimension sensorielle et sensuelle de l'œuvre. On comprend donc qu'il ait pu dire, en préface à l'*Album primo-avrilesque :* "mon œuvre parlera pour moi".

25. HUMOUR ÉCRIT - HUMOUR FILMIQUE : UNE ADAPTATION DE *L'AFFAIRE BLAIREAU* AU CINÉMA

Laurent STERCKX

Comme le note David LODGE dans son livre consacré à *L'art de la fiction*[1] : « *Les romanciers modernes et post-modernes ont aussi cherché à sevrer les lecteurs des plaisirs simples que procure une histoire, en provoquant des bouleversements et des réorganisations dans la chaîne temporelle et causale dont elle dépendait traditionnellement* ».

Il précise encore que c'est le dialogue du narrateur avec le lecteur, ou si l'on préfère le narrataire, qui spatialise la nature temporelle de l'expérience de lecture faisant acquérir au roman la figure d'une chambre close dans laquelle le lecteur est séquestré avec l'écrivain.

Ainsi, dès la page 18 de *L'affaire BLAIREAU*[2], l'auteur précise malicieusement en note : « *Je ne devrais peut-être pas vous le dire maintenant mais, tant pis, c'est plus fort que moi. Sachez donc qu'Arabella se mariera vers la fin de ce roman et qu'elle sera très heureuse* ».

L'auteur a ainsi plusieurs fois recours à l'aparté avec le lecteur et je livre ici quelques exemples :

p. 21 : *Inutile de relater la suite de la conversation, puisque le lecteur en trouvera le sujet développé, non pas dans la chapitre suivant mais dans un de ceux qui viennent après.*

p. 52 : *Mesdames et Messieurs les lecteurs, en voiture !*

p. 94 : *Mettant de nouveau à contribution ce curieux privilège dont j'ai parlé plus haut et qui confère au romancier le pouvoir de jouer avec le temps comme*

---

[1] LODGE D., *L'art de la fiction*, Paris, Rivage, 1995, p. 114.
[2] ALLAIS A., *L'affaire BLAIREAU*, Paris, Libério, 1994.

avec l'espace, je vais, Messieurs et Dames, si vous y consentez, vous rajeunir pour un instant de vingt-quatre heures.

On lit ici que l'entretien du narrateur avec le lecteur renvoie explicitement au dispositif romanesque en le donnant à voir et en se référant, notamment, à l'agencement de la fiction en chapitres, comme dans cet autre exemple :

« *Telles furent les réflexions qui agitèrent l'esprit d'Arabella de Chaville, après le coup de théâtre raconté de si poignante façon dans un précédent chapitre.* » (p. 45)

ou encore :

« *Les deux Anglais que nous avons déjà vus dans de précédents chapitres (ces Anglais, on les rencontre partout décidément !) faisaient à ce moment précis leur entrée dans l'affaire.* »

Or, le roman, comme diégèse à tout le moins, c'est-à-dire dans sa forme classique, éprouve le besoin constant d'être rapatrié au réel. Le roman narratif classique trouve donc ses fondations dans l'illusion référentielle.

Tout récit postule que, quelque part, les personnages dont il agite les destins ont une existence réelle (une *histoire* au sens genettien) dont il prélève seulement, comme de la nappe phréatique, les péripéties essentielles. Le récit romanesque renvoie à un référent imaginaire dont il est la copie partielle. Sans ce stratagème, impossible pour le lecteur d'éprouver même le sentiment d'une ellipse.

Une ellipse n'est possible que si, quelque part, cela se passe vraiment. Le roman entier prend ainsi la forme d'un *signifiant imaginaire* rapporté à un référent tout aussi imaginaire. C'est là l'illusion même, ontologique pourrait-on dire, consubstantielle à laquelle s'attaquait BRECHT : il n'y a pas de référent à ce que l'on lit, cette nappe de prélèvement est illusoire.

Ainsi, en renvoyant à lui-même comme narrateur et au lecteur comme narrataire, en donnant le dispositif à voir, en se référant explicitement au découpage du roman en chapitres, Alphonse ALLAIS suspend l'adhésion du lecteur à la fiction en le renvoyant à sa propre existence de lecteur.

Ce dernier ne vit plus le roman, comme voulait le lui faire croire la fiction classique, mais il se borne à le lire.

Le passage le plus subtil à cet égard est sans doute celui où l'auteur, derrière une double ligne de pointillés, précise « *Ces deux lignes de points remplacent pudiquement les détails de l'installation de la gracieuse Alice dans la belle chambre bleue* ».

On voit bien ici comment le procédé d'Alphonse ALLAIS consiste à la fois à jouer sur ce référent imaginaire, ce pré-supposé du lecteur que tout cela se passe vraiment quelque part, tout en renvoyant à la mécanique romanesque dans le sens le plus trivial du terme puisqu'il désigne clairement l'ellipse comme étant une ellipse, voire un simple procédé typographique (soit deux lignes de pointillés).

Ainsi que le souligne également David LODGE : « *Les interventions d'auteur (...) nuisent à l'illusion réaliste et diminuent l'intensité émotive de l'expérience représentée, en attirant l'attention sur l'acte de narration* ».[3]

Ce qui est en jeu ici, c'est ce que les scénaristes hollywoodiens appellent la *Willing suspension of disbelief*, c'est-à-dire la suspension volontaire d'incrédulité du lecteur-spectateur, son euphorie narrative.

J'ai indiqué brièvement que pour les auteurs dits modernes et postmodernes, la raison d'être de ce procédé a-narratif est, dans une lignée brechtienne, politique : il s'agit d'empêcher le lecteur d'adhérer empathiquement à la fiction aux fins qu'il conserve la distance nécessaire au jugement ou, autrement dit, que le lecteur ne soit pas aliéné par la fiction.

Le procédé est ainsi le plus souvent désigné comme un effet réthorique d'« *énonciation énoncée* » qui porte atteinte au plaisir cathartique du récit.

On insiste moins souvent sur l'effet de ce mécanisme, tel qu'il apparaît dans l'ouvrage d'Alphonse ALLAIS, à savoir un procédé rhétorique destiné à susciter le rire, comme il le faisait déjà dans le *Tristram Shandy* de STERNE.

On sait depuis BERGSON[4] que le rire est, pour le résumer d'une formule lapidaire, suscité par « *du mécanique plaqué sur du vivant* ».

L'idée serait que l'homme se laisse aller à des automatismes qui nuisent à son adaptation sociale et que le rire, qui se voit ainsi assigner par BERGSON une véritable fonction sociale, est là pour fustiger ces automatismes et le contraindre à progresser.

Dans la fiction, le rire poursuit ainsi le personnage « *qui suit automatiquement son chemin sans se soucier de perdre contact avec les autres. Le rire est là pour corriger sa distraction et le tirer de son rêve* »[5].

Le personnage comique a donc, dans l'esprit de BERGSON, valeur de contre-exemple.

Le procédé rhétorique, qui consiste à suspendre l'adhésion du lecteur à la fiction par les interventions de l'auteur qui l'apostrophe directement ou le renvoie au dispositif romanesque est d'autant plus drôle et suscite d'autant plus le rire que ce sont non pas les habitudes du personnage qui sont moquées, mais les habitudes de lecture naïve du lecteur lui-même.

Ce sont ses propres automatismes qui sont tournés en dérision. Tout se passe effectivement comme si l'auteur le rappelait à l'ordre du monde réel, le fustigeant de s'être laissé aller à l'adhésion empathique au personnage qui l'aliène.

---

3   LODGE D., *op. cit.,* p. 23.
4   BERGSON H., *Le rire. Essai sur la signification du comique*, Paris, Presses universitaires de France, 1964 (203ème édition).
5   BERGSON H., *op. cit.,* p. 102-103.

Ainsi, si l'enjeu idéologique est réel, il n'est pas pour autant affecté de l'esprit de sérieux, le rire étant son expression.

Le cinéma est-il à même de reproduire cette distance ironique qu'Alphonse ALLAIS introduit au cœur de son récit par la mise en évidence de l'énonciation ?

C'est la question que pose l'adaptation au cinéma de *L'affaire Blaireau* par Yves ROBERT.

(Le court récit d'Alphonse ALLAIS aurait été adapté une première fois au cinéma en 1928 dans une version de M.C. OSMONT, avec GABAROCHE et une seconde fois en 1931 dans une version d'Alex NALPAS ou d'Henri WULSHELGER - on ne sait trop au juste - avec BACH. Seule la version d'Yves ROBERT de 1958, intitulée *Ni vu ni connu*, nous a été accessible grâce à la cinémathèque royale de Belgique.)

Pour Christian METZ, l'énonciation est « *l'acte sémiologique par lequel certaines parties d'un texte nous parlent de ce texte comme d'un acte* »[6]. Ce sont, pour le roman comme pour le film, les moments où la fiction se fait connaître comme telle.

Dans son ouvrage, METZ relève quelques marques d'énonciation saillantes, pour illustrer le phénomène, dont on verra que certaines sont à l'œuvre dans *L'affaire Blaireau*. Je voudrais en examiner deux plus particulièrement.

1. Voix d'adresse à l'image - regard à la caméra

La plupart des théoriciens du cinéma distinguent *la voix-in*, qui trouve sa source à l'écran de *la voix-off*, qui n'est pas ancrée.

La figure réthorique du personnage qui s'adresse directement au spectateur *en voix-in*, c'est-à-dire la voix d'adresse à l'image (Presentational bloking) est un des modes par lequel le film se signale comme tel.

Voyez par exemple *Annie HALL* (ALLEN, 1977) ou *Les 5.000 doigts du docteur T* (ROWLAND, 1953) ou *A bout de souffle* (GODARD, 1959) et de nombreux *cartoons* de Tex AVERY.

Cette figure de style, comme dans les deux exemples précités, est le plus souvent couplée au regard - caméra qui renforce la marque énonciative.

L'accentuation énonciative ne relève pas seulement de la figure rhétorique utilisée ; elle est également fonction du contexte.

---

6   METZ C., *L'énonciation impersonnelle ou le site du film*, Paris, Méridiens Klincksieck, 1991, p. 20.

Ainsi, le regard - caméra, lorsqu'il est utilisé aux fins d'adresse au spectateur, est fortement énonciatif. Néanmoins, il arrive qu'en fonction du contexte, l'amorce de marquage énonciatif constituée par ladite figure de style soit neutralisée.

METZ donne l'exemple d'une scène de *STAVISKY* (RESNAIS, 1974) où le regard-caméra de Jean-Paul BELMONDO, qui semble un temps destiné au spectateur, se révèle par l'effet d'un astucieux contrechamp, être adressé à d'autres personnages de fiction.

Autrement dit, le plan isolé de BELMONDO, face à la caméra et regardant le spectateur droit dans les yeux, pouvait laisser à penser (et laisse effectivement penser le temps d'un plan) qu'il allait s'adresser directement à lui et ainsi - d'une certaine manière - dénoncer le film comme tel.

Mais l'articulation (la suture) de ce plan avec un autre, en l'espèce un contrechamp à 180°, vient substituer au spectateur - qui se croyait visé - un public de fiction qui faisait l'objet de l'attention réelle de BELMONDO.

L'amorce de marquage énonciatif est ainsi enfouie dans le processus diégétique.

Cette figure de style n'est bien entendu possible que dans la mesure où RESNAIS enchaîne champ et contrechamp, sans les avoir fait précéder de ce que les Américains désignent sous le terme de « *establishing shot* », de « *plan d'installation* » qui aurait situé tous les personnages dans l'espace profilmique avant de les lier par des raccords-regard.

La figure n'est possible qu'au prix d'une désorientation provisoire du spectateur.

Ce procédé rhétorique est utilisé à la fin de *Ni vu ni connu*.

Tout au début du film, un léger panoramique amenait la caméra sur un panneau routier qui indiquait : *MONTPAILLARD, la ville la plus calme de France*.

A la fin très optimiste du film, un semblable panoramique accueille Louis de Funès dans le plan qui, faisant directement face à la caméra et s'adressant du regard au spectateur, rature à la craie l'inscription « *ville la plus calme de France* » pour lui substituer « *ville la plus gaie de France* ».

Cette façon qu'a de Funès de regarder le spectateur droit dans les yeux est bien entendu l'exact équivalent des apartés au lecteur dans le roman original d'Alphonse ALLAIS et suscite au même titre le rire, tout en suspendant l'adhésion du spectateur à la fiction.

Cet effet est ici d'autant plus renforcé qu'il est accompagné d'une adresse écrite qui, dans un film, par l'inclusion d'un mode d'expression scriptural plutôt qu'audio-visuel, suspend toujours l'effet-fiction.

2. Mise en abyme

Le film dans le film est la figure réflexive type dans le récit cinématographique. On peut distinguer trois degrés d'énonciation, dont seul le troisième correspond à la mise en abyme au sens strict.

Le premier degré est celui des citations abondantes dans les films de la nouvelle vague, ceux de Léos CARAX ou dans *Traveling avant* de TACCHELLA (1987).

Dans ce cas, un film étranger au film en cours est cité dans celui-ci, fût-il un film d'amateur comme dans *JFK* (STONE).

Le second degré correspond à la cohabitation de plusieurs films au sein d'un film matrice : c'est le cas des films de montage comme *L'œil de Vichy* (CHABROL, 1992) mais aussi de certaines fictions comme *Un homme et une femme, vingt ans déjà* (LELOUCH 1986), *Biquefarre* (ROUQUIER, 1983) et *L'amour en fuite* (TRUFFAUT, 1978).

Tous ces exemples correspondent à des *suites* et renvoient à leurs épisodes antérieurs. Ils fonctionnent sur le mode du feuilleton qui insère au début de chacun de ses épisodes quelques images de l'épisode antérieur et, à la fin, quelques images de l'épisode à venir (*Le château des Oliviers*).

Il arrive même, comme dans l'exemple du *Château des Oliviers* que ces images soient diégétisées : une voix-off acousmatique s'adresse à l'héroïne, et lui montre des images de son passé et de son futur, tout en résumant l'action.

On assiste à un phénomène similaire dans les séries qui s'ouvrent sur un *teaser*, c'est-à-dire quelques images plus spectaculaires à venir dans la diégèse, dont la fonction est de clouer le spectateur à son fauteuil.

Certains films pornographiques usent de la même figure de style.

Le troisième degré, celui où le film se cite lui-même et non plus un autre, fût-il cousin, est le plus rare.

METZ donne quelques exemples qui sont, à mes yeux, peu relevants. Il cite ainsi le cas de *Huit-et-demi* (FELLINI, 1963) où le réalisateur essaie de tourner un film qui - selon METZ - a toutes les chances d'être *Huit-et-demi* lui-même.

Cette interprétation de METZ est à mon sens erronée et repose précisément sur la naïve confusion qu'il dénonce par ailleurs, entre l'énoncé, l'ensemble des signes qui constitue le texte filmique et la réalité, le référent. *Huit-et-demi* est le film de FELLINI, distinct par son essence même (réel) du film de Guido - le réalisateur fictif -, qui n'existe que comme signe.

Je donnerai plutôt comme exemple celui du film où le réalisateur, assis à la table de montage, visionne un passage du film que nous avons vu antérieurement : *Venice / Venice* (JAGLOM, 1992) et *F for fake* (WELLES, 1973-1975).

Dans *L'affaire Blaireau*, cet effet de mise en abyme se produit de trois manières distinctes :

a - Les génériques de début et de fin du film sont directement suivis ou précédés, d'une image de théâtre de marionnettes, qui voit s'affronter un garde-champêtre et un braconnier dans la grande tradition de Guignol. Cette scènette, qui préfigure la fiction à venir, qui concerne bien, notamment, l'opposition entre un braconnier et un garde-champêtre dénonce bien la fiction en tant que telle, renvoyant le film à un théâtre de marionnettes.

Il échet d'observer que, dans l'histoire du cinéma, le procédé est assez courant, puisqu'on le retrouve chez LUBITSCH (*Die puppe*) ou, assez fréquemment, chez Jean RENOIR, où ce sont les rideaux du théâtre qui sont convoqués (*La règle du jeu, La carosse d'or*).

Le générique lui-même fait d'ailleurs souvent l'objet d'une préfiguration du récit à venir, comme dans *Bringing up baby* (HAWKS, 1938), où les cartons du générique sont ornés de petits dessins qui représentent un jeune couple cherchant à apprivoiser un bébé-léopard, ce qui constitue l'essentiel ou, à tout le moins, l'essentiel explicite, de l'intrigue à venir.

La présence du théâtre de marionnettes est d'ailleurs d'autant plus fortement énonciative que ledit théâtre constitue une manière d'écran second, de cadre dans le cadre qui, par un effet psychologique évident, attire l'attention du spectateur sur le cadre premier, c'est-à-dire sur le lieu de l'énonciation.

b - Au cœur du film et à la suite d'un incident entre une voiture et un vélo, l'image s'accélère et la bande-son est constituée par une musique de bastringue qui renvoie, sans l'ombre d'une hésitation, à l'esthétique des films muets ou, à tout le moins, à la façon dont les spectateurs actuels les perçoivent puisqu'ils sont la plupart du temps projetés à une vitesse (24 images/seconde), qui ne correspond pas à leur vitesse de réalisation (16 images/seconde).

Là encore, le film, en renvoyant le spectateur au cinéma, se dénonce lui-même comme film.

c - La présence d'un acteur aussi marqué que Louis de Funès est elle-même fortement énonciative par le biais de l'intertextualité.

En effet, la présence de tel ou tel acteur-vedette dans un film implique qu'il s'y inscrit avec toutes les caractéristiques dont il a été doté dans d'autres fictions et renvoie ainsi à ces autres fictions.

Le spectateur, qui regarde un film avec Marlène DIETRICH, s'attend ainsi à ce qu'intervienne au moins une scène de music-hall. De même, le spectateur d'un film interprété par Louis de Funès, non seulement est prédisposé à rire puisque la simple participation de l'acteur lui indique la nature comique du film, mais s'attend au moins à l'une ou l'autre scène de pantomime, où le comique proviendra du savant mélange qu'opère Louis de Funès entre mimiques grimacières et langage inarticulé.

En conclusion, si le film est bien teinté de quelques traits d'énonciation saillante, d'« *énonciation énoncée* » (en opposition à l'énonciation transparente, celle qui cherche à se faire oublier, à laisser se confondre dans l'esprit du spectateur le référent et son signe), les principaux signes d'énonciation sont-ils regroupés aux environs du générique qui est bien entendu la marque énonciative par excellence des films, ce que David BORDWELL désigne comme le moment d'auto-conscience le plus fort au sein du dispositif filmique[7].

En effet, le générique d'un film est ce moment très subtil où la frontière entre le diégétique (le récit à proprement parler) et l'extra-diégétique n'est pas encore vraiment discernable et où le spectateur admet encore que le film se désigne comme tel, en exhibant le nom des comédiens et des techniciens qui y contribuent, sans se sentir pour autant grugé de ce qu'il estime être son droit d'adhérer empathiquement à la fiction.

L'affaire Blaireau d'Yves ROBERT est donc un film affecté d'une légère modernité qui titille le spectateur sans le déstabiliser vraiment et qui, s'il n'a sans doute pas la force subversive du roman d'ALLAIS, arrive cependant à en reproduire - au-delà de l'intrigue - certains effets purement rhétoriques.

---

7   BORDWELL D, *Narration in the fiction-film*, University of Wisconsin, 1985, p. 57 et suiv.

EN GUISE DE CONCLUSION :

26. ALLAILUIA !

Jean-Pierre VERHEGGEN

André Velter le rappelle à propos du *Chat Noir*, ce cabaret artistique - ce véritable bouillon de culture de la modernité ! - que fréquentèrent Verlaine, Mallarmé, Richepin, Rollinat, Haraucourt, Goudeau ou Cros, bien sûr, André Velter le souligne : Alphonse Allais est d'abord et, avant tout, un poète ! Un poète dont la modernité anticipatrice se fonde tout entière sur le regard qu'il sait porter à l'épaisseur des mots qu'il tient pour ce qu'ils sont, de la matière ! C'est, en effet, un poète très matérialiste, si l'on ose dire, très organique, un allophone, un homme de l'oreille, du son - et de l'œil, bien entendu ! - qui remplace les mots par des homophones qui confèrent à sa phrase des sens nouveaux. On connaît l'exemple de Prévert pour *Sodome et Gomorrhe* qui devient un seau, de l'eau, un mégot et des morts, soit : *seau d'eau, mégots morts !* C'est déjà Perec, Leiris, Prigent, Borer ou Novarina ! C'est la dissimination derridienne - écoutez la *différance*, comme dirait France Inter ! - C'est Roussel. C'est même Desproges et ses traductions catastrophes ! C'est Queneau jusqu'en son allographie alphabétique (procédé utilisé par Allais dans un conte et dans son *poème à Louise de Vilmorin : LN = Hélène ; LR = elle erre*). Ce sont les charades, les rébus ! C'est Joyce ou plus près de nous, Réjean Ducharme. Souvenez-vous dans *Le Nez qui Voque : veux-tu que nous additionnions nos âges ? Est-ce que tu as vu tous les oignons qu'il y a dans additioignons ?*

Bref, c'est l'équivoque ! Allais en joue, évidemment, comme de l'acronyme ou de la double lecture ! Comme de l'à peu près, du calembour, de la contrepèterie, de la syllepse et du kakemphaton, de l'amphibologie, de l'antanaclase ou, dans ses contes, de la digression (l'excursus). C'est Cami revu et relu par Saussure ! Qu'on me permette cette audace à l'adresse d'un créateur que je tiens, comme ceux que je cite, en haute estime ! Non seulement, comme le note Jules Renard dans son *Journal*, Allais crée tout le temps - d'où ces eurêka traduits en autant d'Allailuia ! - mais surtout Allais sait se moquer de soi-même, depuis ses *allais...grement* et autres *Allais, lui, ah !*... jusqu'à cette *vache à lait* en passant par *dura lex sed lex* devenu *dur Allais, cède-les !* Allais pulvérise son propre nom propre qu'il tronçonne, saucissonne, découpe et disperse sans fin ! Ah ! Ce n'est pas rien ! Il y a même dans un tel acte de fameuses strates idéologiques qui fondent un tout autre rapport à l'écriture (et à la littérature) ! Il y a de l'auto-dérision et de la décomplexion, à visage découvert (quand bien Allais peut-il se montrer tatillon à certains égards avec les accents locaux et les rimes qu'il veut riches !), il y a de la décrispation dans le meilleur sens du terme ! Dans le sens non hiérarchique des degrés d'humour, d'alignement du plus potache tout venant, voire du tout gros sabot sur le plus élevé, sans tri. C'est la thèse d'un Scutenaire, chez nous ! Pas de crépinette, pas de sas ! On ne blute ni bute, ça passe ou ça casse ! On verra après. Les plus faibles des jeux de langue ne faisant que mettre en évidence, davantage encore, les plus réussis. Scutenaire n'hésitant pas à placer côte à côte un : *Nous sommes tous de Quimper* ou un : *L'Autriche, l'homme aussi* et un :

> *J'ai bitte à Bruxelles,*
> *tu as bitte à Malines,*
> *il a bitte à Mexico,*
> *nous avons bitte à Melbourne, etc...*

Comme Allais qui n'hésitait pas à baptiser un de ses personnages anglais *Monsieur Tom Hatt !* Un peu à l'image des Jean Transcène de nos années grimauds ! Un peu à la manière du *jeu des faire-part* qui fait florès aujourd'hui. Vous connaissez ? Monsieur et Madame Anthème ont un garçon. Comment vont-ils l'appeler ? Chris, par Dieu ! Monsieur et Madame Tomie ont une fille. Comment vont-ils l'appeler ? Anna, la pauvre ! Il y a nettement mieux !

Monsieur et Madame Erg et Belle ont un fils. Comment vont-ils le prénommer ? Octave ! Oh qu'ta verge est belle, cela va de soi ! Un autre ? Monsieur et Madame Pote et Poche ont une fille. Jessica ! J'ai six capotes en poche ! C'est exprès ! Un autre encore, un dernier pour la route ? Monsieur et Madame Culer ont des jumeaux. Yvon et Jacques, les chéris ! I vont éjaculer, pas vrai ? Ça fait du bien mais il faut très vite s'en débarrasser ! C'est la théorie de Queneau quand il aperçoit *une Gitane qui fume des Gauloises*. Il faut les sortir pour ne pas les garder rentrés, cois, maladifs, presque embarrassants, poisseux, pisseux, minables, belges comme disait Ponge, ou Michaux cité par Michel Luneau, « belge comme ses pieds ! ».

Il y a un versant belge chez Allais - cher Allais dont l'identité pourrait donner lieu à bien des dérives signifiantes ! Cher Allais, au nom si court, quasi monosyllabique comme ceux de Freud, Mao, Marx, Kant, Dieu, le Pape, Nietzsche, on pourrait vous imaginer en *cabriallais* ou en *Allais Davidson*, fringant coursier motorisé ! Ou déguisé en tiraillou *sénégallais* ou *congallais*. En dégustateur de *Beaujallais* nouveau, en dévoreur de bœuf *charallais* (*on est des bœufs* parfois, n'est-ce pas ?) ! Au Musée *Carnavallais !* En giton d'Aragon, sous le nom d'Elsa *Triallais* (Ah ! T' as d' beaux yeux, tu sais ! On dirait des pupilles de la Nation !). En *gringallais !* En officiant de *ballais roses !* En queue de comète de *Allais* ou studieux, plongé dans son *Mallais-Isaac*, qu'est-ce que je sais ? Toute la conjugaison pourrait le voir inhaler, cavaler, dessaler, écaler, pédaler, remballer, signaler, trimbaler, chialer, daller, etc... etc... Ah ! Que de métiers à exercer ! Que d'aventures à conter ! D'autant que c'est là son premier procédé, sa méthode de base, c'est - eurêka ! Allailuia ! - de découvrir (un lapsus, une inscription propice, une épenthèse) dans le mot, un indice narratif et à partir de cet état, de tisser tout un récit. Son métier de journaliste - son métier alimentaire ! - l'y contraint certes, mais de plus, Allais fait une constatation capitale pour toute la modernité : c'est que c'est l'écriture qui fait écrire, l'écriture déjà là, déjà présente, déjà contenue, préécrite depuis sa préhistoire dans son avenir signifiant.

Mais belge, disais-je ! - en forçant un brin la dose ! - trois quarts belge, demi-belge, peu importe ! J'ironise car Allais n'aurait peut-être pas accepté cette qualification plus saugrenue que franchement sauvage, lui qui se faisait de l'insolence un certain code du Bon Usage. Ainsi dans *Sept brefs poèmes*, à l'*Exhortation au pauvre Dante*, il refuse la rime *emmerdante* (belle injure italienne cependant : T' es une emmerdante Alighieri !) pour la remplacer par *ennuyeuse* en remarquant que *la rime n'est pas très riche mais qu'il aime mieux ça que la trivialité.*

Ceci dit, c'est l'exception car pour le reste nous sommes dans *la soie* ou *le coton*, dans *la bavette* et *la fesse* sans langue de bois ! Nous sommes *à la bourre*, au ratatam, à la *charge* et au love me *tender !* On en *sue* une, *on danse du ventre*, on *s'en chope* une autre ! On est dans *la bordée*, dans *la portée* et *la parturition !* On prend *Saragrosse ! Cosaque*, mon cher et Q.I. du popotin ! *Pyge* qui veut bien piger !

C'est un lecteur, Allais ! C'est un bandeur ! Dans *Proposition folichonne d'un peintre un peu loufoc qui voulait entraîner une jeune femme dans des cryptes, à seule fin de lui peindre le dos avec de la couleur verte*, il écrit : *Je dis, mettons, vers mes passages souterrains,/ Jeudi, mes tons verts, mais pas sages, sous tes reins !* C'est clair ! Décryptons ce à quoi nous invite ce peintre aux propositions folles de nichons et visiblement loup dans son froc qui veut posséder cette jeune entraîneuse à seule faim de lui prendre les miches qu'elle a en forme de poires et lui mettre des vertes et des pas mûres ! Ça donne : Jeudi (jour de rendez-vous galant populaire) mets ton lombric dans le passage sous les reins et surtout - comme ajoutait Baudelaire ! - ne sois pas sage, ô ma douceur ! C'est le poït ininterrompu !

Je sais, ça fait hurler, mais on dirait que pour certains Allais n'a pas d'inconscient !

Prenons le *poème IV : Un grand seigneur anglais se guérit du spleen par l'exercice en plein air*, eh bien voilà un beau poème sur le cycle menstruel ! Le saigneur dont la femme, la compagne, la soeur, a ses anglaises ne guérit de ce spleen que par l'exercice au grand air. Au réveil, il le constate, les menstrues sont là, tout à trac, coulant comme du *chasselas détraqué*. Il se met donc en chasse, fatigué (las) de devoir rester en rade de ce côté, sinon d'être carrément laqué, raidoche et inutilement amidonné. Relisons ! Relisons ! Nous sommes bien dans le cochon ! *Dans le cochon où tout est bon, depuis la queue* - commençons par elle *jusqu'à la tête !* - *Allons-y* (autant dire ; Allais-y tout entier). C'est Allais qui écrit ça ! Relisons l'introduction à ces *Sept brefs poèmes :*

> *Le public est prié d'apporter sa bienveillante attention à ce curieux exercice. Ansi que dans le cochon où tout est bon depuis la queue jusqu'à la tête, dans mes vers, tout est rime, depuis la première syllabe jusqu'à la dernière.*

Allons-y. Livrons-nous à cet exercice de curieux où l'on voit un *Monsieur Brunetière répondre à la petite Jora pour lui refuser une partie de polo qu'elle proposait et pour l'engager - en lui tapant sur les joues - à se livrer dorénavant à des sujets d'un ordre supérieur ;*

Apportons toute notre attention à *ce curieux exercice* où l'on voit Monsieur Brunetière refuser une partie de poilu à la petite Jouira à laquelle il préfère donner la fessée et l'inviter à une tout autre partie.

> *Je ne joue au polo, ma Jora, qu'à Namur.*
> *Jeune joue ! O paulo majora canamus !*

Soit, plus clairement : Je ne jouis au poilu, ma Jora, qu'à l'anus où l'on observe ainsi ce même Monsieur Brunetière - qui doit aimer les petites brunes ! - refuser à la petite Jouira de lui polir le chinois (ou le polo à col roulé, voire le popol à verjus !) et l'engager en lui tripotant les joues rebondies du bas à attendre sa majorité pour se livrer à des sujets de plaisir plus élevés !

Voilà pour l'essentiel ! Il reste d'autres manières de détourner et d'être, comme nous y convie Allais, un traducteur Judas. Ainsi de ce *paulo majora canamus* que, dans *Ridiculum vitae*[1], j'ai personnellement rendu par : *Paulo a encore augmenté le prix des canettes de bière.* Ou *manu militari* par : *lisez le manuel des tarés.* Je dois évidemment beaucoup de cette technique d'écoute scripturale hilare, salutaire et goguenarde, à Allais. *Allais est grand et le rire souverain est son profête ! Allailuia !*

---

[1]   *Ridiculum vitae*, La Différence, 1994.

TABLE DES MATIERES

ACHEVÉ D'IMPRIMER
EN JUILLET 1997
PAR L'IMPRIMERIE
DE LA MANUTENTION
À MAYENNE
N° 254-97

Dépôt légal : 3e trimestre 1997